BILDUNG IN DER EUROPÄISCHEN UNION
DATEN UND KENNZAHLEN
EDUCATION ACROSS THE EUROPEAN UNION
STATISTICS AND INDICATORS
ÉDUCATION DANS L'UNION EUROPÉENNE
STATISTIQUES ET INDICATEURS

1996

Themenkreis / Theme / Thème
Bevölkerung und soziale Bedingungen / Population and social conditions / Population et conditions sociales
Reihe / Series / Série
Jahrbücher und jährliche Statistiken / Yearbooks and yearly statistics / Annuaires et statistiques annuelles

STATISTISCHES DOKUMENT ☐ STATISTICAL DOCUMENT ☐ DOCUMENT STATISTIQUE

Zahlreiche weitere Informationen zur Europäischen Union sind verfügbar über Internet,
Server Europa (http://europa.eu.int).

A great deal of additional information on the European Union is available on the Internet.
It can be accessed through the Europa server (http://europa.eu.int).

De nombreuses autres informations sur l'Union européenne sont disponibles sur Internet
via le serveur Europa (http://europa.eu.int).

Bibliographische Daten befinden sich am Ende der Veröffentlichung.
Cataloguing data can be found at the end of this publication.
Une fiche bibliographique figure à la fin de l'ouvrage.

Luxembourg: Office des publications officielles des Communautés européennes, 1997

ISBN 92-827-9631-0

Printed in Belgium

Auf chlorfrei gebleichtem Papier gedruckt
Printed on non-chlorine bleached paper
Imprimé sur papier blanchi sans chlore

INHALTSVERZEICHNIS

B3 nach Fachrichtungen

B4 nach Beteiligung am Fremdsprachenunterricht

B5 nach Staatsangehörigkeit

C STUDIENANFÄNGER IM TERTIÄRBEREICH - 1993/94

C1 nach Alter

Statistiken:

Indikatoren ◿ und Grafiken ▮:

C2 nach Fachrichtungen

Statistiken:

Indikatoren ◿ und Grafiken ▮:

D ABSOLVENTEN

D1 der Sekundarstufe II - 1993/94

Statistiken:

Indikatoren ⌂ und Grafiken ┌:

D2   des Tertiärbereichs - 1993/94

Statistiken:

Indikatoren ⌂ und Grafiken ┌:

E   HÖCHSTES BILDUNGSNIVEAU - 1995

Statistiken:

Indikatoren ⌂ und Grafiken ┌:

F LEHRKRÄFTE - 1993/94

Statistiken:

Indikatoren ⌂ und Grafiken ▚:

G ZEITREIHEN

Entwicklung des Schüler- und Studentenbestandes - (1975/76-1993/94)

Statistiken:

Indikatoren ⌂ und Grafiken 📊:

H   DEMOGRAPHISCHE DATEN

H1   Bevölkerung nach dem Alter - 1. Januar 1994

Statistiken:

Grafiken:

Statistiken:

H2   Bevölkerungszenarien - (1995-2020)

Statistiken:

EINLEITUNG

Das Ziel dieser Veröffentlichung ist es, vergleichbare Bildungsstatistiken und -indikatoren für die fünfzehn Mitgliedstaaten der Europäischen Union zur Verfügung zu stellen. Die Hauptquelle der Daten ist der gemeinsame UOE (UNESCO, OECD, Eurostat)-Fragebogen zur Bildungsstatistik, der 1995 im Anschluss an eine Überarbeitung des früheren gemeinsamen Fragebogens eingeführt worden ist. Der Abschnitt zum Bildungsstand der Bevölkerung stützt sich darüber hinaus auf Daten aus der gemeinschaftlichen Arbeitskräfteerhebung aus dem Jahre 1995.

Eurostat dankt den Nationalen Statistischen Ämtern bzw. den Bildungsministerien der Länder, die die Daten zur Verfügung gestellt haben.

Die statistischen Angaben in diesem Bericht beziehen sich auf die öffentliche und private Vollzeit- und Teilzeitbildung im normalen Schul- und Hochschulsystem nach den Definitionen der **"International Standard Classification of Education" (ISCED), UNESCO, 1976**.

Der vorliegende Bericht besteht aus acht Abschnitten. Abschnitt A befaßt sich kurz mit dem Zusammenhang zwischen den nationalen Bildungssystemen und international vergleichbaren Statistiken; die Abschnitte B (Schüler- und Studentenbestand), C (Studienanfänger) und D (Absolventen) beschäftigen sich mit Schülern und Studenten im Schuljahr 1993/94; der Schwerpunkt von Abschnitt E liegt auf dem Bildungsniveau der Bevölkerung im Jahre 1995; in Abschnitt F geht es um die Lehrkräfte im Schuljahr 1993/94; Abschnitt G enthält Zeitreihen für gewisse Variablen von 1975/76 bis 1993/94; und Abschnitt H enthält demographische Daten einschließlich Bevölkerungsvorausschätzungen bis zum Jahr 2020.

Luxemburg, Dezember 1996

Dieser Veröffentlichung wurde erstellt von: Referat E3, Direktorat E (Direktorin: Lidia Barreiros)
Inhalt: Rachel Harris unter Mithilfe von Bettina Knauth und Laurent Freysson
Layout: Claudine Greiveldinger

ERLÄUTERUNGEN

ERFASSUNGSBEREICH

Die Angaben in allen Tabellen umfassen prinzipiell die allgemeine und die berufliche Bildung und Ausbildung in Schulen. Die kombinierte Ausbildung in Schule und Betrieb wie z.B. die Lehre im Dualsystem sind ebenfalls mit eingeschlossen. Die lediglich auf den Betrieb beschränkte Aus- und Weiterbildung, die behördlich nicht überwacht wird, ist in diesen Statistiken nicht berücksichtigt.

Sonderschulische Bildungsgänge, die von Schulen oder entsprechenden Einrichtungen angeboten werden, wurden berücksichtigt und der jeweiligen ISCED Bildungsstufe zugeordnet. Dasselbe gilt für die sogenannte "adult education" (Erwachsenenbildung).

Die Systematik der Gebietseinheiten für die Statistik (NUTS) wurde von Eurostat eingerichtet, um eine einheitliche Gebietsgliederung der Regionalstatistiken für die Europäische Union sicherzustellen. Die NUTS ist eine dreistellige hierarchisch aufgebaute Klassifikation. Die Bildungsdaten werden auf den NUTS Ebenen I und II für alle Mitgliedstaaten zusammengestellt.

F - Ohne die überseeischen Gebiete (DOM)

L - Ohne Berücksichtigung der Schüler, die Schulen in den Nachbarländern oder die Europaschule in Luxemburg besuchen

ABSCHNITT A: NATIONALE BILDUNGSSYSTEME UND ISCED

International Standard Classification of Education (ISCED)

Um den Vergleich zwischen den Ländern zu vereinfachen, werden die Bildungsdaten in jedem Mitgliedstaat den verschiedenen ISCED-Stufen zugeordnet. Dennoch ist es bei internationalen Vergleichen wichtig, die zahlreichen Unterschiede zwischen den nationalen Bildungs- und Ausbildungssystemen zu berücksichtigen. Außerdem kann ISCED den strukturellen Veränderungen der Bildungs- und Ausbildungssysteme nicht mehr in ausreichendem Maße Rechnung tragen. Die Überarbeitung von ISCED wurde deshalb in Angriff genommen und sollte in den kommenden Jahren abgeschlossen werden.

Die untenstehende Tabelle liefert eine kurze Beschreibung der ISCED-Stufen:

Vorschulbereich (ISCED 0)

Bildung vor der Einschulung in den Primarbereich. In der überwiegenden Zahl der Fälle handelt es sich um die Unterrichtung von noch nicht schulpflichtigen Kindern. Da einige Länder die vorschulische Erziehung weiter definieren als die anderen, beschränken sich die Angaben für diesen Bereich in diesem Bericht prinzipiell auf den Unterricht, der Lehrkräfte mit einer spezifischen Qualifikation erfordert, die Kenntnisse auf den Gebieten der Psychologie und der Pädagogik einschliesst.

Primarbereich (ISCED 1)

Elementarunterricht im Rahmen der Schulpflicht. Er beginnt im Alter von vier bis sieben Jahren und erstreckt sich in der Regel auf fünf oder sechs Jahre.

Sekundarbereich Stufe I (ISCED 2)

In allen EU Mitgliedstaaten im Rahmen der Schulpflicht. Das Ende fällt oft mit dem Ende der Schulpflicht zusammen.

Sekundarbereich Stufe II (ISCED 3)

Allgemeine oder berufliche Bildung ab dem Alter von 14-15 Jahren. Sie führt entweder zur Hochschulreife oder einer eigenständigen Qualifikation wie im Fall der beruflichen Bildung und Ausbildung.

Tertiärbereich (ISCED 5,6,7)

Aufgrund von unterschiedlichen Zuordnungen zu den drei Niveaustufen des Tertiärbereichs werden die Daten in diesem Bereich lediglich in zusammengefasster Form nachgewiesen, mit Ausnahme der Studienanfänger, für die ISCED 7 nicht zutrifft. Die drei Niveaustufen lauten:

ISCED 5 - Erstreckt sich auf Bildungsgänge, die im allgemeinen nicht zu einer Qualifikation führen, die einem ersten Hochschulabschluss entspricht. Die Zugangsvoraussetzung für diese Niveaustufe ist jedoch meist der erfolgreiche Abschluss einer Ausbildung auf dem Niveau der Sekundarstufe II.

ISCED 6 - Umfasst alle Bildungsgänge, die zu einem ersten Hochschulabschluss oder zu einer gleichwertigen Qualifikation führen.

ISCED 7 - Umfasst Bildungsgänge, die auf einem ersten Hochschulabschluss aufbauen.

FEHLENDE DATEN NACH LÄNDERN

Für einige Tabellen sind manche Länder nicht in der Lage, Daten zu liefern, die alle Schüler und Studenten in dem jeweiligen Land umfassen. Die untenstehende Tabelle gibt einen Einblick in die Größenordnung der fehlenden Daten.

Land	Art der fehlenden Daten	Größenordnung	Betroffene Tabellen
E	ISCED 5	1% des Tertiärbereichs	Abschnitt B5
IRL	part-time higher education	22% des Tertiärbereichs	Abschnitt B5; Abschnitt C1
	part-time ISCED 3 general education	1% von ISCED 3 allgemeinbildend	Abschnitt B4
	part-time ISCED 3 vocational education	35% of ISCED 3 beruflich	Abschnitt B4
A	ISCED 5	8% des Tertiärbereichs	Abschnitt B5

A1 Zuordnungen zu den ISCED-Stufen nach Alter

Die Schaubilder, die zeigen wie die Länder ihre nationalen Daten den ISCED-Stufen (gemäß ihren nationalen Bildungssystemen) zuordnen, sollen die Interpretation der Daten in den nachfolgenden Tabellen erleichtern.

Die Angaben über die sonderschulischen Bildungsgängen sowie über die Erwachsenenbildung wurden den entsprechenden ISCED Niveaustufen zugeordnet. Dies erklärt die Teilnahme von älteren Schülern am Unterricht auf den unteren ISCED Niveaustufen.

A2 Länge der Schulpflicht

Die folgenden Anmerkungen, die der EURYDICE-Veröffentlichung "Das Schuljahr und seine Gliederung in den Mitgliedstaaten der Europäischen Gemeinschaft" entnommen wurden, vervollständigen das Schaubild A2, Seite 58 enthaltenen Informationen.

B - Die Vollzeitschulpflicht besteht bis zum Alter von 15 bzw. höchstens 16 Jahren. Sie umfaßt mindestens sechs Jahre Primarbildung und mindestens die ersten zwei Jahre der Sekundarschule (Vollzeitunterricht).
Auf die Vollzeitschulpflicht folgt bis zum Alter von 18 Jahren die Teilzeitschulpflicht.

D - In den Ländern Berlin, Brandenburg, Bremen und Nordrhein-Westfalen umfaßt die Vollzeitschulpflicht an allgemeinbildenden Schulen 10 Jahre.

Für Jugendliche, die nach 9 bzw. 10 Schuljahren keine weiterführende allgemeinbildende Vollzeitschule besuchen, besteht Teilzeitschulpflicht an einer Berufsschule (durchschnittliche Dauer drei Jahre, jedoch abhängig von der für einen anerkannten Ausbildungsberuf vorgesehenen Ausbildungsdauer).

GR - Die Schulpflicht erstreckt sich über neun Jahre; sie beginnt im Alter von 5 1/2 - 6 Jahren und endet im Alter von 14 1/2 - 15 Jahren. Für Schüler, die mit 14 1/2 Jahren die Unterstufe des Sekundarbereichs (Gymnasic) noch nicht erfolgreich abgeschlossen haben, verlängert sich die Schulpflicht laut Gesetz bis zum Alter von 16 Jahren.

E - Im Bildungsreformgesetz von 1990 (LOGSE - Rahmengesetz zur allgemeinen Regelung des Bildungswesens) ist eine Verlängerung der Schulpflicht bis zur Vollendung des 16. Lebensjahres vorgesehen. Bis zur endgültigen Einführung der im LOGSE vorgesehenen Neuordnung, die schrittweise erfolgen soll und für welche anfänglich zehn Jahre vorgesehen sind, bleiben die bisherigen Bestimmungen vorübergehend in Kraft. Die Statistiken in diesem Bericht beziehen sich auf die Zeit vor der Schulreform.

L - Die ersten beiden Jahre der Schulpflicht sind Teil der Vorschulerziehung; die Primarschulbildung beginnt im Alter von 6 Jahren. Ab dem Schuljahr 1993/94 sind Kinder bereits im Alter von 4 Jahren (und nicht wie bisher mit 5 Jahren) schulpflichtig.

NL - Kinder werden am Ersten des Monats, der auf ihren fünften Geburtstag folgt, schulpflichtig, doch besuchen die meisten Kinder bereits mit 4 Jahren die Primarschule. Die Schulpflicht endet mit Abschluß des Schuljahres, in dessen Verlauf der Schüler 16 Jahre alt wird, oder wenn der Schüler 12 Jahre lang die Schule besucht hat. Alle Schüler unter 18 Jahren, d.h. alle Minderjährigen, müssen noch während eines Jahres eine Teilzeitbildung absolvieren.

P - Die Bestimmungen betreffend die Verlängerung der Schulpflicht bis zur Vollendung des 15. Lebensjahres gelten für alle Schüler, die im Schuljahr 1987/88 oder danach eingeschult wurden (Rahmengesetz über das Bildungssystem von 1986). Die Statistiken in diesem Bericht beziehen sich auf die Zeit vor der Schulreform.

UK - In England und Wales sind Kinder im Alter von 5 bis 16 Jahren schulpflichtig. Dies bedeutet im allgemeinen, daß die Schulpflicht zu Beginn jenes Trimesters einsetzt, das auf den 5. Geburtstag des Kindes folgt. Sie endet in dem Jahr, in dem der Schüler 16 Jahre alt wird und zwar zu einem der beiden für den Schulabgang vorgesehenen Termine. Der jeweilige Schulabgangstermin richtet sich nach dem Geburtstag des einzelnen Schülers: liegt dieser zwischen Anfang September und Ende Januar, so ist der Schüler noch bis zum Ende des Frühjahrstrimesters schulpflichtig; liegt sein Geburtstag aber zwischen Anfang Februar und Ende August, muß er die Schule bis zum Freitag vor dem letzten Montag im Mai besuchen.

In Nordirland wurde durch die Education Reform (Northern Ireland) Order 1989 das schulpflichtige Alter von 5 auf 4 Jahre herabgesetzt. Ab dem Schuljahr 1992/93 können Schüler in Nordirland, die das 16. Lebensjahr vor oder am 1. Juli vollenden, die Schule am 30. Juni desselben Jahres verlassen. Vollendet der Schüler das 16. Lebensjahr zwischen dem 2. Juli und dem 31. August, so muß er die Schule bis zum Ende des darauffolgenden Schuljahres (30 Juni) besuchen.

In Schottland, für den Schulabgang im Laufe des Schuljahres gibt es zwei gesetzlich festgelegte Termine. Schüler, die das 16. Lebensjahr zwischen dem 1. Oktober und dem letzten Februartag vollenden, können die Schule am Ende des ersten Trimesters verlassen, d.h. zu Beginn der Weihnachtsferien. Fällt der 16. Geburtstag jedoch in die Zeit zwischen dem 1. März und dem 30. September, so kann der Schüler am 31. Mai desselben Jahres von der Schule abgehen.

ABSCHNITT B: SCHÜLER- UND STUDENTENBESTAND

B1 Bildungsbereiche und -arten

Die Daten beziehen sich auf berufliche Bildung und Ausbildung in Schulen. Sie schliesst die kombinierte Ausbildung in Schule und Betrieb, wie das Dualsystem der beruflichen Erstausbildung, mit ein. Die lediglich auf den Betrieb beschränkte Aus- und Weiterbildung, die behördlich nicht überwacht wird, ist in diesen Statistiken nicht berücksichtigt.

In der Mehrzahl der Mitgliedstaaten beschränkt sich der Unterricht auf der ISCED Niveaustufe 2 ausschliesslich auf allgemeinbildende Fächer.
In einigen Ländern, insbesondere in Belgien, Spanien, Frankreich, Luxemburg, den Niederlanden und Portugal schliesst der Unterricht auf der ISCED Niveaustufe 2 jedoch auch einige berufsbildende Fächer mit ein.

Regionaldaten

Schüler und Studenten werden in der Region gezählt, in der sie die Schule besuchen und nicht dort, wo sie wohnen.

Für einige Länder können Diskrepanzen zwischen der nationalen Gesamtsumme in den Tabellen B1-1 bis B1-3 und der in den Tabellen B1-4 bis B1-6 aufgeführten Summe auftreten. In manchen Fällen ist dies auf die Tatsache zurückzuführen, daß gewisse Bildungstypen, wie z. B. Fernstudien, nicht nach Regionen untergliedert werden können.

B2 Alter

Für den Großteil der Länder beziehen sich die Daten auf das Alter der Studenten am 31. Dezember / 1. Januar des akademischen Jahres. Für das Vereinigte Königreich beziehen sich die Daten auf das Alter der Schüler am 31. August vor Beginn des akademischen Jahres.

Die Beteiligungsquoten werden unter anderem vom Ende der Schulpflicht, das je nach Land zwischen 14 und 18 Jahren schwankt, beeinflußt (siehe Schaubild A2).

Für den Zweck der Tabelle und des Schaubilds B2-45 wird davon ausgegangen, daß es sich bei allen Schülern und Studenten, die das Schulpflichtalter überschritten haben, um Schulbesuch nach der Pflichtschulzeit handelt, z. B. alle Schüler und Studenten in Italien ab 14 Jahren, in Frankreich all diejenigen, die 16 und älter sind, usw.

Regionaldaten

Schüler und Studenten werden in der Region gezählt, in der sie die Schule besuchen und nicht in derjenigen, in der sie wohnen.

Für einige Länder können Diskrepanzen zwischen der nationalen Gesamtsumme in den Tabellen B2-1 und B2-3 (und folglich in den Tabellen B2-23 bis B2-25) und der in den Tabellen B2-20 bis B2-22 (und folglich in den Tabellen B2-47 bis B2-49) aufgeführten Summe auftreten. In manchen Fällen ist dies auf die Tatsache zurückzuführen, daß gewisse Bildungstypen, wie z. B. Fernstudien, nicht nach Regionen untergliedert werden können.

Besonders für Regionen, die an große Städte grenzen, ist unbedingt zu berücksichtigen, daß die Beteiligungsquoten errechnet werden, indem man die Zahl der in einer Region angemeldeten Schüler durch die gebietsansässige Bevölkerung in der entsprechenden Altersgruppe teilt. Da einige Jugendliche aber möglicherweise in einer Region ansässig sind und in einer anderen zur Schule gehen, kann diese interregionale Mobilität die Ergebnisse beeinflussen.

B3 Fachrichtungen

Siehe Anhang I der englischen oder französischen Erläuterungen.

B4 Fremdsprachenunterricht

B(F) = französischsprachige Gemeinschaft (einschl. einer kleinen deutschsprachigen Gemeinschaft)
B(VL) = flämischsprachige Gemeinschaft

Alle modernen Sprachen, die als "Fremdsprachen" gelehrt werden, sind in den Daten enthalten. Die Daten beziehen sich auf die Fremdsprachen, die jeder Schüler im Schuljahr 1993/94 gelernt hat und nicht auf die Fremdsprachen, die während der gesamten Schulzeit erlernt werden.

Tabelle B4-11: Die Zahl der im Durchschnitt je Schüler unterrichteten Fremdsprache wird errechnet, indem die Anzahl der Schüler, die in jeder Sprache unterrichtet werden, durch die Gesamtzahl der eingeschriebenen Schüler geteilt wird.

B5 Staatsangehörigkeit

In Irland und im Vereinigten Königreich wird bei der Staatsangehörigkeit vom ständigen Wohnsitz ausgegangen, während für die anderen Mitgliedstaaten der Paß der Studenten maßgebend ist.

Die vorgelegten Daten geben keine genaue Auskunft über die Mobilität der Studenten. Einerseits wurde die Zahl der Studenten, die in einem anderen EU-Mitgliedsland immatrikuliert sind als in ihrem eigenen, teilweise zu niedrig angesetzt, weil in einigen Ländern für bestimmte Studiengänge im Tertiärbereich keine Möglichkeit besteht, die Staatsangehörigkeit der Studenten zu ermitteln, zum Beispiel ISCED 5 in Frankreich. Andererseits können die Daten eine Überbewertung der Mobilität der Studierenden beinhalten, da in ihnen auch die Kinder von Migranten enthalten sind.

ABSCHNITT C: STUDIENANFÄNGER IM TERTIÄRBEREICH

Allgemeine Informationen

Die Daten beziehen sich auf Studienanfänger in ISCED 5 oder 6.

Mehrere Länder sind nicht in der Lage, die Zahl der Erstimmatrikulierten im Tertiärbereich zu bestimmen. In diesen Fällen beziehen sich die Daten auf alle Studenten, die im ersten Studienjahr eingeschrieben waren; da manche dieser Studenten eventuell schon vorher im Tertiärbereich studiert haben, (Neuimmatrikulierte und gelegentlich Studiengangwechsler) könnten die Zahlen daher zu hoch geschätzt sein.

C1 Alter

Für den Großteil der Länder beziehen sich die Daten auf das Alter der Studenten am 31. Dezember / 1. Januar des akademischen Jahres. Für Großbritannien beziehen sich die Daten auf das Alter der Studienanfänger am 31. August vor Beginn des akademischen Jahres.

C2 Fachrichtungen

Siehe Anhang I der englischen oder französischen Erläuterungen.

ABSCHNITT D: ABSOLVENTEN

D1 Sekundarstufe II

Die Daten beziehen sich auf berufliche Bildung und Ausbildung in Schulen. Sie schliesst die kombinierte Ausbildung in Schule und Betrieb, wie das Dualsystem der beruflichen Erstausbildung, mit ein. Die lediglich auf den Betrieb beschränkte Aus- und Weiterbildung, die behördlich nicht überwacht wird, ist in diesen Statistiken nicht berücksichtigt.

D2 Tertiärbereich

Beim Vergleich zwischen den Ländern sollten die verschiedenen Organisationsformen des Tertiärbereichs in den einzelnen Ländern und insbesondere die unterschiedlichen Möglichkeiten der Erlangung einer Qualifikation berücksichtigt werden. Zum Beispiel kann die Länge von Tertiärstudien zwischen zwei und sieben Jahren schwanken. Außerdem können in manchen Ländern zwei oder sogar drei akademische Grade vor dem Doktorat verliehen werden, in anderen Ländern dagegen nur einer.

Siehe Anhang I der englischen oder französischen Erläuterungen.

ABSCHNITT E: HÖCHSTES BILDUNGSNIVEAU

Die Daten in diesem Abschnitt stammen aus der gemeinschaftlichen Arbeitskräfteerhebung aus dem Jahre 1995.

Die Spalten 86 (Höchstes Niveau der abgeschlossenen allgemeinen Bildung oder Schulung) und 87 (Höchstes Niveau der abgeschlossenen beruflichen Bildung oder des Studiums) der Arbeitskräfteerhebung (siehe Methodik und Definitionen - Reihe ab 1996) entsprechen nicht der internationalen Terminologie der ISCED. Im Anhang II finden Sie die Spalten 86 und 87.

Eurostat hat daher eine Variable 'Höchstes Bildungsniveau' definiert, wobei die Spalten 86 und 87 wie folgt verknüpft wurden:

Jeder Person wird das erste der zutreffenden folgenden vier Niveaus, zugeordnet, so wie sie nachfolgend und in dieser Reihenfolge definiert sind:

a) Tertiärbereich
   ISCED 5-7 umfaßt Spalte 87 = 5-7 oder
   Spalte 86 = 4
   (für die Niederlanden und Frankreich
   Spalte 87 = 8)

b) Sekundarbereich, zweite Stufe
   ISCED 3 umfaßt Spalte 87 = 2, 4 oder
   Spalte 86 = 3

c) Bereich unterhalb des Sekundarbereichs,
      zweite Stufe
   ISCED 0-2 umfaßt Spalte 86 = 1, 2, 5 oder
   (Spalte 86 = leer und Spalte 87 = 1, 3, 8)

d) Nicht definiert, wenn Spalte 86 = leer und
   Spalte 87 = leer

ABSCHNITT F: LEHRKRÄFTE

Die Angaben schliessen das gesamte Schulpersonal mit Lehrverpflichtungen ein, auch wenn bestimmte Personen (z.B. infolge Krankheit, Erziehungsurlaub usw.) vorübergehend abwesend sind.

ABSCHNITT G: ZEITREIHEN

Die Zeitreihen für Deutschland weisen 1990/91 infolge der Wiedervereinigung einen Bruch auf. In Portugal geht dieser Zeitreihenbruch auf eine Umstellung der statistichen Datenerfassung im Bildungsbereich zurück.

ABSCHNITT H: DEMOGRAPHISCHE DATEN

Die Bevölkerungsszenarien sind in jüngster Zeit von Eurostat vorgelegt worden. Sie halten sich im allgemeinen sehr eng an die jüngsten offiziellen Bevölkerungsvorausschätzungen der jeweiligen nationalen statistischen Ämter. Die Ergebnisse dieses Szenarios können daher für die nächsten 10 bis 15 Jahre als die im internationalen Vergleich "besten Schätzungen" bezeichnet werden.

ZEICHENERKLÄRUNG

:	Keine Angabe
-	null
0	Angabe weniger als die Hälfte der verwendeten Einheit
X	in einer anderen Zelle enthalten
*	Vorläufige oder geschätzte Angaben
•	entfällt
⌚	Indikatoren
▙	Graphiken

Abkürzung der jeweiligen Länder

B	Belgien
DK	Dänemark
D	Deutschland
GR	Griechenland
E	Spanien
F	Frankreich
IRL	Irland
I	Italien
L	Luxemburg
NL	Niederlande
A	Österreich
P	Portugal
FIN	Finnland
S	Schweden
UK	Vereinigtes Königreich

Anhang I

Siehe Anhang I der englischen oder französischen Erläuterungen.

Anhang II

Die gemeinschaftliche Arbeitskräfteerhebung
Die Spalten 86 und 87

---

86 Höchstes Niveau der abgeschlossenen allgemeinen Bildung oder Schulung

1	Kein Abschluß der ersten Stufe des Sekundarbereiches (entweder Abschluß des Primarbereiches (ISCED 1) oder gar kein Abschluß)
2	Abschluß des Sekundarbereiches, erste Stufe (ISCED 2)
3	Abschluß des Sekundarbereiches, zweite Stufe (ISCED 3)
4	Abschluß des tertiären Bereiches
5	Andere allgemeine Bildung
9	Trifft nicht zu (Kinder jünger als 15 Jahre)
leer	Ohne Angabe

---

87 Höchstes Niveau der abgeschlossenen beruflichen Bildung oder des Studiums

1	Ohne beruflichen Bildungsabschluß (erhielt nur eine allgemeine schulische Bildung oder gar keine)
2	Abschluß (mindestens 1 Jahr) einer beruflichen Schule der Sekundarstufe
3	Abschluß einer praktischen beruflichen Ausbildung (mindestens 1 Jahr) im Betrieb
4	Abschluß einer beruflichen Ausbildung im dualen System bzw. einer Lehre
5	Abschluß an einer beruflichen schulischen Einrichtung des nicht-niversitären tertiären Bildungsbereichs
6	Abschluß eines Hochschulstudiums oder eines gleichwertigen Studiums
7	Abshluß eines weiterführenden Hochschulstudiums
8	Sonstige berufsbezogene Qualifikation
9	Trifft nicht zu (Kinder jünger als 15 Jahre)
leer	Ohne Angabe

TABLE OF CONTENTS

EN

Indicators ⬭ and graphs 📊:

B4   by foreign language learnt

Statistics:

Indicators ⬭ and graphs 📊:

B5   by citizenship

Statistics:

Indicators ⬭ and graphs 📊:

C   NEW ENTRANTS TO HIGHER EDUCATION - 1993/94

C1   by age

Statistics:

C2   by field of study

Statistics:

D   GRADUATES

D1   of upper secondary - 1993/94

Statistics:

Indicators ◠ and graphs ▥:

G   TIME SERIES

Trend in the number of pupils and students - (1975/76-1993/94)

Statistics:

Indicators ◠ and graphs ▥:

H   **DEMOGRAPHIC DATA**

H1   **Population by age - 1 January 1994**

Statistics:

Graphs:

Statistics:

H2   **Population scenarios - (1995-2020)**

Statistics:

INTRODUCTION

The aim of this publication is to provide comparable statistics and indicators on education across the fifteen Member States of the European Union. The main source for the data is the joint UOE (UNESCO, OECD, Eurostat) questionnaire on education statistics that was introduced for the first time in 1995 following a revision of the former UOC questionnaire. In addition, the section on levels of educational attainment draws on data from the 1995 Community Labour Force Survey.

Eurostat is grateful to the National Statistical Services and/or Ministries of Education in each country who provided the data.

The statistics in this report refer to public and private, full-time and part-time education in the ordinary school and university system as defined in the **International Standard Classification of Education (ISCED), UNESCO, 1976.**

The report has been divided into eight sections. Section A looks briefly at the link between the national education systems and internationally comparable statistics; Sections B (enrolment), C (new entrants) and D (graduates) deal with pupils and students in 1993/94; Section E focuses on the levels of educational attainment of the population in 1995; Section F looks at teaching staff in 1993/94; Section G provides a time series for certain variables 1975/76-1993/94; and Section H contains demographic data, including population scenarios up to the year 2020.

Luxembourg, December 1996

This publication has been prepared by Unit E3, Directorate E (Director: Lidia Barreiros)
Content: Rachel Harris with Bettina Knauth and Laurent Freysson
Layout: Claudine Greiveldinger

EXPLANATORY NOTES

COVERAGE

In principle, data in all tables include general education, technical education and vocational education and training in schools. Combined school and work-based programmes such as dual system apprenticeship are also included. Entirely work-based education and training (initial and continuing), for which no formal education authority has oversight, is not included in the statistics.

In principle, data on special education offered either in schools or in special educational institutions are included by ISCED level. So called "adult education" is also included by ISCED level.

The Nomenclature of Territorial Units for Statistics (NUTS) was established by Eurostat so as to provide a single, uniform breakdown of territorial units for the production of regional statistics for the European Union. The NUTS is a three-level hierarchical classification. Education data are collected at NUTS levels I and II for all Member States.

F - Data exclude the overseas departments (DOM).

L - Data exclude the significant number of pupils enrolled in the surrounding countries as well as pupils attending the European school in Luxembourg.

SECTION A : NATIONAL EDUCATION SYSTEMS AND ISCED

International Standard Classification of Education (ISCED)

In order to facilitate comparison between countries, data on education in each Member State are allocated to the various level categories of the International Standard Classification of Education (ISCED). However, in making international comparisons, it is important to take account of the numerous differences in the national education and training systems. Moreover, ISCED no longer adequately covers the changing structure of the education and training systems. Work has therefore begun on a revision of ISCED and should be completed within the next couple of years.

A brief description of the ISCED levels is presented in the table below:

ISCED 0 (pre-primary education)

Education preceding primary education. In the vast majority of cases, it is not compulsory. As some countries define pre-primary more broadly than others, the data at this level in this report are restricted, in principle, to those programmes where a special staff qualification covering psychological and pedagogical matters is required.

ISCED 1 (primary education)

Begins between the ages of four and seven, is compulsory in all cases and lasts five or six years as a rule.

ISCED 2 (lower secondary education)

Compulsory schooling in all EU countries. The end of this level corresponds often to the end of full-time compulsory schooling.

ISCED 3 (upper secondary education)

Begins around the age of 14 or 15 and refers to either general, technical or vocational education. It may lead to the standard required for admission to higher education or it may be "terminal", as is sometimes the case with vocational education and training.

ISCED 5, 6, 7 (higher education)

Due to discrepancies in the allocation of data to the three ISCED levels comprising higher education, data in this report refer to the three levels combined except in the specific area of new entrants where ISCED 7 is not included. The three levels are:

ISCED 5 - Covers programmes which generally do not lead to the awarding of a university degree or equivalent, but admission to this level usually requires the successful completion of a programme at the upper secondary level.

ISCED 6 - Covers programmes leading to a first university degree or equivalent.

ISCED 7 - Covers programmes leading to a second, post graduate university degree.

MISSING DATA BY COUNTRY

For a number of tables, some countries are unable to provide data that cover all pupils and students in their country. The table below offers some idea of the order of magnitude of the missing data.

Country	Type of missing data	Order of magnitude	Tables concerned
E	ISCED 5	1% of all higher education	Section B5
IRL	part-time higher education	22% of all higher education	Section B5; Section C1
	part-time ISCED 3 general education	1% of ISCED 3 general	Section B4
	part-time ISCED 3 vocational education	35% of ISCED 3 vocational	Section B4
A	ISCED 5	8% of all higher education	Section B5

A1 Allocations to the ISCED levels by age

The graphs, which show how countries allocate their national data to the ISCED levels (based on their national education systems), should improve the interpretation of the data presented in the subsequent tables.

It should be noted that data for special and adult education are allocated to equivalent ISCED levels which explains enrolment in the lower levels of education of older students.

A2 Duration of compulsory schooling

The notes below, which are taken from a Eurydice publication entitled "Organisation of school time in the Member States of the European Community", supplements the information provided in Graph A2, page 58:

B - Compulsory schooling is full-time until the age of 15 at the most and includes at least six years' primary education and at least the first two years of full-time secondary education.

Full-time compulsory education is followed by a period of part-time compulsory schooling until the age of 18.

D - For the Länder of Berlin, Brandenburg, Bremen and North-Rhine-Westphalia, there are 10 years of compulsory full-time general education.

For those who do not remain at school full-time after the first 9 or 10 years of schooling, part-time vocational education is compulsory (3 years on average, depending on the length of the training period for a recognized trade or other occupation entry to which is by the way of apprenticeship).

GR - Compulsory education lasts 9 years and therefore covers the age group between 5 1/2 - 6 and 14 1/2 - 15 years. However, by law, a pupil who does not successfully complete lower secondary school by 14 1/2 , is obliged to stay on until the age of 16.

E - The education reform law of 1990 (Basic Law on the General Structures and Organisation of the Education System - LOGSE) provides for extending compulsory education by raising the minimum school leaving age to 16. However, the old provisions will remain in force until the new structure under the LOGSE is in place; this will be phased in over a period initially set at 10 years.

The statistics in this publication refer to pre-reform schooling.

L- The first two years of compulsory education relate to pre-school education, primary education starts at age 6. The lowering of the compulsory starting age from 5 to 4 years applies from the beginning of the 1993/94 school year.

NL - Every child must attend school full-time from the first school day of the month following its fifth birthday; however, nearly all children attend school from the age of four. Education is compulsory until the end of the school year in which the pupil reaches the age of 16 or has completed at least 12 full years of schooling. A pupil who has not reached the age of 18 (a minor) is still bound to attend part-time compulsory schooling for one year.

P - The provisions relating to the raising of the school leaving age to 15 years apply to pupils enrolled in the first year of basic education in the 1987/88 school year and to those who first enrol in the following years (Comprehensive Law on the Education System - 1986).

The statistics in this publication refer to pre-reform schooling.

UK - In England and Wales, statutory school age is from 5 to 16 years, which generally means from the beginning of the school term next after the child's fifth birthday until the school-leaving date appropriate to his/her sixteenth birthday. A child who reaches school-leaving age (16) in the five months September to January inclusive, must stay at school until the end of the following spring term. A child who reaches that age in February to August inclusive must stay at school until the Friday before the last Monday in May.

In Northern Ireland, the Education Reform (Northern Ireland) Order 1989 lowered the age for the beginning of compulsory education from 5 years to 4 years. With effect from the 1992/93 school year, pupils who reach the age of 16 on or before 1 July may leave school on 30 June of that year. Those who reach the age of 16 between 2 July and 31 August must remain at school for the whole of the following year, that is, until 30 June.

In Scotland, there are two statutory leaving dates in the school year. Those pupils whose 16th birthday falls between 1 October and the last day of February may leave at the end of the first term, i.e. at the start of Christmas holidays. Those who are 16 between 1 March and 30 September may leave on 21 May of that year.

SECTION B : ENROLMENT

B1 Level and type of education

Data refer to vocational education and training in schools. It includes technical education and combined school and work-based programmes such as dual system apprenticeship. Entirely work-based education and training (initial and continuing) for which no formal education authority has oversight is not included in the statistics.

For the majority of Member States, ISCED 2 is made up entirely of general education. However, for a few countries namely Belgium, Spain, France, Luxembourg, the Netherlands and Portugal some vocational education does take place in ISCED 2.

Regional data

Pupils and students are counted in the region in which they attend school as opposed to the region in which they are resident.

For a number of countries, there may be discrepancies between the national total provided in tables B1-4 to B1-6 and that provided in tables B1-1 to B1-3. This is due to the fact that certain types of education, such as distance-learning, cannot be broken down by region.

B2 Age

For the vast majority of countries, data refer to the age of pupils on 31 December/1 January within the academic year. For the United Kingdom, data refer to the age of pupils on 31 August at the beginning of the academic year.

The participation rates are affected, among other things, by the end of compulsory schooling, which varies from 14 to 18 years of age depending on the country (see graph A2).

For the purpose of table and graph B2-45, all pupils and students who have attained the minimum school leaving age are considered to be in post-compulsory education, e.g., in Italy all pupils and students aged 14 and over, in France all those aged 16 and over, etc.

Regional data

Pupils and students are counted in the region in which they attend school as opposed to the region in which they are resident.

For a number of countries, there may be discrepancies between the national total provided in tables B2-20 to B2-22 (and consequently B2-47 to B2-49 and that provided in B2-1 to B2-3 (and consequently B2-23 to B2-25). This is due to the fact that certain types of education, such as distance-learning, cannot be broken down by region.

It is important to bear in mind, particularly for regions that border large towns or cities, that the participation rates are calculated by dividing the number of pupils enrolled in a region by the resident population in that region. As some young people may be resident in one region and in education in another, this inter-regional mobility may influence the results.

B3 Field of study

See Annex I

B4 Foreign language learning

B (F) = French-speaking Community (includes small German-speaking Community)
B (VL) = Flemish-speaking Community

All modern languages that are taught as "foreign languages" are included in the data. Data refer to foreign languages studied by each pupil in 1993/94 - as opposed to those studied throughout their schooling.

In table B4-11, the average number of foreign languages taught per pupil is calculated by dividing the sum of the number of pupils enrolled in each language by the total number of pupils enrolled.

B5 Citizenship

In Ireland and the UK, students are considered to be non-nationals if they have permanent residence in another country, while for the other Member States, non-national students are those holding passports from another country.

The data presented do not provide a precise measure of student mobility. On the one hand, the number of students enrolled in an EU Member State other than their own, is underestimated, partly because, in some countries, it is not possible to identify the citizenship of students in certain types of higher education, e.g., ISCED 5 in France. On the other hand, the data may overstate the degree of student mobility as children of migrants are included.

SECTION C : NEW ENTRANTS TO HIGHER EDUCATION

General

Data refer to new entrants to higher education at levels ISCED 5 or 6.

Several countries are not able to identify first-time entrants into higher education. In these cases, the data refer to all students enrolled in the initial year of such programmes and, therefore, are an overestimate to the extent that some of the students may have previously been enrolled in higher education at the same level (re-entrants) or, less commonly, at another tertiary level.

C1 Age

For the vast majority of countries, data refer to the age of pupils on 31 December/1 January within the academic year. For the United Kingdom, data refer to the age of pupils on 31 August at the beginning of the academic year.

C2 Field of Study

See Annex I

SECTION D : GRADUATES

D1 Upper secondary

Data refer to vocational education and training in schools. It includes technical education and combined school and work-based programmes such as dual system apprenticeship. Entirely work-based education and training (initial and continuing) for which no formal education authority has oversight is not included in the statistics.

D2 Higher education

In making cross-country comparisons, account should be taken of the various ways in which higher education is organised in the countries and, in particular, the different concepts of 'graduating' that exist. For example, the length of higher education programmes may vary from two to seven years. In addition, some countries may award two or even three diplomas/degrees prior to the doctorate, others only one.

See Annex I

SECTION E : HIGHEST LEVEL OF EDUCATION AND TRAINING ATTAINED

Data in this section come from the 1995 Community Labour Force Survey (LFS).

Columns 86 (Highest completed level of general education attained) and 87 (Highest completed level of further education or vocational training) of the LFS (cf. Methods and Definitions - 1996) do not have direct equivalents in the international terminology used in ISCED. Columns 86 and 87 can be found in Annex II.

Eurostat thus created a variable for "Level of education and training" based on a combination of columns 86 and 87, which is calculated as follows.

Each individual is allocated to the first of the following four levels (in the order set out below) applicable to him :

a) level of higher education
ISCED 5-7 includes col 87 = 5-7 or col 86 = 4
(for the Netherlands and France col 87 = 8)

b) level of upper secondary education
ISCED 3 includes col 87 = 2, 4 or col 86 = 3

c) level of education below upper secondary level
ISCED 0-2 includes col 86 = 1, 2, 5 or (col 86 = blank and col 87 = 1,3,8)

d) undefined if col 86 = blank and col 87 = blank

SECTION F : TEACHING STAFF

Data include all staff on the payroll with teaching responsibilities even if temporarily absent from work (e.g. for reasons of illness or injury, parental or maternity leave etc.).

SECTION G : TIME SERIES

There is a break in the series for Germany in 1990/91 due to reunification and for Portugal due to a reorganisation in the collection of education statistics.

SECTION H : DEMOGRAPHIC DATA

The population scenarios have been recently compiled by Eurostat. They are generally very close to the latest official national population forecasts made by the national statistical institutes. Therefore, for the next 10-15 years the results of this scenario can be considered as internationally comparable "best guesses".

SYMBOLS USED

:	data not available
-	zero
0	less than half the unit used
x	included in another cell
*	provisional or estimated data
.	not applicable

⬙   indicator

📊   graph

Country abbreviations

B	Belgium
DK	Denmark
D	Germany
GR	Greece
E	Spain
F	France
IRL	Ireland
I	Italy
L	Luxembourg
NL	the Netherlands
A	Austria
P	Portugal
FIN	Finland
S	Sweden
UK	United Kingdom

Annex I

Definitions of field of study according to ISCED

Level		Fields of study	Types of programmes
5,6,7	14	Education science and teacher training	General teacher training, teacher training programmes with specialiszation in vocational subjects, education science.
5,6,7	22,26	Humanities, religion and theology	Languages and literature, linguistics, comparative literature, programmes for interpreters and translators, history, archeology, philosophy
5,6,7	18	Fine and applied arts	Art studies, drawing and painting, sculpturing, handicrafts, music, drama, photography and cinematography, interior design, history and philosophy of art.
5,6,7	38	Law	Law programmes for "notaires", local magistrates, jurisprudence
5,6,7	30	Social and behavioural science	Social and behavioural science, economics, demography, political science, sociology, anthropology, psychology, geography, studies of regional cultures.
5,6,7	34	Commercial and business administration	Business administration and commercial programmes, accountancy, secretarial programmes, business machine operation and electronic data processing, financial management, public administration, institutional administration
5,6,7	84	Mass communication and documentation	Journalism, programmes in radio and television broadcasting, public relations, communications arts, library science, programmes for technicians in museums and similar repositories, documentation techniques
5,6,7	66	Home economics (domestic science)	Household arts, consumer food research and nutrition
5	78	Service trades	Cooking (restaurant and hotel-type), retailing, tourist trades, other service trade programmes
5,6,7	42	Natural science	Biological science, chemistry, geological science, physics, astronomy, meteorology, oceanography
5,6,7	46	Mathematics and computer science	General programmes in mathematics, statistics, actuarial science, computer science
5,6,7	50	Medical science and health related	Medicine, surgery and medical specialties, hygiene and public health, physiotherapy and occupational therapy; nursing, midwifery, medical X-ray techniques and other programmes in medical diagnostic and treatment techniques; medical technology, dentistry, stomatology and odontology, dental techniques, pharmacy, optometry.

5,6,7	54	Engineering	Chemical engineering and material techniques, civil engineering, electrical and electronics engineering, surveying, industrial engineering, metallurgical engineering, mining engineering, mechanical engineering, agricultural and forestry engineering techniques, fishery engineering techniques.
5,6,7	58	Architecture and town planning	Architecture, tow planning, landscape architecture
5	52	Trade, craft and industrial programmes	Food processing, electrical and electronics trades, metal trades, mechanical trades, air-conditioning trades; textile techniques, graphic arts, laboratory technicians, optical lens making
5,6,7	70	Transport and communications	Air crew and ships officer programmes, railway operating trades, road motor vehicle operation programmes, postal service programmes.
5,6,7	62	Agriculture, forestry and fishery	General programmes in agriculture, animal husbandry, horticulture, crop husbandry, agriculture economics, food science and technology, soil and water sciences, veterinary medicine, forestry, forest products technology, fishery science and technology
6	01	General programmes	
5,6,7	89	Other programmes	Criminology, civil security and military programme, social welfare, vocational counseling, physical education, environment studies, nautical science. Other programmes.

Annex II

Community Labour Force Survey
Columns 86 and 87

---

86 Highest completed level of general education

1	Less than first stage of secondary level education (that is, completed only primary education (ISCED 1) or none)
2	Completed first stage of secondary level education (ISCED 2) but not second stage
3	Completed second stage of secondary level education (ISCED 3) but not third stage
4	Completed recognised third level education
5	Other general education
9	Not applicable (child less than 15 years)
blank	No answer

---

87 Highest completed level of further education or vocational training

1	No further education or vocational training (only general education or none at all)
2	Completed a course (minimum one year) at a school providing specific vocational training
3	Completed a course (minimum one year) of specific vocational training in a working environment (without complementary instruction at a school or college)
4	Completed a course of specific vocational training within a system which provided both work experience and complementary instruction elsewhere (any form of 'dual system' including apprenticeship)
5	Received a third-level qualification which is not a university degree
6	Received a university degree (initial) or recognised equivalent
7	Received a university higher degree or post-graduate qualification
8	Received some vocational qualification not covered above
9	Not applicable (child less than 15 years)
blank	No answer

TABLE DES MATIERES

FR

Indicateurs ◿ et graphiques ▥:

C   NOUVEAUX INSCRITS DANS L'ENSEIGNEMENT SUPERIEUR - 1993/94

C1   par âge

Statistiques:

Indicateurs ◿ et graphiques ▥:

C2   par domaines d'études

Statistiques:

Indicateurs ◿ et graphiques ▥:

D   DIPLOMES

D1   de l'enseignement secondaire supérieur - 1993/94

Statistiques:

Indicateurs ◠ et graphiques ▐▌:

D2   de l'enseignement supérieur - 1993/94

Statistiques:

Indicateurs ◠ et graphiques ▐▌:

E   LE NIVEAU D'EDUCATION ET DE FORMATION LE PLUS ELEVE ATTEINT - 1995

Statistiques:

Indicateurs ◠ et graphiques ▐▌:

F   LE PERSONNEL ENSEIGNANT - 1993/94

Statistiques:

Indicateurs ◱ et graphiques 📊 :

G   SERIES TEMPORELLES

Evolution du nombre d'élèves et d'étudiants - (1975/76-1993/94)

Statistiques:

Indicateurs ⌂ et graphiques ▮▮:

H   DONNEES DEMOGRAPHIQUES

H1   Population par âge - 1er janvier 1994

Statistiques:

Graphiques:

Statistiques:

H2   Scénarios de population - (1995-2020)

Statistiques:

INTRODUCTION

La présente publication a pour objectif de fournir des statistiques et des indicateurs sur l'éducation comparables, dans les quinze pays de l'Union Européenne. La principale source de données est constituée par le questionnaire UOE (UNESCO, OCDE, Eurostat) qui a été introduit pour la première fois en 1995 après une révision du questionnaire précédent UOC. Le chapitre concernant les niveaux d'éducation atteints proviennent de l'Enquête sur les Forces de Travail 1995.

Eurostat remercie les Instituts Nationaux Statistiques et/ou Ministères de l'Education de chaque pays pour leur aimable contribution concernant la transmission des informations.

Les statistiques contenues dans la publication portent sur l'enseignement à temps plein et à temps partiel du système scolaire et universitaire ordinaire tel que défini dans la **Classification Internationale Type de l'Education (CITE), UNESCO, 1976.**

La publication s'articule autour de huit chapitres. Le chapitre A présente un bref aperçu de la relation existant entre les systèmes nationaux d'éducation et les statistiques internationales comparables; les chapitres B (effectifs), C (nouveaux inscrits) et D (diplômés) portent sur les élèves et les étudiants en 1993/94; le chapitre E a trait aux niveaux d'éducation atteints en 1995; la section F présente le personnel enseignant en 1993/94; le chapitre G fournit différentes séries temporelles relatives à la période 1975/76-1993/94; le chapitre H présente des données démographiques, incluant des scénarios de population à l'horizon 2020.

Luxembourg, décembre 1996

Cette publication a été conçue par l'Unité E3, Direction E (Directeur: Lidia Barreiros)
Réalisation: Rachel Harris avec la collaboration de Bettina Knauth et Laurent Freysson
Mise en page: Claudine Greiveldinger

NOTES EXPLICATIVES

COUVERTURE

En général, tous les tableaux concernent à la fois l'enseignement général, l'enseignement technique ainsi que l'enseignement et la formation professionnelle dans les écoles. Les programmes associant les études suivies à l'école et au travail tels que l'apprentissage dans le système combiné sont aussi inclus. L'enseignement et la formation (initiale et continue) entièrement dispensés sur le lieu de travail, sur lesquels aucune autorité scolaire n'a de droit de regard, n'est pas pris en compte.

Les données sur l'éducation spéciale dans des écoles ou dans des institutions scolaires spécifiques sont en principe classées par niveaux CITE, de même que celles concernant "l'éducation des adultes".

Eurostat a établi la Nomenclature des Unités Territoriales Statistiques (NUTS) dans le but de fournir une subdivision unique et uniforme des unités territoriales dans le cadre de la production de statistiques au niveau régional dans l'Union Européenne. La NUTS est une classification hiérarchique à trois niveaux. Les données sur l'éducation portent sur les niveaux I et II de celle-ci.

F - Les données excluent les départements d'outre-mer (DOM).

L - Les données ne comprennent pas le nombre important d'élèves inscrits dans les pays voisins, ni les élèves de l'école Européenne de Luxembourg.

CHAPITRE A : LES SYSTEMES NATIONAUX D'EDUCATION ET CITE

LA CLASSIFICATION INTERNATIONALE TYPE DE L'EDUCATION (CITE)

Afin de faciliter la comparaison entre les pays, les différents types d'enseignement nationaux ont été regroupés selon les degrés définis dans la Classification Internationale Type de l'Education (CITE). Cependant, lorsqu'il s'agit de comparaisons internationales, il est important de considérer les nombreuses différences existant dans les systèmes d'éducation et de formation nationaux. En outre, la CITE ne semble plus couvrir de façon adéquate l'évolution de la structure des différents systèmes. La révision de la CITE est en cours; elle devrait être présentée sous sa nouvelle forme dans les toutes prochaines années.

Le tableau ci-dessous présente un bref aperçu des niveaux CITE:

CITE 0 (pré-primaire)

Précède l'enseignement primaire. Dans la très grande majorité des cas, il n'est pas obligatoire. Etant donné que certains pays définissent le pré-primaire de façon plus large que d'autres, les données publiées dans le présent rapport concernant ce niveau sont généralement limitées à des programmes pour lesquels sont requis des compétences spécifiques en matière de psychologie et de pédagogie de la part du personnel enseignant.

CITE 1 (primaire)

Commence entre quatre et sept ans, est toujours obligatoire et dure en général cinq ou six ans.

CITE 2 (secondaire inférieur)

Fait partie de la scolarité obligatoire dans tous les pays de l'UE. La fin de ce niveau correspond souvent à la fin de la scolarité obligatoire à plein temps.

CITE 3 (secondaire supérieur)

Débute vers l'âge de 14 ou 15 ans, correspond soit à un enseignement général, soit professionnel, soit technique. Il peut constituer le niveau requis pour l'accès à l'enseignement supérieur, ou bien il peut être considéré comme la fin de la scolarité, ce qui est parfois le cas pour l'enseignement et la formation professionnels.

CITE 5, 6, 7 (enseignement supérieur)

En raison de profondes divergences dans la codification des trois niveaux de l'enseignement supérieur, les données ont été agrégées sauf en ce qui concerne les nouveaux inscrits où la CITE 7 n'est pas incluse.

CITE 5 - Englobe les programmes qui n'aboutissent généralement pas à la délivrance d'un diplôme universitaire ou d'un titre équivalent, mais dont l'admission exige au minimum l'achèvement d'un programme de l'enseignement secondaire de deuxième cycle.

CITE 6 - Englobe les programmes sanctionnés par un premier diplôme universitaire ou un titre équivalent.

CITE 7 - Englobe les programmes conduisant à un diplôme post-universitaire.

LES DONNÉES MANQUANTES RÉSUMÉES PAR PAYS

Pour certains tableaux, des pays se sont trouvés dans l'impossibilité de fournir une information couvrant tous les élèves et les étudiants. Le tableau ci-dessous donne une idée des ordres de grandeur des données manquantes.

Pays	Type de données manquantes	Ordre de grandeur	Tableaux concernés
E	CITE 5	1% de tout l'enseignement supérieur	Chapitre B5
IRL	enseignement supérieur à temps partiel	22% de tout l'enseignement supérieur	Chapitre B5; Chapitre C1
	enseignement général à temps partiel CITE 3	1% de CITE 3 général	Chapitre B4
	enseignement professionnel à temps partiel CITE 3	35% de CITE professionnel	Chapitre B4
A	ISCED 5	8% de tout l'enseignement supérieur	Chapitre B5

A1 Imputations aux niveaux CITE par âge

Les graphiques montrant comment les pays imputent les données nationales selon les niveaux de la CITE (à partir des systèmes nationaux d'enseignement), devrait améliorer l'interprétation des données présentées dans les différents tableaux.

Il est à signaler que les données pour l'éducation spéciale et pour l'éducation des adultes sont également présentées selon les mêmes niveaux CITE, ce qui explique la présence d'étudiants plus âgés dans des niveaux plus bas.

A2 Durée de la scolarité obligatoire

Les notes qui suivent sont issues d'une publication d'Eurydice "Calendrier et rythmes scolaires dans les Etats membres de la Communauté Européenne"; elles complètent l'information fournie dans le graphique A2, page 58:

B - L'obligation scolaire est à temps plein jusqu'à l'âge de 15 ou 16 ans maximum et comporte au moins six années d'enseignement primaire et au moins les deux premières années de l'enseignement secondaire de plein exercice.

La période d'obligation scolaire à temps plein est suivie d'une période d'obligation scolaire à temps partiel jusqu'à l'âge de 18 ans.

D - Pour les Länder de Berlin, Brandenbourg, Brême et Rhénanie-du-Nord-Westphalie, il y a 10 années obligatoires à temps plein dans l'enseignement général.

Pour ceux qui ne poursuivent pas un enseignement scolaire à plein temps après les 9 ou 10 premières années d'enseignement, un enseignement professionnel à temps partiel est obligatoire (en moyenne d'une durée de 3 ans; variable en fonction de la période de formation prévue pour accéder à un métier reconnu soumis à l'apprentissage).

GR - L'enseignement obligatoire porte sur 9 années et couvre dès lors la classe d'âge 5 1/2 - 6 à 14 1/2 - 15. Toutefois, selon la loi, si un élève n'a pas terminé avec succès l'enseignement secondaire du premier cycle à 14 1/2 ans, il ne peut quitter l'école avant l'âge de 16 ans.

E - La loi sur la réforme de l'enseignement (LOGSE / Loi Fondamentale sur la structure générale du système d'enseignement - 1990) prévoit une extension de la scolarité obligatoire à 16 ans. Toutefois, les anciennes dispositions restent d'application jusqu'à la mise en place de la nouvelle structure établie par la LOGSE dont l'implantation s'étalera sur une durée initialement prévue de 10 années.

Les statistiques dans cette publication se réfèrent à la période avant la réforme.

L - Les deux premières années de scolarité obligatoire concernent l'éducation préscolaire; l'enseignement primaire débute à l'âge de 6 ans. L'avancement de l'âge de la scolarité obligatoire de 5 à 4 ans est applicable à partir de l'année

NL - Tout enfant doit fréquenter l'école à temps plein à partir du premier jour (d'école) du mois suivant celui de son cinquième anniversaire; toutefois, la majorité des enfants fréquentent l'école primaire dès l'âge de 4 ans. L'enseignement est obligatoire jusqu'à la fin de l'année scolaire où l'élève atteint l'âge de 16 ans ou s'il a achevé au moins 12 années complètes de scolarité. Tout élève qui n'a pas atteint l'âge de 18 ans (enfant mineur) doit encore poursuivre un enseignement à temps partiel pendant un an.

P - Les dispositions relatives à l'allongement de la scolarité obligatoire à 15 ans s'appliquent aux élèves inscrits en première année de l'enseignement de base pour l'année scolaire 1987-88 et à ceux qui s'y inscriront au cours des années scolaires suivantes. (Loi des Bases du système éducatif - 1986).

Les statistiques dans cette publication se réfèrent à la période avant la réforme.

UK - En Angleterre et au Pays de Galles, la scolarité est obligatoire de 5 à 16 ans , ce qui signifie en général depuis le début du trimestre scolaire qui suit le cinquième anniversaire de l'enfant jusqu'à l'une des deux dates légalement fixées pour quitter l'école au cours de l'année scolaire où il atteint l'âge de 16 ans. Cette date se détermine pour chaque élève en fonction de la date de son anniversaire - si elle tombe au cours de la période allant de septembre à janvier inclus, l'élève doit fréquenter l'école jusqu'à la fin du trimestre du printemps suivant; si elle tombe au cours de la période allant de février à août inclus, il doit fréquenter l'école jusqu'au vendredi qui précède le dernier lundi de mai.

En Irlande du Nord, l'Education Reform (Northern Ireland) Order 1989 a abaissé de 5 à 4 ans l'âge de début de scolarité obligatoire. A partir de l'année scolaire 1992-93, les élèves qui atteignent l'âge de 16 ans avant ou à la date du 1er juillet peuvent quitter l'école le 30 juin de cette même année. Ceux qui atteignent l'âge de 16 ans entre le 2 juillet et le 31 août doivent poursuivre leur scolarité pendant toute l'année suivante, c'est-à-dire jusqu'au 30 juin.

En Ecosse, il y a deux dates fixées légalement pour quitter l'école au cours de l'année scolaire. Les élèves dont la date du 16ème anniversaire tombe entre le 1er octobre et le dernier jour de février peuvent quitter l'école à la fin du 1er trimestre, c'est-à-dire lorsque commencent les vacances de Noël. Ceux dont la date de leur 16ème anniversaire tombe entre le 1er mars et le 30 septembre peuvent quitter l'école le 31 mai de la même année.

CHAPITRE B : EFFECTIFS

B1 Niveau et type d'enseignement

Les données se réfèrent à l'éducation et à la formation professionnelle dans les écoles. Les données incluent l'enseignement technique et les programmes associant les études suivies à l'école et le travail tels que l'apprentissage dans le système combiné. L'enseignement et la formation (initiale et continue) entièrement dispensés sur le lieu de travail, sur lesquels aucune autorité scolaire n'a de droit de regard, n'est pas prise en compte.

Pour la majorité des Etats Membres, la CITE 2 est constituée intégralement par l'enseignement général. Cependant, dans certains pays, c'est à dire en Belgique, en Espagne, en France, au Luxembourg, aux Pays-Bas et au Portugal, ce niveau peut intégrer une part d'enseignement professionnel.

Données régionales

Les élèves et les étudiants sont recensés dans la région où ils sont inscrits à l'école et non forcément dans celle où ils résident.

Pour un certain nombre de pays, des écarts entre les totaux nationaux fournis par les tableaux B1-4 à B1-6 et ceux présentés dans les tableaux B1-1 à B1-3 peuvent apparaître. La différence est due au fait que certains types d'enseignement comme l'enseignement à distance ne peuvent pas être distribués par région.

B2 Age

Dans la grande majorité des pays, l'âge de référence des élèves est celui au 31 décembre/1er janvier de l'année scolaire. Le Royaume-Uni considère l'âge de référence au 31 août au début de l'année scolaire.

Le taux de participation dépend entre autres de la fin de l'enseignement obligatoire qui varie entre 14 et 18 ans selon les pays (voir graphique A2).

Concernant le tableau et le graphique B2-45, tous les élèves et les étudiants ayant atteint l'âge minimum pour quitter l'école sont considérés comme étant dans l'enseignement post-obligatoire, c'est à dire, en Italie tous les élèves et étudiants de plus de 14 ans, en France de plus de 16 ans etc.

Données régionales

Les élèves et les étudiants sont recensés dans la région où ils sont inscrits à l'école et non forcément dans celle où ils résident.

Pour un certain nombre de pays, des écarts entre les totaux nationaux fournis par les tableaux B2-20 à B2-22 (et en conséquence B2-47 à B2-49) et ceux des tableaux B2-1 à B2-3 (et en conséquence B2-23 à B2-25) peuvent apparaître. La différence est due au fait que certains types d'enseignement comme l'enseignement à distance ne peuvent pas être distribués par région..

Il est important de souligner, en particulier pour les régions proches des grandes villes, que les taux de scolarisation sont calculés en divisant le nombre d'élèves inscrits dans une région par la population résidant dans cette région. Comme certains jeunes peuvent être résidents dans une région et étudier dans une autre, cette mobilité inter-régionale peut influer sur les résultats.

B3 Domaines d'études

Voir annexe I

B4 Apprentissage des langues étrangères

B(F) = Communauté francophone (comprend la petite communauté germanophone)
B(VL) = Communauté flamande

Toutes les langues modernes enseignées comme langues étrangères sont considérées. Les données se réfèrent aux langues étrangères étudiées par les élèves en 1993/94 - et non à celles étudiées pendant toute leur scolarité.

Concernant le tableau B4-11, le nombre moyen de langues étrangères étudiées par élève est obtenu en divisant la somme du nombre d'élèves inscrits dans chaque langue par le nombre total d'élèves inscrits.

B5 Nationalité

En Irlande et au Royaume-Uni, la nationalité est liée au statut de résident permanent ou non, alors que dans les autres Etats membres, c'est la possession d'un passeport d'un autre pays qui est déterminante.

Les données présentées ne donnent pas une mesure précise de la mobilité des étudiants. D'une part, le nombre d'étudiants inscrits dans un autre Etat membre de l'UE est sous-estimé en partie du fait que dans certains pays, il n'est pas possible de connaître la nationalité des étudiants dans certains types d'enseignement supérieur, comme par exemple CITE 5 en France. D'autre part, les données risquent de surestimer le degré de mobilité des étudiants car elles englobent les enfants des immigrés.

CHAPITRE C : NOUVEAUX INSCRITS DANS L'ENSEIGNEMENT SUPERIEUR

Généralités

Les données se réfèrent aux nouveaux inscrits de l'enseignement supérieur aux niveaux CITE 5 ou 6.

Plusieurs pays ne sont pas en mesure d'identifier les premières inscriptions à des programmes de l'enseignement supérieur. Dans ces cas, les données se réfèrent à tous les étudiants inscrits l'année initiale de **ces** programmes et donc, surestiment les chiffres dans la mesure où certains étudiants étaient déjà en réalité inscrits dans l'enseignement supérieur au même niveau (ré-entrants) ou, de façon moins commune, à un autre niveau supérieur.

C1 Age

Dans la grande majorité des pays, l'âge de référence des élèves est celui au 31 décembre/1er janvier de l'année scolaire. Le Royaume-Uni considère l'âge de référence au 31 août au début de l'année scolaire.

C2 Domaines d'études

Voir annexe I

CHAPITRE D : DIPLOMES

D1 Secondaire supérieur

Les données se réfèrent à l'éducation et à la formation professionnelle dans les écoles. Les données incluent l'enseignement technique et les programmes associant les études suivies à l'école et le travail tels que l'apprentissage dans le système combiné. L'enseignement et la formation (initiale et continue) entièrement dispensés sur le lieu de travail, sur lesquels aucune autorité scolaire n'a droit de regard, n'est pas prise en compte.

D2 Enseignement supérieur

S'agissant de procéder à des comparaisons entre pays, il doit être rappelé avec quelle diversité est organisé l'enseignement supérieur dans les différents pays et en particulier, les différents concepts existant en matière de diplôme et de sanction des études. Par exemple, la longueur des programmes de l'enseignement supérieur peut varier de deux à sept ans. De plus, dans certains pays deux ou même trois diplômes sont requis avant le doctorat contre un seul dans d'autres.

Voir annexe I

CHAPITRE E : LE NIVEAU D'EDUCATION ET DE FORMATION LE PLUS ELEVE ATTEINT

Les données présentées dans ce chapitre sont issues de l'Enquête sur les Forces de Travail 1995 (EFT).

Les rubriques 86 (Niveau le plus élevé atteint d'enseignement général) et 87 (Niveau le plus élevé atteint de la formation post-scolaire ou professionnelle) de l'EFT (cf. Méthodes et Définitions - Série 1996) ne permettent pas une correspondance directe avec la terminologie internationale type de la CITE. Les rubriques 86 et 87 sont présentées en annexe II.

Eurostat a ainsi défini une variable 'Niveau d'éducation et de formation atteint' à partir du croisement des rubriques 86 et 87, et calculée de la façon suivante.

On attribue à chaque individu le premier des quatre niveaux qu'il vérifie, tels qu'ils sont définis ci-dessous et pris dans cet ordre:

a) niveau d'étude supérieur
    CITE 5-7 inclut col 87 = 5-7 ou col 86 = 4
    (pour les Pays-Bas et la France col 87 = 8)

b) niveau d'étude secondaire supérieur
    CITE 3 inclut col 87 = 2, 4 ou col 86 = 3

c) niveau d'étude inférieur au secondaire supérieur
    CITE 0-2 inclut col 86 = 1, 2, 5 ou (col 86 = blanc et col 87 = 1, 3, 8)

d) non défini si col 86 = 87 = blanc

CHAPITRE F : LE PERSONNEL ENSEIGNANT

Les données comprennent tout le personnel ayant les responsabilités d'enseigner même ceux temporairement absents de leur travail (par exemple pour cause de maladie ou d'accident, de congé de maternité ou de congé parental etc.).

CHAPITRE G : SERIES TEMPORELLES

Les données pour l'Allemagne à partir de 1990/91 présentent une rupture de série due à la réunification; le Portugal également en raison de la réorganisation de la collecte des statistiques de l'éducation.

CHAPITRE H : DONNEES DEMOGRAPHIQUES

Des scénarios démographiques ont été récemment réalisés par Eurostat. Ils sont en général très proche des prévisions démographiques nationales les plus récentes, effectuées par les instituts nationaux de la statistique. C'est pourquoi, pour les dix à quinze prochaines années, les résultats de ces scénarios peuvent être retenues comme les "meilleures hypothèses" comparables au niveau international.

SIGNES UTILISES

:	donnée non disponible
-	néant
0	donnée inférieure à la moitié de l'unité utilisée
x	inclus dans une autre cellule
*	données provisoires ou estimées
.	sans objet
⌂	indicateur
⏸	graphique

Abréviations des Pays

B	Belgique
DK	Danemark
D	Allemagne
GR	Grèce
E	Espagne
F	France
IRL	Irlande
I	Italie
L	Luxembourg
NL	Pays-Bas
A	Autriche
P	Portugal
FIN	Finlande
S	Suède
UK	Royaume-Uni

FR

Annexe I

Types de programmes inclus dans chaque domaine d'études d'enseignement technique et professionnel

Niveau		Domaines d'études	Types de Programmes inclus
5,6,7	14	Sciences de l'éducation	Formation de personnel enseignant, préparation générale à l'enseignement, préparation à l'enseignement avec spécialisation dans des disciplines à caractère professionnel, sciences de l'éducation
5,6,7	22,26	Lettres, religion et théologie	Langues et littératures, linguistique, littérature comparée, formation d'interprètes et de traducteurs, histoire, archéologie, philosophie. Religion et théologie
5,6,7	18	Beaux-arts et arts appliqués	Etudes artistiques, dessin et peinture, sculpture, arts artisanaux, musique, arts du spectacle, photographie et cinématographie, décoration, histoire et philosophie de l'art
5,6,7	38	Droit	Droit, notariat, formation de magistrats locaux, jurisprudence
5,6,7	30	Sciences sociales et sciences du comportement	Sciences sociales et sciences du comportement, sciences économiques, science politique, démographie, sociologie, anthropologie, psychologie, géographie, études des cultures régionales
5,6,7	34	Formation au commerce et à l'administration des entreprises	Administration des entreprises et enseignement commercial, comptabilité, secrétariat, mécanographe et traitement électronique de l'information, gestion financière, administration publique, administration d'établissement et de collectivités
5,6,7	84	Information et documentation	Journalisme, formation pour la radio et la télévision, relations avec le public, techniques de l'information,, bibliothéconomie, formation des techniciens pour les musées et établissement analogues, techniques de la documentation
5,6,7	66	Enseignement ménager	Arts ménagers, alimentation familiale, diététique et nutrition
5	78	Formation pour le secteur tertiaire	Hôtellerie et restauration, commerce de détail, services de tourisme, autres formations pour le secteur tertiaire
5,6,7	42	Sciences exactes et naturelles	Sciences biologiques, chimie, sciences géologiques, physique, astronomie, météorologie, océanographie
5,6,7	46	Mathématiques et informatique	Mathématiques générales, statistique, science actuarielle, informatique

5,6,7	50	Sciences médicales, santé et hygiène	Médecine, chirurgie et spécialisations médicales, hygiène et santé publique, physiothérapie et ergothérapie, formation d'infirmiers, de sages-femmes, de radiologues et autres formations aux techniques du diagnostic et du traitement des maladies, technologie médicale, art dentaire, stomatologie et odontologie, technologie dentaire, pharmacie, optométrie
5,6,7	54	Sciences de l'ingénieur	Génie chimique et technologie des matériaux, génie civil, électrotechnique et électronique, topographie, organisation industrielle, métallurgie, techniques minières, mécanique, technologie agricole et forestière, techniques de la pêche
5,6,7	58	Architecture et urbanisme	Architecture, urbanisme, formation d'architectes paysagistes
5	52	Métiers de la production industrielle	Traitement de denrées alimentaires, formation en électricité, en électronique, en travail des métaux, à la mécanique, aux techniques du conditionnement d'air, technologie des textiles, arts graphiques, techniciens de laboratoire, fabrication de verres optiques
5	70	Transports et communications	Formation de personnel des transports aériens, maritimes, ferroviaires, routiers et de services postaux
5,6,7	62	Agriculture, sylviculture et halieutique	Enseignement agricole, zootechnie, horticulture, culture de plein champ, économie agricole, science et technologie de l'alimentation, pédologie et hydrologie, médecine vétérinaire, sylviculture, technologie des produits forestiers, halieutique (science et technologie de la pêche)
6	01	Programmes d'enseignement général	
5,6,7	89	Autres programmes	Criminologie, formation militaire et pour la sécurité civile, formation de personnel des services sociaux, formation des conseillers d'orientation professionnelle, éducation physique, programmes relatifs à l'environnement science nautique. Autres programmes

Annexe II

**L'Enquête communautaire sur les Forces de Travail
Rubriques 86 et 87**

---

86 Niveau le plus élevé atteint d'enseignement général

1	Niveau plus bas que secondaire inférieur (soit niveau primaire (CITE 1), soit aucun enseignement officiel)
2	Niveau secondaire inférieur (CITE 2)
3	Niveau secondaire supérieur (CITE 3)
4	Niveau supérieur reconnu
5	Autre enseignement général
9	Sans objet (enfant de moins de 15 ans)
blanc	Sans réponse

---

87 Niveau le plus élevé atteint de la formation postscolaire ou professionnelle

1	Aucun enseignement supérieur et aucune formation professionnelle (seulement enseignement scolaire ou aucun enseignement)
2	Formation professionnelle spécifique (au moins une année) dans une école (niveau secondaire)
3	Formation professionnelle spécifique (au moins une année) au sein de l'entreprise (sans autre formation complémentaire dans une école ou un collège)
4	Formation professionnelle spécifique dans un système comprenant l'expérience du travail et une formation complémentaire (toute forme de formation alternée)
5	Diplôme non universitaire de niveau supérieur
6	Diplôme universitaire ou équivalent reconnu
7	Diplôme postuniversitaire
8	Autre diplôme non compris ci-dessus
9	Sans objet (enfant de moins de 15 ans)
blanc	Sans réponse

A Nationale Bildungssysteme und ISCED
National education systems and ISCED
Les systèmes nationaux d'éducation et CITE

A

A1

Zuordnungen zu den ISCED Stufen nach Alter
Allocations to the ISCED levels by age
Imputations aux niveaux CITE par âge

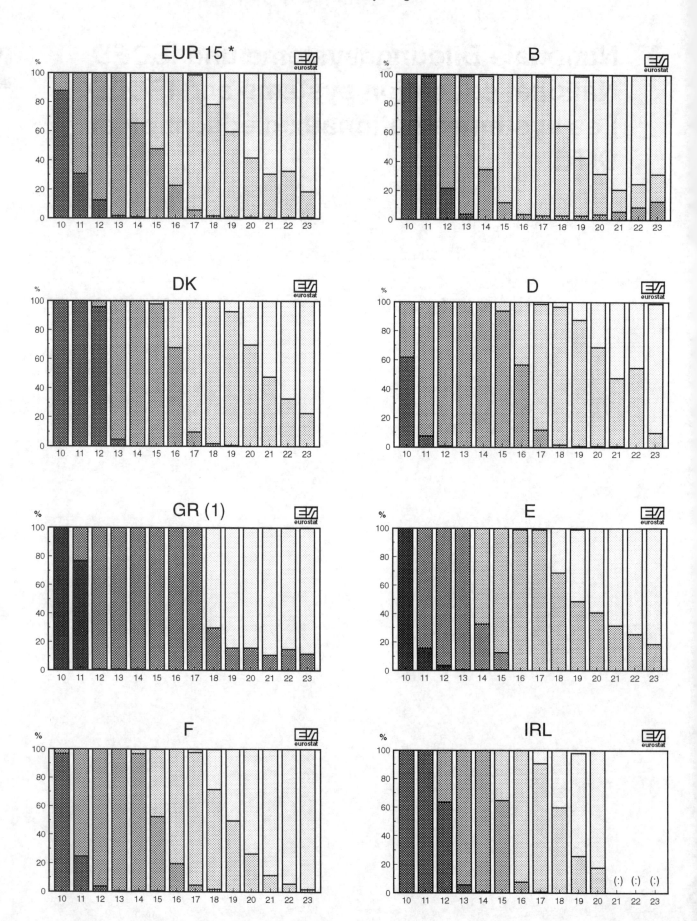

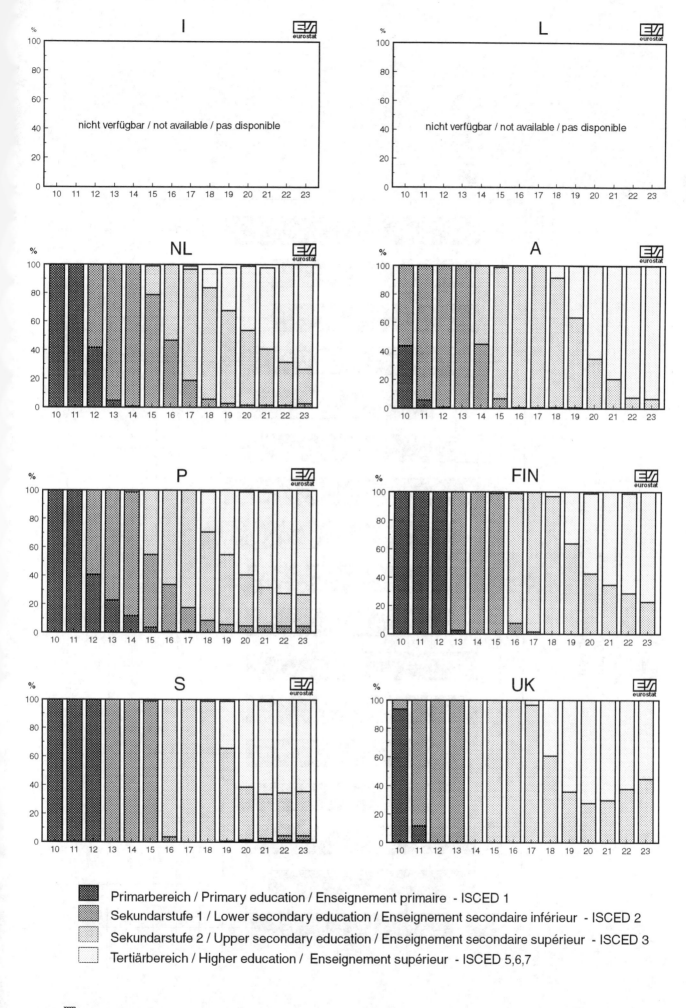

Primarbereich / Primary education / Enseignement primaire - ISCED 1
Sekundarstufe 1 / Lower secondary education / Enseignement secondaire inférieur - ISCED 2
Sekundarstufe 2 / Upper secondary education / Enseignement secondaire supérieur - ISCED 3
Tertiärbereich / Higher education / Enseignement supérieur - ISCED 5,6,7

(1) Sekundarbereich insgesamt / Total secondary / Secondaire total

A2

Dauer der Schulpflicht
Duration of compulsory schooling
Durée de la scolarité obligatoire

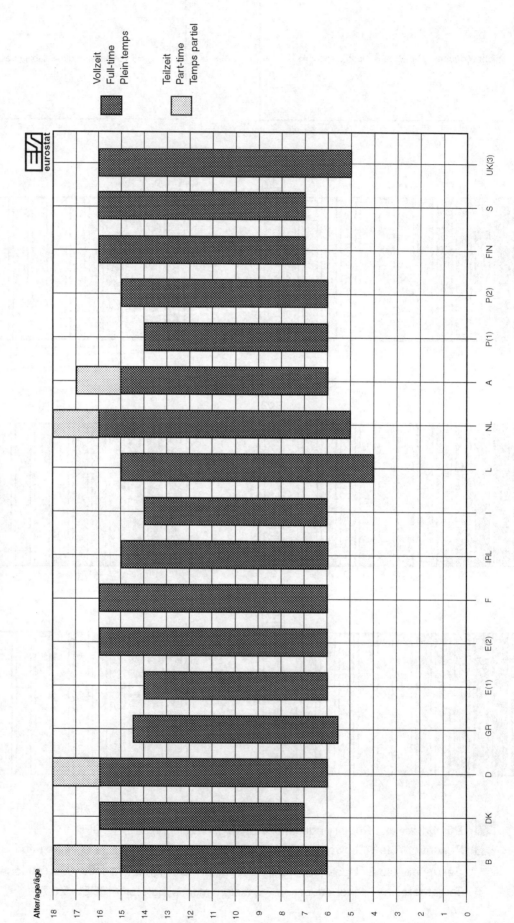

Vollzeit
Full-time
Plein temps

Teilzeit
Part-time
Temps partiel

Alter/age/âge

(1) Vor der Schulreform
(1) Pre-reform
(1) Pré-réforme

(2) Nach der Schulreform
(2) Post-reform
(2) Post-réforme

(3) Nordirland 4-16
(3) Northern Ireland 4-16
(3) Irlande du Nord 4-16

B Schüler- und Studentenbestand
Enrolment
Effectifs

B1 nach Bildungsbereichen und -arten
by level and type of education
par niveau et type d'enseignement

B1-1

Schüler/Studenten nach Bildungsbereichen und -arten
ISCED 0-7
1993/94

Männlich und weiblich

Pupils/students by level and type of education
ISCED 0-7
1993/94

Males and females

1000

		EUR 15	B	DK	D(1)	GR	E	F
Insgesamt	/ Total	83371.1	2534.0	1138.6	16532.0	2021.8	9864.7	14693.2
Vorschulbereich	/ Pre-primary education	10316.2	421.4	196.6	2639.8	132.8	1086.4	2548.5
Primarbereich	/ Primary education	23901.0	736.8	326.6	3639.7	723.7	2471.1	4078.4
Sekundarstufe I	/ Lower secondary education	18079.7	382.3	222.8	5120.4	439.0	1851.7	3472.1
Sekundarstufe II	/ Upper secondary education	19507.4	671.2	222.9	2949.7	412.3	2986.1	2510.9
davon: allgemein	of which: general	7906.5	216.7	102.3	663.4	274.7	1764.6	1192.5
beruflich	vocational	11584.9	454.5	120.6	2286.3	137.6	1221.5	1318.4
Tertiärbereich	/ Higher education	11512.6	322.4	169.6	2132.2	314.0	1469.5	2083.2

B1-2

Schüler/Studenten nach Bildungsbereichen und -arten
ISCED 0-7
1993/94

Weiblich

Pupils/students by level and type of education
ISCED 0-7
1993/94

Females

1000

		EUR 15	B	DK	D(1)	GR	E	F
Insgesamt	/ Total	:	1251.7	563.8	7845.7	965.2	4927.9	7271.7
Vorschulbereich	/ Pre-primary education	:	205.1	96.2	1288.0	65.2	529.0	1244.5
Primarbereich	/ Primary education	11621 *	357.2	160.0	1767.7	350.3	1190.3	1971.3
Sekundarstufe I	/ Lower secondary education	8806 *	199.1	108.9	2511.1	210.3	887.0	1687.0
Sekundarstufe II	/ Upper secondary education	9811 *	331.2	111.8	1356.5	199.1	1572.1	1230.7
davon: allgemein	/ of which: general	4213 *	116.0	58.6	354.5	151.8	942.0	657.3
beruflich	/ vocational	5589 *	215.2	53.2	1002.1	47.3	630.1	573.4
Tertiärbereich	/ Higher education	5728 *	159.1	86.8	902.4	146.7	749.5	1138.3

B1-3

Schüler/Studenten nach Bildungsbereichen und -arten
ISCED 0-7
1993/94

Männlich

Pupils/students by level and type of education
ISCED 0-7
1993/94

Males

1000

		EUR 15	B	DK	D(1)	GR	E	F
Insgesamt	/ Total	:	1282.3	574.8	8686.3	1056.6	4936.8	7421.5
Vorschulbereich	/ Pre-primary education	:	216.3	100.4	1351.8	67.7	557.3	1304.0
Primarbereich	/ Primary education	12279 *	379.5	166.6	1872.0	373.4	1280.8	2107.1
Sekundarstufe I	/ Lower secondary education	9273 *	183.2	113.9	2609.3	228.7	964.6	1785.2
Sekundarstufe II	/ Upper secondary education	9696 *	340.0	111.1	1593.2	213.2	1414.0	1280.2
davon: allgemein	/ of which: general	3693 *	100.7	43.7	308.9	122.8	822.7	535.2
beruflich	/ vocational	5996 *	239.3	67.4	1284.3	90.4	591.4	745.0
Tertiärbereich	/ Higher education	5785 *	163.2	82.8	1229.8	167.3	720.0	944.9

(1) "Insgesamt" schliesst die geistig behinderten Schüler an Sonderschulen ein, die keinem ISCED Niveau zugeordnet worden sind
(2) Die Gesamtsumme für den Sekundarbereich II enthält auch die Angaben zur Erwachsenenbildung, für die es keine Aufteilung in "allgemein" und "beruflich" gibt

(1) "Total" includes data on students with mental disabilities in special schools which have not been allocated to a specific ISCED level
(2) The total for upper secondary is not a sum of general and vocational because data for adult education are only available for the total

Elèves/étudiants par niveau et type d'enseignement
CITE 0-7
1993/94

Garçons et filles

1000

IRL(1)	I	L	NL	A	P	FIN	S(2)	UK	
1019.7	11150.4	61.5	3614.3	1596.8	2327.8	1135.8	1951.2	13729.4	Total
118.2	1578.4	9.2	373.2	209.7	183.3	92.2	295.5	430.9	Enseignement pré-primaire
392.0	2863.3	25.4	1172.5	381.6	929.5	390.9	626.3	5143.2	Enseignement primaire
210.3	1996.7	13.2	787.2	381.9	500.4	200.3	332.2	2169.3	Enseignement secondaire inférieur
177.6	2941.8	12.0	748.9	396.1	438.3	255.0	462.8	4321.9	Enseignement secondaire supérieur
136.5	792.0	4.4	223.4	88.0	338.8	118.4	163.3	1827.6	dont: général
41.1	2149.8	7.6	525.6	308.1	99.5	136.6	283.3	2494.3	professionnel
117.6	1770.3	1.8	532.4	227.4	276.4	197.4	234.5	1664.0	Enseignement supérieur

Elèves/étudiants par niveau et type d'enseignement
CITE 0-7
1993/94

Filles

1000

IRL(1)	I	L	NL	A	P	FIN	S(2)	UK	
499.7	:	:	1721.1	761.4	1167.9	581.0	995.5	6924.0	Total
57.3	:	:	182.5	101.6	88.5	45.2	147.8	210.1	Enseignement pré-primaire
190.5	1419.1	:	568.3	185.5	441.5	190.7	307.0	2509.9	Enseignement primaire
103.5	949.7	:	383.4	186.2	250.0	98.9	166.2	1058.5	Enseignement secondaire inférieur
90.1	1460.5	:	341.2	181.1	230.7	141.5	246.7	2312.6	Enseignement secondaire supérieur
69.9	447.2	:	119.4	43.9	185.7	69.0	96.4	899.6	dont: général
20.2	1013.2	:	221.7	137.2	45.0	72.5	141.6	1413.0	professionnel
56.8	911.8	:	245.7	107.0	157.1	104.7	127.9	832.9	Enseignement supérieur

Elèves/étudiants par niveau et type d'enseignement
CITE 0-7
1993/94

Garçons

1000

IRL(1)	I	L	NL	A	P	FIN	S(2)	UK	
519.9	:	:	1893.2	835.4	1159.9	554.8	955.7	6805.3	Total
60.9	:	:	190.7	108.2	94.8	47.0	147.8	220.8	Enseignement pré-primaire
201.5	1444.1	:	604.3	196.2	488.0	200.2	319.3	2633.3	Enseignement primaire
106.8	1047.0	:	403.8	195.7	250.3	101.4	166.0	1110.8	Enseignement secondaire inférieur
87.5	1481.3	:	407.8	214.9	207.6	113.5	216.1	2009.3	Enseignement secondaire supérieur
66.6	344.7	:	103.9	44.1	153.1	49.4	67.0	928.0	dont: général
20.9	1136.6	:	303.8	170.9	54.5	64.1	141.8	1081.3	professionnel
60.8	858.5	:	286.7	120.4	119.3	92.7	106.6	831.1	Enseignement supérieur

(1) La rubrique 'total' inclut les données sur les étudiant handicapés mentaux
inscrits dans des écoles spécialisées, et qui n'ont pu être affectés à un niveau CITE
(2) Le total pour le secondaire supérieur ne correpond pas à la somme général et
professionnel car les données concernant l'enseignement pour adultes est
seulement couvert dans la rubrique 'total'

B1-4

Schüler und Studenten nach Bildungsbereichen (ISCED 0-7), Bildungsarten und Region (1)
Pupils and students by level (ISCED 0-7), type of education and region (1)
Elèves et étudiants par niveau (CITE 0-7), type d'enseignement et région (1)

1993/94

Männlich und weiblich
Males and females
Garçons et filles   *1000*

eurostat	Insgesamt	Vorschul-bereich	Primar-bereich	Sekundarbereich / Secondary / Secondaire				Tertiär-bereich
				Stufe I Lower Inférieur	Stufe II / Upper / Supérieur ISCED 3			
	Total Total	Pre-primary Pré-primaire ISCED 0	Primary Primaire ISCED 1	ISCED 2	Insgesamt Total Total	allgemein general général	beruflich vocational professionnel	Higher Supérieur ISCED 5,6,7
EUR 15	:	:	:	:	:	:	:	:
BELGIQUE-BELGIE	2534.0	421.4	736.8	382.3	671.2	216.7	454.5	322.4
BRUXELLES-BRUSSELS	311.3	41.8	75.0	45.2	75.5	27.5	48.1	73.7
VLAAMS GEWEST	1353.4	242.3	407.1	202.5	359.0	111.1	247.9	142.5
Antwerpen	382.4	68.6	116.0	57.4	99.5	30.5	69.0	40.9
Limburg	194.8	35.4	60.2	29.8	55.7	15.9	39.8	13.6
Oost-Vlaanderen	322.0	54.1	91.6	49.0	84.5	27.4	57.1	42.8
Vlaams Brabant	203.7	36.1	58.5	27.0	47.8	16.9	30.9	34.3
West-Vlaanderen	250.5	48.0	80.8	39.2	71.5	20.4	51.1	10.9
REGION WALLONNE	869.3	137.3	254.7	134.5	236.7	78.1	158.5	106.1
Brabant Wallon	92.0	13.8	26.0	10.5	19.0	9.5	9.5	22.7
Hainaut	328.0	52.1	96.8	55.5	94.4	27.9	66.5	29.3
Liège	270.1	42.2	77.1	41.2	71.9	23.3	48.7	37.7
Luxembourg	62.4	11.0	20.7	9.7	17.7	6.1	11.6	3.3
Namur	116.8	18.2	34.1	17.6	33.6	11.4	22.3	13.2
DANMARK	1138.6	196.6	326.6	222.8	222.9	102.3	120.6	169.6
BR DEUTSCHLAND	16532.0	2639.8	3639.7	5120.4	2949.7	663.4	2286.3	2132.2
BADEN-WÜRTTEMBERG	2062.3	326.9	452.8	612.7	402.6	71.4	331.2	267.3
BAYERN	2265.9	337.7	508.6	703.7	408.1	75.4	332.7	307.7
BERLIN	777.5	135.9	151.0	213.5	109.9	38.3	71.6	165.3
BRANDENBURG	616.1	151.7	148.0	218.6	74.4	18.9	55.5	21.0
BREMEN	135.9	13.2	24.6	37.0	33.1	7.3	25.7	27.5
HAMBURG	321.6	35.2	56.5	83.6	71.8	18.8	53.0	72.7
HESSEN	1138.0	168.1	239.6	338.9	217.6	55.0	162.6	173.9
MECKLENBURG-VORPOMMERN	472.7	106.6	114.2	166.7	65.9	14.6	51.4	17.4
NIEDERSACHSEN	1458.8	190.7	324.7	451.9	303.8	64.0	239.8	184.5
NORDRHEIN-WESTFALEN	3558.7	424.6	768.8	1090.5	671.8	176.8	495.1	584.6
RHEINLAND-PFALZ	756.9	129.5	170.4	224.8	131.9	30.3	101.7	97.8
SAARLAND	207.3	33.6	43.3	58.8	38.5	7.7	30.8	30.5
SACHSEN	1054.8	236.5	239.8	356.8	147.3	29.6	117.7	70.7
SACHSEN-ANHALT	627.3	145.6	150.4	215.3	85.3	19.5	65.8	27.8
SCHLESWIG-HOLSTEIN	489.8	70.6	107.2	146.5	102.5	19.7	82.7	56.8
THÜRINGEN	588.5	133.4	139.9	201.3	85.3	16.2	69.1	26.5

1000

	Insgesamt Total Total	ISCED 0	ISCED 1	ISCED 2	ISCED 3 Insgesamt Total Total	ISCED 3 allgemein general général	ISCED 3 beruflich vocational professionnel	ISCED 5,6,7
ELLADA	2021.8	132.8	723.7	439.0	412.3	274.7	137.6	314.0
VOREIA ELLADA	:	:	:	:	:	:	:	:
Anatoliki Makedonia Thraki	:	:	:	:	:	:	:	:
Kentriki Makedonia	:	:	:	:	:	:	:	:
Dytiki Makedonia	:	:	:	:	:	:	:	:
Thessalia	:	:	:	:	:	:	:	:
KENTRIKI ELLADA	:	:	:	:	:	:	:	:
Ipeiros	:	:	:	:	:	:	:	:
Ionia Nisia	:	:	:	:	:	:	:	:
Dytiki Ellada	:	:	:	:	:	:	:	:
Sterea Ellada	:	:	:	:	:	:	:	:
Peloponnisos	:	:	:	:	:	:	:	:
ATTIKI	:	:	:	:	:	:	:	:
NISIA	:	:	:	:	:	:	:	:
Voreio Aigaio	:	:	:	:	:	:	:	:
Notio Aigaio	:	:	:	:	:	:	:	:
Kriti	:	:	:	:	:	:	:	:
ESPANA (2)	9753.2	1086.4	2471.1	1851.7	2986.1	1764.6	1221.5	1357.9
NOROESTE	1034.8	100.6	250.8	197.9	347.0	202.6	144.4	138.5
Galicia	649.9	66.8	164.1	126.9	209.0	121.9	87.1	83.2
Asturias	257.5	21.2	56.2	46.3	93.0	56.1	36.9	40.8
Cantabria	127.4	12.6	30.5	24.7	45.1	24.6	20.4	14.5
NORESTE	965.3	102.9	208.9	163.7	340.9	191.8	149.1	148.9
Pais Vasco	515.4	53.3	106.6	85.5	191.8	110.7	81.2	78.1
Navarra	122.8	14.3	27.3	21.1	38.7	22.3	16.4	21.4
Rioja	58.9	6.6	14.2	11.0	22.2	10.4	11.8	4.9
Aragon	268.2	28.7	60.7	46.0	88.1	48.4	39.8	44.7
MADRID	1344.8	130.5	300.9	228.7	413.8	277.2	136.5	270.9
CENTRO (E)	1233.1	145.8	322.7	239.4	379.2	223.9	155.3	146.0
Castilla-Léon	605.3	62.0	137.3	107.5	199.4	117.1	82.3	99.2
Castilla-La Mancha	376.5	51.3	110.6	79.3	110.5	63.5	47.0	24.8
Extremadura	251.2	32.6	74.8	52.5	69.3	43.3	26.0	21.9
ESTE	2549.2	330.3	636.1	474.6	764.1	422.5	341.6	344.2
Cataluna	1430.7	204.0	339.8	253.3	433.5	231.2	202.3	200.2
Comunidad Valenciana	955.6	106.1	248.0	186.0	285.9	158.3	127.7	129.6
Baleares	162.9	20.2	48.4	35.3	44.7	33.1	11.7	14.3
SUR	2205.8	232.5	634.4	461.3	613.6	378.2	235.5	264.1
Andalucia	1883.9	195.6	543.9	394.9	520.8	324.3	196.4	228.8
Murcia	290.7	32.7	79.6	59.6	84.9	48.4	36.5	33.9
Ceuta y Melilla	31.2	4.2	10.9	6.8	7.9	5.4	2.6	1.3
CANARIAS	420.1	43.7	117.3	86.2	127.6	68.6	59.0	45.3
FRANCE (3)	14686.2	2548.5	4100.1	3458.8	2502.6	1190.0	1312.6	2076.2
ILE DE FRANCE	2885.4	490.4	773.6	620.1	439.3	229.5	209.8	562.0
BASSIN PARISIEN	2632.5	460.8	773.8	662.2	468.8	211.3	257.5	266.9
Champagne-Ardennes	353.0	62.5	101.5	88.0	62.0	28.7	33.3	39.0
Picardie	481.3	88.0	146.5	123.5	84.7	37.6	47.1	38.6
Haute-Normandie	473.1	80.2	142.4	119.6	82.1	36.0	46.1	48.8
Centre	578.6	101.1	169.2	143.5	103.4	47.2	56.2	61.5

	Insgesamt Total Total	ISCED 0	ISCED 1	ISCED 2	ISCED 3 Insgesamt Total Total	allgemein general général	beruflich vocational professionnel	ISCED 5,6,7
Basse-Normandie	362.9	62.9	104.4	91.6	66.1	29.6	36.5	37.9
Bourgogne	383.6	66.1	109.8	96.2	70.5	32.1	38.4	41.1
NORD-PAS-DE-CALAIS	1162.2	214.3	333.7	272.1	204.2	86.4	117.8	137.9
EST	1310.8	224.2	373.2	314.2	225.3	100.5	124.8	173.9
Lorraine	603.5	104.8	171.0	145.5	106.9	47.8	59.1	75.2
Alsace	417.6	69.8	120.2	96.0	66.1	29.3	36.8	65.6
Franche-Comté	289.7	49.6	82.0	72.7	52.3	23.4	28.9	33.0
OUEST	1957.3	340.9	533.1	475.4	366.4	170.2	196.2	241.5
Pays de la Loire	834.2	145.0	231.0	205.9	155.0	71.9	83.1	97.2
Bretagne	744.8	131.1	196.7	176.2	139.8	66.1	73.8	100.9
Poitou-Charentes	378.4	64.7	105.4	93.3	71.5	32.2	39.3	43.4
SUD-OUEST	1390.9	230.4	369.5	323.9	244.6	116.6	128.1	222.4
Aquitaine	657.2	108.3	179.4	157.3	113.8	55.7	58.1	98.4
Midi-Pyrénées	582.5	98.2	150.5	130.3	100.0	47.5	52.5	103.5
Limousin	151.2	23.9	39.7	36.3	30.9	13.4	17.5	20.5
CENTRE-EST	1738.7	306.0	481.7	411.1	292.9	145.2	147.7	247.0
Rhône-Alpes	1436.9	257.0	400.7	337.7	235.8	119.1	116.6	205.7
Auvergne	301.8	49.0	81.0	73.4	57.1	26.1	31.1	41.2
MEDITERRANEE	1608.4	281.4	461.5	379.7	261.1	130.4	130.7	224.6
Languedoc-Roussillon	521.1	90.9	146.3	123.1	82.8	41.0	41.8	78.0
Provence-Alpes-Cô.Azur	1034.6	180.9	298.6	242.8	169.8	84.7	85.0	142.5
Corse	52.6	9.6	16.6	13.8	8.5	4.7	3.8	4.1
DEPARTEMENTS D'OUTRE-MER	:	:	:	:	:	:	:	:
Guadeloupe	:	:	:	:	:	:	:	:
Martinique	:	:	:	:	:	:	:	:
Guyane	:	:	:	:	:	:	:	:
Réunion	:	:	:	:	:	:	:	:
IRELAND	1019.7	118.2	392.0	210.3	177.6	136.5	41.1	117.6
ITALIA (4)	11110.2	1578.4	2863.3	1996.7	2941.8	792.0	2149.8	1730.1
NORD OVEST	945.2	127.5	232.0	162.7	267.4	73.7	193.7	155.6
Piemonte	683.3	92.4	171.4	121.4	187.7	50.3	137.4	110.6
Valle d'Aosta	17.3	2.9	4.9	3.3	5.9	0.8	5.1	0.3
Liguria	244.6	32.2	55.8	38.1	73.8	22.7	51.2	44.7
LOMBARDIA	1545.4	220.7	387.6	267.5	416.6	108.0	308.5	253.0
NORD EST	1130.8	167.6	284.4	198.1	320.9	76.0	244.9	159.9
Trentino-Alto Adige	160.6	25.9	47.0	31.1	41.9	10.0	31.9	14.7
Veneto	777.6	115.1	194.1	136.0	220.4	51.7	168.8	112.0
Friuli-Venezia Giulia	192.6	26.6	43.3	31.0	58.6	14.4	44.2	33.1
EMILIA-ROMAGNA	651.9	79.4	139.9	96.7	176.3	40.6	135.6	159.7
CENTRO (I)	1030.5	135.0	236.2	165.3	285.2	75.1	210.2	208.8
Toscana	605.0	77.7	136.3	96.3	165.9	43.7	122.2	128.7
Umbria	152.5	20.4	35.6	24.4	43.3	12.6	30.8	28.9
Marche	273.1	36.9	64.3	44.6	76.0	18.8	57.2	51.2
LAZIO	1115.1	140.3	255.4	180.8	286.6	98.9	187.8	252.0
ABRUZZI-MOLISE	325.3	47.6	84.4	58.4	89.4	23.8	65.6	45.6
Abruzzi	263.2	37.9	66.5	46.2	71.2	18.2	53.0	41.4
Molise	62.1	9.7	17.8	12.2	18.2	5.5	12.6	4.2
CAMPANIA	1346.9	209.9	391.5	270.3	321.1	87.9	233.2	154.1
SUD	1499.3	242.0	426.7	297.6	389.0	106.6	282.4	143.9
Puglia	927.9	144.5	256.7	181.0	233.0	63.1	169.9	112.8
Basilicata	125.5	21.1	37.0	25.4	37.4	9.5	27.9	4.6
Calabria	445.8	76.5	133.0	91.3	118.6	33.9	84.7	26.5

1000

	Insgesamt Total Total	ISCED 0	ISCED 1	ISCED 2	ISCED 3 Insgesamt Total Total	allgemein general général	beruflich vocational professionnel	ISCED 5,6,7
SICILIA	1144.1	160.6	329.6	225.4	282.2	74.0	208.1	146.4
SARDEGNA	375.7	48.0	95.7	73.9	107.1	27.3	79.8	51.0
LUXEMBOURG	61.5	9.2	25.4	13.2	12.0	4.4	7.6	1.8
NEDERLAND (5)	3572.7	373.2	1173.1	781.1	733.0	223.4	509.6	512.4
NOORD-NEDERLAND	389.1	38.1	125.7	90.5	83.3	22.5	60.7	51.4
Groningen	151.8	12.1	39.4	31.5	33.8	9.2	24.6	35.0
Friesland	147.9	15.1	50.6	36.2	31.1	8.6	22.5	14.9
Drenthe	89.4	10.9	35.7	22.8	18.4	4.8	13.6	1.6
OOSTNEDERLAND	740.7	81.0	257.7	168.9	153.9	43.8	110.1	79.3
Overijssel	274.8	26.7	86.2	59.5	67.1	15.9	51.3	35.2
Gelderland	408.8	45.6	144.5	95.9	79.7	25.5	54.2	43.2
Flevoland	57.2	8.7	27.0	13.4	7.2	2.5	4.7	0.9
WESTÖSTERREICH	1640.3	172.9	534.2	354.2	337.3	106.9	230.5	241.7
Oberösterreich	274.3	26.8	82.2	52.2	57.1	16.8	40.3	56.1
Salzburg	550.4	56.5	171.9	118.4	115.5	37.7	77.8	88.0
Tirol	740.7	81.1	251.6	165.4	148.2	47.7	100.5	94.4
Vorarlberg	74.9	8.6	28.4	18.2	16.5	4.7	11.9	3.2
ZUIDNEDERLAND	802.6	81.1	255.6	167.5	158.4	50.1	108.3	140.0
NoordBrabant	517.4	55.0	174.7	114.5	110.2	34.1	76.2	63.0
Limburg (NL)	285.2	26.1	80.9	52.9	48.2	16.1	32.1	77.0
ÖSTERREICH (6)	1607.1	209.7	381.6	381.9	396.1	88.0	308.1	237.7
OSTÖSTERREICH	669.6	93.2	145.6	145.3	151.2	35.5	115.8	134.2
Burgenland	47.1	8.5	12.5	13.2	12.6	2.7	9.9	0.3
Niederösterreich	257.6	45.7	72.5	70.3	67.0	13.5	53.5	2.1
Wien	364.9	39.0	60.6	61.9	71.6	19.3	52.3	131.8
SÜDÖSTERREICH	351.3	38.0	85.0	87.0	93.0	20.3	72.7	48.3
Kärnten	103.2	11.6	28.2	28.2	30.4	6.3	24.1	4.7
Steiermark	248.1	26.4	56.8	58.8	62.6	14.0	48.6	43.5
WESTÖSTERREICH	586.3	78.5	151.0	149.6	151.9	32.2	119.7	55.2
Oberösterreich	267.0	38.9	72.2	70.5	69.6	13.7	55.9	15.8
Salzburg	107.7	13.6	26.1	26.1	28.6	6.6	22.0	13.4
Tirol	145.5	16.7	33.8	33.9	35.5	7.9	27.6	25.5
Vorarlberg	66.1	9.4	18.9	19.0	18.2	4.0	14.2	0.5
PORTUGAL	2327.8	183.3	929.5	500.4	438.3	338.8	99.5	276.4
CONTINENTE	:	:	:	:	:	:	:	:
Norte	:	:	:	:	:	:	:	:
Centro (P)	:	:	:	:	:	:	:	:
Lisboa e Vale do Tejo	:	:	:	:	:	:	:	:
Alentejo	:	:	:	:	:	:	:	:
Algarve	:	:	:	:	:	:	:	:
ACORES	:	:	:	:	:	:	:	:
MADEIRA	:	:	:	:	:	:	:	:
SUOMI/FINLAND (7)	:	:	390.9	200.3	244.9	118.4	126.5	197.4
MANNER-SUOMI	:	:	389.1	199.5	243.9	118.1	125.8	197.3
Uusimaa	:	:	92.1	47.0	59.9	32.3	27.6	65.7
Etelä-Suomi	:	:	130.5	67.4	83.2	39.2	44.0	64.5
Itä-Suomi	:	:	56.9	28.8	35.5	16.2	19.3	21.2
Väli-Suomi	:	:	58.6	30.3	35.6	16.8	18.8	24.2
Pohjois-Suomi	:	:	51.1	26.0	29.7	13.5	16.1	21.8
AHVENANMAAÅLAND	:	:	1.8	0.9	1.1	0.4	0.7	0.1

B

	Insgesamt Total Total	ISCED 0	ISCED 1	ISCED 2	ISCED 3 Insgesamt Total Total	allgemein general général	beruflich vocational professionnel	ISCED 5,6,7
SVERIGE (8)	1938.1	295.5	625.8	331.8	450.5	163.3	283.3	234.5
Stockholm	378.2	66.1	114.0	62.2	85.6	33.9	51.1	50.4
Östra Mellansverige	337.6	46.0	108.2	57.6	77.4	28.0	48.7	48.3
Småland med arnaö	170.3	25.7	59.0	31.2	40.9	14.2	26.3	13.5
Sydsverige	277.3	42.0	87.7	47.5	64.9	22.5	41.9	35.2
Västsverige	386.0	54.9	128.7	66.9	91.4	33.0	57.6	44.1
Norra Mellansverige	177.0	28.2	61.2	31.4	42.1	14.2	27.5	14.0
Mellersta Norrland	85.1	13.8	27.9	14.9	20.3	7.2	12.9	8.2
Övre Norrland	126.7	18.8	39.1	20.1	27.8	10.3	17.3	20.9
UNITED KINGDOM (2)	13513.1	431.0	5137.5	2165.4	4314.5	1822.7	2491.8	1464.7
NORTH	733.9	35.5	269.5	129.9	228.7	92.4	136.3	70.3
Cleveland, Durham	:	16.4	110.4	46.2	95.1	33.1	62.0	:
Cumbria	:	3.0	41.7	18.1	31.9	15.6	16.3	:
Northumberland, Tyne and Wear	:	16.0	117.4	65.6	101.7	43.6	58.1	:
YORKSHIRE & HUMBERSIDE	1251.4	54.6	430.7	203.6	423.0	149.2	273.9	139.5
Humberside	:	9.2	79.7	33.4	65.9	25.4	40.5	:
North Yorkshire	:	3.9	59.6	27.2	55.3	23.2	32.0	:
South Yorkshire	:	15.5	109.3	48.1	110.0	34.7	75.4	:
West Yorkshire	:	26.0	182.1	94.9	191.8	65.9	125.9	:
EAST MIDLANDS	936.4	33.1	346.9	160.0	303.6	127.0	176.6	92.7
Derbyshire, Nottinghamshire	:	23.2	164.2	73.1	156.9	57.5	99.4	:
Leicestershire, Northamptonshire	:	8.4	131.3	64.9	111.5	50.9	60.6	:
Lincolnshire	:	1.4	51.4	22.1	35.2	18.6	16.7	:
EAST ANGLIA	430.5	6.2	171.0	79.9	140.6	65.4	75.2	32.8
SOUTH EAST	4007.9	105.3	1523.1	629.1	1286.8	541.3	745.5	463.6
Bedfordshire, Hertfordshire	:	14.6	128.1	72.6	143.8	57.4	86.4	:
Berkshire, Buckinghamshire, Oxfordsh	:	12.2	175.7	70.9	147.8	74.3	73.6	:
Surrey, East-West Sussex+A26	:	5.6	204.5	80.2	156.4	73.5	82.9	:
Essex	:	2.6	130.7	56.6	92.5	45.2	47.3	:
Greater London	:	66.2	591.9	228.0	531.4	192.8	338.7	:
Hampshire, Isle of Wight	:	2.2	154.6	60.2	128.2	43.4	84.8	:
Kent	:	2.0	137.5	60.7	86.6	54.8	31.8	:
SOUTH WEST	1018.5	11.8	393.2	175.0	343.2	148.1	195.1	95.4
Avon, Gloucestershire, Wiltshire	:	6.0	181.1	76.0	168.9	66.6	102.3	:
Cornwall, Devon	:	4.5	124.3	53.0	97.4	45.0	52.5	:
Dorset, Somerset	:	1.3	87.9	45.9	76.8	36.5	40.3	:
WEST MIDLANDS	1300.2	42.8	487.7	207.8	434.9	162.4	272.4	127.1
Hereford & Worcester, Warwickshire	:	3.5	101.4	46.0	98.1	38.8	59.3	:
Shropshire, Staffordshire	:	8.9	128.9	59.3	114.9	44.3	70.6	:
West Midlands (County)	:	30.5	257.5	102.5	221.8	79.3	142.5	:
NORTH WEST	1607.6	58.3	609.6	246.9	525.7	185.7	339.9	167.2
Cheshire	:	5.5	89.3	37.9	81.4	31.6	49.8	:
Greater Manchester	:	29.3	248.6	99.9	193.4	69.7	123.8	:
Lancashire	:	7.8	131.7	53.7	136.0	38.6	97.4	:
Merseyside	:	15.7	139.9	55.4	114.9	45.9	69.0	:
WALES	657.5	27.3	261.9	107.0	187.9	87.1	100.8	73.4
Clwyd, Dyfed, Gwynedd, Powys	:	8.3	95.8	40.3	73.8	34.0	39.8	:
Gwent, Mid-South-West Glamorgan	:	19.0	166.2	66.7	114.1	53.1	61.0	:

1000

	Insgesamt Total Total	ISCED 0	ISCED 1	ISCED 2	ISCED 3 Insgesamt Total Total	allgemein general général	beruflich vocational professionnel	ISCED 5,6,7
SCOTLAND	1107.0	48.2	453.3	146.0	293.0	193.4	99.6	166.4
Borders-Central-Fife-Lothian-Tayside	:	21.2	159.8	51.5	109.7	69.4	40.3	:
Dumfries & Galloway, Strathclyde	:	20.8	220.7	71.1	137.0	92.3	44.7	:
Highlands, Islands	:	1.3	26.0	8.7	16.6	12.0	4.6	:
Grampian	:	4.8	46.9	14.8	29.8	19.8	10.0	:
NORTHERN IRELAND	462.1	7.9	190.6	80.1	147.2	70.8	76.5	36.3

B

(1) Bei einigen Ländern können die aufaddierten Regionaldaten von den in Tabelle B1-1 angegebenen Gesamtzahlen
abweichen, da die regionale Gliederung der Daten nicht für alle Bildungsgänge vorliegt:
(2) Tertiärbereich: Ohne Fernunterricht
(3) Tertiärbereich: Ohne Lehrerausbildung für berufliche Schulen
(4) Tertiärbereich: Ohne ISCED Niveaustufe 7
(5) Tertiärbereich: Ohne Fernunterricht und Forschungsassistenten
Sekundarstufe I und II: Für einige berufliche Bildungsgänge liegt keine regionale Gliederung vor
(6) Tertiärbereich: Die aufaddierten Regionaldaten entsprechen nicht den Gesamtzahlen, da es sich um Fallzahlen je Bildungsgang handelt
(7) Tertiärbereich: Ohne die Schüler in dualen Bildungsgängen (Schule/Betrieb)
(8) Sekundarstufe II: Ohne Erwachsenenbildung

(1) For some countries, the sum of the regions may differ from the national data shown in table B1-1 because data for certain types of education are not
available by region:
(2) Higher education: excludes students in distance learning
(3) Higher education: excludes students in teacher training for vocational courses
(4) Higher education: excludes ISCED 7
(5) Higher education: excludes students in distance learning and research assistants
Lower and upper secondary: some vocational courses are excluded by region
(6) Higher education: the total is not the sum of the regions because by region students are counted by programme and therefore double counting occurs
(7) Upper secondary: data for students following vocational courses which are combined school and work based are excluded
(8) Upper secondary: excludes adult education

(1) Pour certains pays, la somme des données par régions peut être différente des données nationales du tableau B1-1 car certains types
d'enseignement ne sont pas disponibles par région:
(2) Enseignement supérieur: les étudiants de l'enseignement à distance sont exclus.
(3) Enseignement supéreur: les élèves professeurs de l'enseignemenr professionnel sont exclus
(4) Enseignement supérieur: CITE 7 exclue
(5) Enseignement supérieur: les érudiants de l'enseignement à distance et les assistants de recherche sont exclus
Enseignement secondaire inférieur et supérieur: certains cours de l'enseignement professionnel ne sont pas couverts dans les données régionales
(6) Enseignement supérieur: le total ne représente pas la somme des régions car au sein de chaque région, les étudiants sont également comptés par
programme, ce qui produit par conséquent des double-comptes
(7) Enseignement secondaire supérieur: les données pour les étudiants suivant des cours de l'enseignement professionnel combinant école et
emploi ne sont pas prises en compte
(8) L'enseignement pour adultes est exclue

B1-5

Schüler und Studenten nach Bildungsbereichen (ISCED 0-7), Bildungsarten und Region (1)
Pupils and students by level (ISCED 0-7), type of education and region (1)
Elèves et étudiants par niveau (CITE 0-7), type d'enseignement et région (1)

1993/94

Weiblich
Females
Filles

1000

eurostat	Insgesamt Total Total	Vorschul-bereich Pre-primary Pré-primaire ISCED 0	Primar-bereich Primary Primaire ISCED 1	Sekundarbereich / Secondary / Secondaire				Tertiär-bereich Higher Supérieur ISCED 5,6,7
				Stufe I Lower Inférieur ISCED 2	Stufe II / Upper / Supérieur ISCED 3			
					Insgesamt Total Total	allgemein general général	beruflich vocational professionnel	
EUR 15	:	:	:	:	:	:	:	:
BELGIQUE-BELGIE	1251.7	205.1	357.2	199.1	331.2	116.0	215.2	159.1
BRUXELLES-BRUSSELS	155.8	20.4	36.5	24.3	39.2	14.2	25.0	35.4
VLAAMS GEWEST	672.9	117.9	197.5	108.1	177.3	60.4	116.9	72.0
Antwerpen	190.4	33.6	56.4	30.5	49.5	16.5	33.0	20.3
Limburg	95.0	17.2	29.2	15.1	26.7	8.7	18.0	6.8
Oost-Vlaanderen	160.6	26.4	44.3	26.5	41.6	15.0	26.7	21.8
Vlaams Brabant	102.7	17.5	28.6	14.4	24.7	9.3	15.4	17.6
West-Vlaanderen	124.3	23.3	39.1	21.6	34.7	10.9	23.8	5.6
REGION WALLONNE	423.1	66.7	123.2	66.7	114.7	41.4	73.4	51.7
Brabant Wallon	44.4	6.8	12.5	5.0	9.0	4.9	4.1	11.2
Hainaut	159.6	25.2	46.8	27.4	45.9	15.0	31.0	14.3
Liège	133.1	20.5	37.5	21.4	35.9	12.3	23.6	17.9
Luxembourg	29.9	5.4	9.9	4.6	8.5	3.3	5.1	1.6
Namur	56.1	8.9	16.6	8.3	15.5	5.9	9.6	6.9
DANMARK	563.8	96.2	160.0	108.9	111.8	58.6	53.2	86.8
BR DEUTSCHLAND	7845.7	1288.0	1767.7	2511.1	1356.5	354.5	1002.1	902.4
BADEN-WÜRTTEMBERG	966.3	155.0	219.8	299.5	187.3	37.5	149.8	104.8
BAYERN	1074.9	167.6	247.1	346.0	182.4	38.5	143.9	131.8
BERLIN	379.8	70.1	73.6	104.8	52.1	20.8	31.3	78.4
BRANDENBURG	303.0	76.2	72.2	106.8	33.7	11.1	22.6	13.2
BREMEN	63.7	6.5	12.0	18.2	15.2	3.7	11.4	11.5
HAMBURG	149.3	15.9	27.4	40.8	33.5	9.8	23.7	31.0
HESSEN	533.6	84.3	116.1	166.2	100.0	29.1	70.9	67.0
MECKLENBURG-VORPOMMERN	228.4	50.4	55.6	82.5	30.3	8.8	21.5	8.9
NIEDERSACHSEN	694.5	92.4	157.4	222.0	141.0	34.1	106.9	80.4
NORDRHEIN-WESTFALEN	1664.4	203.3	372.8	531.4	313.1	91.9	221.2	236.4
RHEINLAND-PFALZ	363.0	65.8	83.0	110.5	59.1	16.1	43.1	43.6
SAARLAND	95.9	15.1	21.1	29.0	17.1	3.9	13.2	12.5
SACHSEN	507.6	115.6	116.4	175.4	65.6	17.7	47.9	32.9
SACHSEN-ANHALT	305.3	71.2	73.0	106.3	39.7	11.5	28.2	14.1
SCHLESWIG-HOLSTEIN	231.1	33.9	52.4	72.3	46.8	10.1	36.6	23.5
THÜRINGEN	284.9	64.7	67.7	99.5	39.6	9.8	29.7	12.5

	Insgesamt Total Total	ISCED 0	ISCED 1	ISCED 2	ISCED 3 Insgesamt Total Total	allgemein general général	beruflich vocational professionnel	ISCED 5,6,7
ELLADA	965.2	65.2	350.3	210.3	199.1	151.8	47.3	146.7
VOREIA ELLADA	:	:	:	:	:	:	:	:
Anatoliki Makedonia Thraki	:	:	:	:	:	:	:	:
Kentriki Makedonia	:	:	:	:	:	:	:	:
Dytiki Makedonia	:	:	:	:	:	:	:	:
Thessalia	:	:	:	:	:	:	:	:
KENTRIKI ELLADA	:	:	:	:	:	:	:	:
Ipeiros	:	:	:	:	:	:	:	:
Ionia Nisia	:	:	:	:	:	:	:	:
Dytiki Ellada	:	:	:	:	:	:	:	:
Sterea Ellada	:	:	:	:	:	:	:	:
Peloponnisos	:	:	:	:	:	:	:	:
ATTIKI	:	:	:	:	:	:	:	:
NISIA	:	:	:	:	:	:	:	:
Voreio Aigaio	:	:	:	:	:	:	:	:
Notio Aigaio	:	:	:	:	:	:	:	:
Kriti	:	:	:	:	:	:	:	:
ESPANA (2)	4880.2	529.0	1190.3	887.0	1572.1	942.0	630.1	701.7
NOROESTE	520.4	49.2	119.5	94.0	182.7	109.1	73.5	75.1
Galicia	326.5	32.6	77.8	60.0	110.3	66.2	44.1	45.8
Asturias	130.1	10.4	27.0	22.3	48.2	29.7	18.5	22.2
Cantabria	63.8	6.2	14.7	11.7	24.2	13.2	11.0	7.1
NORESTE	486.9	50.2	100.5	78.5	180.2	100.9	79.3	77.5
Pais Vasco	260.6	26.1	51.3	41.1	101.6	57.3	44.3	40.5
Navarra	62.0	7.0	13.0	10.1	20.4	12.0	8.4	11.5
Rioja	29.8	3.2	6.8	5.2	11.9	5.7	6.1	2.6
Aragon	134.5	13.9	29.4	22.2	46.3	25.8	20.4	22.8
MADRID	672.2	63.7	145.9	110.1	214.4	143.9	70.5	138.2
CENTRO (E)	623.2	70.7	155.2	113.3	204.8	121.4	83.4	79.1
Castilla-Léon	308.8	30.0	66.2	51.0	107.1	62.9	44.1	54.6
Castilla-La Mancha	188.7	24.9	53.3	37.3	60.0	34.8	25.2	13.2
Extremadura	125.6	15.8	35.7	25.1	37.8	23.7	14.0	11.3
ESTE	1271.4	160.5	307.5	228.6	398.5	227.0	171.4	176.4
Cataluna	708.2	98.9	164.8	122.6	222.1	124.8	97.4	99.8
Comunidad Valenciana	480.9	51.7	119.3	89.1	152.5	84.9	67.6	68.4
Baleares	82.3	9.9	23.4	17.0	23.8	17.3	6.5	8.2
SUR	1094.4	113.3	305.2	220.9	323.4	201.6	121.8	131.5
Andalucia	933.2	95.4	262.0	189.3	274.2	173.4	100.8	112.5
Murcia	145.7	15.9	38.1	28.4	45.1	25.5	19.6	18.3
Ceuta y Melilla	15.5	2.1	5.2	3.3	4.1	2.7	1.4	0.8
CANARIAS	211.6	21.5	56.4	41.6	68.1	37.9	30.2	24.0
FRANCE (3)	7266.5	1244.5	1979.8	1680.5	1228.6	656.7	571.9	1133.1
ILE DE FRANCE	1440.1	239.7	375.1	301.1	216.9	122.4	94.6	307.3
BASSIN PARISIEN	1299.9	225.2	374.0	322.8	230.7	118.9	111.8	147.2
Champagne-Ardennes	174.0	30.5	49.0	42.8	30.4	16.2	14.2	21.4
Picardie	235.8	43.1	70.8	59.8	41.7	21.1	20.6	20.4
Haute-Normandie	233.3	39.2	68.6	58.7	40.3	20.2	20.0	26.6
Centre	287.4	49.5	81.9	70.1	51.0	26.3	24.6	35.0

B

69

	Insgesamt Total Total	ISCED 0	ISCED 1	ISCED 2	ISCED 3 Insgesamt Total Total	ISCED 3 allgemein general général	ISCED 3 beruflich vocational professionnel	ISCED 5,6,7
Basse-Normandie	179.1	30.7	50.7	44.3	32.5	16.8	15.7	20.9
Bourgogne	190.2	32.1	53.0	47.1	34.9	18.2	16.6	23.0
NORD-PAS-DE-CALAIS	570.7	104.6	161.7	132.4	99.4	47.4	52.1	72.6
EST	644.5	109.7	180.2	152.2	110.8	56.2	54.6	91.5
Lorraine	295.4	51.2	82.3	70.3	52.5	26.5	26.0	39.0
Alsace	207.3	34.3	58.4	46.7	32.6	16.2	16.4	35.3
Franche-Comté	141.7	24.2	39.5	35.2	25.7	13.4	12.2	17.2
OUEST	965.9	166.4	256.8	231.8	180.0	95.0	84.9	131.0
Pays de la Loire	412.9	71.1	111.6	100.3	76.8	40.2	36.6	53.0
Bretagne	367.4	63.9	94.6	85.7	68.5	36.5	32.0	54.8
Poitou-Charentes	185.6	31.4	50.6	45.7	34.7	18.3	16.4	23.2
SUD-OUEST	689.2	112.4	177.6	156.7	119.0	65.0	54.0	123.3
Aquitaine	326.6	52.9	86.5	76.3	56.0	30.8	25.2	54.9
Midi-Pyrénées	289.1	47.9	71.9	63.0	48.7	26.7	22.0	57.6
Limousin	73.5	11.6	19.2	17.4	14.4	7.5	6.9	10.9
CENTRE-EST	862.6	149.5	232.0	199.4	144.4	80.5	63.9	137.3
Rhône-Alpes	712.7	125.5	192.8	163.9	116.4	65.8	50.6	114.0
Auvergne	150.0	24.0	39.2	35.5	28.0	14.8	13.3	23.2
MEDITERRANEE	793.5	136.8	222.5	184.0	127.3	71.3	56.0	122.9
Languedoc-Roussillon	258.3	44.5	70.3	59.8	40.5	22.5	18.0	43.3
Provence-Alpes-Cô.Azur	509.5	87.8	144.1	117.6	82.7	46.3	36.4	77.3
Corse	25.8	4.5	8.1	6.7	4.2	2.5	1.6	2.3
DEPARTEMENTS D'OUTRE-MER	:	:	:	:	:	:	:	:
Guadeloupe	:	:	:	:	:	:	:	:
Martinique	:	:	:	:	:	:	:	:
Guyane	:	:	:	:	:	:	:	:
Réunion	:	:	:	:	:	:	:	:
IRELAND	499.7	57.3	190.5	103.5	90.1	69.9	20.2	56.8
ITALIA (4)	:	:	:	949.7	1460.5	447.2	1013.2	892.6
NORD OVEST	:	:	:	77.8	132.7	41.2	91.5	80.0
Piemonte	:	:	:	58.0	93.8	28.2	65.6	57.1
Valle d'Aosta	:	:	:	1.5	3.2	0.4	2.8	0.2
Liguria	:	:	:	18.4	35.6	12.5	23.1	22.8
LOMBARDIA	:	:	:	127.9	209.1	60.4	148.8	124.7
NORD EST	:	:	:	94.4	158.9	42.6	116.3	85.6
Trentino-Alto Adige	:	:	:	14.9	21.8	5.7	16.1	6.9
Veneto	:	:	:	64.8	108.5	29.0	79.5	61.6
Friuli-Venezia Giulia	:	:	:	14.7	28.6	7.9	20.7	17.0
EMILIA-ROMAGNA	:	:	:	46.0	87.6	23.2	64.4	81.3
CENTRO (I)	:	:	:	78.7	142.3	42.2	100.1	103.5
Toscana	:	:	:	45.9	83.4	24.2	59.2	62.3
Umbria	:	:	:	11.4	21.2	7.2	14.0	15.7
Marche	:	:	:	21.4	37.8	10.8	27.0	25.4
LAZIO	:	:	:	86.3	140.9	52.9	87.9	133.2
ABRUZZI-MOLISE	:	:	:	27.8	43.8	13.3	30.4	23.7
Abruzzi	:	:	:	21.9	34.8	10.1	24.6	21.5
Molise	:	:	:	5.9	9.0	3.2	5.8	2.2
CAMPANIA	:	:	:	128.2	155.9	48.8	107.1	75.8
SUD	:	:	:	141.5	191.0	62.3	128.7	75.8
Puglia	:	:	:	86.2	114.0	36.6	77.4	59.9
Basilicata	:	:	:	12.0	18.6	5.8	12.8	2.3
Calabria	:	:	:	43.3	58.4	19.9	38.5	13.7

	Insgesamt Total Total	ISCED 0	ISCED 1	ISCED 2	ISCED 3 Insgesamt Total Total	allgemein general général	beruflich vocational professionnel	ISCED 5,6,7
SICILIA	:	:	:	106.7	143.9	44.1	99.8	79.3
SARDEGNA	:	:	:	34.4	54.4	16.3	38.1	29.7
LUXEMBOURG	:	:	:	:	:	:	:	:
NEDERLAND (5)	1701.3	182.5	568.8	381.3	331.8	119.4	212.3	236.9
NOORD-NEDERLAND	186.2	18.7	60.6	43.2	38.7	12.3	26.4	25.0
Groningen	72.7	5.9	19.0	15.4	15.7	5.1	10.6	16.7
Friesland	71.0	7.4	24.5	17.1	14.5	4.6	9.9	7.6
Drenthe	42.6	5.4	17.2	10.7	8.5	2.6	5.9	0.7
OOSTNEDERLAND	352.4	39.8	124.6	81.6	68.4	23.5	45.0	38.0
Overijssel	127.7	13.2	41.7	28.6	29.3	8.5	20.8	14.9
Gelderland	197.3	22.4	69.9	46.3	35.7	13.6	22.1	23.0
Flevoland	27.5	4.2	13.0	6.7	3.5	1.4	2.1	0.1
WESTNEDERLAND	789.3	84.7	259.8	174.1	154.4	57.5	97.0	116.3
Utrecht	134.6	13.1	39.9	25.5	25.5	9.0	16.5	30.7
NoordHolland	268.0	27.7	83.6	57.8	54.5	20.5	34.0	44.4
ZuidHolland	351.4	39.7	122.5	82.0	67.2	25.5	41.7	40.0
Zeeland	35.2	4.1	13.8	8.9	7.3	2.5	4.7	1.2
ZUIDNEDERLAND	373.3	39.3	123.8	82.4	70.2	26.2	44.0	57.6
NoordBrabant	241.1	26.7	84.5	56.3	48.5	18.0	30.5	25.2
Limburg (NL)	132.2	12.7	39.2	26.1	21.7	8.2	13.5	32.4
ÖSTERREICH (6)	765.1	101.6	185.5	186.2	181.1	43.9	137.2	110.8
OSTÖSTERREICH	318.3	45.1	70.7	70.7	68.4	18.3	50.0	63.5
Burgenland	23.0	4.2	6.2	6.5	5.9	1.3	4.6	0.3
Niederösterreich	122.8	22.3	35.2	34.3	29.6	6.6	22.9	1.5
Wien	172.5	18.7	29.3	29.9	32.9	10.4	22.5	61.8
SÜDÖSTERREICH	165.9	18.4	41.3	42.5	42.6	9.7	32.9	21.0
Kärnten	50.3	5.6	13.7	13.8	14.3	3.2	11.1	2.9
Steiermark	115.6	12.8	27.6	28.8	28.2	6.5	21.8	18.2
WESTÖSTERREICH	281.0	38.0	73.5	73.0	70.2	15.9	54.3	26.2
Oberösterreich	127.1	18.9	35.2	34.5	32.1	6.9	25.2	6.4
Salzburg	52.5	6.5	12.7	12.7	13.0	3.3	9.7	7.6
Tirol	69.4	8.1	16.4	16.5	16.4	3.9	12.5	11.9
Vorarlberg	32.1	4.5	9.1	9.3	8.8	1.9	6.9	0.3
PORTUGAL	1167.9	88.5	441.5	250.0	230.7	185.7	45.0	157.1
CONTINENTE	:	:	:	:	:	:	:	:
Norte	:	:	:	:	:	:	:	:
Centro (P)	:	:	:	:	:	:	:	:
Lisboa e Vale do Tejo	:	:	:	:	:	:	:	:
Alentejo	:	:	:	:	:	:	:	:
Algarve	:	:	:	:	:	:	:	:
ACORES	:	:	:	:	:	:	:	:
MADEIRA	:	:	:	:	:	:	:	:
SUOMI/FINLAND (7)	:	:	190.7	98.9	135.6	69.0	66.6	104.7
MANNER-SUOMI	:	:	189.9	98.5	135.0	68.8	66.3	104.7
Uusimaa	:	:	44.8	23.0	33.4	18.4	15.0	34.1
Etelä-Suomi	:	:	63.9	33.4	46.2	23.0	23.2	33.1
Itä-Suomi	:	:	27.8	14.2	19.5	9.6	9.9	12.8
Väli-Suomi	:	:	28.5	14.9	19.8	9.9	9.9	13.6
Pohjois-Suomi	:	:	24.9	12.9	16.2	8.0	8.3	11.1
AHVENANMAAÅLAND	:	:	0.8	0.4	0.5	0.2	0.3	0.0

B

	Insgesamt Total Total	ISCED 0	ISCED 1	ISCED 2	ISCED 3 Insgesamt Total Total	allgemein general général	beruflich vocational professionnel	ISCED 5,6,7
SVERIGE (8)	988.2	147.8	306.7	166.0	239.8	96.4	141.6	127.9
Stockholm	194.7	33.1	56.1	31.4	47.1	19.6	27.2	27.0
Östra Mellansverige	171.6	23.0	52.9	28.9	40.8	16.5	24.0	26.0
Småland med arnaö	86.6	12.9	28.8	15.4	21.3	8.4	12.8	8.2
Sydsverige	141.3	21.0	43.3	23.8	34.7	13.5	20.9	18.5
Västsverige	196.6	27.5	63.1	33.7	49.0	19.5	29.1	23.3
Norra Mellansverige	89.7	14.1	29.9	15.5	21.7	8.5	13.0	8.6
Mellersta Norrland	43.1	6.9	13.5	7.4	10.7	4.4	6.3	4.6
Övre Norrland	64.5	9.4	19.1	9.9	14.4	6.0	8.3	11.6
UNITED KINGDOM (2)	6786.3	210.3	2507.3	1056.7	2309.1	897.5	1411.6	702.9
NORTH	364.1	17.3	131.7	63.6	120.3	45.6	74.7	31.2
Cleveland, Durham	:	8.1	53.9	22.4	50.4	16.4	34.1	:
Cumbria	:	1.5	20.4	8.8	16.4	7.6	8.7	:
Northumberland, Tyne and Wear	:	7.7	57.4	32.3	53.5	21.6	31.9	:
YORKSHIRE & HUMBERSIDE	636.3	26.7	210.6	99.4	233.4	73.1	160.3	66.3
Humberside	:	4.5	38.8	16.4	33.5	12.3	21.2	:
North Yorkshire	:	1.9	29.2	13.2	30.8	11.5	19.3	:
South Yorkshire	:	7.6	53.3	23.4	62.4	17.1	45.3	:
West Yorkshire	:	12.8	89.3	46.4	106.7	32.2	74.5	:
EAST MIDLANDS	470.1	16.1	169.0	78.1	164.1	62.0	102.0	42.8
Derbyshire, Nottinghamshire	:	11.3	80.1	35.6	87.0	28.0	59.0	:
Leicestershire, Northamptonshire	:	4.1	63.9	31.6	58.9	24.8	34.2	:
Lincolnshire	:	0.7	25.1	10.9	18.2	9.3	8.9	:
EAST ANGLIA	215.4	3.0	83.7	39.0	74.9	32.2	42.7	14.8
SOUTH EAST	2020.2	51.4	743.5	306.8	691.2	266.0	425.2	227.4
Bedfordshire, Hertfordshire	:	7.0	62.5	35.5	79.2	28.0	51.2	:
Berkshire, Buckinghamshire, Oxfordshire	:	5.8	85.5	34.4	79.4	35.9	43.5	:
Surrey, East-West Sussex	:	2.8	99.4	38.7	81.3	35.6	45.7	:
Essex	:	1.2	63.6	27.8	47.7	22.1	25.6	:
Greater London	:	32.5	290.0	111.6	290.8	96.4	194.4	:
Hampshire, Isle of Wight	:	1.1	75.4	29.1	69.7	21.0	48.7	:
Kent	:	1.0	67.1	29.8	43.1	27.0	16.1	:
SOUTH WEST	512.6	5.8	191.7	85.5	183.7	72.7	111.0	46.0
Avon, Gloucestershire, Wiltshire	:	3.0	88.2	37.4	93.5	33.3	60.2	:
Cornwall, Devon	:	2.2	60.6	25.8	51.3	22.1	29.2	:
Dorset, Somerset	:	0.6	42.9	22.3	38.9	17.3	21.6	:
WEST MIDLANDS	648.2	20.9	237.6	100.9	229.6	79.5	150.1	59.2
Hereford & Worcester, Warwickshire	:	1.7	49.4	22.3	53.5	18.9	34.6	:
Shropshire, Staffordshire	:	4.4	62.7	28.8	61.7	21.6	40.0	:
West Midlands (County)	:	14.8	125.6	49.9	114.4	39.0	75.5	:
NORTH WEST	816.6	28.6	297.6	120.6	286.6	90.9	195.7	83.2
Cheshire	:	2.7	43.7	18.4	44.7	15.6	29.1	:
Greater Manchester	:	14.4	121.2	48.9	102.2	34.1	68.1	:
Lancashire	:	3.8	64.3	26.1	76,9	18.6	58.3	:
Merseyside	:	7.6	68.4	27.2	62.8	22.6	40.2	:
WALES	329.2	13.4	128.0	52.5	99.5	43.3	56.1	36.0
Clwyd, Dyfed, Gwynedd, Powys	:	4.2	46.6	19.8	40.3	17.2	23.1	:
Gwent, Mid-South-West Glamorgan	:	9.2	81.3	32.6	59.2	26.2	33.0	:

	Insgesamt Total Total	ISCED 0	ISCED 1	ISCED 2	ISCED 3 Insgesamt Total Total	allgemein general général	beruflich vocational professionnel	ISCED 5,6,7
SCOTLAND	539.1	23.4	221.3	71.4	145.0	96.0	49.0	77.9
Borders-Central-Fife-Lothian-Tayside	:	10.3	78.1	25.2	53.9	34.1	19.8	:
Dumfries & Galloway, Strathclyde	:	10.1	107.9	34.8	67.8	46.1	21.7	:
Highlands, Islands	:	0.6	12.5	4.2	8.2	5.9	2.3	:
Grampian	:	2.3	22.8	7.2	15.1	9.8	5.3	:
NORTHERN IRELAND	234.5	3.9	92.7	39.0	81.0	36.1	44.9	18.0

B

(1) Bei einigen Ländern können die aufaddierten Regionaldaten von den in Tabelle B1-2 angegebenen Gesamtzahlen
abweichen, da die regionale Gliederung der Daten nicht für alle Bildungsgänge vorliegt:
(2) Tertiärbereich: Ohne Fernunterricht
(3) Tertiärbereich: Ohne Lehrerausbildung für berufliche Schulen
(4) Tertiärbereich: Ohne ISCED Niveaustufe 7
(5) Tertiärbereich: Ohne Fernunterricht und Forschungsassistenten
      Sekundarstufe I und II: Für einige berufliche Bildungsgänge liegt keine regionale Gliederung vor
(6) Tertiärbereich: Die aufaddierten Regionaldaten entsprechen nicht den Gesamtzahlen, da es sich um Fallzahlen je Bildungsgang handelt
(7) Tertiärbereich: Ohne die Schüler in dualen Bildungsgängen (Schule/Betrieb)
(8) Sekundarstufe II: Ohne Erwachsenenbildung

(1) For some countries, the sum of the regions may differ from the national data shown in table B1-2 because data for certain types of education are not
available by region:
(2) Higher education: excludes students in distance learning
(3) Higher education: excludes students in teacher training for vocational courses
(4) Higher education: excludes ISCED 7
(5) Higher education: excludes students in distance learning and research assistants
   Lower and upper secondary: some vocational courses are excluded by region
(6) Higher education: the total is not the sum of the regions because by region students are counted by programme and therefore double counting occurs
(7) Upper secondary: data for students following vocational courses which are combined school and work based are excluded
(8) Upper secondary: excludes adult education

(1) Pour certains pays, la somme des données par régions peut être différente des données nationales du tableau B1-2 car certains types
d'enseignement ne sont pas disponibles par région:
(2) Enseignement supérieur: les étudiants de l'enseignement à distance sont exclus.
(3) Enseignement supéreur: les élèves professeurs de l'enseignemenr professionnel sont exclus
(4) Enseignement supérieur: CITE 7 exclue
(5) Enseignement supérieur: les érudiants de l'enseignement à distance et les assistants de recherche sont exclus
   Enseignement secondaire inférieur et supérieur: certains cours de l'enseignement professionnel ne sont pas couverts dans les données régionales
(6) Enseignement supérieur: le total ne représente pas la somme des régions car au sein de chaque région, les étudiants sont également comptés par
   programme, ce qui produit par conséquent des double-comptes
(7) Enseignement secondaire supérieur: les données pour les étudiants suivant des cours de l'enseignement professionnel combinant école et
   emploi ne sont pas prises en compte
(8) L'enseignement pour adultes est exclue

B1-6

Schüler und Studenten nach Bildungsbereichen (ISCED 0-7), Bildungsarten und Region (1)
Pupils and students by level (ISCED 0-7), type of education and region (1)
Elèves et étudiants par niveau (CITE 0-7), type d'enseignement et région (1)

1993/94

Männlich
Males
Garçons   *1000*

⎮⎮⎮ eurostat	Insgesamt	Vorschul-bereich	Primar-bereich	Sekundarbereich / Secondary / Secondaire				Tertiär-bereich
				Stufe I	Stufe II / Upper / Supérieur ISCED 3			
	Total	Pre-primary	Primary	Lower Inférieur	Insgesamt Total	allgemein general	beruflich vocational	Higher
	Total	Pré-primaire ISCED 0	Primaire ISCED 1	ISCED 2	Total	général	professionnel	Supérieur ISCED 5,6,7
EUR 15	:	:	:	:	:	:	:	:
BELGIQUE-BELGIE	1282.3	216.3	379.5	183.2	340.0	100.7	239.3	163.2
BRUXELLES-BRUSSEL	155.5	21.3	38.5	20.9	36.3	13.2	23.1	38.4
VLAAMS GEWEST	680.5	124.4	209.5	94.4	181.8	50.7	131.1	70.4
Antwerpen	192.1	35.1	59.6	26.9	50.0	14.0	36.0	20.6
Limburg	99.8	18.2	31.0	14.7	29.0	7.2	21.8	6.8
Oost-Vlaanderen	161.4	27.7	47.3	22.5	42.8	12.4	30.4	21.0
Vlaams Brabant	101.0	18.6	29.9	12.6	23.1	7.6	15.5	16.7
West-Vlaanderen	126.2	24.7	41.7	17.7	36.8	9.5	27.3	5.3
REGION WALLONNE	446.2	70.6	131.5	67.8	121.9	36.8	85.1	54.4
Brabant Wallon	47.6	7.0	13.5	5.5	10.0	4.6	5.5	11.6
Hainaut	168.4	26.9	50.0	28.1	48.5	12.9	35.5	15.0
Liège	137.0	21.8	39.6	19.8	36.0	11.0	25.0	19.8
Luxembourg	32.5	5.6	10.8	5.2	9.2	2.8	6.4	1.7
Namur	60.6	9.3	17.5	9.3	18.2	5.5	12.7	6.3
DANMARK	574.8	100.4	166.6	113.9	111.1	43.7	67.4	82.8
BR DEUTSCHLAND	8686.3	1351.8	1872.0	2609.3	1593.2	308.9	1284.3	1229.8
BADEN-WÜRTTEMBERG	1096.0	171.9	233.0	313.2	215.3	33.9	181.4	162.5
BAYERN	1190.9	170.1	261.5	357.7	225.7	36.9	188.8	175.9
BERLIN	397.6	65.8	77.4	108.7	57.8	17.5	40.3	86.9
BRANDENBURG	313.1	75.5	75.8	111.8	40.7	7.8	32.9	7.9
BREMEN	72.2	6.7	12.6	18.7	17.9	3.6	14.3	16.0
HAMBURG	172.3	19.3	29.1	42.8	38.3	9.0	29.3	41.7
HESSEN	604.4	83.8	123.4	172.7	117.5	25.8	91.7	107.0
MECKLENBURG-VORPOMMERN	244.3	56.2	58.6	84.2	35.6	5.7	29.9	8.5
NIEDERSACHSEN	764.2	98.3	167.3	229.9	162.7	29.9	132.9	104.1
NORDRHEIN-WESTFALEN	1894.3	221.3	396.0	559.1	358.8	84.9	273.8	348.2
RHEINLAND-PFALZ	393.9	63.7	87.4	114.3	72.8	14.2	58.6	54.2
SAARLAND	111.4	18.5	22.2	29.7	21.4	3.8	17.6	17.9
SACHSEN	547.2	120.9	123.4	181.3	81.7	11.9	69.8	37.8
SACHSEN-ANHALT	321.9	74.4	77.4	109.0	45.6	8.0	37.6	13.8
SCHLESWIG-HOLSTEIN	258.7	36.7	54.8	74.2	55.7	9.6	46.1	33.3
THÜRINGEN	303.7	68.7	72.2	101.7	45.7	6.4	39.3	14.0

1000

	Insgesamt Total Total	ISCED 0	ISCED 1	ISCED 2	ISCED 3 Insgesamt Total Total	allgemein general général	beruflich vocational professionnel	ISCED 5,6,7
ELLADA	1056.6	67.7	373.4	228.7	213.2	122.8	90.4	167.3
VOREIA ELLADA	:	:	:	:	:	:	:	:
Anatoliki Makedonia Thraki	:	:	:	:	:	:	:	:
Kentriki Makedonia	:	:	:	:	:	:	:	:
Dytiki Makedonia	:	:	:	:	:	:	:	:
Thessalia	:	:	:	:	:	:	:	:
KENTRIKI ELLADA	:	:	:	:	:	:	:	:
Ipeiros	:	:	:	:	:	:	:	:
Ionia Nisia	:	:	:	:	:	:	:	:
Dytiki Ellada	:	:	:	:	:	:	:	:
Sterea Ellada	:	:	:	:	:	:	:	:
Peloponnisos	:	:	:	:	:	:	:	:
ATTIKI	:	:	:	:	:	:	:	:
NISIA	:	:	:	:	:	:	:	:
Voreio Aigaio	:	:	:	:	:	:	:	:
Notio Aigaio	:	:	:	:	:	:	:	:
Kriti	:	:	:	:	:	:	:	:
ESPANA (2)	4873.0	557.3	1280.8	964.6	1414.0	822.7	591.4	656.2
NOROESTE	514.4	51.5	131.3	103.9	164.3	93.4	70.9	63.4
Galicia	323.4	34.3	86.2	66.9	98.7	55.7	43.0	37.4
Asturias	127.4	10.8	29.2	24.0	44.8	26.4	18.4	18.6
Cantabria	63.6	6.5	15.9	13.0	20.8	11.4	9.5	7.4
NORESTE	478.4	52.7	108.3	85.2	160.7	90.8	69.8	71.5
Pais Vasco	254.8	27.3	55.3	44.5	90.2	53.4	36.8	37.5
Navarra	60.8	7.4	14.3	11.0	18.3	10.3	8.0	9.8
Rioja	29.1	3.3	7.4	5.9	10.3	4.6	5.6	2.3
Aragon	133.7	14.7	31.3	23.9	41.9	22.5	19.3	21.9
MADRID	672.6	66.8	155.0	118.6	199.4	133.3	66.1	132.8
CENTRO (E)	609.9	75.1	167.5	126.0	174.4	102.5	71.9	66.9
Castilla-Léon	296.5	31.9	71.1	56.5	92.3	54.2	38.2	44.7
Castilla-La Mancha	187.7	26.4	57.3	42.0	50.5	28.7	21.8	11.5
Extremadura	125.7	16.8	39.1	27.5	31.6	19.6	12.0	10.7
ESTE	1277.7	169.7	328.7	246.0	365.6	195.4	170.2	167.8
Cataluna	722.5	105.1	175.0	130.7	211.3	106.4	104.9	100.4
Comunidad Valenciana	474.7	54.4	128.7	96.9	133.5	73.3	60.1	61.2
Baleares	80.6	10.3	25.0	18.3	20.9	15.7	5.2	6.1
SUR	1111.4	119.2	329.1	240.3	290.2	176.5	113.6	132.5
Andalucia	950.6	100.2	281.9	205.6	246.6	150.9	95.7	116.3
Murcia	145.1	16.8	41.5	31.3	39.8	23.0	16.8	15.7
Ceuta y Melilla	15.7	2.2	5.7	3.5	3.8	2.7	1.1	0.5
CANARIAS	208.5	22.2	60.9	44.6	59.5	30.6	28.8	21.3
FRANCE (3)	7419.7	1304.0	2120.3	1778.3	1274.0	533.3	740.7	943.1
ILE DE FRANCE	1445.3	250.7	398.5	318.9	222.4	107.1	115.3	254.7
BASSIN PARISIEN	1332.6	235.6	399.8	339.4	238.2	92.4	145.8	119.7
Champagne-Ardennes	178.9	32.0	52.5	45.3	31.6	12.5	19.1	17.6
Picardie	245.5	44.9	75.7	63.6	43.0	16.5	26.5	18.3
Haute-Normandie	239.8	41.0	73.8	60.9	41.8	15.7	26.1	22.2
Centre	291.2	51.6	87.3	73.4	52.4	20.9	31.5	26.5

B

	Insgesamt Total Total	ISCED 0	ISCED 1	ISCED 2	ISCED 3 Insgesamt Total Total	allgemein general général	beruflich vocational professionnel	ISCED 5,6,7
Basse-Normandie	183.8	32.3	53.7	47.2	33.6	12.8	20.8	17.0
Bourgogne	193.4	33.9	56.8	49.0	35.7	13.9	21.8	18.1
NORD-PAS-DE-CALAIS	591.5	109.7	172.0	139.8	104.7	39.0	65.7	65.4
EST	666.3	114.4	193.0	162.0	114.5	44.3	70.2	82.4
Lorraine	308.1	53.6	88.7	75.2	54.4	21.3	33.2	36.2
Alsace	210.3	35.4	61.9	49.3	33.4	13.1	20.3	30.3
Franche-Comté	148.0	25.4	42.5	37.5	26.7	10.0	16.7	15.9
OUEST	991.4	174.5	276.4	243.6	186.4	75.1	111.3	110.5
Pays de la Loire	421.3	73.9	119.4	105.6	78.2	31.7	46.5	44.2
Bretagne	377.3	67.2	102.1	90.5	71.4	29.6	41.8	46.2
Poitou-Charentes	192.7	33.3	54.9	47.6	36.8	13.9	22.9	20.2
SUD-OUEST	701.8	118.0	191.9	167.2	125.6	51.5	74.0	99.1
Aquitaine	330.7	55.4	92.9	81.0	57.8	24.9	32.9	43.6
Midi-Pyrénées	293.4	50.3	78.6	67.3	51.3	20.8	30.5	46.0
Limousin	77.7	12.3	20.4	18.9	16.5	5.9	10.6	9.6
CENTRE-EST	876.1	156.5	249.7	211.7	148.4	64.6	83.8	109.7
Rhône-Alpes	724.3	131.5	207.9	173.8	119.3	53.3	66.0	91.7
Auvergne	151.8	25.0	41.8	37.9	29.1	11.3	17.8	18.0
MEDITERRANEE	814.8	144.6	239.0	195.7	133.8	59.1	74.7	101.7
Languedoc-Roussillon	262.8	46.4	76.0	63.3	42.4	18.5	23.8	34.7
Provence-Alpes-Cô.Azur	525.2	93.2	154.5	125.2	87.1	38.5	48.6	65.2
Corse	26.8	5.0	8.6	7.1	4.3	2.1	2.2	1.8
DEPARTEMENTS D'OUTRE-MER	:	:	:	:	:	:	:	:
Guadeloupe	:	:	:	:	:	:	:	:
Martinique	:	:	:	:	:	:	:	:
Guyane	:	:	:	:	:	:	:	:
Réunion	:	:	:	:	:	:	:	:
IRELAND	519.9	60.9	201.5	106.8	87.5	66.6	20.9	60.8
ITALIA (4)	:	:	:	1047.0	1481.3	344.7	1136.6	716.1
NORD OVEST	:	:	:	84.9	134.7	32.6	102.1	75.5
Piemonte	:	:	:	63.4	93.8	22.1	71.8	53.5
Valle d'Aosta	:	:	:	1.8	2.7	0.4	2.3	0.0
Liguria	:	:	:	19.7	38.2	10.1	28.1	21.9
LOMBARDIA	:	:	:	139.5	207.4	47.7	159.8	128.3
NORD EST	:	:	:	103.7	162.0	33.4	128.6	74.3
Trentino-Alto Adige	:	:	:	16.2	20.1	4.3	15.8	7.8
Veneto	:	:	:	71.2	112.0	22.6	89.3	50.4
Friuli-Venezia Giulia	:	:	:	16.4	29.9	6.4	23.5	16.1
EMILIA-ROMAGNA	:	:	:	50.8	90.6	17.4	73.2	78.4
CENTRO (I)	:	:	:	86.7	142.9	32.9	110.0	105.3
Toscana	:	:	:	50.5	82.5	19.5	63.0	66.4
Umbria	:	:	:	12.9	22.2	5.4	16.8	13.1
Marche	:	:	:	23.2	38.2	8.0	30.2	25.7
LAZIO	:	:	:	94.5	145.8	45.9	99.8	81.1
ABRUZZI-MOLISE	:	:	:	30.6	45.6	10.4	35.2	13.5
Abruzzi	:	:	:	24.3	36.4	8.1	28.3	11.7
Molise	:	:	:	6.3	9.2	2.3	6.8	1.8
CAMPANIA	:	:	:	142.1	165.2	39.2	126.1	56.0
SUD	:	:	:	156.1	198.1	44.3	153.8	42.5
Puglia	:	:	:	94.8	119.0	26.5	92.5	32.9
Basilicata	:	:	:	13.4	18.8	3.7	15.1	1.4
Calabria	:	:	:	48.0	60.2	14.0	46.2	8.2

	Insgesamt Total Total	ISCED 0	ISCED 1	ISCED 2	ISCED 3 Insgesamt Total Total	allgemein general général	beruflich vocational professionnel	ISCED 5,6,7
SICILIA	:	:	:	118.7	138.3	30.0	108.3	45.6
SARDEGNA	:	:	:	39.4	52.7	11.0	41.7	15.5
LUXEMBOURG	:	:	:	:	:	:	:	:
NEDERLAND (5)	1871.4	190.7	604.3	399.7	401.2	103.9	297.3	275.5
NOORD-NEDERLAND	202.8	19.4	65.1	47.3	44.6	10.2	34.3	26.4
Groningen	79.2	6.2	20.4	16.1	18.1	4.1	14.0	18.3
Friesland	76.8	7.7	26.2	19.1	16.6	3.9	12.6	7.3
Drenthe	46.8	5.5	18.5	12.1	9.9	2.2	7.7	0.8
OOSTNEDERLAND	388.3	41.2	133.1	87.3	85.5	20.3	65.2	41.3
Overijssel	147.1	13.6	44.5	30.9	37.8	7.4	30.5	20.3
Gelderland	211.5	23.2	74.5	49.6	44.0	11.9	32.1	20.2
Flevoland	29.7	4.5	14.1	6.7	3.7	1.1	2.6	0.8
WESTNEDERLAND	851.0	88.3	274.3	180.1	182.9	49.4	133.5	125.4
Utrecht	139.6	13.7	42.2	26.7	31.6	7.8	23.8	25.4
NoordHolland	282.4	28.8	88.3	60.6	61.0	17.2	43.8	43.7
ZuidHolland	389.3	41.4	129.1	83.4	81.0	22.2	58.8	54.4
Zeeland	39.7	4.4	14.7	9.4	9.3	2.1	7.1	2.0
ZUIDNEDERLAND	429.3	41.8	131.8	85.1	88.2	23.9	64.3	82.4
NoordBrabant	276.3	28.3	90.2	58.3	61.8	16.1	45.7	37.8
Limburg (NL)	153.0	13.4	41.6	26.8	26.5	7.9	18.6	44.6
ÖSTERREICH (6)	841.9	108.2	196.2	195.7	214.9	44.1	170.9	127.0
OSTÖSTERREICH	351.3	48.0	75.0	74.7	82.9	17.1	65.7	70.7
Burgenland	24.2	4.3	6.4	6.7	6.7	1.4	5.3	0.1
Niederösterreich	134.8	23.4	37.3	36.0	37.4	6.8	30.6	0.7
Wien	192.4	20.3	31.3	32.0	38.8	9.0	29.8	70.0
SÜDÖSTERREICH	185.4	19.6	43.7	44.5	50.4	10.6	39.8	27.2
Kärnten	52.9	6.0	14.5	14.5	16.1	3.1	12.9	1.9
Steiermark	132.5	13.6	29.2	30.0	34.3	7.5	26.8	25.4
WESTÖSTERREICH	305.3	40.5	77.5	76.6	81.7	16.3	65.4	29.0
Oberösterreich	139.9	20.0	37.0	36.0	37.5	6.8	30.8	9.3
Salzburg	55.2	7.0	13.3	13.4	15.6	3.3	12.3	5.8
Tirol	76.2	8.6	17.4	17.4	19.1	4.0	15.0	13.6
Vorarlberg	34.0	4.9	9.8	9.7	9.5	2.2	7.3	0.2
PORTUGAL	1159.9	94.8	488.0	250.3	207.6	153.1	54.5	119.3
CONTINENTE	:	:	:	:	:	:	:	:
Norte	:	:	:	:	:	:	:	:
Centro (P)	:	:	:	:	:	:	:	:
Lisboa e Vale do Tejo	:	:	:	:	:	:	:	:
Alentejo	:	:	:	:	:	:	:	:
Algarve	:	:	:	:	:	:	:	:
ACORES	:	:	:	:	:	:	:	:
MADEIRA	:	:	:	:	:	:	:	:
SUOMI/FINLAND (7)	:	:	200.2	101.4	109.4	49.4	60.0	92.7
MANNER-SUOMI	:	:	199.2	101.0	108.8	49.3	59.6	92.6
Uusimaa	:	:	47.3	24.0	26.5	13.9	12.6	31.6
Etelä-Suomi	:	:	66.6	33.9	37.0	16.2	20.8	31.4
Itä-Suomi	:	:	29.1	14.6	16.1	6.6	9.4	8.3
Väli-Suomi	:	:	30.1	15.4	15.8	6.9	8.9	10.5
Pohjois-Suomi	:	:	26.2	13.1	13.4	5.6	7.8	10.7
AHVENANMAAÅLAND	:	:	0.9	0.5	0.5	0.1	0.4	0.1

B

1000

	Insgesamt Total Total	ISCED 0	ISCED 1	ISCED 2	ISCED 3 Insgesamt Total Total	allgemein general général	beruflich vocational professionnel	ISCED 5,6,7
SVERIGE (8)	949.9	147.8	319.1	165.8	210.7	67.0	141.8	106.6
Stockholm	183.5	33.1	57.9	30.8	38.5	14.3	23.9	23.3
Östra Mellansverige	166.0	23.0	55.3	28.8	36.6	11.6	24.7	22.3
Småland med arnaö	83.7	12.9	30.2	15.8	19.6	5.8	13.6	5.3
Sydsverige	136.0	21.0	44.4	23.7	30.2	9.0	21.0	16.7
Västsverige	189.3	27.5	65.6	33.2	42.3	13.5	28.5	20.8
Norra Mellansverige	87.2	14.1	31.3	15.9	20.4	5.8	14.4	5.4
Mellersta Norrland	42.0	6.9	14.4	7.5	9.6	2.8	6.7	3.6
Övre Norrland	62.2	9.4	19.9	10.2	13.4	4.3	9.0	9.3
UNITED KINGDOM (2)	6726.8	220.7	2630.2	1108.7	2005.4	925.2	1080.3	761.8
NORTH	369.8	18.2	137.8	66.3	108.4	46.8	61.6	39.1
Cleveland, Durham	:	8.3	56.5	23.7	44.7	16.7	27.9	:
Cumbria	:	1.6	21.3	9.3	15.5	8.0	7.5	:
Northumberland, Tyne and Wear	:	8.3	60.0	33.3	48.2	22.1	26.2	:
YORKSHIRE & HUMBERSIDE	615.1	27.9	220.1	104.2	189.7	76.1	113.6	73.3
Humberside	:	4.7	40.9	17.1	32.4	13.1	19.3	:
North Yorkshire	:	2.0	30.4	14.0	24.5	11.7	12.8	:
South Yorkshire	:	7.9	56.0	24.7	47.7	17.6	30.1	:
West Yorkshire	:	13.3	92.8	48.5	85.1	33.7	51.4	:
EAST MIDLANDS	466.3	17.0	177.8	82.0	139.6	65.0	74.6	49.9
Derbyshire, Nottinghamshire	:	11.9	84.1	37.5	70.0	29.5	40.4	:
Leicestershire, Northamptonshire	:	4.3	67.4	33.3	52.5	26.1	26.4	:
Lincolnshire	:	0.7	26.3	11.2	17.0	9.3	7.7	:
EAST ANGLIA	215.2	3.2	87.3	41.0	65.7	33.2	32.6	18.0
SOUTH EAST	1987.7	53.9	779.6	322.3	595.6	275.3	320.3	236.2
Bedfordshire, Hertfordshire	:	7.6	65.7	37.1	64.6	29.4	35.1	:
Berkshire, Buckinghamshire, Oxfordsh.	:	6.4	90.3	36.5	68.4	38.4	30.1	:
Surrey, East-West Sussex	:	2.8	105.1	41.5	75.1	37.9	37.3	:
Essex	:	1.3	67.1	28.8	44.9	23.1	21.8	:
Greater London	:	33.7	301.9	116.4	240.6	96.4	144.3	:
Hampshire, Isle of Wight	:	1.1	79.2	31.2	58.5	22.4	36.1	:
Kent	:	1.0	70.4	31.0	43.4	27.7	15.7	:
SOUTH WEST	505.9	6.0	201.5	89.5	159.5	75.4	84.1	49.3
Avon, Gloucestershire, Wiltshire	:	3.1	92.9	38.7	75.4	33.3	42.1	:
Cornwall, Devon	:	2.3	63.7	27.2	46.1	22.9	23.3	:
Dorset, Somerset	:	0.7	44.9	23.6	38.0	19.2	18.7	:
WEST MIDLANDS	652.0	21.9	250.1	106.8	205.3	82.9	122.4	67.9
Hereford & Worcester, Warwickshire	:	1.8	52.0	23.7	44.6	19.9	24.7	:
Shropshire, Staffordshire	:	4.5	66.2	30.5	53.3	22.7	30.6	:
West Midlands (County)	:	15.6	131.9	52.6	107.4	40.4	67.0	:
NORTH WEST	791.0	29.8	312.0	126.2	239.1	94.8	144.2	84.0
Cheshire	:	2.8	45.6	19.5	36.7	16.0	20.7	:
Greater Manchester	:	15.0	127.4	51.0	91.2	35.6	55.6	:
Lancashire	:	4.0	67.4	27.6	59.1	19.9	39.1	:
Merseyside	:	8.0	71.5	28.2	52.1	23.4	28.8	:

_1000_

	Insgesamt Total Total	ISCED 0	ISCED 1	ISCED 2	ISCED 3 Insgesamt Total Total	allgemein general général	beruflich vocational professionnel	ISCED 5,6,7
WALES	328.3	14.0	134.0	54.6	88.4	43.7	44.7	37.4
Clwyd, Dyfed, Gwynedd, Powys	:	4.1	49.1	20.5	33.5	16.8	16.7	:
Gwent, Mid-South-West Glamorgan	:	9.9	84.8	34.1	54.9	26.9	28.0	:
SCOTLAND	567.9	24.8	232.0	74.6	148.0	97.4	50.6	88.5
Borders-Central-Fife-Lothian-Tayside	:	10.9	81.7	26.2	55.8	35.2	20.6	:
Dumfries & Galloway, Strathclyde	:	10.7	112.8	36.3	69.2	46.1	23.1	:
Highlands, Islands	:	0.7	13.4	4.5	8.3	6.1	2.3	:
Grampian	:	2.5	24.1	7.6	14.7	10.0	4.7	:
NORTHERN IRELAND	227.7	4.0	98.0	41.1	66.2	34.6	31.6	18.3

B

(1) Bei einigen Ländern können die aufaddierten Regionaldaten von den in Tabelle B1-3 angegebenen Gesamtzahlen
    abweichen, da die regionale Gliederung der Daten nicht für alle Bildungsgänge vorliegt:
(2) Tertiärbereich: Ohne Fernunterricht
(3) Tertiärbereich: Ohne Lehrerausbildung für berufliche Schulen
(4) Tertiärbereich: Ohne ISCED Niveaustufe 7
(5) Tertiärbereich: Ohne Fernunterricht und Forschungsassistenten
                Sekundarstufe I und II: Für einige berufliche Bildungsgänge liegt keine regionale Gliederung vor
(6) Tertiärbereich: Die aufaddierten Regionaldaten entsprechen nicht den Gesamtzahlen, da es sich um Fallzahlen je Bildungsgang handelt
(7) Tertiärbereich: Ohne die Schüler in dualen Bildungsgängen (Schule/Betrieb)
(8) Sekundarstufe II: Ohne Erwachsenenbildung

(1) For some countries, the sum of the regions may differ from the national data shown in table B1-3 because data for certain types of education are not
    available by region:
(2) Higher education: excludes students in distance learning
(3) Higher education: excludes students in teacher training for vocational courses
(4) Higher education: excludes ISCED 7
(5) Higher education: excludes students in distance learning and research assistants
    Lower and upper secondary: some vocational courses are excluded by region
(6) Higher education: the total is not the sum of the regions because by region students are counted by programme and therefore double counting occurs
(7) Upper secondary: data for students following vocational courses which are combined school and work based are excluded
(8) Upper secondary: excludes adult education

(1) Pour certains pays, la somme des données par régions peut être différente des données nationales du tableau B1-3 car certains types
    d'enseignement ne sont pas disponibles par région:
(2) Enseignement supérieur: les étudiants de l'enseignement à distance sont exclus.
(3) Enseignement supéreur: les élèves professeurs de l'enseignemenr professionnel sont exclus
(4) Enseignement supérieur: CITE 7 exclue
(5) Enseignement supérieur: les érudiants de l'enseignement à distance et les assistants de recherche sont exclus
    Enseignement secondaire inférieur et supérieur: certains cours de l'enseignement professionnel ne sont pas couverts dans les données régionales
(6) Enseignement supérieur: le total ne représente pas la somme des régions car au sein de chaque région, les étudiants sont également comptés par
    programme, ce qui produit par conséquent des double-comptes
(7) Enseignement secondaire supérieur: les données pour les étudiants suivant des cours de l'enseignement professionnel combinant école et
    emploi ne sont pas prises en compte
(8) L'enseignement pour adultes est exclue

B1-7

| Schüleranteil der beruflichen Schulen 1993/94 | | Proportion of students in vocational education 1993/94 |
| Sekundarstufe II - ISCED 3 (1) | | Upper secondary education - ISCED 3 (1) |

%

		EUR 15	B	DK	D	GR	E	F
Insgesamt	/ Total	59	68	54	78	33	41	53
Weiblich	/ Females	57 *	65	48	74	24	40	47
Männlich	/ Males	62 *	70	61	81	42	42	58

(1) Berufliche Schulen unterrichten in begrenztem Umfang auch auf der Sekundarstufe I (ISCED 2). Auf diesen Unterricht entfallen in Belgien 27%, in Spanien 0.4%, in Frankreich 10%, in Luxemburg 65%, in den Niederlanden 29% und in Portugal 2% der Schüler der Sekundarstufe I (ISCED 2).

(1) A limited amount of vocational education also takes place in lower secondary education (ISCED 2): it accounts for 27% of the total number of pupils enrolled in lower secondary education (ISCED 2) in Belgium, 0.4% in Spain, 10% in France, 65% in Luxembourg, 29 % in the Netherlands and 2% in Portugal.

B1-7

Schüleranteil der beruflichen Schulen der Sekundarstufe II - ISCED 3
Proportion of students in vocational education in upper secondary - ISCED 3
Pourcentage d'élèves dans l'enseignement professionnel dans le secondaire - CITE 3

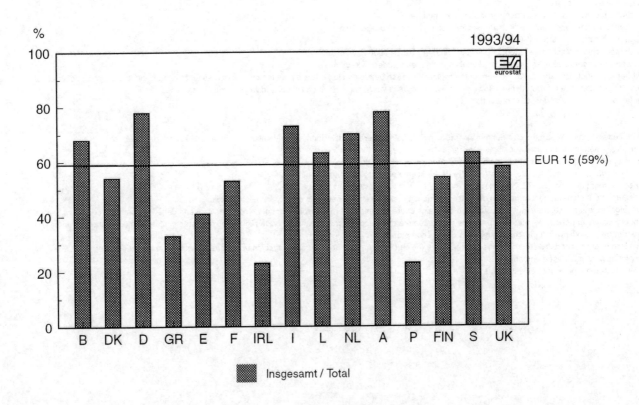

Pourcentage d'élèves dans l'enseignement professionnel
1993/94

Enseignement secondaire supérieur - CITE 3 (1)

%

	IRL	I	L	NL	A	P	FIN	S	UK	
	23	73	63	70	78	23	54	63	58	**Total**
	22	69	:	65	76	20	51	59	61	Filles
	24	77	:	75	79	26	56	68	54	Garçons

(1) Un certain nombre de programmes de l'enseignement professionnel correspond au niveau secondaire inférieur (CITE 2); ils correspondent 27% du total d'élèves inscrits dans le secondaire inférieur (CITE 2) en Belgique; 0.4 % en Espagne, 10% en France, 65% au Luxembourg, 29% aux Pays-Bas et 2% au Portugal.

B1-7

Schüleranteil der beruflichen Schulen der Sekundarstufe II - ISCED 3
Proportion of students in vocational education in upper secondary - ISCED 3
Pourcentage d'élèves dans l'enseignement professionnel dans le secondaire - CITE 3

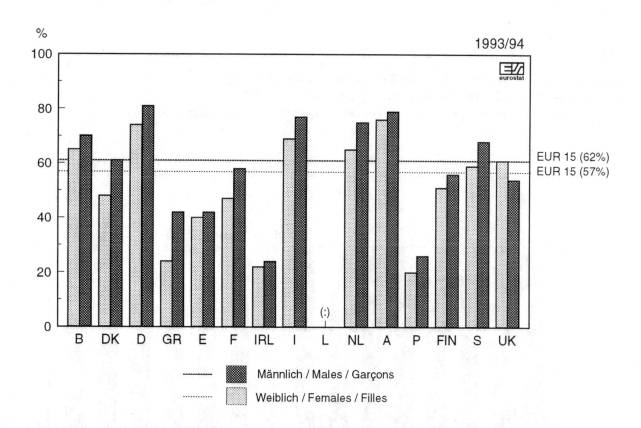

Männlich / Males / Garçons

Weiblich / Females / Filles

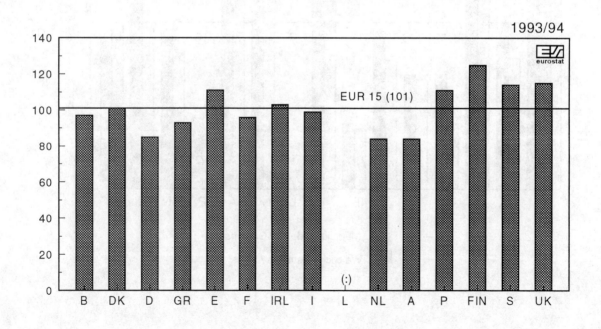

B1-8

Schülerinnen pro 100 Schüler
nach Bildungsbereichen und -arten
1993/94

ISCED 0-7

Females per 100 males
by level and type of education
1993/94

ISCED 0-7

eurostat		EUR 15	B	DK	D	GR	E	F
Insgesamt	/ Total	97 *	98	98	90	91	100	98
Vorschulbereich	/ Pre-primary education	95 *	95	96	95	96	95	95
Primarbereich	/ Primary education	95 *	94	96	94	94	93	94
Sekundarstufe I	/ Lower secondary education	95 *	109	96	96	92	92	94
Sekundarstufe II	/ Upper secondary education	101 *	97	101	85	93	111	96
davon: allgemein	/ of which: general	114 *	115	134	115	124	115	123
beruflich	/ vocational	93 *	90	79	78	52	107	77
Tertiärbereich	/ Higher education	99 *	97	105	73	88	104	120

B1-8

Schülerinnen pro 100 Schüler in der Sekundarstufe II - ISCED 3
Females per 100 males in upper secondary education - ISCED 3
Nombre de filles sur 100 garçons dans l'enseignement secondaire supérieur - CITE 3

⬛ **B1-8**

Nombre de filles sur 100 garçons
par niveau et type d'enseignement
1993/94

CITE 0-7

B

IRL	I	L	NL	A	P	FIN	S	UK	
96	**:**	**:**	**91**	**91**	**101**	**105**	**104**	**102**	Total
94	:	:	96	94	93	96	100	95	Enseignement pré-primaire
95	98	:	94	95	90	95	96	95	Enseignement primaire
97	91	:	95	95	100	97	100	95	Enseignement secondaire inférieur
103	99	:	84	84	111	125	114	115	Enseignement secondaire supérieur
105	130	:	115	100	121	140	144	97	dont: général
97	89	:	73	80	83	113	100	131	professionnel
93	106	:	86	89	132	113	120	100	Enseignement supérieur

📊 **B1-8**

Studentinnen pro 100 Studenten im Tertiärbereich - ISCED 5,6,7
Females per 100 males in higher education - ISCED 5,6,7
Nombre de filles sur 100 garçons dans l'enseignement supérieur - CITE 5,6,7

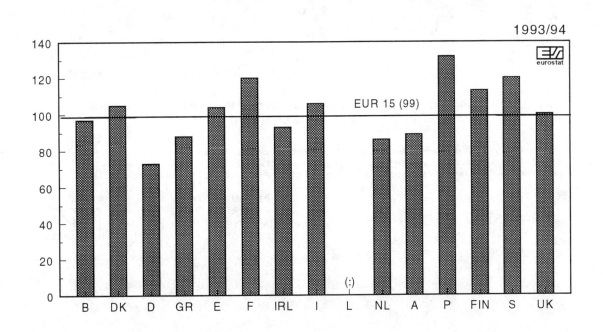

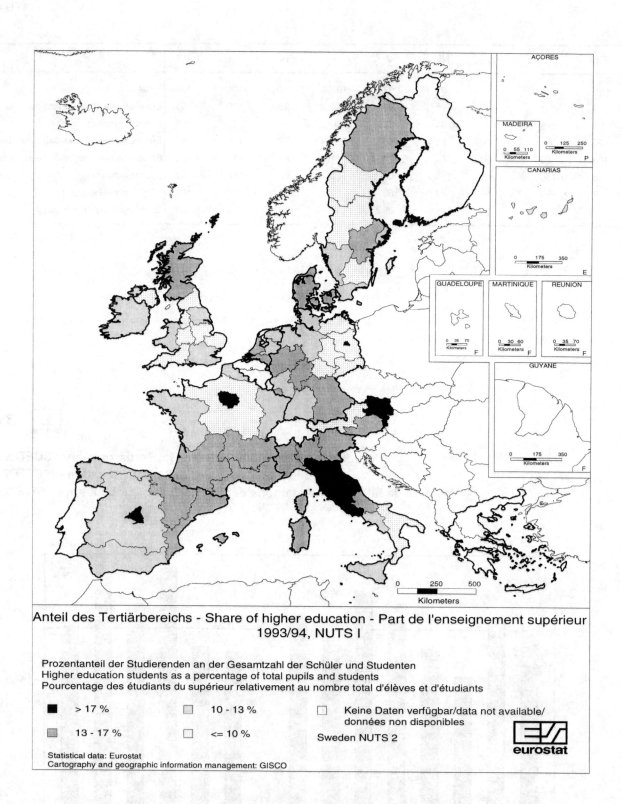

Anteil des Tertiärbereichs - Share of higher education - Part de l'enseignement supérieur
1993/94, NUTS I

Prozentanteil der Studierenden an der Gesamtzahl der Schüler und Studenten
Higher education students as a percentage of total pupils and students
Pourcentage des étudiants du supérieur relativement au nombre total d'élèves et d'étudiants

- > 17 %
- 10 - 13 %
- Keine Daten verfügbar/data not available/ données non disponibles
- 13 - 17 %
- <= 10 %
- Sweden NUTS 2

Statistical data: Eurostat
Cartography and geographic information management: GISCO

B Schüler- und Studentenbestand
Enrolment
Effectifs

B2 nach Alter
by age
par âge

Schüler und Studenten nach Alter
Insgesamt - ISCED 0-7
1993/94

Männlich und weiblich

Pupils and students by age
Total - ISCED 0-7
1993/94

Males and females

1000

	EUR 15	B	DK	D(2)	GR	E	F
Insgesamt / Total	:	2534.0	1138.6	16532.0	2021.8	9864.7	14693.2
jünger als 3 / under 3 years	:	50.0	-	308.8	-	60.7	263.2
3	:	123.5	39.0	466.0	15.4	208.1	745.4
4	:	122.9	50.7	723.0	62.0	395.6	766.6
5	:	121.4	50.8	751.0	76.2	420.5	780.4
6	:	119.5	55.0	786.1	104.3	434.8	774.7
7	:	118.6	56.5	891.9	109.3	450.2	782.2
8	:	115.4	55.2	873.8	116.8	469.3	770.4
9	:	117.0	53.4	873.9	122.2	488.0	760.9
10	:	118.0	52.6	874.6	133.7	508.1	751.2
11	:	120.5	54.1	892.1	145.1	539.7	790.0
12	:	124.1	54.9	887.5	151.6	565.8	802.6
13	:	124.5	58.6	894.5	137.3	591.1	799.6
14	:	123.5	57.7	849.9	130.3	591.8	760.3
15	:	126.8	61.7	835.0	124.5	579.6	733.0
16	:	126.4	59.0	814.4	124.5	517.2	728.9
17	:	122.8	54.2	775.0	88.0	482.2	681.0
18	:	104.4	51.5	696.5	90.4	408.6	643.8
19	:	90.9	38.3	548.3	82.7	342.3	559.3
20	:	80.4	29.8	387.0	60.4	321.4	463.7
21	:	62.2	28.5	310.6	51.2	262.1	355.3
22	:	49.3	26.3	419.9	26.9	218.8	258.6
23	:	35.2	22.5	223.0	21.2	153.7	168.7
24	:	26.3	19.7	224.8	13.1	115.3	105.0
25	:	19.3	17.3	218.0	10.6	85.7	75.5
26	:	15.7	14.6	197.6	5.8	59.8	52.9
27	:	13.9	12.0	180.5	5.7	42.6	42.7
28	:	17.2	9.4	130.2	2.8	33.8	34.8
29	:	10.3	7.5	137.7	2.5	27.9	30.4
30-34	:	128.9 (1)	21.5	233.8	3.9	130.1 (3)	101.6
35-39	:	:	11.3	121.4	:	:	46.4
40 und älter / 40 and over	:	:	14.7	-	2.7	29.9	50.4
Alter unbekannt / age unknown	:	5.0	-	5.2	-	330.0	13.7

(1) 30 und älter
(2) Einschliesslich der geistig behinderten Schüler an Sonderschulen, die keinem ISCED Niveau zugeordnet worden sind
(3) 30-39
(4) 21 und älter
(5) 24 und älter
(6) Die Angaben zur beruflichen Bildung berücksichtigen nicht die unabhängigen privaten "Youth Training" sowie die betriebliche Ausbildung in Unternehmen

(1) 30 and over
(2) Includes students with mental disabilities in special schools which have not been allocated to a specific ISCED level
(3) 30-39
(4) 21 and over
(5) 24 and over
(6) Data for vocational education exclude those in independent private institutions, 'Youth Training' and apprenticeships with employers

1000

IRL(2)	I	L	NL	A	P	FIN	S	UK(6)	
1019.7	11150.4	:	3614.8	1596.8	2327.8	1135.8	1951.2	13729.4	Total
-	:	:	-	1.1	-	-	-	47.3	moins de 3 ans
0.6	:	:	0.2	27.6	51.3	16.1	60.7	341.5	3
29.3	:	:	186.5	64.0	59.7	19.1	64.3	714.3	4
54.9	:	:	186.8	81.4	72.3	22.3	70.4	781.0	5
58.4	:	:	188.4	91.3	110.0	34.9	105.9	760.7	6
60.7	:	:	187.8	91.3	116.5	61.3	103.3	744.5	7
61.0	:	:	182.2	93.1	123.2	63.3	104.8	742.1	8
62.6	:	:	179.1	93.6	131.7	65.7	100.1	716.7	9
65.1	:	:	175.0	92.3	136.7	67.4	96.7	717.5	10
68.1	:	:	173.3	95.4	141.2	66.9	97.2	713.4	11
69.8	:	:	181.0	97.0	141.0	64.4	98.2	728.1	12
72.3	:	:	184.3	96.3	140.2	64.0	100.8	736.4	13
70.9	:	:	180.1	88.2	135.0	64.2	99.4	714.1	14
66.6	:	:	180.4	84.8	128.9	64.6	93.7	658.4	15
62.7	:	:	176.2	82.4	120.2	63.5	96.2	567.6	16
54.7	:	:	167.7	79.0	113.6	61.4	97.8	499.6	17
50.1	:	:	150.2	59.0	94.8	54.0	90.3	371.2	18
29.1	:	:	134.0	34.0	75.1	23.2	40.3	322.1	19
22.1	:	:	119.6	23.6	61.2	22.9	33.1	284.4	20
50.3 (4)	:	:	105.0	21.9	52.6	27.2	32.6	233.2	21
:	:	:	88.8	19.2	43.2	28.2	33.0	178.4	22
:	:	:	74.5	18.9	32.6	25.1	29.4	138.8	23
:	:	:	59.2	142.6 (5)	23.7	21.4	25.6	121.6	24
:	:	:	44.6	:	24.7	18.0	23.1	109.9	25
:	:	:	36.5	:	12.6	14.8	21.0	103.5	26
:	:	:	28.6	:	10.2	12.0	18.5	98.0	27
:	:	:	24.8	:	8.3	9.6	16.1	93.0	28
:	:	:	23.5	:	7.9	8.1	14.4	89.1	29
:	:	:	86.8	:	27.2	29.2	53.7	1403.2 (1)	30-34
:	:	:	48.3	:	8.1	19.8	41.2	:	35-39
:	:	:	61.5	:	7.6	23.4	74.0	:	40 et plus
10.5	:	:	-	18.9	116.3	-	15.5	-	âge inconnu

(1) 30 et plus
(2) Inclut les étudiants handicapés mentaux inscrits dans des écoles spécialisées,
     et qui n'ont pu être affectés à un niveau CITE
(3) 30-39
(4) 21 et plus
(5) 24 et plus
(6) Les données pour l'enseignement professionnel excluent les étudiants
     des écoles privées indépendantes, les 'Youth Training' ainsi que
     l'apprentissage au sein des entreprises

Schüler und Studenten nach Alter
Insgesamt - ISCED 0-7
1993/94
Weiblich

Pupils and students by age
Total - ISCED 0-7
1993/94
Females

1000

eurostat		EUR 15	B	DK	D(2)	GR	E	F
Insgesamt / Total	:	1251.7	563.8	7845.7	965.2	4927.9	7271.7
jünger als 3 / under 3 years	:	24.4	-	150.7	-	28.8	130.3
3	:	60.3	19.1	227.4	7.5	102.3	363.4
4	:	60.0	24.8	352.8	30.5	192.9	375.3
5	:	59.3	24.9	366.4	38.1	204.5	381.1
6	:	58.3	26.8	393.9	50.5	211.7	378.4
7	:	57.5	27.7	435.9	52.8	219.1	381.8
8	:	56.2	27.1	425.5	56.8	228.0	376.0
9	:	57.2	26.2	425.6	59.3	237.0	371.6
10	:	57.3	25.8	425.8	64.3	247.1	366.3
11	:	58.7	26.5	435.2	69.3	262.0	384.8
12	:	60.4	26.9	432.6	65.3	274.5	391.1
13	:	60.8	29.1	436.0	67.5	287.7	390.4
14	:	59.7	29.2	414.3	63.6	287.2	369.9
15	:	61.8	30.3	406.6	63.0	284.4	358.1
16	:	61.5	29.2	393.1	63.2	260.6	355.2
17	:	60.0	26.6	371.7	42.7	249.0	333.4
18	:	51.5	25.6	329.0	45.7	212.7	323.2
19	:	45.5	17.2	260.6	37.5	183.2	287.0
20	:	41.6	13.4	191.9	31.0	171.0	242.5
21	:	31.5	14.5	156.7	21.5	138.9	188.1
22	:	24.1	13.8	184.3	9.7	114.2	138.3
23	:	16.8	11.9	96.6	7.5	76.9	91.5
24	:	12.4	10.4	85.4	5.8	55.8	60.2
25	:	9.5	9.0	77.9	3.1	41.8	40.2
26	:	7.8	7.4	67.3	2.6	29.1	27.7
27	:	6.9	6.0	62.6	2.6	19.0	22.4
28	:	8.1	4.7	44.3	1.2	15.1	17.9
29	:	5.1	3.6	55.4	0.8	12.3	15.7
30-34	:	76.0 (1)	10.7	87.2	0.9	55.9 (3)	50.3
35-39	:	:	6.4	50.5	:	:	24.1
40 und älter / 40 and over	:	:	8.9	-	0.9	12.6	27.1
Alter unbekannt / age unknown	:	1.6	-	2.7	-	212.5	8.4

(1) 30 und älter
(2) Einschliesslich der geistig behinderten Schüler an Sonderschulen,
    die keinem ISCED Niveau zugeordnet worden sind
(3) 30-39
(4) 21 und älter
(5) 24 und älter
(6) Die Angaben zur beruflichen Bildung berücksichtigen nicht die unab-
    hängigen privaten "Youth Training" sowie die betriebliche Ausbildung
    in Unternehmen

(1) 30 and over
(2) Includes students with mental disabilities in special schools
    which have not been allocated to a specific ISCED level
(3) 30-39
(4) 21 and over
(5) 24 and over
(6) Data for vocational education exclude those in independent
    private institutions, 'Youth Training' and apprenticeships
    with employers

1000

B

IRL(2)	I	L	NL	A	P	FIN	S	UK(6)	
499.7	:	:	1721.6	761.4	1167.9	581.0	995.5	6924.0	Total
-	:	:	-	0.6	-	-	-	23.4	moins de 3 ans
0.3	:	:	0.1	13.8	24.8	7.9	30.4	167.1	3
14.8	:	:	91.3	31.5	29.0	9.4	32.1	348.6	4
26.9	:	:	91.4	39.5	34.7	11.0	35.2	381.9	5
28.5	:	:	91.7	44.4	54.0	17.0	53.4	370.7	6
29.5	:	:	92.2	44.5	56.8	30.0	49.8	362.6	7
29.7	:	:	89.1	45.3	60.2	31.0	51.0	361.8	8
30.3	:	:	87.2	45.7	63.7	32.2	48.7	350.7	9
31.7	:	:	85.5	45.3	64.8	33.0	46.9	349.0	10
33.3	:	:	84.3	47.1	67.5	32.5	47.3	348.0	11
34.0	:	:	89.1	47.2	66.9	31.5	47.9	355.7	12
35.1	:	:	89.9	46.9	66.5	31.3	49.4	359.0	13
34.7	:	:	88.0	42.9	64.4	31.6	48.6	347.4	14
33.1	:	:	87.8	40.7	63.2	31.6	45.4	321.4	15
31.3	:	:	85.3	38.9	61.1	31.2	47.9	282.0	16
27.9	:	:	80.0	36.0	59.9	30.1	47.6	249.4	17
26.6	:	:	71.0	26.4	50.0	27.1	44.1	177.0	18
14.1	:	:	61.4	16.6	40.8	13.5	20.9	153.9	19
10.2	:	:	52.8	12.0	34.2	15.2	19.0	139.9	20
22.2 (4)	:	:	45.6	10.8	29.2	15.9	19.1	117.0	21
:	:	:	37.5	9.0	23.6	15.7	18.2	89.9	22
:	:	:	30.4	8.7	17.2	13.3	15.6	70.7	23
:	:	:	23.6	54.8 (5)	12.3	10.8	13.4	63.8	24
:	:	:	17.6	:	12.8	9.1	11.7	58.7	25
:	:	:	13.9	:	6.4	7.6	10.6	55.9	26
:	:	:	11.4	:	5.2	6.2	9.4	53.3	27
:	:	:	10.0	:	4.2	5.1	8.3	50.8	28
:	:	:	9.5	:	4.6	4.3	7.7	49.0	29
:	:	:	39.2	:	14.2	17.0	30.7	865.3 (1)	30-34
:	:	:	25.7	:	4.3	12.7	26.2	:	35-39
:	:	:	39.0	:	3.9	16.1	50.5	:	40 et plus
5.3	:	:	-	12.7	67.4	-	8.5	-	âge inconnu

(1) 30 et plus
(2) Inclut les étudiants handicapés mentaux inscrits dans des écoles spécialisées, et qui n'ont pu être affectés à un niveau CITE
(3) 30-39
(4) 21 et plus
(5) 24 et plus
(6) Les données pour l'enseignement professionnel excluent les étudiants des écoles privées indépendantes, les 'Youth Training' ainsi que l'apprentissage au sein des entreprises

Schüler und Studenten nach Alter
Insgesamt - ISCED 0-7
1993/94
Männlich

Pupils and students by age
Total - ISCED 0-7
1993/94
Males

1000

⏃ eurostat	EUR 15	B	DK	D(2)	GR	E	F
Insgesamt / Total	:	1282.3	574.8	8686.3	1056.6	4936.8	7421.5
jünger als 3 / under 3 years	:	25.6	-	158.1	-	31.9	132.9
3	:	63.1	19.9	238.6	8.0	105.8	381.9
4	:	62.9	25.8	370.2	31.5	202.8	391.3
5	:	62.2	25.9	384.6	38.0	216.0	399.3
6	:	61.2	28.2	392.3	53.8	223.0	396.3
7	:	61.0	28.8	465.9	56.5	231.1	400.4
8	:	59.2	28.2	448.3	60.0	241.3	394.4
9	:	59.8	27.3	448.3	62.9	251.0	389.3
10	:	60.7	26.8	448.8	69.4	260.9	384.9
11	:	61.8	27.6	456.9	75.8	277.6	405.2
12	:	63.8	28.0	454.9	86.4	291.4	411.5
13	:	63.7	29.5	458.5	69.9	303.5	409.2
14	:	63.9	28.6	435.6	66.7	304.6	390.4
15	:	65.0	31.4	428.5	61.5	295.2	374.9
16	:	64.9	29.9	421.3	61.3	256.6	373.7
17	:	62.8	27.6	403.3	45.3	233.2	347.6
18	:	52.9	25.9	367.5	45.3	195.9	320.6
19	:	45.3	21.1	287.6	45.1	159.1	272.3
20	:	38.9	16.4	195.1	29.4	150.3	221.1
21	:	30.6	14.0	153.9	29.7	123.2	167.2
22	:	25.3	12.5	235.6	17.2	104.6	120.4
23	:	18.3	10.6	126.4	13.8	76.9	77.2
24	:	13.8	9.3	139.4	7.3	59.4	44.7
25	:	9.9	8.3	140.1	7.5	43.9	35.3
26	:	7.9	7.2	130.2	3.2	30.6	25.2
27	:	7.0	5.9	117.8	3.0	23.6	20.3
28	:	9.1	4.7	86.0	1.6	18.7	16.9
29	:	5.2	3.9	82.3	1.7	15.6	14.7
30-34	:	52.9 (1)	10.8	146.6	3.0	74.2 (3)	51.3
35-39	:	:	4.9	70.9	:	:	22.3
40 und älter / 40 and over	:	:	5.8	-	1.7	17.3	23.3
Alter unbekannt / age unknown	:	3.3	-	2.6	-	117.5	5.3

(1) 30 und älter
(2) Einschliesslich der geistig behinderten Schüler an Sonderschulen, die keinem ISCED Niveau zugeordnet worden sind
(3) 30-39
(4) 21 und älter
(5) 24 und älter
(6) Die Angaben zur beruflichen Bildung berücksichtigen nicht die unabhängigen privaten "Youth Training" sowie die betriebliche Ausbildung in Unternehmen

(1) 30 and over
(2) Includes students with mental disabilities in special schools which have not been allocated to a specific ISCED level
(3) 30-39
(4) 21 and over
(5) 24 and over
(6) Data for vocational education exclude those in independent private institutions, 'Youth Training' and apprenticeships with employers

1000

B

IRL(2)	I	L	NL	A	P	FIN	S	UK(6)	
519.9	:	:	1893.2	835.4	1159.9	554.8	955.7	6805.3	Total
-	:	:	-	0.5	-	-	-	23.9	moins de 3 ans
0.3	:	:	0.1	13.9	26.5	8.2	30.4	174.3	3
14.5	:	:	95.1	32.5	30.6	9.7	32.1	365.6	4
28.0	:	:	95.5	41.8	37.6	11.3	35.2	399.1	5
29.8	:	:	96.7	46.9	56.0	17.9	52.5	390.0	6
31.2	:	:	95.6	46.8	59.7	31.3	53.5	381.9	7
31.2	:	:	93.1	47.7	63.0	32.3	53.8	380.2	8
32.4	:	:	91.8	48.0	67.9	33.5	51.3	366.1	9
33.4	:	:	89.5	47.1	71.9	34.4	49.7	368.5	10
34.8	:	:	89.0	48.4	73.7	34.4	49.9	365.4	11
35.8	:	:	91.8	49.8	74.2	32.9	50.3	372.4	12
37.2	:	:	94.4	49.4	73.7	32.7	51.5	377.4	13
36.2	:	:	92.2	45.3	70.6	32.6	50.8	366.6	14
33.4	:	:	92.6	44.1	65.7	33.0	48.4	337.0	15
31.4	:	:	90.9	43.5	59.1	32.2	48.4	285.5	16
26.8	:	:	87.7	43.0	53.6	31.3	50.1	250.2	17
23.4	:	:	79.2	32.6	44.8	26.9	46.2	194.2	18
15.1	:	:	72.6	17.3	34.4	9.8	19.4	168.2	19
11.8	:	:	66.8	11.6	27.1	7.7	14.1	144.5	20
28.1 (4)	:	:	59.4	11.1	23.5	11.2	13.4	116.2	21
:	:	:	51.3	10.2	19.6	12.4	14.8	88.5	22
:	:	:	44.0	10.1	15.3	11.8	13.8	68.0	23
:	:	:	35.6	87.8 (5)	11.4	10.6	12.3	57.8	24
:	:	:	27.0	:	11.9	8.9	11.4	51.2	25
:	:	:	22.6	:	6.2	7.3	10.4	47.6	26
:	:	:	17.1	:	5.0	5.7	9.1	44.7	27
:	:	:	14.8	:	4.1	4.5	7.8	42.1	28
:	:	:	14.0	:	3.4	3.8	6.8	40.2	29
:	:	:	47.6	:	13.0	12.2	23.1	537.9 (1)	30-34
:	:	:	22.6	:	3.8	7.1	14.9	:	35-39
:	:	:	22.5	:	3.7	7.3	23.5	:	40 et plus
5.2	:	:	-	6.2	48.9	-	7.1	-	âge inconnu

(1) 30 et plus
(2) Inclut les étudiants handicapés mentaux inscrits dans des écoles spécialisées,
    et qui n'ont pu être affectés à un niveau CITE
(3) 30-39
(4) 21 et plus
(5) 24 et plus
(6) Les données pour l'enseignement professionnel excluent les étudiants
    des écoles privées indépendantes, les 'Youth Training' ainsi que
    l'apprentissage au sein des entreprises

B2-4

Schüler und Studenten nach Alter
Vorschulbereich - ISCED 0
1993/94

Männlich und weiblich

Pupils and students by age
Pre-primary education - ISCED 0
1993/94

Males and females

1000

	EUR 15	B	DK	D	GR	E	F
Insgesamt / Total	:	421.4	196.6	2639.8	132.8	1086.4	2548.5
jünger als 3 / under 3 years	:	50.0	-	308.8	-	60.7	263.2
3	:	123.5	39.0	466.0	15.4	208.1	745.4
4	2627.1	122.9	50.7	723.0	62.0	395.6	766.6
5	2648.1	119.7	50.8	751.0	54.1	420.5	764.5
6 und älter / 6 and over	:	5.2	56.1	391.0	1.2	1.4	8.9

B2-5

Schüler und Studenten nach Alter
Vorschulbereich - ISCED 0
1993/94

Weiblich

Pupils and students by age
Pre-primary education - ISCED 0
1993/94

Females

1000

	EUR 15	B	DK	D	GR	E	F
Insgesamt / Total	:	205.1	96.2	1288.0	65.2	529.0	1244.5
jünger als 3 / under 3 years	:	24.4	-	150.7	-	28.8	130.3
3	:	60.3	19.1	227.4	7.5	102.3	363.4
4	1284.8	60.0	24.8	352.8	30.5	192.9	375.3
5	1291.2	58.3	24.9	366.4	26.6	204.5	372.2
6 und älter / 6 and over	:	2.1	27.4	190.8	0.6	0.6	3.2

B2-6

Schüler und Studenten nach Alter
Vorschulbereich - ISCED 0
1993/94

Männlich

Pupils and students by age
Pre-primary education - ISCED 0
1993/94

Males

1000

	EUR 15	B	DK	D	GR	E	F
Insgesamt / Total	:	216.3	100.4	1351.8	67.7	557.3	1304.0
jünger als 3 / under 3 years	:	25.6	-	158.1	-	31.9	132.9
3	:	63.1	19.9	238.6	8.0	105.8	381.9
4	1342.3	62.9	25.8	370.2	31.5	202.8	391.3
5	1356.8	61.5	25.9	384.6	27.5	216.0	392.3
6 und älter / 6 and over	:	3.2	28.7	200.2	0.6	0.8	5.6

B2-4
Elèves et étudiants par âge
Enseignement pre-primaire - CITE 0
1993/94
Garçons et Filles

1000

IRL	I	L	NL	A	P	FIN	S	UK	
118.2	1578.4	9.2	373.2	209.7	183.3	92.2	295.5	430.9	Total
-	:	:	-	1.1	-	-	-	36.4	moins de 3 ans
0.6	:	:	0	27.6	51.3	16.1	60.7	309.5	3
29.3	:	:	185.7	64.0	59.7	19.1	64.3	84.3	4
54.7	:	:	185.7	81.4	72.3	22.3	70.4	0.7	5
33.6	:	:	1.8	35.7	-	34.8	100.2	0	6 et plus

B2-5
Elèves et étudiants par âge
Enseignement pre-primaire - CITE 0
1993/94
Filles

1000

IRL	I	L	NL	A	P	FIN	S	UK	
57.3	:	:	182.5	101.6	88.5	45.2	147.8	210.1	Total
-	:	:	-	0.6	-	-	-	18.0	moins de 3 ans
0.3	:	:	-	13.8	24.8	7.9	30.4	151.4	3
14.8	:	:	91.1	31.5	29.0	9.4	32.1	40.6	4
26.8	:	:	91.0	39.5	34.7	11.0	35.2	0.2	5
15.3	:	:	0.5	16.2	-	17.0	50.1	0	6 et plus

B2-6
Elèves et étudiants par âge
Enseignement pre-primaire - CITE 0
1993/94
Garçons

1000

IRL	I	L	NL	A	P	FIN	S	UK	
60.9	:	:	190.7	108.2	94.8	47.0	147.8	220.8	Total
-	:	:	-	0.5	-	-	-	18.5	moins de 3 ans
0.3	:	:	0	13.9	26.5	8.2	30.4	158.1	3
14.5	:	:	94.6	32.5	30.6	9.7	32.1	43.7	4
27.9	:	:	94.7	41.8	37.6	11.3	35.2	0.5	5
18.3	:	:	1.4	19.5	-	17.8	50.1	0	6 et plus

B

B2-7

Schüler und Studenten nach Alter
Primarbereich - ISCED 1
1993/94

Männlich und weiblich

1000

Pupils and students by age
Primary education - ISCED 1
1993/94

Males and females

eurostat	EUR 15	B	DK	D	GR	E	F
Insgesamt / Total	:	736.8	326.6	3639.7	723.7	2471.1	4078.4
4 und jünger / 4 and under	:	-	-	-	-	-	-
5	:	1.7	-	-	22.0	-	15.9
6	:	114.4	2.1	405.3	103.1	434.1	766.4
7	:	118.4	53.2	878.1	109.3	449.7	781.8
8	:	115.4	55.2	870.1	116.8	469.0	770.4
9	:	117.0	53.4	869.4	122.2	488.0	760.9
10	:	118.0	52.6	541.5	133.7	508.1	726.7
11	:	118.9	54.1	67.6	112.3	86.1	194.7
12	:	27.5	52.7	6.7	1.7	20.7	34.1
13	:	5.0	3.2	-	1.4	4.7	11.6
14 und älter / 14 and over	:	0.5	-	-	1.2	10.7	15.9
Alter unbekannt / age unknown	:	-	-	1.1	-	-	-

B2-8

Schüler und Studenten nach Alter
Primarbereich - ISCED 1
1993/94

Weiblich

1000

Pupils and students by age
Primary education - ISCED 1
1993/94

Females

eurostat	EUR 15	B	DK	D	GR	E	F
Insgesamt / Total	:	357.2	160.0	1767.7	350.3	1190.3	1971.3
4 und jünger / 4 and under	:	-	-	-	-	-	-
5	:	1.0	-	-	11.6	-	8.9
6	:	56.3	1.1	208.1	49.9	211.5	375.4
7	:	57.5	26.1	429.5	52.8	218.9	381.6
8	:	56.2	27.1	424.1	56.8	227.9	376.0
9	:	57.2	26.2	423.9	59.3	237.0	371.6
10	:	57.3	25.8	251.6	64.3	247.1	352.6
11	:	57.7	26.5	27.2	53.9	34.1	81.7
12	:	11.8	25.8	2.8	0.9	7.7	13.6
13	:	2.1	1.6	-	0.5	1.9	4.4
14 und älter / 14 and over	:	0.2	-	-	0.4	4.3	5.6
Alter unbekannt / age unknown	:	-	-	0.5	-	-	-

B2-9

Schüler und Studenten nach Alter
Primarbereich - ISCED 1
1993/94

Männlich

1000

Pupils and students by age
Primary education - ISCED 1
1993/94

Males

eurostat	EUR 15	B	DK	D	GR	E	F
Insgesamt / Total	:	379.5	166.6	1872.0	373.4	1280.8	2107.1
4 und jünger / 4 and under	:	-	-	-	-	-	-
5	:	0.7	-	-	10.5	-	7.0
6	:	58.2	1.1	197.1	53.2	222.6	391.0
7	:	60.9	27.2	448.6	56.5	230.8	400.2
8	:	59.2	28.2	446.0	60.0	241.1	394.4
9	:	59.8	27.3	445.5	62.9	251.0	389.3
10	:	60.7	26.8	289.8	69.4	260.9	374.1
11	:	61.2	27.6	40.4	58.4	52.0	113.1
12	:	15.7	26.9	3.9	0.8	13.0	20.6
13	:	2.9	1.6	0	0.8	2.9	7.3
14 und älter / 14 and over	:	0.3	-	-	0.9	6.4	10.3
Alter unbekannt / age unknown	:	-	-	0.7	-	-	-

1000

IRL	I	L	NL	A	P	FIN	S	UK	
392.0	2863.3	25.4	1173.1	381.6	929.5	390.9	626.3	5143.2	Total
-	:	:	1.0	-	-	-	-	672.8	4 et moins
0.2	:	:	1.2	-	-	-	-	780.3	5
26.2	:	:	186.7	56.4	110.0	0.5	5.7	760.6	6
59.3	:	:	187.6	91.2	116.5	60.9	103.3	744.5	7
60.9	:	:	182.2	92.4	123.2	63.3	104.8	742.0	8
62.6	:	:	179.1	93.6	131.7	65.7	100.1	679.5	9
65.1	:	:	175.0	41.0	136.7	67.4	96.7	675.0	10
68.0	:	:	172.4	5.3	141.2	66.9	97.2	87.2	11
44.6	:	:	76.6	0.9	57.6	64.2	98.2	1.2	12
4.6	:	:	9.0	0.3	32.0	2.0	-	0	13
0.4	:	:	2.3	0.5	26.0	0.1	18.2	-	14 et plus
-	:	:	-	-	54.6	-	2.1	-	Age inconnu

1000

IRL	I	L	NL	A	P	FIN	S	UK	
190.5	1419.1	:	568.8	185.5	441.5	190.8	307.0	2509.9	Total
-	:	:	0.4	-	-	-	-	329.2	4 et moins
0.1	:	:	0.4	-	-	-	-	381.7	5
13.7	:	:	91.2	28.6	54.0	0.2	3.3	370.7	6
29.0	:	:	92.1	44.5	56.8	29.8	49.8	362.6	7
29.7	:	:	89.1	45.0	60.2	31.0	51.0	361.8	8
30.2	:	:	87.2	45.7	63.7	32.2	48.7	332.6	9
31.7	:	:	85.5	18.7	64.8	33.0	46.9	328.2	10
33.3	:	:	83.9	2.3	67.5	32.5	47.3	42.6	11
20.6	:	:	34.6	0.4	23.2	31.4	47.9	0.5	12
1.9	:	:	3.4	0.1	11.6	0.7	-	0	13
0.2	:	:	1.0	0.2	9.0	0.1	10.9	-	14 et plus
-	:	:	-	-	30.7	-	1.1	-	Age inconnu

1000

IRL	I	L	NL	A	P	FIN	S	UK	
201.5	1444.1	:	604.3	196.2	488.0	200.2	319.3	2633.3	Total
-	:	:	0.7	-	-	-	-	343.6	4 et moins
0.1	:	:	0.8	-	-	-	-	398.6	5
12.5	:	:	95.5	27.8	56.0	0.3	2.4	390.0	6
30.3	:	:	95.5	46.7	59.7	31.1	53.5	381.9	7
31.2	:	:	93.1	47.4	63.0	32.3	53.8	380.2	8
32.4	:	:	91.8	48.0	67.9	33.5	51.3	346.9	9
33.4	:	:	89.5	22.3	71.9	34.4	49.7	346.8	10
34.8	:	:	88.5	3.0	73.7	34.4	49.9	44.6	11
24.0	:	:	42.1	0.5	34.4	32.8	50.3	0.7	12
2.7	:	:	5.6	0.2	20.4	1.3	-	0	13
0.2	:	:	1.3	0.3	17.0	0	7.3	-	14 et plus
-	:	:	-	-	23.9	-	1.1	-	Age inconnu

B

B2-10

Schüler und Studenten nach Alter
Sekundarstufe I - ISCED 2
1993/94

Männlich und weiblich

Pupils and students by age
Lower secondary education - ISCED 2
1993/94

Males and females

1000

eurostat	EUR 15	B	DK	D	GR(1)	E	F
Insgesamt / Total	:	382.3	222.8	5120.4	851.3	1851.7	3472.1
9	:	-	-	-	-	-	-
10	:	0	-	328.3	-	-	24.5
11	:	1.6	0	819.3	32.7	453.6	595.3
12	:	96.6	2.2	875.2	150.0	545.1	768.5
13	:	118.0	55.4	888.8	136.0	586.4	787.9
14	:	43.7	57.7	844.3	129.6	191.2	728.0
15	:	15.5	60.8	776.7	124.0	68.7	378.6
16	:	4.9	40.3	459.8	124.5	2.0	143.1
17	:	3.3	5.2	94.7	88.0	1.9	31.6
18 und älter / 18 and over	:	98.5	1.1	31.6	66.5	2.8	14.6
Alter unbekannt / age unknown	:	0.2	-	1.8	-	-	-

B2-11

Schüler und Studenten nach Alter
Sekundarstufe I - ISCED 2
1993/94

Weiblich

Pupils and students by age
Lower secondary education - ISCED 2
1993/94

Females

1000

eurostat	EUR 15	B	DK	D	GR(1)	E	F
Insgesamt / Total	:	199.1	108.9	2511.1	403.1	887.0	1687.0
9	:	-	-	-	-	-	-
10	:	0	-	172.3	-	-	13.7
11	:	1.0	0	405.9	15.4	227.9	303.2
12	:	48.6	1.1	427.5	64.4	266.8	377.6
13	:	57.8	27.5	433.7	66.9	285.8	386.0
14	:	17.9	29.2	412.1	63.5	77.8	354.6
15	:	6.6	29.7	381.2	62.8	26.2	166.2
16	:	2.2	18.8	221.9	63.2	0.7	63.7
17	:	1.6	2.0	41.4	42.7	0.8	15.1
18 und älter / 18 and over	:	63.4	0.5	14.3	24.2	1.1	6.9
Alter unbekannt / age unknown	:	0.1	-	0.7	-	-	-

B2-12

Schüler und Studenten nach Alter
Sekundarstufe I - ISCED 2
1993/94

Männlich

Pupils and students by age
Lower secondary education - ISCED 2
1993/94

Males

1000

eurostat	EUR 15	B	DK	D	GR(1)	E	F
Insgesamt / Total	:	183.2	113.9	2609.3	448.2	964.6	1785.2
9	:	-	-	-	-	-	-
10	:	0	-	156.0	-	-	10.8
11	:	0.7	-	413.4	17.4	225.6	292.1
12	:	48.0	1.1	447.7	85.6	278.3	390.9
13	:	60.2	27.9	455.0	69.0	300.6	402.0
14	:	25.8	28.6	432.2	66.1	113.4	373.4
15	:	8.9	31.1	395.5	61.2	42.5	212.3
16	:	2.7	21.5	237.9	61.3	1.2	79.3
17	:	1.7	3.1	53.3	45.3	1.2	16.5
18 und älter / 18 and over	:	35.1	0.6	17.2	42.3	1.8	7.7
Alter unbekannt / age unknown	:	0.1	-	1.0	-	-	-

(1) Sekundarbereich insgesamt - ISCED 2+3

(1) All secondary education - ISCED 2+3

Elèves et étudiants par âge
Enseignement secondaire inférieur - CITE 2
1993/94

Garçons et filles

IRL	I	L	NL	A	P	FIN	S	UK	
210.3	1996.7	:	787.2	381.9	500.4	200.3	332.2	2169.3	Total
-	:	:	0	-	-	-	-	37.3	9
-	:	:	0	51.3	-	-	-	42.5	10
0.1	:	:	0.8	90.2	-	-	-	626.2	11
25.2	:	:	104.4	96.1	83.4	0.2	-	726.9	12
66.8	:	:	175.3	95.9	108.3	62.0	100.8	736.4	13
69.5	:	:	178.8	39.9	117.5	64.0	99.4	-	14
43.0	:	:	143.1	6.2	65.9	64.2	92.9	-	15
5.1	:	:	82.3	1.1	39.3	5.3	4.2	-	16
0.3	:	:	32.4	0.6	19.7	1.1	0.1	-	17
0.3			69.9	0.6	30.2	3.4	33.6	-	18 et plus
-	:	:	-	-	36.1	-	1.1	-	âge inconnu

Elèves et étudiants par âge
Enseignement secondaire inférieur - CITE 2
1993/94

Filles

IRL	I	L	NL	A	P	FIN	S	UK	
103.5	949.7	:	383.4	186.2	250.0	98.9	166.2	1058.5	Total
-	:	:	0	-	-	-	-	18.1	9
-	:	:	0	26.5	-	-	-	20.7	10
0	:	:	0.4	44.8	-	-	-	305.4	11
13.4	:	:	54.6	46.8	43.6	0.2	-	355.2	12
32.9	:	:	86.5	46.8	54.9	30.7	49.4	359.0	13
34.1	:	:	87.4	17.8	58.2	31.5	48.6	-	14
20.6	:	:	67.3	2.5	29.9	31.3	44.9	-	15
2.1	:	:	35.6	0.4	17.1	2.9	2.6	-	16
0.1	:	:	12.6	0.3	8.6	0.2	0.1	-	17
0.2			39.1	0.3	14.4	2.2	20.2	-	18 et plus
-	:	:	-	-	23.3	-	0.5	-	âge inconnu

Elèves et étudiants par âge
Enseignement secondaire inférieur - CITE 2
1993/94

Garçons

IRL	I	L	NL	A	P	FIN	S	UK	
106.8	1047.0	:	403.8	195.7	250.3	101.4	166.0	1110.8	Total
-	:	:	0	-	-	-	-	19.2	9
-	:	:	0	24.8	-	-	-	21.8	10
0	:	:	0.4	45.4	-	-	-	320.8	11
11.8	:	:	49.8	49.3	39.8	0.1	-	371.7	12
33.9	:	:	88.9	49.2	53.3	31.3	51.5	377.4	13
35.4	:	:	91.4	22.1	59.2	32.5	50.8	-	14
22.3	:	:	75.8	3.7	36.0	32.9	48.0	-	15
3.0	:	:	46.8	0.6	22.3	2.4	1.6	-	16
0.2	:	:	19.9	0.3	11.1	0.9	0.1	-	17
0.1			30.8	0.3	15.8	1.2	13.5	-	18 et plus
-	:	:	-	-	12.8	-	0.5	-	âge inconnu

(1) Ensemble de l'enseignement secondaire - CITE 2+3

B2-13
Schüler und Studenten nach Alter
Sekundarstufe II - ISCED 3
1993/94

Männlich und weiblich

Pupils and students by age
Upper secondary education - ISCED 3
1993/94

Males and females

1000

EV eurostat	EUR 15	B	DK	D	GR(2)	E	F
Insgesamt / Total	:	671.2	222.9	2949.7	851.3	2986.1	2510.9
13	:	1.6	-	-	318.7 (3)	-	-
14	:	79.4	0	-	129.6	397.2	24.3
15	:	111.3	0.9	53.4	124.0	507.6	346.5
16	:	121.5	18.7	351.6	124.5	514.2	585.1
17	:	118.4	49.1	672.3	88.0	479.1	633.5
18	:	64.4	50.5	659.9	27.2	280.6	452.8
19	:	36.7	35.1	484.5	13.2	169.1	277.1
20	:	22.2	21.0	274.5	9.6	130.8	127.0
21	:	9.4	13.6	156.2	5.8	84.9	42.8
22	:	8.0	8.6	235.5	4.1	55.8	15.0
23	:	6.8	5.3	25.1	2.5	28.6	3.5
24	:	6.9	3.4	9.7	0.8	20.5	1.9
25	:	5.8	2.5	6.3	0.4	14.0	1.3
26	:	5.3	2.0	4.8	0.5	-	-
27	:	4.8	1.6	7.5	2.4 (4)	-	-
28	:	4.4	1.3	1.6	:	-	-
29	:	4.1	1.2	1.3	:	-	-
30-34	:	56.4 (1)	3.8	5.3	:	-	-
35-39	:	:	2.3	-	:	-	-
40 und älter / 40 and over	:	:	2.3	-	:	-	-
Alter unbekannt / age unknown	:	4.0	-	0	-	303.6	-

(1) 30 und älter
(2) Sekundarbereich insgesamt - ISCED 2+3
(3) 13 und jünger
(4) 27 und älter
(5) 21-24
(6) 24 und älter
(7) Die Angaben zur beruflichen Bildung berücksichtigen nicht die unabhängigen privaten "Youth Training" sowie die betriebliche Ausbildung
in Unternehmen

(1) 30 and over
(2) All secondary education - ISCED 2+3
(3) 13 and under
(4) 27 and over
(5) 21-24
(6) 24 and over
(7) Data for vocational education exclude those in independent
private institutions, 'Youth Training' and apprenticeships
with employers

B2-13
Elèves et étudiants par âge
Enseignement secondaire supérieur - CITE 3
1993/94

Garçons et filles

IRL	I	L	NL	A	P	FIN	S	UK(7)	
177.6	2941.8	:	748.9	396.1	438.3	255.0	462.8	4321.9	Total
-	:	:	0	-	-	-	0	-	13
0.1	:	:	0.4	48.1	1.1	0.2	0	714.1	14
22.8	:	:	36.9	78.3	57.8	0.4	0.8	658.2	15
57.0	:	:	93.6	81.3	80.2	58.0	92.0	566.7	16
48.9	:	:	131.2	78.4	93.2	59.9	97.5	486.9	17
29.8	:	:	117.7	53.5	59.1	52.4	89.0	225.8	18
8.1	:	:	87.4	21.5	36.8	14.8	26.3	117.2	19
4.0	:	:	62.1	8.2	22.3	9.9	12.1	79.8	20
6.9 (5)	:	:	40.6	4.6	14.4	9.5	10.1	69.8	21
:	:	:	26.3	1.5	9.8	8.3	9.8	68.6	22
:	:	:	18.0	1.3	7.3	5.7	9.0	62.5	23
:	:	:	14.3	19.3 (6)	5.5	4.0	7.6	59.5	24
-	:	:	11.8	:	4.4	3.1	6.8	57.0	25
-	:	:	12.1	:	3.3	2.5	6.7	56.4	26
-	:	:	9.7	:	2.6	2.1	6.2	54.3	27
-	:	:	9.1	:	2.2	1.8	5.7	52.9	28
-	:	:	8.4	:	2.7	1.5	5.2	51.4	29
-	:	:	37.8	:	10.1	6.9	21.0	940.7 (1)	30-34
-	:	:	18.3	:	-	6.1	16.2	:	35-39
-	:	:	13.4	:	-	8.0	28.2	:	40 et plus
-	:	:	-	:	25.6	-	12.3	-	âge inconnu

(1) 30 et plus
(2) Ensemble de l'enseignement secondaire - CITE 2+3
(3) 13 et moins
(4) 27 et plus
(5) 21-24
(6) 24 et plus
(7) Les données pour l'enseignement professionnel excluent les étudiants
    des écoles privées indépendantes, les 'Youth Training' ainsi que
    l'apprentissage au sein des entreprises

Schüler und Studenten nach Alter
Sekundarstufe II - ISCED 3
1993/94

Weiblich

Pupils and students by age
Upper secondary education - ISCED 3
1993/94

Females

1000

eurostat	EUR 15	B	DK	D	GR(2)	E	F
Insgesamt / Total	:	331.2	111.8	1356.5	403.1	1572.1	1230.7
13	:	0.9	-	-	146.7 (3)	-	-
14	:	41.6	0	-	63.5	208.1	12.5
15	:	55.2	0.6	23.3	62.8	257.0	189.1
16	:	59.3	10.3	169.9	63.2	259.4	291.2
17	:	57.8	24.6	323.7	42.7	247.7	308.8
18	:	28.2	25.1	304.9	8.8	141.0	213.2
19	:	15.5	15.7	213.0	5.6	86.8	128.2
20	:	10.4	9.0	119.7	4.3	66.6	58.0
21	:	4.8	6.7	74.0	2.1	43.3	19.4
22	:	4.4	4.5	98.2	1.2	28.4	7.2
23	:	3.8	2.7	13.5	0.4	14.3	1.6
24	:	3.7	1.8	3.6	0.3	10.5	0.9
25	:	3.2	1.3	2.5	0.2	8.4	0.6
26	:	2.8	1.1	2.0	0.2	-	-
27	:	2.6	1.0	3.1	1.2 (4)	-	-
28	:	2.3	0.8	0.9	:	-	-
29	:	2.1	0.7	0.8	:	-	-
30-34	:	31.2 (1)	2.4	3.5	:	-	-
35-39	:	:	1.7	-	:	-	-
40 und älter / 40 and over	:	:	1.7	-	:	-	-
Alter unbekannt / age unknown	:	1.4	-	0	-	200.8	-

(1) 30 und älter
(2) Sekundarbereich insgesamt - ISCED 2+3
(3) 13 und jünger
(4) 27 und älter
(5) 21-24
(6) 24 und älter
(7) Die Angaben zur beruflichen Bildung berücksichtigen nicht die unabhängigen privaten "Youth Training" sowie die betriebliche Ausbildung
in Unternehmen

(1) 30 and over
(2) All secondary education - ISCED 2+3
(3) 13 and under
(4) 27 and over
(5) 21-24
(6) 24 and over
(7) Data for vocational education exclude those in independent
private institutions, 'Youth Training' and apprenticeships
with employers

B2-14
Elèves et étudiants par âge
Enseignement secondaire supérieur - CITE 3
1993/94

Filles

B

IRL	I	L	NL	A	P	FIN	S	UK(7)	
90.1	1460.5	:	341.2	181.1	230.7	141.5	246.7	2312.6	Total
-	:	:	0	-	-	-	0	-	13
0.1	:	:	0.2	25.1	0.5	0.1	0	347.4	14
12.2	:	:	20.4	38.0	31.7	0.3	0.5	321.4	15
28.9	:	:	49.6	38.5	43.9	28.3	45.2	281.6	16
25.1	:	:	64.9	35.7	51.2	29.7	47.5	242.7	17
16.1	:	:	54.5	23.0	30.2	26.3	43.3	104.6	18
3.8	:	:	37.2	9.6	18.4	8.9	13.1	53.0	19
1.3	:	:	24.0	4.1	11.5	7.1	6.9	39.9	20
2.5 (5)	:	:	14.3	2.5	7.2	6.0	6.3	38.1	21
:	:	:	8.9	0.8	4.8	5.0	5.8	39.2	22
:	:	:	5.8	0.7	3.2	3.4	5.2	36.3	23
:	:	:	4.8	3.1 (6)	2.4	2.5	4.5	34.8	24
-	:	:	4.2	:	2.0	1.9	3.9	33.3	25
-	:	:	4.2	:	1.4	1.6	3.8	32.9	26
-	:	:	3.7	:	1.2	1.4	3.6	31.9	27
-	:	:	3.6	:	0.9	1.2	3.3	31.2	28
-	:	:	3.5	:	1.8	1.0	3.1	30.5	29
-	:	:	17.4	:	5.0	5.1	12.9	613.6 (1)	30-34
-	:	:	10.1	:	-	4.9	10.9	:	35-39
-	:	:	9.8	:	-	6.7	20.2	:	40 et plus
-	:	:	-	:	13.5	-	6.9	-	âge inconnu

(1) 30 et plus
(2) Ensemble de l'enseignement secondaire - CITE 2+3
(3) 13 et moins
(4) 27 et plus
(5) 21-24
(6) 24 et plus
(7) Les données pour l'enseignement professionnel excluent les étudiants
des écoles privées indépendantes, les 'Youth Training' ainsi que
l'apprentissage au sein des entreprises

B2-15

Schüler und Studenten nach Alter
Sekundarstufe II - ISCED 3
1993/94

Pupils and students by age
Upper secondary education - ISCED 3
1993/94

Männlich

Males

1000

		EUR 15	B	DK	D	GR(2)	E	F
Insgesamt / Total	:		**340.0**	**111.1**	**1593.2**	**448.2**	**1414.0**	**1280.2**
13	:		0.7	-	-	69.0 (3)	-	-
14	:		37.8	-	-	66.1	189.1	11.8
15	:		56.1	0.3	30.1	61.2	250.6	157.5
16	:		62.2	8.4	181.7	61.3	254.8	293.9
17	:		60.7	24.4	348.6	45.3	231.4	324.6
18	:		36.1	25.3	355.0	18.4	139.7	239.7
19	:		21.1	19.4	271.5	7.6	82.3	148.9
20	:		11.8	11.9	154.8	5.3	64.2	69.0
21	:		4.6	6.9	82.2	3.7	41.7	23.4
22	:		3.6	4.1	137.3	2.9	27.5	7.8
23	:		3.0	2.6	11.7	2.0	14.3	1.9
24	:		3.2	1.6	6.1	0.5	10.0	1.1
25	:		2.7	1.2	3.8	0.2	5.6	0.7
26	:		2.4	0.9	2.7	0.3	-	-
27	:		2.2	0.7	4.5	1.2 (4)	-	-
28	:		2.1	0.5	0.7	:	-	-
29	:		2.0	0.4	0.6	:	-	-
30-34	:		25.2 (1)	1.3	1.8	:	-	-
35-39	:		:	0.6	-	:	-	-
40 und älter / 40 and over	:		:	0.6	-	:	-	-
Alter unbekannt / age unknown	:		2.5	-	0	-	102.8	-

(1) 30 und älter
(2) Sekundarbereich insgesamt - ISCED 2+3
(3) 13 und jünger
(4) 27 und älter
(5) 21-24
(6) 24 und älter
(7) Die Angaben zur beruflichen Bildung berücksichtigen nicht die unab-
    hängigen privaten "Youth Training" sowie die betriebliche Ausbildung
    in Unternehmen

(1) 30 and over
(2) All secondary education - ISCED 2+3
(3) 13 and under
(4) 27 and over
(5) 21-24
(6) 24 and over
(7) Data for vocational education exclude those in independent
    private institutions, 'Youth Training' and apprenticeships
    with employers

B2-15
Elèves et étudiants par âge
Enseignement secondaire supérieur - CITE 3
1993/94
Garçons

B

IRL	I	L	NL	A	P	FIN	S	UK(7)	
87.5	**1481.3**	**:**	**407.8**	**214.9**	**207.6**	**113.5**	**216.1**	**2009.3**	**Total**
-	:	:	0	-	-	-	0	-	**13**
0.0	:	:	0.2	23.1	0.5	0.1	0	366.6	**14**
10.6	:	:	16.6	40.2	26.1	0.1	0.3	336.9	**15**
28.0	:	:	43.9	42.9	36.3	29.7	46.8	285.1	**16**
23.8	:	:	66.4	42.7	42.1	30.2	50.0	244.2	**17**
13.6	:	:	63.2	30.5	28.9	26.1	45.7	121.3	**18**
4.3	:	:	50.1	11.9	18.4	5.9	13.2	64.3	**19**
2.7	:	:	38.1	4.0	10.8	2.8	5.3	39.9	**20**
4.3 (5)	:	:	26.3	2.1	7.2	3.5	3.9	31.6	**21**
:	:	:	17.4	0.8	5.0	3.3	4.0	29.3	**22**
:	:	:	12.1	0.6	4.0	2.3	3.8	26.2	**23**
:	:	:	9.5	16.2 (6)	3.0	1.5	3.1	24.6	**24**
-	:	:	7.5	:	2.4	1.1	2.9	23.7	**25**
-	:	:	7.9	:	1.8	0.9	2.8	23.4	**26**
-	:	:	5.9	:	1.4	0.7	2.7	22.4	**27**
-	:	:	5.4	:	1.2	0.6	2.5	21.7	**28**
-	:	:	4.9	:	0.9	0.5	2.2	20.9	**29**
-	:	:	20.4	:	5.2	1.8	8.1	327.1 (1)	**30-34**
-	:	:	8.2	:	-	1.2	5.3	:	**35-39**
-	:	:	3.6	:	-	1.3	8.1	:	**40 et plus**
-	:	:	-	:	12.1	-	5.4	-	**âge inconnu**

(1) 30 et plus
(2) Ensemble de l'enseignement secondaire - CITE 2+3
(3) 13 et moins
(4) 27 et plus
(5) 21-24
(6) 24 et plus
(7) Les données pour l'enseignement professionnel excluent les étudiants
    des écoles privées indépendantes, les 'Youth Training' ainsi que
    l'apprentissage au sein des entreprises

B2-16

Schüler und Studenten nach Alter
Tertiärbereich - ISCED 5,6,7
1993/94

Männlich und weiblich

Pupils and students by age
Higher education - ISCED 5,6,7
1993/94

Males and females

1000

eurostat	EUR 15	B	DK	D	GR	E	F
Insgesamt / Total	:	**322.4**	**169.6**	**2132.2**	**314.0**	**1469.5**	**2083.2**
16	:	0	0	0	-	-	0.8
17	:	1.0	0	6.5	-	0.1	16.0
18	:	37.4	0.2	20.6	63.8	126.0	177.1
19	:	51.3	3.0	59.7	69.4	171.2	281.6
20	:	55.0	8.8	110.1	50.9	190.0	336.5
21	:	48.9	14.9	151.3	45.4	177.1	312.4
22	:	37.1	17.7	183.6	22.8	162.9	243.6
23	:	23.9	17.3	197.1	18.7	125.1	165.2
24	:	14.7	16.3	214.4	12.3	94.8	103.0
25	:	9.2	14.8	211.1	10.2	71.7	74.2
26	:	6.5	12.6	192.3	5.3	59.8	52.9
27	:	5.2	10.3	172.5	3.3	42.6	42.7
28	:	9.4	8.1	128.1	2.8	33.8	34.8
29	:	3.0	6.3	135.9	2.5	27.9	30.4
30-34	:	18.7 (1)	17.8	225.4	3.9	130.1 (2)	101.6
35-39	:	:	9.0	121.4	:	:	46.4
40 und älter / 40 and over	:	:	12.4	-	2.7	29.9	50.4
Alter unbekannt / age unknown	:	0.8	-	1.9	-	26.4	13.7

(1) 30 und älter
(2) 30-39
(3) 25-29

(1) 30 and over
(2) 30-39
(3) 25-29

1000

IRL	I	L	NL	A	P	FIN	S	UK	
117.6	1770.3	:	532.4	227.4	276.4	197.4	234.5	1664.0	Total
-	:	:	-	-	-	0.1	0	1.1	16
4.8	:	:	3.8	0	-	0.3	0	12.7	17
20.0	:	:	23.0	5.2	26.5	1.4	0.9	145.4	18
21.0	:	:	42.7	12.2	33.7	8.3	13.5	204.8	19
18.0	:	:	55.0	15.4	35.7	12.9	20.3	204.5	20
13.0	:	:	62.4	17.3	35.3	17.6	21.3	163.4	21
8.1	:	:	60.5	17.7	31.3	19.8	21.8	109.8	22
4.6	:	:	54.5	17.6	23.6	19.2	18.9	76.2	23
2.9	:	:	42.9	17.7	16.9	17.4	16.5	62.1	24
7.0 (3)	:	:	30.8	17.1	12.2	14.8	14.7	52.9	25
:	:	:	22.4	15.2	9.3	12.3	12.5	47.2	26
:	:	:	16.9	12.5	7.6	9.8	10.3	43.6	27
:	:	:	13.8	10.2	6.1	7.7	8.3	40.0	28
:	:	:	12.4	8.5	5.2	6.5	7.1	37.7	29
7.5 (1)	:	:	39.4	23.8	17.1	21.7	22.3	462.5 (1)	30-34
:	:	:	22.5	8.8	8.1	13.1	16.4	:	35-39
:	:	:	29.6	9.5	7.6	14.1	29.8	:	40 et plus
10.5	:	:	-	18.9	-	-	-	-	âge inconnu

(1) 30 et plus
(2) 30-39
(3) 25-29

B

105

Schüler und Studenten nach Alter
Tertiärbereich - ISCED 5,6,7
1993/94

Pupils and students by age
Higher education - ISCED 5,6,7
1993/94

Weiblich

Females

1000

EⅨ eurostat	EUR 15	B	DK	D	GR	E	F
Insgesamt / Total	:	159.1	86.8	902.4	146.7	749.5	1138.3
16	:	0	0	0	-	-	0.3
17	:	0.6	0	5.9	-	0.1	9.5
18	:	22.0	0.1	17.1	36.9	71.0	103.5
19	:	28.5	1.4	45.8	31.9	95.6	158.5
20	:	29.5	4.4	71.1	26.7	104.2	184.5
21	:	24.6	7.8	81.3	19.4	95.6	168.6
22	:	17.3	9.3	85.8	8.6	85.8	131.1
23	:	10.4	9.2	82.8	7.0	62.6	89.9
24	:	6.0	8.6	81.5	5.5	45.4	59.4
25	:	3.8	7.7	75.1	2.9	33.4	39.6
26	:	2.6	6.3	65.1	2.4	29.1	27.7
27	:	2.0	5.1	59.4	1.5	19.0	22.4
28	:	3.8	3.9	43.2	1.2	15.1	17.9
29	:	1.1	2.9	54.4	0.8	12.3	15.7
30-34	:	6.8 (1)	8.3	81.8	0.9	55.9 (2)	50.3
35-39	:	:	4.7	50.5	:	:	24.1
40 und älter / 40 and over	:	:	7.2	-	0.9	12.6	27.1
Alter unbekannt / age unknown	:	0.1	-	1.3	-	11.7	8.4

(1) 30 und älter
(2) 30-39
(3) 25-29

(1) 30 and over
(2) 30-39
(3) 25-29

B

IRL	I	L	NL	A	P	FIN	S	UK	
56.8	911.8	:	245.7	107.0	157.1	104.7	127.9	832.9	Total
-	:	:	-	-	-	0	0	0.5	16
2.4	:	:	2.4	0	-	0.2	0	6.7	17
10.4	:	:	12.9	3.2	15.7	0.8	0.6	72.4	18
10.3	:	:	22.6	6.9	20.1	4.5	7.5	100.9	19
8.9	:	:	27.7	7.9	21.1	8.0	11.7	100.0	20
6.2	:	:	30.4	8.3	20.5	9.9	12.2	78.9	21
3.6	:	:	27.7	8.3	17.9	10.7	11.6	50.6	22
2.0	:	:	23.7	8.0	13.2	9.8	9.6	34.4	23
1.2	:	:	17.9	7.9	9.3	8.3	7.9	29.0	24
3.0 (3)	:	:	12.5	7.5	6.7	7.1	6.9	25.4	25
:	:	:	8.9	6.5	5.0	6.0	5.7	23.0	26
:	:	:	6.8	5.2	4.0	4.8	4.7	21.4	27
:	:	:	5.4	4.0	3.2	3.9	3.9	19.6	28
:	:	:	4.9	3.3	2.8	3.3	3.4	18.4	29
3.5 (1)	:	:	16.8	9.4	9.3	11.6	11.6	251.7 (1)	30-34
:	:	:	10.2	3.6	4.3	7.3	10.1	:	35-39
:	:	:	14.9	4.2	3.9	8.5	20.4	:	40 et plus
5.3	:	:	-	12.7	-	-	-	-	âge inconnu

(1) 30 et plus
(2) 30-39
(3) 25-29

107

B2-18

Schüler und Studenten nach Alter
Tertiärbereich - ISCED 5,6,7
1993/94

Männlich

Pupils and students by age
Higher education - ISCED 5,6,7
1993/94

Males

1000

eurostat	EUR 15	B	DK	D	GR	E	F
Insgesamt / Total	:	**163.2**	**82.8**	**1229.8**	**167.3**	**720.0**	**944.9**
16	:	0	0	0	-	-	0.5
17	:	0.4	0	0.6	-	0	6.5
18	:	15.4	0.1	3.5	26.9	55.0	73.7
19	:	22.8	1.6	13.9	37.5	75.6	123.1
20	:	25.5	4.5	39.0	24.1	85.7	152.0
21	:	24.3	7.1	70.0	26.0	81.5	143.8
22	:	19.8	8.4	97.8	14.3	77.1	112.5
23	:	13.5	8.1	114.3	11.7	62.6	75.3
24	:	8.8	7.7	132.9	6.8	49.4	43.7
25	:	5.5	7.2	136.0	7.3	38.3	34.6
26	:	3.9	6.3	127.2	2.9	30.6	25.2
27	:	3.2	5.3	113.1	1.8	23.6	20.3
28	:	5.6	4.2	84.9	1.6	18.7	16.9
29	:	1.9	3.4	81.5	1.7	15.6	14.7
30-34	:	11.9 (1)	9.5	143.6	3.0	74.2 (2)	51.3
35-39	:	:	4.3	70.9	:	:	22.3
40 und älter / 40 and over	:	:	5.2	-	1.7	17.3	23.3
Alter unbekannt / age unknown	:	0.7	-	0.7	-	14.7	5.3

(1) 30 und älter
(2) 30-39
(3) 25-29

(1) 30 and over
(2) 30-39
(3) 25-29

B

IRL	I	L	NL	A	P	FIN	S	UK	
60.8	858.5	:	286.7	120.4	119.3	92.7	106.6	831.1	Total
-	:	:	-	-	-	0.1	0	0.5	16
2.4	:	:	1.3	0	-	0.1	0	6.0	17
9.7	:	:	10.1	1.9	10.8	0.7	0.3	73.0	18
10.7	:	:	20.1	5.3	13.7	3.8	6.0	104.0	19
9.1	:	:	27.3	7.5	14.6	4.9	8.6	104.6	20
6.8	:	:	32.0	9.0	14.8	7.7	9.1	84.5	21
4.5	:	:	32.8	9.4	13.4	9.1	10.2	59.2	22
2.6	:	:	30.8	9.6	10.4	9.5	9.3	41.8	23
1.7	:	:	25.0	9.8	7.6	9.1	8.5	33.1	24
4.0 (3)	:	:	18.3	9.6	5.6	7.7	7.9	27.5	25
:	:	:	13.6	8.7	4.3	6.3	6.8	24.2	26
:	:	:	10.1	7.3	3.6	5.0	5.6	22.3	27
:	:	:	8.3	6.2	2.9	3.8	4.4	20.4	28
:	:	:	7.4	5.1	2.5	3.2	3.7	19.3	29
4.0 (1)	:	:	22.6	14.4	7.8	10.1	10.7	210.8 (1)	30-34
:	:	:	12.3	5.1	3.8	5.8	6.2	:	35-39
:	:	:	14.7	5.3	3.7	5.7	9.4	:	40 et plus
5.2	:	:	-	6.2	-	-	-	-	âge inconnu

(1) 30 et plus
(2) 30-39
(3) 25-29

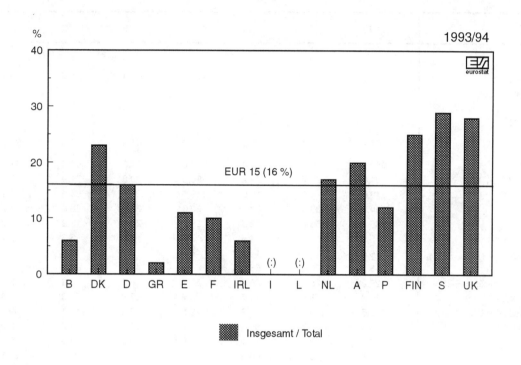

B2-19

Anteil der Studenten die 30 Jahre alt oder älter sind im Tertiärbereich - ISCED 5,6,7
Proportion of students aged 30 and over in higher education - ISCED 5,6,7
Pourcentage d'étudiants âgés 30 ans et plus dans l'enseignement supérieur - CITE 5,6,7

B

1993/94

EUR 15 (16 %)

Insgesamt / Total

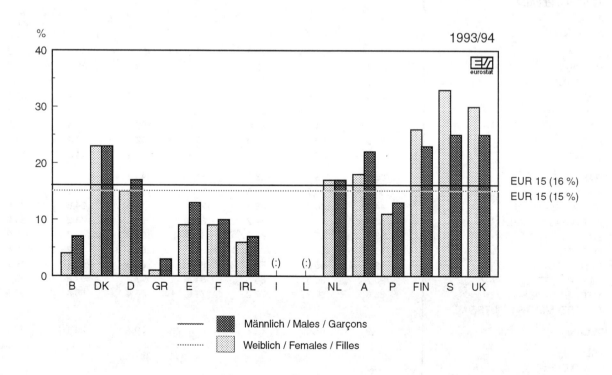

1993/94

EUR 15 (16 %)
EUR 15 (15 %)

Männlich / Males / Garçons
Weiblich / Females / Filles

B2-20
Schüler und Studenten nach Alter und Region - NUTS 1 (1)
Pupils and students by age and region - NUTS 1 (1)
Elèves et étudiants par âge et région - NUTS 1 (1)

Männlich und weiblich
Males and females
Garçons et filles

1993/94   *1000*

	14	15	16	17	18	19	20	21
EUR 15	:	:	:	:	:	:	:	:
BELGIQUE-BELGIE	123.5	126.8	126.4	122.8	104.4	90.9	80.4	62.2
BRUXELLES/ BRUSSELS	:	:	:	:	:	:	:	:
VLAAMS GEWEST	:	:	:	:	:	:	:	:
REGION WALLONNE	:	:	:	:	:	:	:	:
DANMARK	57.7	61.7	59.0	54.2	51.5	38.3	29.8	28.5
BR DEUTSCHLAND	849.9	835.0	814.4	775.0	697.3	553.5	391.6	312.9
BADEN-WÜRTTEMBERG	101.8	99.7	99.2	96.5	90.3	71.9	48.5	41.0
BAYERN	116.9	114.5	113.5	113.9	96.4	69.6	45.9	40.6
BERLIN	34.0	33.0	32.2	30.3	27.0	23.8	17.7	15.9
BRANDENBURG	36.0	35.4	32.3	25.7	20.0	13.2	8.0	3.8
BREMEN	5.7	5.9	6.5	7.5	7.1	6.3	5.4	4.1
HAMBURG	15.5	14.9	14.2	16.9	14.7	12.7	10.1	10.4
HESSEN	56.0	56.2	56.0	55.6	49.3	39.4	28.0	23.9
MECKLENBURG-VORPOMMERN	29.2	28.6	26.4	20.3	16.3	11.3	6.7	3.7
NIEDERSACHSEN	77.3	75.5	74.7	72.4	67.6	57.3	39.8	31.3
NORDRHEIN-WESTFALEN	172.5	170.5	167.8	172.5	166.6	140.1	109.9	88.1
RHEINLAND-PFALZ	38.6	37.7	35.8	33.9	30.4	24.0	16.5	13.8
SAARLAND	10.2	8.4	11.1	8.9	8.3	6.8	5.1	4.5
SACHSEN	60.8	60.2	56.3	45.2	38.6	27.4	17.1	10.2
SACHSEN-ANHALT	36.1	36.4	33.4	25.9	21.3	15.4	9.5	5.6
SCHLESWIG-HOLSTEIN	24.5	24.7	24.4	24.6	23.1	19.6	13.8	10.6
THÜRINGEN	34.9	33.5	30.7	25.1	20.3	14.8	9.5	5.4
ELLADA	130.3	124.5	124.5	88.0	90.4	82.7	60.4	51.2
VOREIA ELLADA	:	:	:	:	:	:	:	:
KENTRIKI ELLADA	:	:	:	:	:	:	:	:
ATTIKI	:	:	:	:	:	:	:	:
NISIA	:	:	:	:	:	:	:	:
ESPANA	591.8	579.6	517.2	482.2	407.0	339.6	318.2	258.6
NOROESTE	61.3	64.6	58.1	56.3	49.1	39.1	33.3	27.5
NORESTE	56.1	58.6	56.1	53.7	46.7	40.5	36.1	29.1
MADRID	75.8	75.8	73.2	71.1	60.6	52.4	51.4	45.2
CENTRO (E)	77.5	70.2	63.1	58.0	47.1	40.1	36.8	30.6
ESTE	157.0	154.0	137.0	124.2	103.9	85.4	77.2	61.0
SUR	137.6	130.4	109.0	98.8	82.1	67.4	68.6	53.8
CANARIAS	26.5	26.2	20.8	20.1	17.4	14.6	14.8	11.4
FRANCE	760.3	733.0	728.9	681.0	643.8	559.3	463.7	355.3
ILE DE FRANCE	134.5	130.7	130.5	121.9	119.8	106.5	91.9	75.6
BASSIN PARISIEN	144.1	138.9	138.3	127.2	114.0	94.8	74.9	53.5
NORD-PAS-DE-CALAIS	60.6	58.3	57.2	52.5	50.2	43.2	34.6	25.1
EST	68.6	65.5	65.7	60.8	56.5	49.7	40.9	31.8
OUEST	105.8	102.3	103.6	98.1	94.5	81.2	65.5	46.7
SUD-OUEST	72.3	69.8	70.3	67.3	65.2	58.1	49.7	39.8
CENTRE-EST	90.7	86.8	86.3	81.4	77.2	67.3	55.8	41.7
MEDITERRANEE	83.6	80.7	77.2	71.8	66.4	58.4	50.3	41.0
DEPARTEMENTS D'OUTRE-MER	:	:	:	:	:	:	:	:
IRELAND	70.9	66.6	62.7	54.7	50.1	29.1	22.1	
ITALIA	:	:	:	:	:	:	:	:
NORD OVEST	:	:	:	:	:	:	:	:
LOMBARDIA	:	:	:	:	:	:	:	:
NORD EST	:	:	:	:	:	:	:	:

	14	15	16	17	18	19	20	21
EMILIA-ROMAGNA	:	:	:	:	:	:	:	:
CENTRO (I)	:	:	:	:	:	:	:	:
LAZIO	:	:	:	:	:	:	:	:
ABRUZZI-MOLISE	:	:	:	:	:	:	:	:
CAMPANIA	:	:	:	:	:	:	:	:
SUD	:	:	:	:	:	:	:	:
SICILIA	:	:	:	:	:	:	:	:
SARDEGNA	:	:	:	:	:	:	:	:
LUXEMBOURG	:	:	:	:	:	:	:	:
NEDERLAND	180.1	180.4	176.2	167.7	150.2	134.0	119.6	105.0
NOORD-NEDERLAND	:	:	:	:	:	:	:	:
OOSTNEDERLAND	:	:	:	:	:	:	:	:
WESTNEDERLAND	:	:	:	:	:	:	:	:
ZUIDNEDERLAND	:	:	:	:	:	:	:	:
ÖSTERREICH	88.2	84.8	82.4	79.0	59.0	34.0	23.6	21.9
OSTÖSTERREICH	:	:	:	:	:	:	:	:
SÜDÖSTERREICH	:	:	:	:	:	:	:	:
WESTÖSTERREICH	:	:	:	:	:	:	:	:
PORTUGAL	135.0	128.9	120.2	113.6	94.8	75.1	61.2	52.6
CONTINENTE	:	:	:	:	:	:	:	:
ACORES	:	:	:	:	:	:	:	:
MADEIRA	:	:	:	:	:	:	:	:
SUOMI/FINLAND	64.2	64.6	63.5	61.4	54.0	23.2	22.9	27.2
MANNER-SUOMI	:	:	:	:	:	:	:	:
AHVENANMAAÅLAND	:	:	:	:	:	:	:	:
SVERIGE (2)	99.3	93.7	96.1	97.8	90.3	40.3	33.1	32.6
Stockholm	17.6	16.2	16.5	16.8	15.1	7.6	6.2	6.4
Östra Mellansverige	17.3	16.1	16.7	17.2	16.3	7.7	6.4	6.5
Småland med arnaö	9.7	9.1	9.9	10.0	8.6	3.4	2.8	2.4
Sydsverige	14.5	13.8	13.8	14.3	13.3	5.8	5.1	5.0
Västsverige	19.8	19.0	18.9	19.1	17.9	7.9	6.3	6.1
Norra Mellansverige	9.7	9.0	9.5	9.7	9.1	3.7	2.7	2.3
Mellersta Norrland	4.6	4.4	4.6	4.6	4.3	1.7	1.3	1.2
Övre Norrland	6.2	6.0	6.2	6.1	5.8	2.6	2.5	2.6
UNITED KINGDOM (3)	713.4	657.6	555.8	488.5	358.2	309.0	271.7	221.1
NORTH	39.6	35.4	28.2	25.2	19.4	17.1	15.2	11.6
YORKSHIRE & HUMBERSIDE	61.3	55.7	48.9	42.7	36.2	31.9	27.9	23.0
EAST MIDLANDS	50.0	45.9	36.3	32.2	25.4	23.1	19.7	16.2
EAST ANGLIA	25.0	23.0	19.5	16.7	10.2	8.3	7.1	5.3
SOUTH EAST	207.1	189.7	165.7	145.1	102.7	89.5	80.1	65.8
SOUTH WEST	56.9	52.5	44.3	38.9	26.3	22.4	19.5	15.3
WEST MIDLANDS	66.6	60.2	51.5	46.5	35.5	30.7	26.2	21.8
NORTH WEST	80.1	72.2	59.3	52.7	41.2	35.3	32.2	26.3
WALES	35.1	31.2	25.2	22.4	18.7	16.3	14.5	11.1
SCOTLAND	65.8	65.0	53.7	45.4	31.7	27.6	24.0	20.2
NORTHERN IRELAND	26.0	26.9	23.2	20.7	11.0	6.9	5.4	4.4

(1) Bei einigen Ländern können die aufaddierten Regionaldaten von den in Tabelle B2-1 angegebenen Gesamtzahlen
   abweichen, da die regionale Gliederung der Daten nicht für alle Bildungsgänge vorliegt
(2) NUTS 2
(3) Die Angaben berücksichtigen nicht die unabhängigen privaten "Youth Training" sowie die betriebliche Ausbildung in Unternehmen

(1) For some countries, the sum of the regions may differ from the national data shown in table B2-1 because data for certain types of education are
   not available by region
(2) NUTS 2
(3) Excludes those in independent private institutions, 'Youth Training' and apprenticeships with employers

(1) Pour certains pays, la somme des données par régions peut être différente des données nationales du tableau B2-1 car certains types
   d'enseignement ne sont pas disponibles par région
(2) NUTS 2
(3) Les données excluent les étudiants des écoles privées indépendantes, les 'Youth Training' ainsi que l'apprentissage au sein des entreprises

B2-21
Schüler und Studenten nach Alter und Region - NUTS 1 (1)
Pupils and students by age and region - NUTS 1 (1)
Elèves et étudiants par âge et région - NUTS 1 (1)

Weiblich
Females
Filles

1993/94 *1000*

	14	15	16	17	18	19	20	21
EUR 15	:	:	:	:	:	:	:	
BELGIQUE-BELGIE	59.7	61.8	61.5	60.0	51.5	45.5	41.6	31.5
BRUXELLES/ BRUSSELS	:	:	:	:	:	:	:	
VLAAMS GEWEST	:	:	:	:	:	:	:	
REGION WALLONNE	:	:	:	:	:	:	:	
DANMARK	29.2	30.3	29.2	26.6	25.6	17.2	13.4	14.5
BR DEUTSCHLAND	414.3	406.6	393.1	371.7	329.9	264.3	193.0	156.5
BADEN-WÜRTTEMBERG	49.8	48.3	47.8	45.8	42.3	34.0	24.2	20.2
BAYERN	56.9	55.9	54.7	54.0	43.7	32.5	22.8	19.7
BERLIN	16.6	16.1	15.7	15.0	13.5	12.2	9.0	8.2
BRANDENBURG	17.6	17.2	15.4	12.3	9.5	6.1	3.6	2.2
BREMEN	2.7	2.9	3.2	3.6	3.3	3.0	2.6	2.1
HAMBURG	7.5	7.1	6.6	8.2	6.8	6.1	5.1	5.6
HESSEN	27.2	27.3	27.2	26.7	23.0	18.0	13.4	11.4
MECKLENBURG-VORPOMMERN	14.2	13.8	12.8	9.9	8.1	5.4	2.9	2.0
NIEDERSACHSEN	37.9	36.8	36.2	35.2	32.4	27.9	19.9	15.7
NORDRHEIN-WESTFALEN	83.9	83.2	81.0	82.3	78.1	67.1	56.1	44.5
RHEINLAND-PFALZ	18.9	18.3	17.1	16.0	14.3	11.7	8.5	6.9
SAARLAND	5.1	4.2	5.3	4.2	3.8	3.2	2.5	2.1
SACHSEN	29.4	29.4	27.0	21.8	19.0	13.0	7.3	5.1
SACHSEN-ANHALT	17.7	17.8	16.4	12.6	10.7	7.3	4.2	3.0
SCHLESWIG-HOLSTEIN	11.9	11.9	11.8	12.0	11.0	9.6	6.8	5.3
THÜRINGEN	16.9	16.4	14.8	12.2	10.2	7.1	4.1	2.6
ELLADA	63.6	63.0	63.2	42.7	45.7	37.5	31.0	21.5
VOREIA ELLADA	:	:	:	:	:	:	:	
KENTRIKI ELLADA	:	:	:	:	:	:	:	
ATTIKI	:	:	:	:	:	:	:	
NISIA	:	:	:	:	:	:	:	
ESPANA	287.2	284.4	260.6	249.0	212.1	182.0	169.7	137.2
NOROESTE	29.6	32.0	29.1	28.9	25.5	21.1	18.4	15.2
NORESTE	27.4	28.5	27.8	27.2	23.8	21.1	19.0	15.1
MADRID	36.8	37.2	36.3	36.3	31.6	28.2	26.9	23.9
CENTRO (E)	37.5	34.5	32.5	30.5	25.0	21.9	20.3	16.5
ESTE	76.1	75.5	69.6	64.9	54.5	46.1	40.4	32.1
SUR	66.9	64.1	54.8	51.0	42.5	35.7	36.5	28.2
CANARIAS	12.8	12.7	10.4	10.3	9.3	7.9	8.2	6.3
FRANCE	369.9	358.1	355.2	333.4	323.2	287.0	242.5	188.1
ILE DE FRANCE	65.8	63.9	64.1	59.9	60.4	55.0	48.3	40.4
BASSIN PARISIEN	69.9	67.9	67.4	62.0	57.4	48.7	39.7	28.2
NORD-PAS-DE-CALAIS	29.6	28.6	27.7	25.8	25.0	21.7	17.1	12.5
EST	33.1	32.0	31.8	29.8	28.3	25.5	21.1	16.4
OUEST	51.4	50.0	50.7	48.1	47.1	41.2	33.8	24.6
SUD-OUEST	35.2	33.9	34.0	32.8	32.7	29.9	26.1	21.3
CENTRE-EST	44.2	42.4	42.1	40.0	38.8	35.0	29.9	23.0
MEDITERRANEE	40.6	39.3	37.4	35.0	33.4	30.0	26.6	21.7
DEPARTEMENTS D'OUTRE-MER	:	:	:	:	:	:	:	
IRELAND	34.7	33.1	31.3	27.9	26.6	14.1	10.2	
ITALIA	:	:	:	:	:	:	:	
NORD OVEST	:	:	:	:	:	:	:	
LOMBARDIA	:	:	:	:	:	:	:	
NORD EST	:	:	:	:	:	:	:	

	14	15	16	17	18	19	20	21
EMILIA-ROMAGNA	:	:	:	:	:	:	:	:
CENTRO (I)	:	:	:	:	:	:	:	:
LAZIO	:	:	:	:	:	:	:	:
ABRUZZI-MOLISE	:	:	:	:	:	:	:	:
CAMPANIA	:	:	:	:	:	:	:	:
SUD	:	:	:	:	:	:	:	:
SICILIA	:	:	:	:	:	:	:	:
SARDEGNA	:	:	:	:	:	:	:	:
LUXEMBOURG	:	:	:	:	:	:	:	:
NEDERLAND	88.0	87.8	85.3	80.0	71.0	61.4	52.8	45.6
NOORD-NEDERLAND	:	:	:	:	:	:	:	:
OOSTNEDERLAND	:	:	:	:	:	:	:	:
WESTNEDERLAND	:	:	:	:	:	:	:	:
ZUIDNEDERLAND	:	:	:	:	:	:	:	:
ÖSTERREICH	42.9	40.7	38.9	36.0	26.4	16.6	12.0	10.8
OSTÖSTERREICH	:	:	:	:	:	:	:	:
SÜDÖSTERREICH	:	:	:	:	:	:	:	:
WESTÖSTERREICH	:	:	:	:	:	:	:	:
PORTUGAL	64.4	63.2	61.1	59.9	50.0	40.8	34.2	29.2
CONTINENTE	:	:	:	:	:	:	:	:
ACORES	:	:	:	:	:	:	:	:
MADEIRA	:	:	:	:	:	:	:	:
SUOMI/FINLAND	31.6	31.6	31.2	30.1	27.1	13.5	15.2	15.9
MANNER-SUOMI	:	:	:	:	:	:	:	:
AHVENANMAAÅLAND	:	:	:	:	:	:	:	:
SVERIGE (2)	48.0	45.9	46.4	47.1	43.6	20.5	18.6	19.1
Stockholm	8.4	7.9	8.1	8.1	7.4	3.7	3.4	3.7
Östra Mellansverige	8.4	8.0	8.0	8.2	7.8	4.0	3.7	3.7
Småland med arnaö	4.6	4.4	4.7	4.9	4.1	1.8	1.6	1.5
Sydsverige	7.0	6.7	6.7	6.9	6.6	2.9	2.7	2.9
Västsverige	9.6	9.4	9.0	9.3	8.7	3.9	3.4	3.5
Norra Mellansverige	4.6	4.4	4.5	4.6	4.1	1.9	1.5	1.5
Mellersta Norrland	2.3	2.1	2.2	2.2	2.0	0.9	0.7	0.7
Övre Norrland	3.0	2.9	3.0	2.9	2.8	1.4	1.5	1.5
UNITED KINGDOM (3)	347.2	321.1	275.9	243.3	169.0	145.0	130.6	107.9
NORTH	19.3	17.2	14.2	12.9	8.9	7.6	7.0	5.5
YORKSHIRE & HUMBERSIDE	29.8	27.2	24.2	21.3	17.1	15.1	13.7	11.6
EAST MIDLANDS	24.3	22.5	17.8	16.1	11.7	10.8	9.5	7.9
EAST ANGLIA	12.2	11.2	9.7	8.3	4.7	3.7	3.2	2.6
SOUTH EAST	101.1	92.8	81.7	71.6	49.1	42.5	38.8	32.2
SOUTH WEST	27.6	25.7	22.0	19.6	12.2	10.4	9.3	7.4
WEST MIDLANDS	32.6	29.0	25.2	22.8	16.7	14.4	12.7	10.5
NORTH WEST	38.8	35.5	29.5	26.4	19.6	16.8	15.9	13.4
WALES	17.0	15.4	12.6	11.2	9.2	8.1	7.4	5.7
SCOTLAND	31.7	31.5	26.4	22.1	14.8	13.2	11.6	9.6
NORTHERN IRELAND	12.7	13.0	12.5	10.9	4.9	2.4	1.6	1.4

(1) Bei einigen Ländern können die aufaddierten Regionaldaten von den in Tabelle B2-2 angegebenen Gesamtzahlen
     abweichen, da die regionale Gliederung der Daten nicht für alle Bildungsgänge vorliegt
(2) NUTS 2
(3) Die Angaben berücksichtigen nicht die unabhängigen privaten "Youth Training" sowie die betriebliche Ausbildung in Unternehmen

(1) For some countries, the sum of the regions may differ from the national data shown in table B2-2 because data for certain types of education are
     not available by region
(2) NUTS 2
(3) Excludes those in independent private institutions, 'Youth Training' and apprenticeships with employers

(1) Pour certains pays, la somme des données par régions peut être différente des données nationales du tableau B2-2 car certains types
     d'enseignement ne sont pas disponibles par région
(2) NUTS 2
(3) Les données excluent les étudiants des écoles privées indépendantes, les 'Youth Training' ainsi que l'apprentissage au sein des entreprises

B2-22
Schüler und Studenten nach Alter und Region - NUTS 1 (1)
Pupils and students by age and region - NUTS 1 (1)
Elèves et étudiants par âge et région - NUTS 1 (1)

Männlich
Males
Garçons

1993/94 *1000*

	14	15	16	17	18	19	20	21
EUR 15	:	:	:	:	:	:	:	:
BELGIQUE-BELGIE	63.9	65.0	64.9	62.8	52.9	45.3	38.9	30.6
BRUXELLES/ BRUSSELS	:	:	:	:	:	:	:	:
VLAAMS GEWEST	:	:	:	:	:	:	:	:
REGION WALLONNE	:	:	:	:	:	:	:	:
DANMARK	28.6	31.4	29.9	27.6	25.9	21.1	16.4	14.0
BR DEUTSCHLAND	435.6	428.5	421.3	403.4	367.4	289.1	198.6	156.4
BADEN-WÜRTTEMBERG	52.0	51.5	51.4	50.7	48.1	37.9	24.4	20.8
BAYERN	60.0	58.6	58.8	59.8	52.8	37.1	23.1	21.0
BERLIN	17.4	16.9	16.6	15.3	13.5	11.6	8.6	7.6
BRANDENBURG	18.4	18.2	16.8	13.4	10.5	7.1	4.4	1.6
BREMEN	2.9	3.0	3.3	3.9	3.8	3.3	2.7	2.1
HAMBURG	8.0	7.8	7.6	8.7	7.9	6.6	5.0	4.8
HESSEN	28.8	28.9	28.7	29.0	26.3	21.3	14.6	12.6
MECKLENBURG-VORPOMMERN	15.0	14.8	13.6	10.4	8.2	5.9	3.8	1.7
NIEDERSACHSEN	39.4	38.7	38.5	37.2	35.1	29.4	19.9	15.6
NORDRHEIN-WESTFALEN	88.7	87.2	86.8	90.1	88.5	73.0	53.9	43.6
RHEINLAND-PFALZ	19.7	19.4	18.6	17.9	16.1	12.3	8.0	6.9
SAARLAND	5.1	4.2	5.8	4.8	4.5	3.5	2.6	2.4
SACHSEN	31.5	30.8	29.3	23.4	19.6	14.4	9.8	5.1
SACHSEN-ANHALT	18.4	18.6	16.9	13.3	10.5	8.1	5.4	2.5
SCHLESWIG-HOLSTEIN	12.6	12.8	12.6	12.6	12.1	10.1	7.0	5.3
THÜRINGEN	18.1	17.1	15.9	12.9	10.1	7.6	5.4	2.8
ELLADA	66.7	61.5	61.3	45.3	45.3	45.1	29.4	29.7
VOREIA ELLADA	:	:	:	:	:	:	:	:
KENTRIKI ELLADA	:	:	:	:	:	:	:	:
ATTIKI	:	:	:	:	:	:	:	:
NISIA	:	:	:	:	:	:	:	:
ESPANA	304.6	295.2	256.6	233.2	194.9	157.6	148.6	121.4
NOROESTE	31.7	32.5	29.0	27.4	23.7	18.0	14.9	12.4
NORESTE	28.7	30.0	28.3	26.5	22.9	19.4	17.0	14.0
MADRID	38.9	38.6	36.9	34.8	29.1	24.2	24.5	21.4
CENTRO (E)	40.1	35.7	30.6	27.5	22.1	18.2	16.5	14.0
ESTE	80.9	78.5	67.3	59.3	49.4	39.3	36.8	28.9
SUR	70.7	66.3	54.2	47.8	39.6	31.8	32.2	25.6
CANARIAS	13.7	13.5	10.4	9.9	8.2	6.7	6.6	5.1
FRANCE	390.4	374.9	373.7	347.6	320.6	272.3	221.1	167.2
ILE DE FRANCE	68.8	66.8	66.4	62.0	59.4	51.5	43.6	35.2
BASSIN PARISIEN	74.2	71.0	70.8	65.3	56.6	46.1	35.3	25.3
NORD-PAS-DE-CALAIS	30.9	29.6	29.5	26.7	25.2	21.5	17.5	12.7
EST	35.5	33.5	33.9	31.0	28.2	24.3	19.9	15.5
OUEST	54.4	52.2	52.9	50.0	47.3	40.0	31.7	22.1
SUD-OUEST	37.2	36.0	36.3	34.5	32.5	28.2	23.6	18.4
CENTRE-EST	46.5	44.4	44.1	41.4	38.4	32.3	25.8	18.7
MEDITERRANEE	43.0	41.4	39.8	36.8	33.0	28.4	23.8	19.3
DEPARTEMENTS D'OUTRE-MER	:	:	:	:	:	:	:	:
IRELAND	36.2	33.4	31.4	26.8	23.4	15.1	11.8	:
ITALIA	:	:	:	:	:	:	:	:
NORD OVEST	:	:	:	:	:	:	:	:
LOMBARDIA	:	:	:	:	:	:	:	:
NORD EST	:	:	:	:	:	:	:	:

	14	15	16	17	18	19	20	21
EMILIA-ROMAGNA	:	:	:	:	:	:	:	:
CENTRO (I)	:	:	:	:	:	:	:	:
LAZIO	:	:	:	:	:	:	:	:
ABRUZZI-MOLISE	:	:	:	:	:	:	:	:
CAMPANIA	:	:	:	:	:	:	:	:
SUD	:	:	:	:	:	:	:	:
SICILIA	:	:	:	:	:	:	:	:
SARDEGNA	:	:	:	:	:	:	:	:
LUXEMBOURG	:	:	:	:	:	:	:	:
NEDERLAND	92.2	92.6	90.9	87.7	79.2	72.6	66.8	59.4
NOORD-NEDERLAND	:	:	:	:	:	:	:	:
OOSTNEDERLAND	:	:	:	:	:	:	:	:
WESTNEDERLAND	:	:	:	:	:	:	:	:
ZUIDNEDERLAND	:	:	:	:	:	:	:	:
ÖSTERREICH	45.3	44.1	43.5	43.0	32.6	17.3	11.6	11.1
OSTÖSTERREICH	:	:	:	:	:	:	:	:
SÜDÖSTERREICH	:	:	:	:	:	:	:	:
WESTÖSTERREICH	:	:	:	:	:	:	:	:
PORTUGAL	70.6	65.7	59.1	53.6	44.8	34.4	27.1	23.5
CONTINENTE	:	:	:	:	:	:	:	:
ACORES	:	:	:	:	:	:	:	:
MADEIRA	:	:	:	:	:	:	:	:
SUOMI/FINLAND	32.6	33.0	32.2	31.3	26.9	9.8	7.7	11.2
MANNER-SUOMI	:	:	:	:	:	:	:	:
AHVENANMAAÅLAND	:	:	:	:	:	:	:	:
SVERIGE (2)	50.3	46.9	49.0	49.6	45.7	18.9	13.7	13.4
Stockholm	9.0	8.1	8.3	8.5	7.5	3.7	2.7	2.7
Östra Mellansverige	8.7	8.0	8.5	8.7	8.2	3.5	2.5	2.7
Småland med arnaö	5.0	4.6	5.2	5.0	4.4	1.6	1.1	0.9
Sydsverige	7.3	7.0	6.9	7.2	6.6	2.8	2.3	2.1
Västsverige	10.0	9.5	9.7	9.6	9.0	3.8	2.7	2.5
Norra Mellansverige	4.9	4.5	4.8	5.0	4.8	1.7	1.0	0.9
Mellersta Norrland	2.3	2.2	2.4	2.3	2.2	0.7	0.5	0.5
Övre Norrland	3.1	3.1	3.1	3.1	2.9	1.1	0.9	1.1
UNITED KINGDOM (3)	366.2	336.6	279.9	245.2	189.3	164.0	141.1	113.2
NORTH	20.2	18.1	14.0	12.3	10.5	9.5	8.2	6.2
YORKSHIRE & HUMBERSIDE	31.5	28.5	24.7	21.3	19.1	16.8	14.3	11.3
EAST MIDLANDS	25.7	23.4	18.5	16.1	13.7	12.3	10.3	8.3
EAST ANGLIA	12.8	11.7	9.9	8.3	5.5	4.6	3.9	2.8
SOUTH EAST	106.0	96.9	84.0	73.5	53.6	46.9	41.3	33.6
SOUTH WEST	29.3	26.8	22.3	19.3	14.0	11.9	10.2	7.9
WEST MIDLANDS	34.0	31.1	26.3	23.7	18.8	16.2	13.5	11.3
NORTH WEST	41.3	36.7	29.8	26.3	21.7	18.5	16.3	12.9
WALES	18.1	15.8	12.6	11.2	9.5	8.2	7.0	5.4
SCOTLAND	34.0	33.5	27.4	23.2	16.9	14.4	12.4	10.6
NORTHERN IRELAND	13.3	13.9	10.6	9.9	6.1	4.5	3.8	3.0

(1) Bei einigen Ländern können die aufaddierten Regionaldaten von den in Tabelle B2-3 angegebenen Gesamtzahlen
    abweichen, da die regionale Gliederung der Daten nicht für alle Bildungsgänge vorliegt
(2) NUTS 2
(3) Die Angaben berücksichtigen nicht die unabhängigen privaten "Youth Training" sowie die betriebliche Ausbildung in Unternehmen

(1) For some countries, the sum of the regions may differ from the national data shown in table B2-3 because data for certain types of education are
    not available by region
(2) NUTS 2
(3) Excludes those in independent private institutions, 'Youth Training' and apprenticeships with employers

(1) Pour certains pays, la somme des données par régions peut être différente des données nationales du tableau B2-3 car certains types
    d'enseignement ne sont pas disponibles par région
(2) NUTS 2
(3) Les données excluent les étudiants des écoles privées indépendantes, les 'Youth Training' ainsi que l'apprentissage au sein des entreprises

B2-23

Bildungsbeteiligung
Insgesamt - ISCED 0-7
1993/94

Männlich und weiblich

Participation rates
Total - ISCED 0-7
1993/94

Males and females

%

	EUR 15	B	DK	D	GR	E	F
3	55 *	98	61	50	15	53	99
4	86 *	100	82	78	58	100	100 *
5	91 *	99	85	79	68	100 *	100 *
6	96 *	100	96	85	93	100 *	100 *
7	100 *	99	100	98	93	100 *	100 *
8	100 *	99	100	100	95	100 *	100
9	100 *	99	100	100	96	100 *	100 *
10	100 *	99	100	99	100	100 *	100 *
11	100 *	99	100	99	100 *	100 *	99
12	100 *	99	100	99	100 *	100 *	100
13	99 *	100	100	99	92	100 *	99
14	98 *	99	95	99	86	99	99
15	96 *	100 *	97	98	81	93	98
16	91 *	100 *	93	96	82	80	96
17	83 *	100 *	81	93	57	73	92
18	72 *	87	70	85	58	61	84
19	56 *	72	53	65	53	51	69
20	45 *	61	41	44	39	48	54
21	:	45	37	32	33	40	40
22	:	34	34	38	17	33	29
23	:	24	31	19	13	24	20
24	:	18	27	18	8	18	12
25	:	13	23	16	7	13	9
26	:	11	18	14	4	9	6
27	:	9	13	13	4	7	5
28	:	11	11	9	2	5	4
29	:	6	9	9	2	4	3
30-34	:	:	6	3	1	:	2
35-39	:	:	3	2	:	:	1

(1) Die Angaben zur beruflichen Bildung berücksichtigen nicht die unabhängigen privaten "Youth Training" sowie die betriebliche Ausbildung
in Unternehmen

(1) Data for vocational education exclude those in independent
private institutions, 'Youth Training' and apprenticeships
with employers

%

IRL	I	L	NL	A	P	FIN	S	UK(1)	
1	:	:	0	29	48	24	48	44	3
54	:	:	97	69	54	30	54	93	4
100	:	:	99	87	69	35	61	99	5
100 *	:	:	99	99	100 *	58	98	99	6
100 *	:	:	100	98	100 *	100	97	99	7
100	:	:	99	100	100 *	100	100 *	99	8
100	:	:	100	100	100 *	99	100 *	99	9
100 *	:	:	100	99	100 *	99	100	99	10
100 *	:	:	98	98	100 *	99	99	99	11
100	:	:	99	98	100 *	99	100	99	12
100	:	:	99	100	96	99	99	99	13
99	:	:	99	99	90	100	99	98	14
96	:	:	99	95	85	100	97	99	15
94	:	:	97	92	74	96	96	87	16
84	:	:	91	86	67	92	95	74	17
82	:	:	80	61	55	83	83	53	18
51	:	:	67	34	44	37	35	44	19
38	:	:	57	23	37	40	29	36	20
:	:	:	46	19	31	46	28	28	21
:	:	:	36	16	26	46	28	20	22
:	:	:	29	15	20	39	25	16	23
:	:	:	22	:	15	33	22	13	24
:	:	:	17	:	16	25	19	12	25
:	:	:	14	:	8	20	16	11	26
:	:	:	11	:	7	16	14	10	27
:	:	:	9	:	6	13	12	10	28
:	:	:	9	:	5	11	11	9	29
:	:	:	7	:	4	8	9	:	30-34
:	:	:	4	:	1	5	7	:	35-39

(1) Les données pour l'enseignement professionnel excluent les étudiants
des écoles privées indépendantes, les 'Youth Training' ainsi que
l'apprentissage au sein des entreprises

Bildungsbeteiligung
Insgesamt - ISCED 0-7
1993/94

Participation rates
Total - ISCED 0-7
1993/94

Weiblich

Females

%

EVⁿ eurostat	EUR 15	B	DK	D	GR	E	F
3	55 *	98	61	50	14	54	99
4	87 *	100	82	78	58	100	100 *
5	91 *	99	86	79	71	100 *	100 *
6	97 *	100	97	88	92	100 *	100 *
7	100 *	99	100	99	93	100 *	100 *
8	99 *	99	100	100	95	100 *	100
9	100 *	99	100	100	96	100 *	100
10	100 *	99	100	99	99	100 *	101 *
11	100 *	99	100	99	100 *	100 *	99
12	100 *	99	100	99	100 *	100 *	100
13	99 *	99	100	99	93	100 *	99
14	98 *	99	98	99	87	99	99
15	97 *	100 *	98	99	85	94	98
16	92 *	100 *	94	96	85	83	96
17	84 *	100 *	82	92	57	77	92
18	72 *	87	71	83	61	65	86
19	57 *	74	49	63	49	56	72
20	47 *	65	38	45	41	52	57
21	:	47	38	33	28	43	43
22	:	34	37	34	13	35	32
23	:	24	33	17	10	24	21
24	:	17	29	14	7	18	14
25	:	13	24	12	4	13	10
26	:	11	18	10	3	9	7
27	:	9	14	9	3	6	5
28	:	10	11	6	2	5	4
29	:	6	9	8	1	4	4
30-34	:	:	6	3	0	:	2
35-39	:	:	4	2	:	:	1

(1) Die Angaben zur beruflichen Bildung berücksichtigen nicht die unabhängigen privaten "Youth Training" sowie die betriebliche Ausbildung
in Unternehmen

(1) Data for vocational education exclude those in independent
private institutions, 'Youth Training' and apprenticeships
with employers

%

IRL	I	L	NL	A	P	FIN	S	UK(1)	
1	:	:	0	30	47	25	50	44	3
57	:	:	97	70	54	30	56	93	4
100 *	:	:	99	87	67	35	63	100	5
100 *	:	:	99	99	100 *	58	100 *	99	6
100 *	:	:	100	98	100 *	100	96	99	7
100	:	:	99	100	100 *	100	100 *	93	8
100	:	:	100	100	100 *	100	100 *	99	9
100 *	:	:	100	99	100 *	99	100	99	10
100 *	:	:	98	99	100 *	100	99	99	11
100	:	:	99	98	98	100	99	99	12
100	:	:	99	100	93	100	100	99	13
99	:	:	99	100	88	100	99	99	14
97	:	:	99	95	85	100	96	99	15
97	:	:	97	90	77	97	99	89	16
89	:	:	89	81	72	92	96	76	17
89	:	:	77	56	58	85	83	52	18
51	:	:	63	33	48	44	37	43	19
36	:	:	51	23	41	55	34	37	20
:	:	:	40	19	35	56	33	29	21
:	:	:	31	15	29	52	31	21	22
:	:	:	24	14	22	42	27	17	23
:	:	:	18	:	16	34	24	14	24
:	:	:	14	:	17	26	20	13	25
:	:	:	11	:	9	21	17	12	26
:	:	:	9	:	7	17	15	11	27
:	:	:	8	:	6	14	13	11	28
:	:	:	7	:	6	12	12	10	29
:	:	:	6	:	4	9	11	:	30-34
:	:	:	4	:	1	7	9	:	35-39

(1) Les données pour l'enseignement professionnel excluent les étudiants
des écoles privées indépendantes, les 'Youth Training' ainsi que
l'apprentissage au sein des entreprises

B

B2-25

Bildungsbeteiligung
Insgesamt - ISCED 0-7
1993/94

Männlich

Participation rates
Total - ISCED 0-7
1993/94

Males

%

	EUR 15	B	DK	D	GR	E	F
3	55 *	98	60	50	14	53	99
4	86 *	100	81	78	57	100	100 *
5	91 *	99	84	79	67	100 *	100 *
6	95 *	100	96	83	93	100 *	100 *
7	100 *	99	99	100	94	100 *	100 *
8	100 *	99	100	100	95	100 *	100
9	100 *	99	100	100	96	100 *	100 *
10	100 *	100	100	99	100 *	100 *	100 *
11	100 *	99	99	99	100 *	100 *	99
12	100 *	100	100	99	100 *	100 *	100
13	99 *	100	99	99	91	100 *	99
14	98 *	100	92	99	86	100	100
15	96 *	100 *	97	98	78	93	98
16	90 *	100 *	92	97	78	78	96
17	82 *	100 *	80	94	57	69	92
18	71 *	86	69	87	57	58	82
19	55 *	71	57	66	56	47	66
20	43 *	58	44	44	37	44	50
21	:	44	36	31	37	36	37
22	:	35	32	41	21	31	27
23	:	25	28	21	17	23	18
24	:	19	25	21	9	18	10
25	:	13	21	20	9	13	8
26	:	10	17	18	4	9	6
27	:	9	13	16	4	7	5
28	:	11	11	11	2	6	4
29	:	6	9	11	2	5	3
30-34	:	:	5	4	1	:	2
35-39	:	:	3	2	:	:	1

(1) Die Angaben zur beruflichen Bildung berücksichtigen nicht die unabhängigen privaten "Youth Training" sowie die betriebliche Ausbildung
in Unternehmen

(1) Data for vocational education exclude those in independent
private institutions, 'Youth Training' and apprenticeships
with employers

%

IRL	I	L	NL	A	P	FIN	S	UK(1)	
1	:	:	0	29	48	24	47	44	3
52	:	:	98	69	54	30	53	92	4
100 *	:	:	99	87	70	35	59	99	5
100 *	:	:	99	99	100 *	58	95	99	6
100 *	:	:	100	98	100 *	99	98	99	7
100	:	:	100	100	100 *	100	100 *	98	8
100	:	:	100	100	100 *	99	100 *	98	9
100 *	:	:	100	98	100 *	99	100	99	10
100 *	:	:	98	97	100 *	99	99	98	11
100	:	:	98	98	100 *	99	100	98	12
100	:	:	99	100	99	99	99	99	13
98	:	:	100	98	93	100	99	98	14
95	:	:	99	96	85	99	97	98	15
91	:	:	98	94	72	96	94	85	16
80	:	:	92	91	62	91	95	72	17
75	:	:	83	65	51	80	83	54	18
51	:	:	72	34	40	31	33	45	19
40	:	:	63	22	32	26	24	36	20
:	:	:	51	19	28	37	23	27	21
:	:	:	41	17	24	40	25	20	22
:	:	:	34	16	19	36	24	15	23
:	:	:	26	:	15	32	21	13	24
:	:	:	21	:	16	25	18	11	25
:	:	:	17	:	8	19	16	10	26
:	:	:	13	:	7	15	13	9	27
:	:	:	11	:	6	12	11	8	28
:	:	:	10	:	5	10	10	8	29
:	:	:	7	:	4	6	8	:	30-34
:	:	:	4	:	1	4	5	:	35-39

(1) Les données pour l'enseignement professionnel excluent les étudiants des écoles privées indépendantes, les 'Youth Training' ainsi que l'apprentissage au sein des entreprises

123

B2-26

Bildungsbeteiligung
Vorschulbereich - ISCED 0
1993/94

Männlich und weiblich

Participation rates
Pre-primary education - ISCED 0
1993/94

Males and females

%

eurostat	EUR 15	B	DK	D	GR	E	F
3	54 *	98	61	50	14	53	99
4	68 *	100	82	78	58	100	100
5	68 *	98	85	79	49	100	100
6	17 *	4	92	41	1	0	1

B2-27

Bildungsbeteiligung
Vorschulbereich - ISCED 0
1993/94

Weiblich

Participation rates
Pre-primary education - ISCED 0
1993/94

Females

%

eurostat	EUR 15	B	DK	D	GR	E	F
3	54 *	98	61	50	14	54	99
4	68 *	100	82	78	58	100	100
5	68 *	98	86	79	50	100	100
6	17 *	3	93	41	1	0	1

B2-28

Bildungsbeteiligung
Vorschulbereich - ISCED 0
1993/94

Männlich

Participation rates
Pre-primary education - ISCED 0
1993/94

Males

%

eurostat	EUR 15	B	DK	D	GR	E	F
3	54 *	98	61	50	15	53	99
4	68 *	100	81	78	57	100	100
5	68 *	98	84	79	49	100	100
6	17 *	5	92	41	1	0	1

B2-26

Taux de scolarisation
Enseignement pre-primaire - CITE 0
1993/94

Garçons et filles

%

IRL	I	L	NL	A	P	FIN	S	UK	
1	:	:	-	30	48	24	48	40	3
54	:	:	97	69	54	30	54	11	4
100	:	:	98	87	69	35	61	0	5
56	:	:	1	38	-	57	92	-	6

B

B2-27

Taux de scolarisation
Enseignement pre-primaire - CITE 0
1993/94

Filles

%

IRL	I	L	NL	A	P	FIN	S	UK	
1	:	:	-	30	47	25	50	40	3
57	:	:	97	70	54	30	56	11	4
100	:	:	98	87	67	35	63	0	5
52	:	:	0	35	-	57	94	-	6

B2-28

Taux de scolarisation
Enseignement pre-primaire - CITE 0
1993/94

Garçons

%

IRL	I	L	NL	A	P	FIN	S	UK	
1	:	:	-	29	48	24	47	40	3
52	:	:	97	69	54	30	53	11	4
100	:	:	98	87	70	35	59	0	5
59	:	:	1	40	-	57	91	-	6

B2-29

Bildungsbeteiligung
Primarbereich - ISCED 1
1993/94

Männlich und weiblich

Participation rates
Primary education - ISCED 1
1993/94

Males and females

%

eurostat	EUR 15	B	DK	D	GR	E	F
4	17 *	-	-	-	-	-	-
5	22 *	1	-	-	20	-	2
6	79 *	96	4	44	92	100	100
7	99 *	99	94	97	93	100	100
8	100 *	99	100	99	95	100	100
9	99 *	99	100	100	96	100	100
10	88 *	99	100	62	100	100	98
11	33 *	98	100	8	81	17	24
12	12 *	22	97	1	1	4	4
13	2 *	4	5	0	1	1	1

B2-30

Bildungsbeteiligung
Primarbereich - ISCED 1
1993/94

Weiblich

Participation rates
Primary education - ISCED 1
1993/94

Females

%

eurostat	EUR 15	B	DK	D	GR	E	F
4	17 *	-	-	-	-	-	-
5	22 *	2	-	-	22	-	2
6	80 *	96	4	46	91	100	100
7	99 *	99	95	97	93	100	100
8	99 *	99	100	99	95	100	100
9	99 *	100	100	100	96	100	100
10	87 *	99	100	59	99	100	97
11	31 *	97	100	6	80	14	21
12	11 *	19	96	1	1	3	3
13	1 *	3	5	-	1	1	1

B2-31

Bildungsbeteiligung
Primarbereich - ISCED 1
1993/94

Männlich

Participation rates
Primary education - ISCED 1
1993/94

Males

%

eurostat	EUR 15	B	DK	D	GR	E	F
4	17 *	-	-	-	-	-	-
5	21 *	1	-	-	19	-	2
6	78 *	95	4	41	92	100	100
7	99 *	99	93	96	94	100	100
8	100 *	99	100	99	95	100	100
9	99 *	99	100	100	96	100	100
10	89 *	100	100	64	100	100	98
11	34 *	98	99	9	82	20	28
12	13 *	25	97	1	1	5	5
13	2 *	5	5	-	1	1	2

Taux de scolarisation
Enseignement primaire - CITE 1
1993/94

Garçons et filles

%

IRL	I	L	NL	A	P		FIN	S	UK	
-	:	:	0	-	-		-	-	82	4
0	:	:	1	-	-		-	-	99	5
45	:	:	98	61	100	*	1	5	99	6
98	:	:	100	98	100	*	99	97	99	7
100	:	:	100	100	100	*	100	100	99	8
100	:	:	100	100	100	*	100	100	94	9
100	:	:	100	44	100	*	99	100	93	10
100	:	:	97	5	100	*	100	99	12	11
64	:	:	42	1	42		99	100	0	12
6	:	:	5	0	22		3	-	-	13

◁ B2-30

Taux de scolarisation
Enseignement primaire - CITE 1
1993/94

Filles

%

IRL	I	L	NL	A	P		FIN	S	UK	
-	:	:	0	-	-		-	-	82	4
0	:	:	0	-	-		-	-	100	5
49	:	:	99	64	100	*	1	6	100	6
99	:	:	99	98	100	*	99	96	99	7
100	:	:	99	100	100	*	100	100	93	8
100	:	:	100	100	100	*	100	100	94	9
100	:	:	100	41	100	*	100	100	93	10
100	:	:	97	5	100	*	100	99	12	11
61	:	:	39	1	34		99	100	0	12
5	:	:	4	0	16		2	-	-	13

◁ B2-31

Taux de scolarisation
Enseignement primaire - CITE 1
1993/94

Garçons

%

IRL	I	L	NL	A	P		FIN	S	UK	
-	:	:	1	-	-		-	-	81	4
0	:	:	1	-	-		-	-	99	5
42	:	:	98	59	100	*	1	4	99	6
98	:	:	100	98	100	*	99	98	99	7
100	:	:	100	100	100	*	100	100	98	8
100	:	:	100	100	100	*	100	100	93	9
100	:	:	100	47	100	*	99	100	93	10
100	:	:	98	6	100	*	99	99	12	11
67	:	:	45	1	49		99	100	0	12
7	:	:	6	0	27		4	-	-	13

B

B2-32

Bildungsbeteiligung
Sekundarstufe I - ISCED 2
1993/94

Männlich und weiblich

Participation rates
Lower secondary education - ISCED 2
1993/94

Males and females

%

eurostat	EUR 15	B	DK	D	GR	E	F
10	12 *	0	-	37	:	-	3
11	69 *	1	0	91	:	88	75
12	87 *	77	4	97	:	100	95
13	97 *	94	94	98	:	100	97
14	64 *	35	95	98	:	32	95
15	46 *	13	96	91	:	11	51
16	21 *	4	64	54	:	0	19
17	5 *	3	8	11	:	0	4

B2-33

Bildungsbeteiligung
Sekundarstufe I - ISCED 2
1993/94

Weiblich

Participation rates
Lower secondary education - ISCED 2
1993/94

Females

%

eurostat	EUR 15	B	DK	D	GR	E	F
10	13 *	0	-	40	:	-	4
11	70 *	2	0	92	:	91	78
12	88 *	80	4	97	:	100	96
13	98 *	94	96	98	:	100	98
14	63 *	30	98	99	:	27	95
15	44 *	11	96	92	:	9	45
16	20 *	4	61	54	:	0	17
17	4 *	3	6	10	:	0	4

B2-34

Bildungsbeteiligung
Sekundarstufe I - ISCED 2
1993/94

Männlich

Participation rates
Lower secondary education - ISCED 2
1993/94

Males

%

eurostat	EUR 15	B	DK	D	GR	E	F
10	11 *	0	-	35	:	-	3
11	67 *	1	-	89	:	85	72
12	86 *	75	4	97	:	100	95
13	97 *	94	93	98	:	100	97
14	65 *	40	92	98	:	37	95
15	48 *	14	96	91	:	13	55
16	22 *	4	66	55	:	0	20
17	6 *	3	9	12	:	0	4

Taux de scolarisation
Enseignement secondaire inférieur - CITE 2
1993/94

Garçons et filles

%

IRL	I	L	NL	A	P	FIN	S	UK	
-	:	:	0	55	-	-	-	6	10
0	:	:	0	93	-	-	-	87	11
36	:	:	57	97	60	0	-	99	12
93	:	:	94	100	74	96	99	99	13
97	:	:	99	45	79	99	99	-	14
62	:	:	78	7	43	99	96	-	15
8	:	:	46	1	24	8	4	-	16
1	:	:	18	1	12	2	0	-	17

B

⌂ **B2-33**
Taux de scolarisation
Enseignement secondaire inférieur - CITE 2
1993/94

Filles

%

IRL	I	L	NL	A	P	FIN	S	UK	
-	:	:	0	58	-	-	-	6	10
0	:	:	0	94	-	-	-	87	11
39	:	:	61	98	64	1	-	99	12
94	:	:	95	100 *	77	98	100	99	13
98	:	:	99	41	79	99	99	-	14
61	:	:	76	6	40	99	95	-	15
7	:	:	40	1	21	9	5	-	16
0	:	:	14	1	10	1	0	-	17

⌂ **B2-34**
Taux de scolarisation
Enseignement secondaire inférieur - CITE 2
1993/94

Garçons

%

IRL	I	L	NL	A	P	FIN	S	UK	
-	:	:	0	52	0	0	0	6	10
0	:	:	0	91	0	0	0	86	11
33	:	:	53	97	56	0	0	98	12
91	:	:	93	99	72	95	99	99	13
96	:	:	99	48	78	99	99	-	14
63	:	:	81	8	47	99	97	-	15
9	:	:	51	1	27	7	3	-	16
1	:	:	21	1	13	3	0	-	17

◁ B2-35

Bildungsbeteiligung
Sekundarstufe II - ISCED 3
1993/94

Männlich und weiblich

Participation rates
Upper secondary education - ISCED 3
1993/94

Males and females

%

	EUR 15	B	DK	D	GR	E	F
14	33 *	64	0	-	:	67	3
15	50 *	91	1	6	:	82	46
16	70 *	99	30	42	:	80	77
17	78 *	98	73	80	:	73	86
18	56 *	53	69	80	:	42	59
19	33 *	29	49	57	:	25	34
20	19 *	17	29	31	:	20	15
21	:	7	18	16	:	13	5
22	:	6	11	21	:	8	2
23	:	5	7	2	:	4	0
24	:	5	5	1	:	3	0
25	:	4	3	0	:	2	0
26	:	4	2	0	:	-	-
27	:	3	2	1	:	-	-
28	:	3	2	0	:	-	-
29	:	2	1	0	:	-	-

(1) Die Angaben zur beruflichen Bildung berücksichtigen nicht die unabhängigen privaten "Youth Training" sowie die betriebliche Ausbildung in Unternehmen

(1) Data for vocational education exclude those in independent private institutions, 'Youth Training' and apprenticeships with employers

Taux de scolarisation
Enseignement secondaire supérieur - CITE 3
1993/94

Garçons et filles

%

IRL	I	L	NL	A	P	FIN	S	UK(1)	
0	:	:	0	54	1	0	0	98	**14**
33	:	:	20	88	38	1	1	99	**15**
85	:	:	52	91	50	88	92	87	**16**
75	:	:	71	86	55	90	95	72	**17**
49	:	:	63	55	34	80	82	32	**18**
14	:	:	44	21	22	24	23	16	**19**
7	:	:	30	8	13	17	11	10	**20**
:	:	:	18	4	9	16	9	8	**21**
:	:	:	11	1	6	13	8	8	**22**
:	:	:	7	1	5	9	8	7	**23**
:	:	:	5	:	4	6	7	7	**24**
-	:	:	5	:	3	4	6	6	**25**
-	:	:	5	:	2	3	5	6	**26**
-	:	:	4	:	2	3	5	6	**27**
-	:	:	3	:	1	2	4	5	**28**
-	:	:	3	:	2	2	4	5	**29**

(1) Les données pour l'enseignement professionnel excluent les étudiants
des écoles privées indépendantes, les 'Youth Training' ainsi que
l'apprentissage au sein des entreprises

B2-36

Bildungsbeteiligung
Sekundarstufe II - ISCED 3
1993/94

Weiblich

Participation rates
Upper secondary education - ISCED 3
1993/94

Females

%

eurostat	EUR 15	B	DK	D	GR	E	F
14	34 *	69	0	-	:	72	3
15	52 *	92	2	6	:	85	52
16	72 *	99	33	41	:	83	79
17	79 *	98	76	80	:	77	85
18	54 *	48	69	77	:	43	57
19	31 *	25	45	52	:	26	32
20	18 *	16	25	28	:	20	14
21	:	7	18	15	:	13	4
22	:	6	12	18	:	9	2
23	:	5	8	2	:	4	0
24	:	5	5	1	:	3	0
25	:	4	4	0	:	3	0
26	:	4	3	0	:	-	-
27	:	3	2	0	:	-	-
28	:	3	2	0	:	-	-
29	:	3	2	0	:	-	-

B2-37

Bildungsbeteiligung
Sekundarstufe II - ISCED 3
1993/94

Männlich

Participation rates
Upper secondary education - ISCED 3
1993/94

Males

%

eurostat	EUR 15	B	DK	D	GR	E	F
14	32 *	59	0	0	:	62	3
15	48 *	90	1	7	:	79	41
16	68 *	100	26	42	:	77	76
17	77 *	98	71	81	:	69	86
18	57 *	59	68	84	:	41	61
19	35 *	33	52	63	:	24	36
20	20 *	18	32	35	:	19	16
21	:	7	18	16	:	12	5
22	:	5	10	24	:	8	2
23	:	4	7	2	:	4	0
24	:	4	4	1	:	3	0
25	:	4	3	1	:	2	0
26	:	3	2	0	:	-	-
27	:	3	1	1	:	-	-
28	:	3	1	0	:	-	-
29	:	2	1	0	:	-	-

(1) Die Angaben zur beruflichen Bildung berücksichtigen nicht die unabhängigen privaten "Youth Training" sowie die betriebliche Ausbildung
in Unternehmen

(1) Data for vocational education exclude those in independent
private institutions, 'Youth Training' and apprenticeships
with employers

Taux de scolarisation
Enseignement secondaire supérieur - CITE 3
1993/94

Filles

%

IRL	I	L	NL	A	P	FIN	S	UK(1)	
0	:	:	0	58	1	0	0	99	14
36	:	:	23	89	42	1	1	99	15
89	:	:	56	89	55	88	93	89	16
80	:	:	72	81	61	91	95	74	17
54	:	:	59	49	35	83	82	31	18
14	:	:	38	19	22	29	23	15	19
5	:	:	23	8	14	26	12	11	20
:	:	:	13	4	9	21	11	9	21
:	:	:	7	1	6	16	10	9	22
:	:	:	5	1	4	11	9	9	23
:	:	:	4	:	3	8	8	8	24
-	:	:	3	:	3	6	6	7	25
-	:	:	3	:	2	4	6	7	26
-	:	:	3	:	2	4	6	7	27
-	:	:	3	:	1	3	5	7	28
-	:	:	3	:	2	3	5	6	29

Taux de scolarisation
Enseignement secondaire supérieur - CITE 3
1993/94

Garçons

%

IRL	I	L	NL	A	P	FIN	S	UK(1)	
0	:	:	0	50	1	0	0	98	14
30	:	:	18	87	34	0	1	98	15
81	:	:	48	93	44	88	91	85	16
71	:	:	70	91	49	88	95	70	17
44	:	:	66	61	33	78	83	33	18
15	:	:	50	23	21	19	22	17	19
9	:	:	36	8	13	10	9	10	20
:	:	:	23	4	9	12	7	7	21
:	:	:	14	1	6	11	7	6	22
:	:	:	9	1	5	7	7	6	23
:	:	:	7	:	4	4	5	5	24
-	:	:	6	:	3	3	5	5	25
-	:	:	6	:	2	2	4	5	26
-	:	:	4	:	2	2	4	5	27
-	:	:	4	:	2	2	4	4	28
-	:	:	4	:	1	1	3	4	29

(1) Les données pour l'enseignement professionnel excluent les étudiants des écoles privées indépendantes, les 'Youth Training' ainsi que l'apprentissage au sein des entreprises

B2-38

Bildungsbeteiligung
Tertiärbereich - ISCED 5,6,7
1993/94

Männlich und weiblich

Participation rates
Higher education - ISCED 5,6,7
1993/94

Males and females

%

eurostat	EUR 15	B	DK	D	GR	E	F
17	1 *	1	0	1	-	0	2
18	16 *	31	0	3	41	19	23
19	24 *	41	4	7	44	26	35
20	26 *	42	12	13	33	28	39
21	24 *	36	19	15	29	27	35
22	20 *	26	23	17	14	25	28
23	16 *	16	24	17	12	19	19
24	13 *	10	22	17	8	15	12
25	:	6	19	16	6	11	9
26	:	4	15	14	3	9	6
27	:	3	12	12	2	7	5
28	:	6	9	9	2	5	4
29	:	2	8	9	2	4	3
30-34	:	:	5	3	1	:	2
35-39	:	:	2	2	:	:	1

Taux de scolarisation
Enseignement supérieur - CITE 5,6,7
1993/94

Garçons et filles

%

IRL	I	L	NL	A	P	FIN	S	UK	
7	:	:	2	0	-	0	0	2	17
33	:	:	12	5	15	2	1	21	18
37	:	:	21	12	20	13	12	28	19
31	:	:	26	15	21	23	18	26	20
22	:	:	27	15	21	30	18	20	21
13	:	:	25	14	19	32	18	12	22
8	:	:	21	14	15	30	16	9	23
5	:	:	16	13	11	27	14	7	24
:	:	:	12	12	8	21	12	6	25
:	:	:	9	11	6	17	10	5	26
:	:	:	7	9	5	13	8	5	27
:	:	:	5	7	4	10	6	4	28
:	:	:	5	6	4	9	5	4	29
3	:	:	3	3	2	6	4	:	30-34
:	:	:	2	1	1	3	3	:	35-39

B

B2-38

Bildungsbeteiligung im Tertiärbereich (ISCED 5,6,7) nach Alter
Participation rates in higher education (ISCED 5,6,7) by age
Taux de scolarisation dans l'enseignement supérieur (CITE 5,6,7) par âge

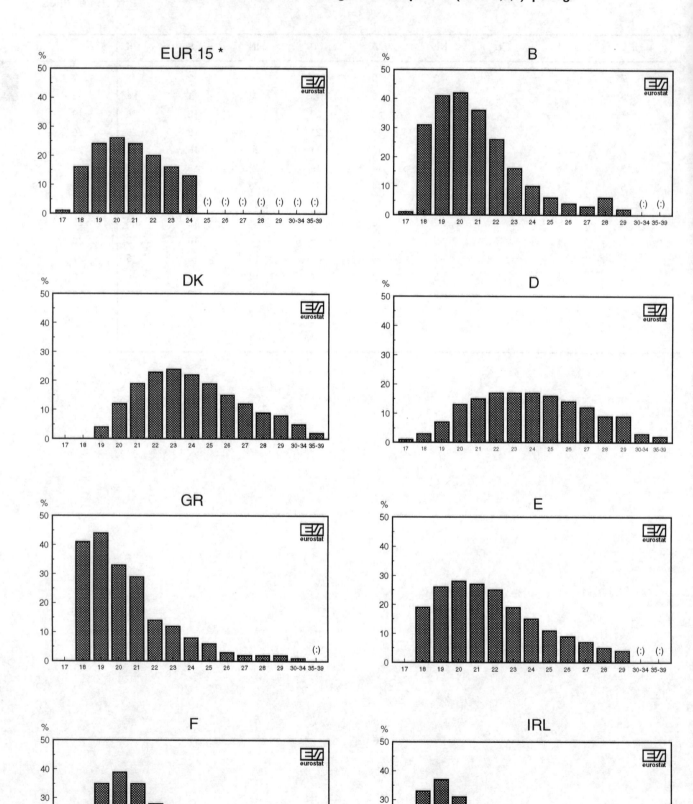

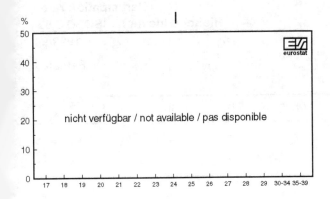

I

nicht verfügbar / not available / pas disponible

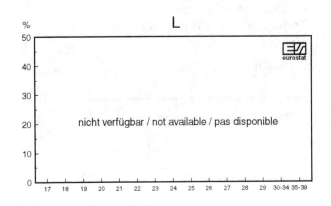

L

nicht verfügbar / not available / pas disponible

B

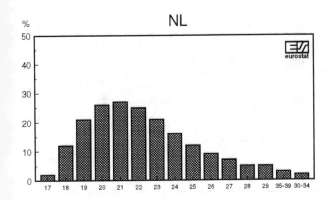

NL

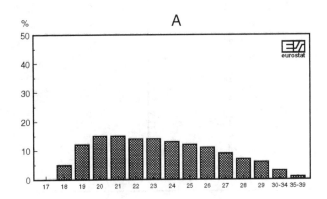

A

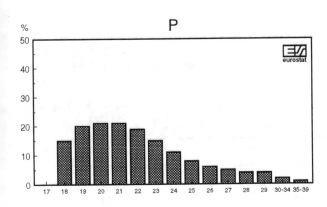

P

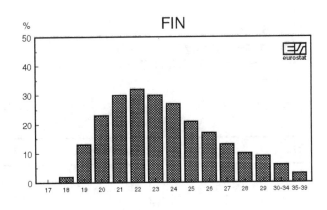

FIN

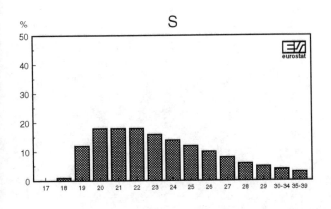

S

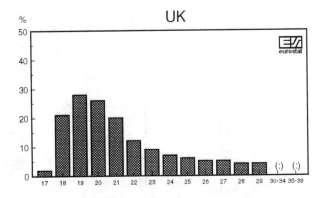

UK

B2-39

Bildungsbeteiligung
Tertiärbereich - ISCED 5,6,7
1993/94

Weiblich

Participation rates
Higher education - ISCED 5,6,7
1993/94

Females

%

	EUR 15	B	DK	D	GR	E	F
17	1 *	1	0	2	-	0	3
18	19 *	37	0	4	49	22	28
19	27 *	46	4	11	42	29	40
20	29 *	46	12	17	35	32	43
21	26 *	36	21	17	25	29	39
22	20 *	24	25	16	11	27	30
23	16 *	15	26	15	9	20	21
24	12 *	8	24	13	7	14	14
25	:	5	21	12	4	11	9
26	:	4	16	10	3	9	7
27	:	3	12	9	2	6	5
28	:	5	9	6	2	5	4
29	:	1	7	8	1	4	4
30-34	:	:	4	2	0	:	2
35-39	:	:	3	2	:	:	1

B2-40

Bildungsbeteiligung
Tertiärbereich - ISCED 5,6,7
1993/94

Männlich

Participation rates
Higher education - ISCED 5,6,7
1993/94

Males

%

	EUR 15	B	DK	D	GR	E	F
17	1 *	1	0	0	-	0	2
18	14 *	25	0	1	34	16	19
19	21 *	36	4	3	47	22	30
20	23 *	38	12	9	30	25	35
21	23 *	35	18	14	32	24	32
22	20 *	27	21	17	18	23	25
23	17 *	18	22	19	14	19	17
24	14 *	12	21	20	8	15	10
25	:	7	18	19	9	12	8
26	:	5	15	18	4	9	6
27	:	4	12	15	2	7	5
28	:	7	10	11	2	6	4
29	:	2	8	11	2	5	3
30-34	:	:	5	4	1	:	2
35-39	:	:	2	2	:	:	1

%

IRL	I	L	NL	A	P	FIN	S	UK	
8	:	:	3	0	-	1	0	2	**17**
35	:	:	14	7	18	2	1	21	**18**
37	:	:	23	14	24	15	13	28	**19**
31	:	:	27	15	26	29	21	26	**20**
21	:	:	27	15	25	35	21	20	**21**
12	:	:	23	14	22	35	20	12	**22**
7	:	:	19	13	17	31	17	8	**23**
5	:	:	14	12	12	26	14	7	**24**
:	:	:	10	11	9	21	11	6	**25**
:	:	:	7	9	7	17	9	5	**26**
:	:	:	5	7	5	13	7	5	**27**
:	:	:	4	6	4	11	6	4	**28**
:	:	:	4	5	4	9	5	4	**29**
3	:	:	3	3	3	6	4	:	**30-34**
:	:	:	2	1	1	4	4	:	**35-39**

%

IRL	I	L	NL	A	P	FIN	S	UK	
7	:	:	1	0	-	0	0	2	**17**
31	:	:	11	4	12	2	1	20	**18**
36	:	:	20	10	16	12	10	28	**19**
31	:	:	26	14	17	17	15	26	**20**
22	:	:	27	16	18	25	15	20	**21**
15	:	:	26	15	16	29	17	13	**22**
9	:	:	23	15	13	29	16	9	**23**
6	:	:	18	14	10	27	15	7	**24**
:	:	:	14	13	7	21	13	6	**25**
:	:	:	10	12	6	17	10	5	**26**
:	:	:	8	10	5	13	8	5	**27**
:	:	:	6	8	4	10	6	4	**28**
:	:	:	5	7	3	8	5	4	**29**
3	:	:	3	4	2	5	4	:	**30-34**
:	:	:	2	2	1	3	2	:	**35-39**

B

Bildungsbeteiligung nach Bildungsbereichen (ISCED 2-7) und Alter - Männer und Frauen
Participation rates by level (ISCED 2-7) and age - Males and females
Taux de scolarisation par niveau d'enseignement (CITE 2-7) et âge - Garçons et filles

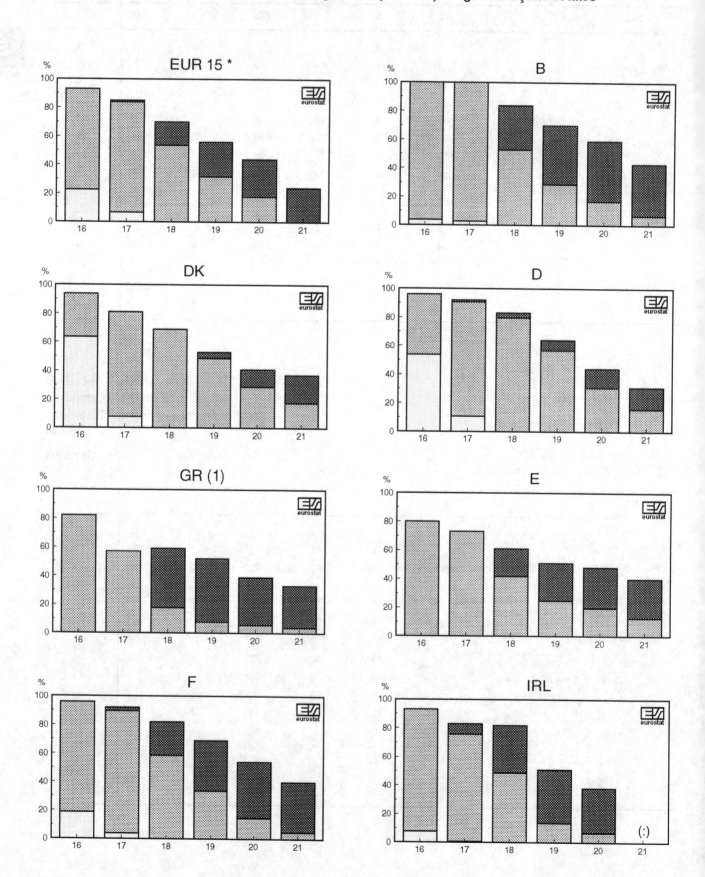

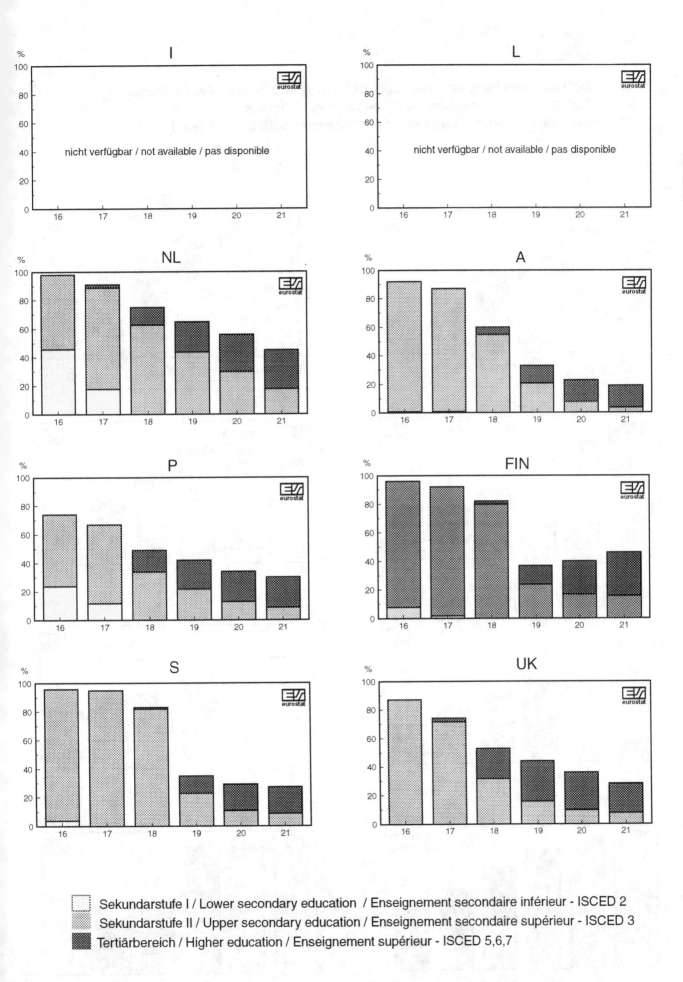

I

nicht verfügbar / not available / pas disponible

L

nicht verfügbar / not available / pas disponible

B

NL

A

P

FIN

S

UK

Sekundarstufe I / Lower secondary education / Enseignement secondaire inférieur - ISCED 2
Sekundarstufe II / Upper secondary education / Enseignement secondaire supérieur - ISCED 3
Tertiärbereich / Higher education / Enseignement supérieur - ISCED 5,6,7

(1) Sekundarbereich insgesamt / Total secondary / Secondaire total

B2-42

Bildungsbeteiligung nach Bildungsbereichen (ISCED 2-7) und Alter - Frauen
Participation rates by level (ISCED 2-7) and age - Females
Taux de scolarisation par niveau d'enseignement (CITE 2-7) et âge - Filles

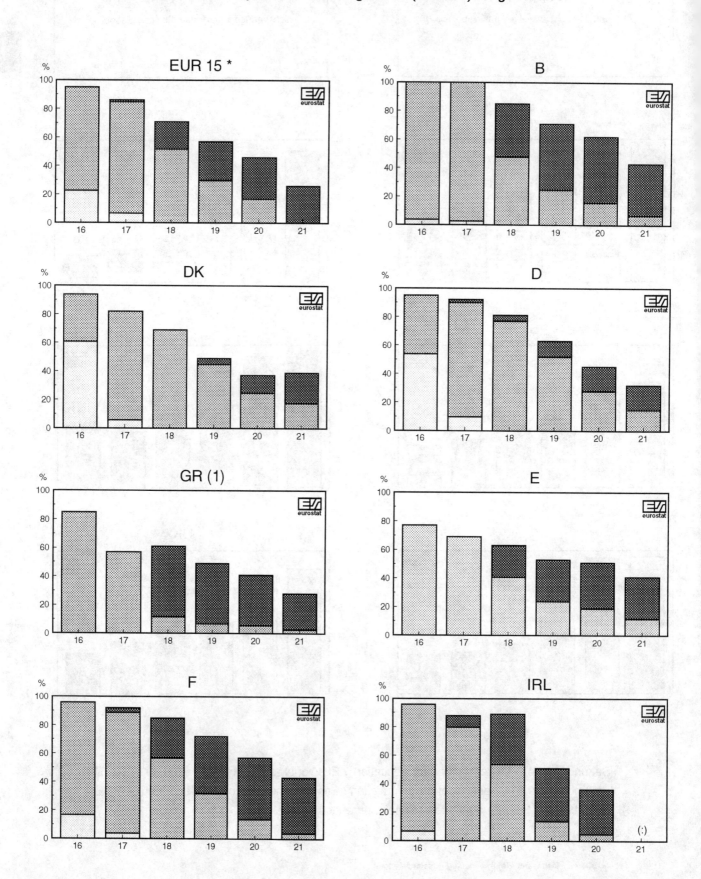

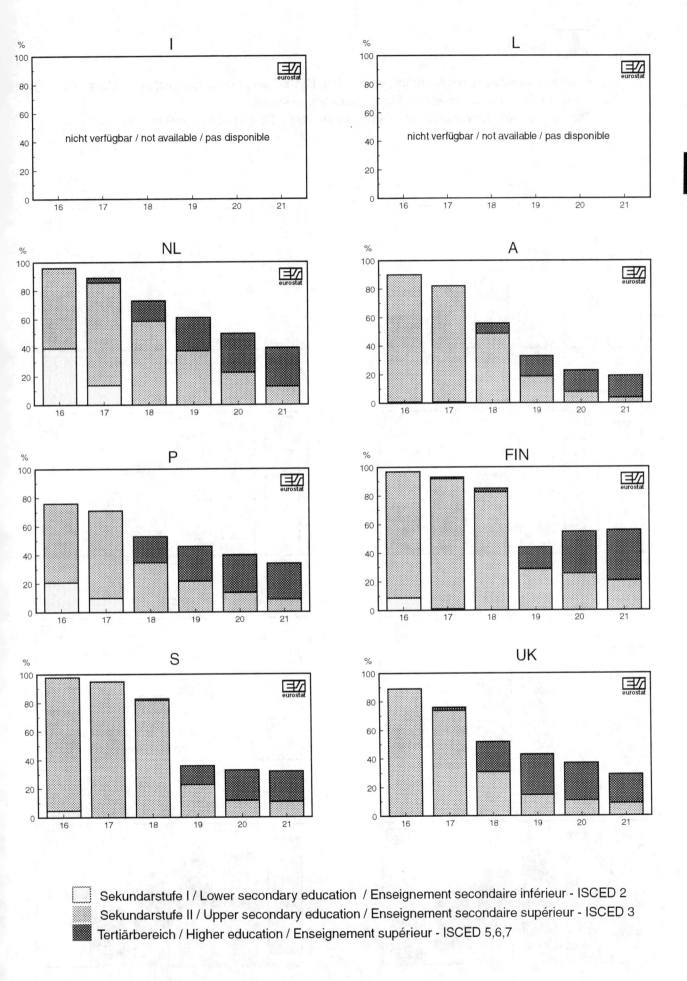

Sekundarstufe I / Lower secondary education / Enseignement secondaire inférieur - ISCED 2

Sekundarstufe II / Upper secondary education / Enseignement secondaire supérieur - ISCED 3

Tertiärbereich / Higher education / Enseignement supérieur - ISCED 5,6,7

(1) Sekundarbereich insgesamt / Total secondary / Secondaire total

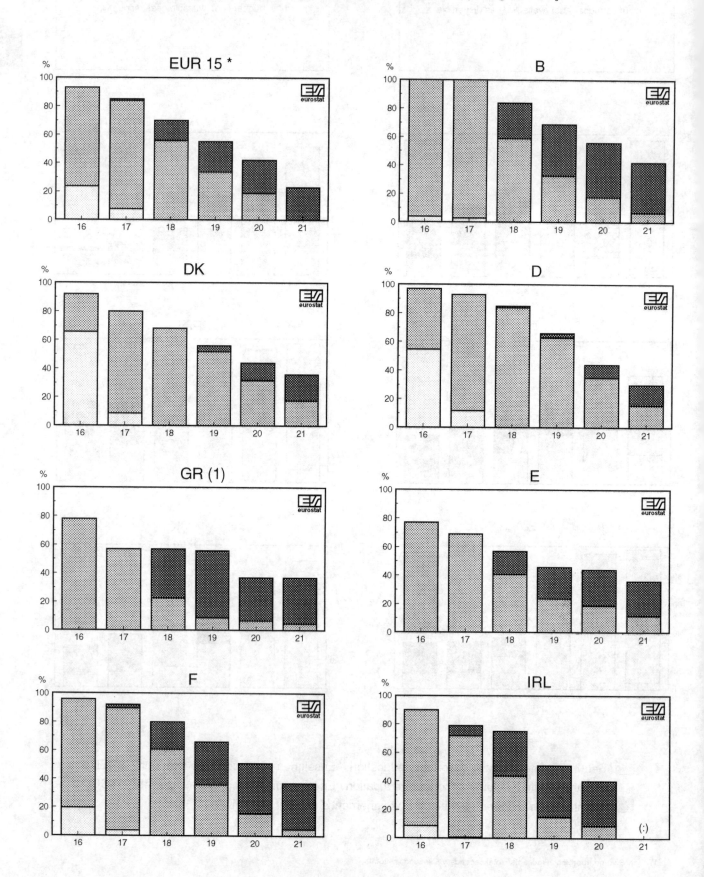

B2-43

Bildungsbeteiligung nach Bildungsbereichen (ISCED 2-7) und Altersgruppe - Männer
Participation rates by level (ISCED 2-7) and age - Males
Taux de scolarisation par niveau d'enseignement (CITE 2-7) et âge - Garçons

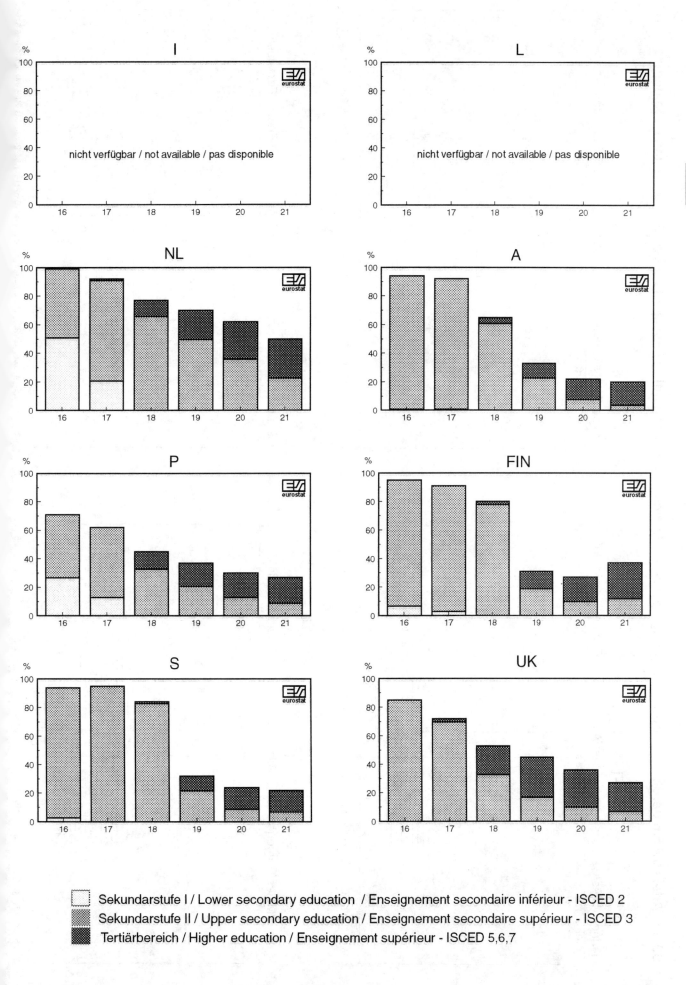

Sekundarstufe I / Lower secondary education / Enseignement secondaire inférieur - ISCED 2

Sekundarstufe II / Upper secondary education / Enseignement secondaire supérieur - ISCED 3

Tertiärbereich / Higher education / Enseignement supérieur - ISCED 5,6,7

(1) Sekundarbereich insgesamt / Total secondary / Secondaire total

B2-44 Alterspyramide:Bildungsbeteiligung / Age pyramid:Participation in education / Pyramide d'âge:Scolarisation de la population (1)

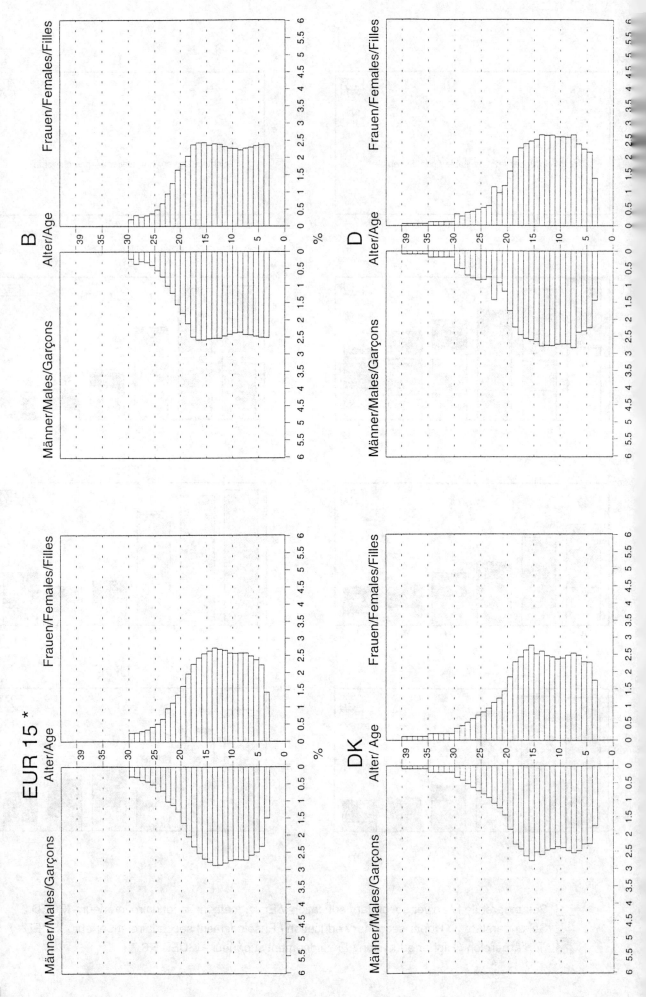

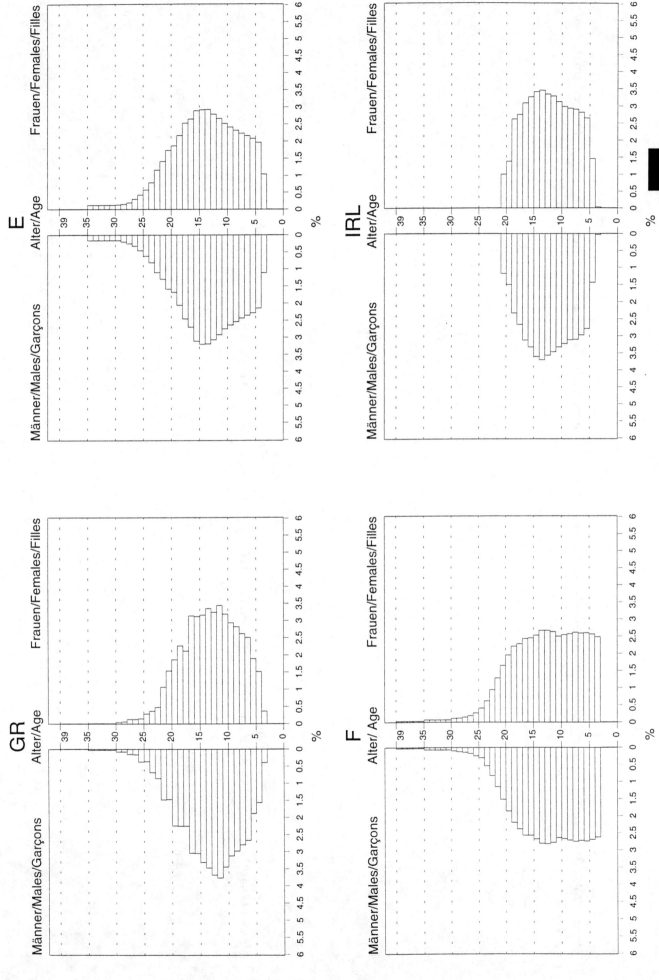

147

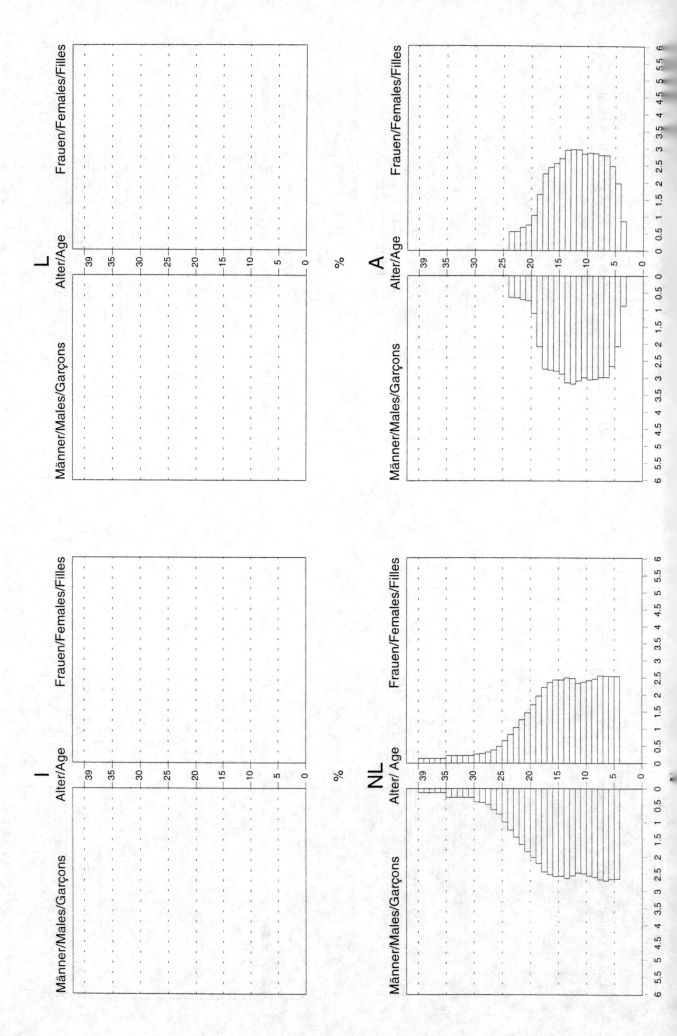

L

Alter/Age

Frauen/Females/Filles

Männer/Males/Garçons

%

I

Alter/Age

Frauen/Females/Filles

Männer/Males/Garçons

%

A

Alter/Age

Frauen/Females/Filles

Männer/Males/Garçons

NL

Alter/ Age

Frauen/Females/Filles

Männer/Males/Garçons

148

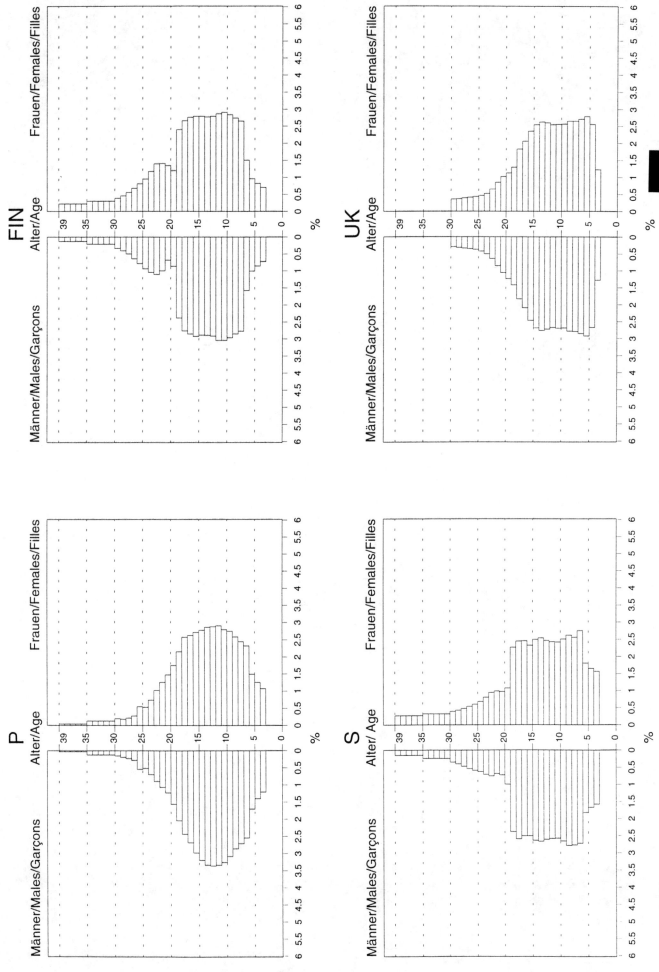

(1) Diese Alterspyramiden zeigen die Struktur der Gesamtzahl der Schüler und Studenten hinsichtlich Alter und Geschlecht auf. Die Prozentverteilung wurde unter Ausschluss der Kategorie "Alter unbekannt" errechnet.
Aus technischen Gründen konnte der Anteil der Studenten im Alter von 40 und mehr Jahren in den Alterspyramiden nicht gesondert aufgezeigt werden. Er ist der nachfolgenden Tabelle zu entnehmen.

(1) These age pyramids show the age and sex structure of the total population of all pupils and students. The percentages have been calculated after having excluded "age unknown". For the percentage of age 40 and over, which for technical reasons can not be shown in the age pyramids, please see the table below.

(1) Ces pyramides d'âge montrent la structure par âge et par sexe de l'ensemble des élèves et des étudiants. Les pourcentages ont étés calculés en excluant la catégorie "age inconnu". Pour des raisons techniques, il n'a pas été possible d'inclure les pourcentages d'étudiants âgés de plus de 40 ans. Ceux-ci sont présentés ci-après.

Bildungsbeteiligung - 40 Jahre und älter/ Scolarisation de la population - Âgée de 40 ans et plus/ Participation in education - Age 40 and over

%

	EUR 15	B(1)	DK	D	GR	E	F	IRL(2)	I	L	NL	A(3)	P	FIN	S	UK(1)
Weiblich/Females/Filles	:	3.01	0.78	-	0.05	0.13	0.18	2.18	:	:	1.08	3.43	0.18	1.42	2.61	6.30
Männlich/Males/Garçons	:	2.09	0.51	-	0.09	0.18	0.16	2.78	:	:	0.62	5.56	0.17	0.64	1.21	3.92

(1) 30 and over
(2) 21 and over
(3) 24 and over

B

B2-45

Anteil der schulpflichtigen Schüler und Studenten
an den Schülern und Studenten insgesamt
1993/94

ISCED 1-7

Enrolment in compulsory education
as a proportion of total enrolment
1993/94

ISCED 1-7

%

eurostat		EUR 15	B	DK	D	GR	E	F
Insgesamt	/ Total	56 *	69	53	71	62	46	64
Frauen	/ Females	55 *	68	53	71	62	45	63
Männer	/ Males	57 *	70	54	69	62	47	65

**Elèves et étudiants dans l'enseignement obligatoire
en proportion du nombre total d'élèves et étudiants
1993/94**

CITE 1-7

%

IRL	I	L	NL	A	P	FIN	S	UK	
62	:	:	70	70	49	56	54	60	Total
61	:	:	72	72	46	53	52	58	Filles
62	:	:	68	68	51	59	57	62	Garçons

B

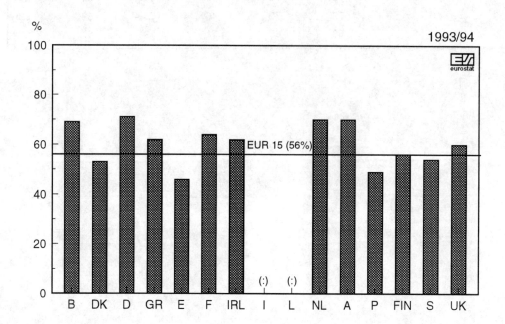

Anteil der schulpflichtigen Schüler und Studenten an den Schülern und Studenten insgesamt
Enrolment in compulsory education as a proportion of total enrolment
Elèves et étudiants dans l'enseignement obligatoire en proportion du nombre total d'élèves et d'étudiants

B2-46

Mittleres Alter (Median) der Studierenden im Tertiärbereich - ISCED 5,6,7
Median age of students in higher education - ISCED 5,6,7
Age médian des étudiants de l'enseignement supérieur - CITE 5,6,7

B

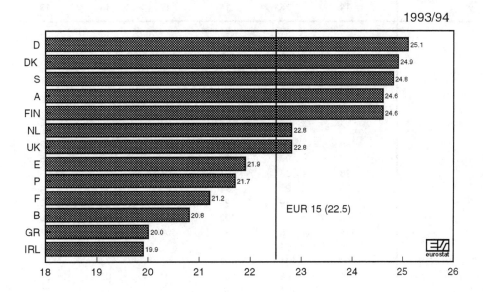

1993/94

D	25.1
DK	24.9
S	24.8
A	24.6
FIN	24.6
NL	22.8
UK	22.8
E	21.9
P	21.7
F	21.2
B	20.8
GR	20.0
IRL	19.9

EUR 15 (22.5)

z. B.   Dieser Wert bedeutet bezogen auf die deutschen Studierenden im Tertiärbereich, dass jeweils die Hälfte dieses Personenkreises jünger bzw. älter als 25.1 Jahre ist

e.g.   Of the higher education students in Germany, half are younger and half are older than 25.1 years old

p.ex.   En Allemagne, la moitié des étudiants de l'enseignement supérieur a moins de 25.1 ans et l'autre moitié a plus de 25.1 ans

◠ B2-47
Beteiligungsquoten nach Region - NUTS 1 (1)
Participation rates by region - NUTS 1 (1)
Taux de scolarisation par région - NUTS 1 (1)

Männlich und weiblich
Males and females
Garçons et filles

1993/94 %

	14	15	16	17	18	19	20	2
EUR 15	:	:	:	:	:	:	:	
BELGIQUE-BELGIE	99	100	100	100	87	72	61	4!
BRUXELLES/ BRUSSELS	:	:	:	:	:	:	:	
VLAAMS GEWEST	:	:	:	:	:	:	:	
REGION WALLONNE	:	:	:	:	:	:	:	
DANMARK	95	97	93	81	70	53	41	37
BR DEUTSCHLAND	99	98	96	93	85	65	45	32
BADEN-WÜRTTEMBERG	97	97	96	90	85	65	42	31
BAYERN	98	98	97	94	80	55	35	27
BERLIN	95	95	94	93	86	74	49	4C
BRANDENBURG	97	99	94	87	74	50	32	14
BREMEN	98	94	103	115	110	93	71	48
HAMBURG	114	98	92	106	93	77	56	51
HESSEN	99	99	97	94	84	64	43	33
MECKLENBURG-VORPOMMERN	102	101	97	87	76	55	37	18
NIEDERSACHSEN	102	98	96	91	85	69	46	32
NORDRHEIN-WESTFALEN	99	100	97	97	94	76	58	41
RHEINLAND-PFALZ	97	100	94	87	78	59	40	30
SAARLAND	98	86	112	88	82	64	47	37
SACHSEN	100	98	96	89	83	61	38	21
SACHSEN-ANHALT	97	100	95	86	77	58	34	18
SCHLESWIG-HOLSTEIN	97	96	94	92	87	70	46	31
THÜRINGEN	99	97	93	88	77	58	36	19
ELLADA	86	81	82	57	58	53	39	33
VOREIA ELLADA	:	:	:	:	:	:	:	:
KENTRIKI ELLADA	:	:	:	:	:	:	:	:
ATTIKI	:	:	:	:	:	:	:	:
NISIA	:	:	:	:	:	:	:	:
ESPANA	99	93	80	73	61	51	48	39
NOROESTE	95	96	84	80	70	56	48	40
NORESTE	101	99	90	84	72	61	55	44
MADRID	101	95	87	82	68	58	57	51
CENTRO (E)	104	91	79	72	58	49	45	37
ESTE	99	92	79	70	58	47	43	34
SUR	98	90	74	66	55	45	46	36
CANARIAS	103	99	77	73	61	50	50	38
FRANCE	99	98	96	92	84	69	54	40
ILE DE FRANCE	99	97	95	92	86	71	55	42
BASSIN PARISIEN	100	98	97	92	80	63	48	34
NORD-PAS-DE-CALAIS	99	98	96	90	82	67	52	38
EST	99	98	97	92	83	68	53	40
OUEST	100	98	98	95	89	73	57	41
SUD-OUEST	99	97	96	93	86	71	57	45
CENTRE-EST	99	98	96	92	85	69	54	39
MEDITERRANEE	100	98	94	90	81	67	55	44
DEPARTEMENTS D'OUTRE-MER	:	:	:	:	:	:	:	
IRELAND	99	96	94	84	82	51	38	
ITALIA	:	:	:	:	:	:	:	
NORD OVEST	:	:	:	:	:	:	:	
LOMBARDIA	:	:	:	:	:	:	:	
NORD EST	:	:	:	:	:	:	:	

156

%

	14	15	16	17	18	19	20	21
EMILIA-ROMAGNA	:	:	:	:	:	:	:	:
CENTRO (I)	:	:	:	:	:	:	:	:
LAZIO	:	:	:	:	:	:	:	:
ABRUZZI-MOLISE	:	:	:	:	:	:	:	:
CAMPANIA	:	:	:	:	:	:	:	:
SUD	:	:	:	:	:	:	:	:
SICILIA	:	:	:	:	:	:	:	:
SARDEGNA	:	:	:	:	:	:	:	:
LUXEMBOURG	:	:	:	:	:	:	:	:
NEDERLAND	99	99	97	91	80	67	57	46
NOORD-NEDERLAND	:	:	:	:	:	:	:	:
OOSTNEDERLAND	:	:	:	:	:	:	:	:
WESTNEDERLAND	:	:	:	:	:	:	:	:
ZUIDNEDERLAND	:	:	:	:	:	:	:	:
ÖSTERREICH	99	95	92	86	61	34	23	19
OSTÖSTERREICH	:	:	:	:	:	:	:	:
SÜDÖSTERREICH	:	:	:	:	:	:	:	:
WESTÖSTERREICH	:	:	:	:	:	:	:	:
PORTUGAL	90	85	74	67	55	44	37	31
CONTINENTE	:	:	:	:	:	:	:	:
ACORES	:	:	:	:	:	:	:	:
MADEIRA	:	:	:	:	:	:	:	:
SUOMI/FINLAND	100	100	96	92	83	37	40	46
MANNER-SUOMI	:	:	:	:	:	:	:	:
AHVENANMAAÅLAND	:	:	:	:	:	:	:	:
SVERIGE (2)	99	97	96	95	83	35	29	28
Stockholm	99	96	95	94	81	37	30	29
Östra Mellansverige	99	96	95	96	86	37	31	31
Småland med arnaö	100	97	101	100	83	32	26	23
Sydsverige	99	97	95	94	83	36	32	31
Västsverige	99	98	95	94	82	34	27	26
Norra Mellansverige	100	96	97	95	85	32	24	21
Mellersta Norrland	99	98	100	98	85	32	24	23
Övre Norrland	99	97	97	97	84	36	35	35
UNITED KINGDOM (3)	98	96	85	73	52	43	36	27
NORTH	99	94	81	71	53	44	37	27
YORKSHIRE & HUMBERSIDE	99	95	88	75	61	49	40	31
EAST MIDLANDS	97	95	78	68	52	45	36	28
EAST ANGLIA	97	93	83	70	42	32	26	18
SOUTH EAST	97	94	86	75	50	43	36	28
SOUTH WEST	98	95	84	73	48	39	33	24
WEST MIDLANDS	99	95	85	75	55	46	38	29
NORTH WEST	98	94	81	71	53	44	38	29
WALES	94	90	76	67	54	45	39	28
SCOTLAND	102	106	91	75	50	41	34	27
NORTHERN IRELAND	98	107	98	88	45	28	21	17

B

(1) Bei einigen Ländern können die aufaddierten Regionaldaten von den in Tabelle B2-23 angegebenen Gesamtzahlen abweichen, da die regionale Gliederung der Daten nicht für alle Bildungsgänge vorliegt
(2) NUTS 2
(3) Die Angaben berücksichtigen nicht die unabhängigen privaten "Youth Training" sowie die betriebliche Ausbildung in Unternehmen

(1) For some countries, the sum of the regions may differ from the national data shown in table B2-23 because data for certain types of education are not available by region
(2) NUTS 2
(3) Excludes those in independent private institutions, 'Youth Training' and apprenticeships with employers

(1) Pour certains pays, la somme des données par régions peut être différente des données nationales du tableau B2-23 car certains types d'enseignement ne sont pas disponibles par région
(2) NUTS 2
(3) Les données excluent les étudiants des écoles privées indépendantes, les 'Youth Training' ainsi que l'apprentissage au sein des entreprises

B2-48
Beteiligungsquoten nach Region - NUTS 1 (1)
Participation rates by region - NUTS 1 (1)
Taux de scolarisation par région - NUTS 1 (1)

Weiblich
Females
Filles

1993/94   %

	14	15	16	17	18	19	20	2
EUR 15	:	:	:	:	:	:	:	
BELGIQUE-BELGIE	99	100	100	100	87	74	65	4
BRUXELLES/ BRUSSELS	:	:	:	:	:	:	:	
VLAAMS GEWEST	:	:	:	:	:	:	:	
REGION WALLONNE	:	:	:	:	:	:	:	
DANMARK	98	98	94	82	71	49	38	3
BR DEUTSCHLAND	99	99	96	91	83	64	45	3
BADEN-WÜRTTEMBERG	98	97	95	88	82	62	42	3
BAYERN	98	99	96	92	74	52	35	2
BERLIN	95	95	94	94	88	78	50	4
BRANDENBURG	98	100	94	87	74	50	31	1
BREMEN	97	96	105	116	107	92	71	4
HAMBURG	115	102	94	113	94	80	57	5
HESSEN	99	99	98	93	80	59	42	3
MECKLENBURG-VORPOMMERN	102	101	97	88	80	56	35	2
NIEDERSACHSEN	103	98	96	90	84	68	47	3
NORDRHEIN-WESTFALEN	99	100	97	95	91	74	60	4
RHEINLAND-PFALZ	98	101	94	85	76	59	42	3
SAARLAND	100	88	110	84	77	62	47	3
SACHSEN	99	99	95	89	86	62	35	2
SACHSEN-ANHALT	98	100	97	86	81	58	32	2
SCHLESWIG-HOLSTEIN	97	96	94	93	86	70	47	3
THÜRINGEN	99	97	92	88	81	59	34	2
ELLADA	87	85	85	57	61	49	41	2
VOREIA ELLADA	:	:	:	:	:	:	:	
KENTRIKI ELLADA	:	:	:	:	:	:	:	
ATTIKI	:	:	:	:	:	:	:	
NISIA	:	:	:	:	:	:	:	
ESPANA	99	94	83	77	65	56	52	42
NOROESTE	94	97	85	83	73	61	54	45
NORESTE	101	99	91	87	75	66	59	47
MADRID	100	95	89	86	73	64	61	55
CENTRO (E)	103	91	84	77	63	54	51	41
ESTE	98	93	82	75	62	52	46	37
SUR	98	91	76	70	58	48	50	39
CANARIAS	101	98	79	76	67	56	57	43
FRANCE	99	98	96	92	86	72	57	43
ILE DE FRANCE	99	97	96	92	87	72	57	45
BASSIN PARISIEN	99	98	96	92	83	67	52	37
NORD-PAS-DE-CALAIS	99	98	95	90	83	70	53	39
EST	99	98	97	92	85	72	56	42
OUEST	99	98	98	96	91	77	61	44
SUD-OUEST	99	98	95	92	88	74	61	49
CENTRE-EST	99	98	96	93	88	74	59	44
MEDITERRANEE	99	97	94	90	83	71	59	47
DEPARTEMENTS D'OUTRE-MER	:	:	:	:	:	:	:	
IRELAND	99	97	97	89	89	51	36	
ITALIA	:	:	:	:	:	:	:	
NORD OVEST	:	:	:	:	:	:	:	
LOMBARDIA	:	:	:	:	:	:	:	
NORD EST	:	:	:	:	:	:	:	

	14	15	16	17	18	19	20	21
EMILIA-ROMAGNA	:	:	:	:	:	:	:	:
CENTRO (I)	:	:	:	:	:	:	:	:
LAZIO	:	:	:	:	:	:	:	:
ABRUZZI-MOLISE	:	:	:	:	:	:	:	:
CAMPANIA	:	:	:	:	:	:	:	:
SUD	:	:	:	:	:	:	:	:
SICILIA	:	:	:	:	:	:	:	:
SARDEGNA	:	:	:	:	:	:	:	:
LUXEMBOURG	:	:				:	:	:
NEDERLAND	99	99	97	89	77	63	51	40
NOORD-NEDERLAND	:	:	:	:	:	:	:	:
OOSTNEDERLAND	:	:	:	:	:	:	:	:
WESTNEDERLAND	:	:	:	:	:	:	:	:
ZUIDNEDERLAND	:	:	:	:	:	:	:	:
ÖSTERREICH	100	95	90	81	56	33	23	19
OSTÖSTERREICH	:	:	:	:	:	:	:	:
SÜDÖSTERREICH	:	:	:	:	:	:	:	:
WESTÖSTERREICH	:	:	:	:	:	:	:	:
PORTUGAL	88	85	77	72	58	48	41	35
CONTINENTE	:	:	:	:	:	:	:	:
ACORES	:	:	:	:	:	:	:	:
MADEIRA	:	:	:	:	:	:	:	:
SUOMI/FINLAND	100	100	97	92	85	44	55	56
MANNER-SUOMI	:	:	:	:	:	:	:	:
AHVENANMAAÅLAND	:	:	:	:	:	:	:	:
SVERIGE (2)	98	97	96	94	83	37	33	33
Stockholm	98	97	95	94	81	36	32	33
Östra Mellansverige	98	96	95	94	85	39	37	37
Småland med arnaö	98	97	101	99	81	34	32	31
Sydsverige	98	97	95	94	84	37	34	35
Västsverige	98	98	95	93	82	35	30	31
Norra Mellansverige	99	97	95	93	81	34	29	27
Mellersta Norrland	98	97	98	96	84	35	30	29
Övre Norrland	99	98	97	96	83	41	43	42
UNITED KINGDOM (3)	98	96	87	75	50	41	35	27
NORTH	99	95	84	74	50	40	35	26
YORKSHIRE & HUMBERSIDE	99	96	90	78	60	48	40	32
EAST MIDLANDS	97	96	79	71	50	43	36	28
EAST ANGLIA	97	94	84	71	40	30	24	18
SOUTH EAST	98	95	87	76	49	41	36	28
SOUTH WEST	98	96	86	76	46	38	33	25
WEST MIDLANDS	99	94	87	76	54	45	38	29
NORTH WEST	97	95	83	73	52	43	38	30
WALES	94	91	79	69	54	47	41	30
SCOTLAND	101	106	92	75	48	40	34	26
NORTHERN IRELAND	98	106	108	96	43	20	13	11

%

B

(1) Bei einigen Ländern können die aufaddierten Regionaldaten von den in Tabelle B2-24 angegebenen Gesamtzahlen
    abweichen, da die regionale Gliederung der Daten nicht für alle Bildungsgänge vorliegt
(2) NUTS 2
(3) Die Angaben berücksichtigen nicht die unabhängigen privaten "Youth Training" sowie die betriebliche Ausbildung in Unternehmen

(1) For some countries, the sum of the regions may differ from the national data shown in table B2-24 because data for certain types of education are
    not available by region
(2) NUTS 2
(3) Excludes those in independent private institutions, 'Youth Training' and apprenticeships with employers

(1) Pour certains pays, la somme des données par régions peut être différente des données nationales du tableau B2-24 car certains types
    d'enseignement ne sont pas disponibles par région
(2) NUTS 2
(3) Les données excluent les étudiants des écoles privées indépendantes, les 'Youth Training' ainsi que l'apprentissage au sein des entreprises

◔ B2-49

Beteiligungsquoten nach Region - NUTS 1 (1)
Participation rates by region - NUTS 1 (1)
Taux de scolarisation par région - NUTS 1 (1)

Männlich
Males
Garçons

1993/94   %

	14	15	16	17	18	19	20	2
EUR 15	:	:	:	:	:	:	:	
BELGIQUE-BELGIE	100	100	100	100	86	71	58	4
BRUXELLES/ BRUSSELS	:	:	:	:	:	:	:	
VLAAMS GEWEST	:	:	:	:	:	:	:	
REGION WALLONNE	:	:	:	:	:	:	:	
DANMARK	92	97	92	80	69	57	44	3
BR DEUTSCHLAND	99	98	97	94	87	67	44	3
BADEN-WÜRTTEMBERG	97	98	97	93	88	67	41	3
BAYERN	98	98	97	96	85	58	34	28
BERLIN	94	96	95	92	84	71	48	38
BRANDENBURG	97	99	95	88	74	51	32	11
BREMEN	99	93	102	115	112	94	71	48
HAMBURG	114	94	91	101	91	74	55	47
HESSEN	99	99	97	95	87	68	45	34
MECKLENBURG-VORPOMMERN	102	101	97	86	73	53	38	16
NIEDERSACHSEN	101	98	97	91	86	69	46	32
NORDRHEIN-WESTFALEN	99	99	98	99	97	77	56	40
RHEINLAND-PFALZ	96	100	95	89	80	59	38	29
SAARLAND	95	83	114	91	87	65	47	39
SACHSEN	101	98	97	90	81	61	41	19
SACHSEN-ANHALT	96	99	94	85	73	57	36	15
SCHLESWIG-HOLSTEIN	97	96	94	91	88	71	45	30
THÜRINGEN	99	96	93	88	74	57	39	18
ELLADA	86	78	78	57	57	56	37	37
VOREIA ELLADA	:	:	:	:	:	:	:	
KENTRIKI ELLADA	:	:	:	:	:	:	:	
ATTIKI	:	:	:	:	:	:	:	
NISIA	:	:	:	:	:	:	:	:
ESPANA	100	93	78	69	57	46	44	36
NOROESTE	97	95	82	76	66	50	42	35
NORESTE	101	99	89	81	69	57	50	42
MADRID	101	94	86	78	64	53	53	47
CENTRO (E)	104	90	75	67	53	43	39	33
ESTE	99	92	75	65	53	42	40	32
SUR	98	89	72	63	52	42	42	34
CANARIAS	105	100	76	70	56	45	43	33
FRANCE	100	98	96	92	82	66	50	37
ILE DE FRANCE	99	97	95	92	84	69	53	40
BASSIN PARISIEN	100	99	97	92	78	60	44	31
NORD-PAS-DE-CALAIS	99	98	96	90	81	65	52	38
EST	100	98	97	92	81	65	50	38
OUEST	100	98	98	95	87	70	53	37
SUD-OUEST	99	97	97	93	84	67	53	41
CENTRE-EST	99	98	96	92	83	65	49	35
MEDITERRANEE	100	98	94	90	79	64	51	41
DEPARTEMENTS D'OUTRE-MER	:	:	:	:	:	:	:	
IRELAND	98	95	91	80	75	51	40	
ITALIA	:	:	:	:	:	:	:	
NORD OVEST	:	:	:	:	:	:	:	
LOMBARDIA	:	:	:	:	:	:	:	
NORD EST	:	:	:	:	:	:	:	

160

	14	15	16	17	18	19	20	21
EMILIA-ROMAGNA	:	:	:	:	:	:	:	:
CENTRO (I)	:	:	:	:	:	:	:	:
LAZIO	:	:	:	:	:	:	:	:
ABRUZZI-MOLISE	:	:	:	:	:	:	:	:
CAMPANIA	:	:	:	:	:	:	:	:
SUD	:	:	:	:	:	:	:	:
SICILIA	:	:	:	:	:	:	:	:
SARDEGNA	:	:	:	:	:	:	:	:
LUXEMBOURG	:	:	:	:	:	:	:	:
NEDERLAND	100	99	98	92	83	72	63	51
NOORD-NEDERLAND	:	:	:	:	:	:	:	:
OOSTNEDERLAND	:	:	:	:	:	:	:	:
WESTNEDERLAND	:	:	:	:	:	:	:	:
ZUIDNEDERLAND	:	:	:	:	:	:	:	:
ÖSTERREICH	98	96	94	91	65	34	22	19
OSTÖSTERREICH	:	:	:	:	:	:	:	:
SÜDÖSTERREICH	:	:	:	:	:	:	:	:
WESTÖSTERREICH	:	:	:	:	:	:	:	:
PORTUGAL	93	85	72	62	51	40	32	28
CONTINENTE	:	:	:	:	:	:	:	:
ACORES	:	:	:	:	:	:	:	:
MADEIRA	:	:	:	:	:	:	:	:
SUOMI/FINLAND	100	99	96	91	80	31	26	37
MANNER-SUOMI	:	:	:	:	:	:	:	:
AHVENANMAAÅLAND	:	:	:	:	:	:	:	:
SVERIGE (2)	98	94	95	94	83	32	24	23
Stockholm	99	93	94	92	80	36	26	24
Östra Mellansverige	98	93	95	95	85	33	24	26
Småland med arnaö	99	95	101	99	83	28	20	16
Sydsverige	99	95	94	93	81	34	28	26
Västsverige	98	96	94	93	81	32	23	21
Norra Mellansverige	98	94	97	95	86	29	18	16
Mellersta Norrland	97	96	99	98	84	27	17	18
Övre Norrland	98	95	97	96	84	30	25	28
UNITED KINGDOM (3)	98	95	83	72	53	44	36	27
NORTH	99	94	78	68	56	47	39	27
YORKSHIRE & HUMBERSIDE	99	95	86	72	63	50	41	30
EAST MIDLANDS	97	94	77	66	54	46	36	28
EAST ANGLIA	96	92	82	68	44	34	27	18
SOUTH EAST	96	93	84	73	51	44	36	28
SOUTH WEST	98	94	82	71	49	41	33	24
WEST MIDLANDS	98	95	84	74	57	47	37	29
NORTH WEST	99	93	80	69	54	45	37	28
WALES	93	88	74	65	53	44	36	26
SCOTLAND	103	107	91	74	52	42	34	28
NORTHERN IRELAND	98	109	87	81	48	35	28	22

(1) Bei einigen Ländern können die aufaddierten Regionaldaten von den in Tabelle B2-25 angegebenen Gesamtzahlen
abweichen, da die regionale Gliederung der Daten nicht für alle Bildungsgänge vorliegt
(2) NUTS 2
(3) Die Angaben berücksichtigen nicht die unabhängigen privaten "Youth Training" sowie die betriebliche Ausbildung in Unternehmen

(1) For some countries, the sum of the regions may differ from the national data shown in table B2-25 because data for certain types of education are
not available by region
(2) NUTS 2
(3) Excludes those in independent private institutions, 'Youth Training' and apprenticeships with employers

(1) Pour certains pays, la somme des données par régions peut être différente des données nationales du tableau B2-25 car certains types
d'enseignement ne sont pas disponibles par région
(2) NUTS 2
(3) Les données excluent les étudiants des écoles privées indépendantes, les 'Youth Training' ainsi que l'apprentissage au sein des entreprises

B Schüler- und Studentenbestand
Enrolment
Effectifs

B3 nach Fachrichtungen
by field of study
par domaines d'études

B3-1
Studierende nach Fachrichtungen
Tertiärbereich - ISCED 5,6,7
1993/94

Männlich und weiblich

1000

Students by field of study
Higher education - ISCED 5,6,7
1993/94

Males and females

		EUR 15	B	DK	D	GR(1)	E	F
Insgesamt	/ Total	:	322.4	160.4	2132.2	299.0	1469.5	2083.2
Geistes- und Kunstwissensch.,Theologie	/ Humanities, Applied arts, Religion	:	32.5	31.1	322.2	12.8	141.7	:
Sozialwissenschaften (4)	/ Social science (4)	:	97.5	39.1	510.7	59.9	383.1	:
Rechtswissenschaften	/ Law	:	15.7	5.7	104.7	21.6	268.8	:
Naturwissenschaften	/ Natural science	:	8.5	6.0	142.5	15.1	89.4	:
Mathematik, Informatik	/ Mathematics, Computer science	:	10.4	6.8	117.5	13.5	75.8	:
Medizin	/ Medical science	:	43.5	17.7	217.5	32.3	111.7	:
Ingenieurwissenschaften, Architektur (5)	/ Engineering, Architecture (5)	:	53.2	24.1	451.2	50.8	240.9	:
Sonstige (6)	/ Others (6)	:	61.1	29.8	265.8	93.0	156.0	:
Fachrichtung unbekannt	/ Field of study unknown	:	-	-	-	-	2.0	:

B3-2
Studierende nach Fachrichtungen
Tertiärbereich - ISCED 5,6,7
1993/94

Weiblich

1000

Students by field of study
Higher education - ISCED 5,6,7
1993/94

Females

		EUR 15	B	DK	D	GR(1)	E	F
Insgesamt	/ Total	:	159.1	84.3	902.4	147.8	749.5	1138.3
Geistes- und Kunstwissensch.,Theologie	/ Humanities, Applied arts, Religion	:	19.1	21.3	196.9	6.5	86.8	:
Sozialwissenschaften (4)	/ Social science (4)	:	49.3	15.9	215.9	30.0	206.9	:
Rechtswissenschaften	/ Law	:	8.1	3.0	45.4	13.3	150.1	:
Naturwissenschaften	/ Natural science	:	3.3	2.5	47.0	5.6	42.3	:
Mathematik, Informatik	/ Mathematics, Computer science	:	2.4	1.8	28.1	4.4	23.4	:
Medizin	/ Medical science	:	28.3	14.5	135.5	19.5	74.9	:
Ingenieurwissenschaften, Architektur (5)	/ Engineering, Architecture (5)	:	10.3	5.4	63.1	10.6	56.5	:
Sonstige (6)	/ Others (6)	:	38.3	19.8	170.6	57.9	107.7	:
Fachrichtung unbekannt	/ Field of study unknown	:	-	-	-	-	0.9	:

B3-3
Studierende nach Fachrichtungen
Tertiärbereich - ISCED 5,6,7
1993/94

Männlich

1000

Students by field of study
Higher education - ISCED 5,6,7
1993/94

Males

		EUR 15	B	DK	D	GR(1)	E	F
Insgesamt	/ Total	:	163.2	76.1	1229.8	151.3	720.0	944.9
Geistes- und Kunstwissensch.,Theologie	/ Humanities, Applied arts, Religion	:	13.4	9.8	125.2	6.3	55.0	:
Sozialwissenschaften (4)	/ Social science (4)	:	48.2	23.2	294.8	29.9	176.2	:
Rechtswissenschaften	/ Law	:	7.6	2.7	59.3	8.3	118.7	:
Naturwissenschaften	/ Natural science	:	5.2	3.5	95.6	9.4	47.1	:
Mathematik, Informatik	/ Mathematics, Computer science	:	8.0	5.0	89.4	9.1	52.3	:
Medizin	/ Medical science	:	15.2	3.2	82.1	12.9	36.8	:
Ingenieurwissenschaften, Architektur (5)	/ Engineering, Architecture (5)	:	42.9	18.7	388.2	40.2	184.4	:
Sonstige (6)	/ Others (6)	:	22.8	10.0	95.2	35.2	48.3	:
Fachrichtung unbekannt	/ Field of study unknown	:	-	-	-	-	1.1	:

(1) 1992/93
(2) Alle Angaben unter "Fachrichtung unbekannt" beziehen sich auf die ISCED Niveaustufe 5
(3) Einige Schüler sind in mehreren Fächern eingeschrieben
(4) Einschließlich Betriebswirtschaftslehre, Kommunikationswissenschaften und Dokumentation
(5) Einschließlich Verkehrswesen, Handelsfächer sowie gewerblich-technische Fächer
(6) Einschließlich Ausbildung von Lehrkräften, Agrarwissensch. , Hauswirtschaftslehre
sowie Fächer im Dienstleistungsbereich

(1) 1992/93
(2) All data in 'Field of study unknown' refer to ISCED 5
(3) Some students are counted in more than one subject
(4) Includes Business admin., Mass communication, documentation
(5) Includes Transport, Trade, craft and industrial programmes
(6) Includes Teacher training, Agriculture, Home economics
and Service trades

1000

IRL	I(2)	L	NL	A(3)	P	FIN	S	UK	
117.6	**1770.3**	:	**532.4**	**227.4**	**276.5**	**197.4**	**234.5**	**1664.0**	**Total**
22.8	240.6	:	48.4	44.0	23.0	26.7	35.1	239.3	Lettres, Arts appliqués, Religion
27.5	443.3	:	217.2	79.6	93.0	32.4	49.9	473.8	Sciences sociales (4)
2.2	288.8	:	37.0	26.3	21.0	4.1	11.0	61.1	Droit
15.2	106.2	:	17.7	15.8	8.7	9.9	10.6	120.7	Sciences naturelles
2.5	53.2	:	8.9	17.2	11.5	12.4	12.9	98.3	Mathématiques, Informatique
4.8	163.3	:	43.9	20.6	15.9	36.5	32.0	230.4	Sciences médicales
15.8	295.6	:	61.6	37.7	50.5	44.9	41.2	270.6	Sciences de l'ingénieur, Architecture (5)
7.2	77.8	:	79.4	30.3	52.9	30.4	41.8	169.6	Autres (6)
19.6	101.3	:	18.4	-	-	-	-	-	Domaine d'études non spécifié

1000

IRL	I(2)	L	NL	A(3)	P	FIN	S	UK	
56.8	**911.8**	:	**245.7**	**107.0**	**157.2**	**104.7**	**127.9**	**832.9**	**Total**
14.4	189.0	:	:	27.2	17.0	18.7	22.3	145.1	Lettres, Arts appliqués, Religion
14.7	221.1	:	:	37.4	53.5	18.1	28.0	241.2	Sciences sociales (4)
1.1	157.7	:	:	10.9	12.5	2.0	5.8	33.7	Droit
7.7	54.8	:	:	6.1	5.2	5.0	4.8	53.6	Sciences naturelles
0.7	23.1	:	:	3.7	5.1	2.4	3.6	24.8	Mathématiques, Informatique
2.7	84.0	:	:	11.9	11.7	30.6	23.8	178.4	Sciences médicales
1.9	67.7	:	:	6.3	14.8	6.7	8.1	37.2	Sciences de l'ingénieur, Architecture (5)
4.3	50.3	:	:	18.8	37.4	21.3	31.5	119.0	Autres (6)
9.1	64.3	:	-	-	-	-	-	-	Domaine d'études non spécifié

1000

IRL	I(2)	L	NL	A(3)	P	FIN	S	UK	
60.8	**858.5**	:	**286.7**	**120.4**	**119.3**	**92.7**	**106.6**	**831.1**	**Total**
8.4	51.6	:	:	16.8	6.0	8.0	12.8	94.2	Lettres, Arts appliqués, Religion
12.8	222.3	:	:	42.2	39.5	14.3	21.9	232.7	Sciences sociales (4)
1.1	131.1	:	:	15.4	8.5	2.1	5.2	27.4	Droit
7.5	51.5	:	:	9.6	3.4	4.9	5.8	67.2	Sciences naturelles
1.8	30.1	:	:	13.5	6.4	10.0	9.3	73.6	Mathématiques, Informatique
2.1	79.3	:	:	8.7	4.3	6.0	8.2	52.0	Sciences médicales
13.9	228.0	:	:	31.3	35.7	38.2	33.1	233.4	Sciences de l'ingénieur, Architecture (5)
2.9	27.6	:	:	11.5	15.5	9.2	10.3	50.6	Autres (6)
10.4	37.1	-	-	-	-	-	-	-	Domaine d'études non spécifié

(1) 1992/93
(2) Les données relatives à la rubrique 'Domaine d'études non spécifié' correspondent au niveau CITE 5
(3) Il existe des étudiants qui sont comptés dans plus d'un domaine
(4) Administration des entreprises, Information et documentation inclues
(5) Transport, métiers de la production industrielle inclus
(6) Sciences de l'éducation , Agriculture, Enseignement ménager
    et Formation pour le secteur tertiaire inclus

B3-4

Studierende nach fachlicher Ausrichtung des Studiums
Tertiärbereich - ISCED 5,6,7
1993/94

Männlich und weiblich

Field of study choices of student
Higher education - ISCED 5,6,
1993/9

Males and female:

%

		EUR 15	B	DK	D	GR(1)	E	
Insgesamt	/ Total	100	100	100	100	100	100	
Geistes- und Kunstwissensch.,Theologie	/ Humanities, Applied arts, Religion	13 *	10	19	15	4	10	
Sozialwissenschaften (4)	/ Social science (4)	26 *	30	24	24	20	26	
Rechtswissenschaften	/ Law	9 *	5	4	5	7	18	
Naturwissenschaften	/ Natural science	6 *	3	4	7	5	6	
Mathematik, Informatik	/ Mathematics, Computer science	5 *	3	4	6	4	5	
Medizin	/ Medical science	10 *	13	11	10	11	8	
Ingenieurwissenschaften, Architektur (5)	/ Engineering, Architecture (5)	18 *	17	15	21	17	16	
Sonstige (6)	/ Others (6)	11 *	19	19	12	31	11	
Fachrichtung unbekannt	/ Field of study unknown	1 *	-	-	-	-	0	

B3-5

Studierende nach fachlicher Ausrichtung des Studiums
Tertiärbereich - ISCED 5,6,7
1993/94

Weiblich

Field of study choices of students
Higher education - ISCED 5,6,7
1993/94

Females

%

		EUR 15	B	DK	D	GR(1)	E	F
Insgesamt	/ Total	100	100	100	100	100	100	:
Geistes- und Kunstwissensch.,Theologie	/ Humanities, Applied arts, Religion	18 *	12	25	22	4	12	
Sozialwissenschaften (4)	/ Social science (4)	26 *	31	19	24	20	28	
Rechtswissenschaften	/ Law	10 *	5	4	5	9	20	
Naturwissenschaften	/ Natural science	5 *	2	3	5	4	6	
Mathematik, Informatik	/ Mathematics, Computer science	3 *	1	2	3	3	3	
Medizin	/ Medical science	14 *	18	17	15	13	10	
Ingenieurwissenschaften, Architektur (5)	/ Engineering, Architecture (5)	7 *	7	6	7	7	8	:
Sonstige (6)	/ Others (6)	16 *	24	24	19	39	14	:
Fachrichtung unbekannt	/ Field of study unknown	2 *	-	-	-	-	0	:

B3-6

Studierende nach fachlicher Ausrichtung des Studiums
Tertiärbereich - ISCED 5,6,7
1993/94

Männlich

Field of study choices of students
Higher education - ISCED 5,6,7
1993/94

Males

%

		EUR 15	B	DK	D	GR(1)	E	F
Insgesamt	/ Total	100	100	100	100	100	100	:
Geistes- und Kunstwissensch.,Theologie	/ Humanities, Applied arts, Religion	9 *	8	13	10	4	8	:
Sozialwissenschaften (4)	/ Social science (4)	26 *	30	30	24	20	24	:
Rechtswissenschaften	/ Law	9 *	5	4	5	5	16	:
Naturwissenschaften	/ Natural science	7 *	3	5	8	6	7	:
Mathematik, Informatik	/ Mathematics, Computer science	7 *	5	7	7	6	7	:
Medizin	/ Medical science	7 *	9	4	7	9	5	:
Ingenieurwissenschaften, Architektur (5)	/ Engineering, Architecture (5)	28 *	26	25	32	27	26	:
Sonstige (6)	/ Others (6)	7 *	14	13	8	23	7	:
Fachrichtung unbekannt	/ Field of study unknown	1 *	-	-	-	-	0	:

(1) 1992/93
(2) Alle Angaben unter "Fachrichtung unbekannt" beziehen sich auf die ISCED Niveaustufe 5
(3) Die Summe entspricht nicht 100% da manche Studenten mehr als einmal gezählt wurden
(4) Einschließlich Betriebswirtschaftslehre, Kommunikationswissenschaften und Dokumentation
(5) Einschließlich Verkehrswesen, Handelsfächer sowie gewerblich-technische Fächer
(6) Einschließlich Ausbildung von Lehrkräften, Agrarwissensch. , Hauswirtschaftslehre
    sowie Fächer im Dienstleistungsbereich

(1) 1992/93
(2) All data in 'Field of study unknown' refer to ISCED 5
(3) Sum is not 100% as some students are counted more than once
(4) Includes Business admin., Mass communication, documentation
(5) Includes Transport, Trade, craft and industrial programmes
(6) Includes Teacher training, Agriculture, Home economics
    and Service trades

%

B

IRL	I(2)	L	NL	A(3)	P	FIN	S	UK	
100	100	:	100	.	100	100	100	100	Total
19	14	:	9	19	8	14	15	14	Lettres, Arts appliqués, Religion
23	25	:	41	35	34	16	21	28	Sciences sociales (4)
2	16	:	7	12	8	2	5	4	Droit
13	6	:	3	7	3	5	5	7	Sciences naturelles
2	3	:	2	8	4	6	5	6	Mathématiques, Informatique
4	9	:	8	9	6	18	14	14	Sciences médicales
13	17	:	12	17	18	23	18	16	Sciences de l'ingénieur, Architecture (5)
6	4	:	15	13	19	15	18	10	Autres (6)
17	6	:	3	-	-	-	-	-	Domaine d'études non spécifié

%

IRL	I(2)	L	NL	A(3)	P	FIN	S	UK	
100	100	:	:	.	100	100	100	100	Total
25	21	:	:	25	11	18	17	17	Lettres, Arts appliqués, Religion
26	24	:	:	35	34	17	22	29	Sciences sociales (4)
2	17	:	:	10	8	2	4	4	Droit
14	6	:	:	6	3	5	4	6	Sciences naturelles
1	3	:	:	3	3	2	3	3	Mathématiques, Informatique
5	9	:	:	11	7	29	19	21	Sciences médicales
3	7	:	:	6	9	6	6	4	Sciences de l'ingénieur, Architecture (5)
8	6	:	:	18	24	20	25	14	Autres (6)
16	7	:	:	-	-	-	-	-	Domaine d'études non spécifié

%

IRL	I(2)	L	NL	A(3)	P	FIN	S	UK	
100	100	:	:	.	100	100	100	100	Total
14	6	:	:	14	5	9	12	11	Lettres, Arts appliqués, Religion
21	26	:	:	35	33	15	21	28	Sciences sociales (4)
2	15	:	:	13	7	2	5	3	Droit
12	6	:	:	8	3	5	5	8	Sciences naturelles
3	4	:	:	11	5	11	9	9	Mathématiques, Informatique
3	9	:	:	7	4	6	8	6	Sciences médicales
23	27	:	:	26	30	41	31	28	Sciences de l'ingénieur, Architecture (5)
5	3	:	:	10	13	10	10	6	Autres (6)
17	4	:	:	-	-	-	-	-	Domaine d'études non spécifié

(1) 1992/93
(2) Les données relatives à la rubrique 'Domaine d'études non spécifié' correspondent au niveau CITE 5
(3) La somme n'est pas égale à 100 car certains étudiants sont comptés dans plus d'un domaine
(4) Administration des entreprises, Information et documentation inclues
(5) Transport, métiers de la production industrielle inclus
(6) Sciences de l'éducation , Agriculture, Enseignement ménager
   et Formation pour le secteur tertiaire inclus

B3-7
Frauenanteil in den Fachrichtungen
1993/94

Tertiärbereich - ISCED 5,6,7

Proportion of female students per field of study
1993/94

Higher education - ISCED 5,6,7

%

eurostat		EUR 15	B	DK	D	GR(1)	E	F
Insgesamt	/ Total	50 *	49	53	42	49	51	55
Geistes- und Kunstwissensch.,Theologie	/ Humanities, Applied arts, Religion	63 *	59	69	61	51	61	:
Sozialwissenschaften (3)	/ Social science (3)	45 *	51	41	42	50	54	:
Rechtswissenschaften	/ Law	51 *	52	53	43	62	56	:
Naturwissenschaften	/ Natural science	42 *	39	41	33	37	47	:
Mathematik, Informatik	/ Mathematics, Computer science	28 *	23	26	24	33	31	:
Medizin	/ Medical science	63 *	65	82	62	60	67	:
Ingenieurwissenschaften, Architektur (4)	/ Engineering, Architecture (4)	18 *	19	22	14	21	23	:
Sonstige (5)	/ Others (5)	62 *	63	66	64	62	69	:

(1) 1992/93
(2) Einige Schüler sind in mehreren Fächern eingeschrieben
(3) Einschließlich Betriebswirtschaftslehre, Kommunikationswissenschaften und Dokumentation
(4) Einschließlich Verkehrswesen, Handelsfächer sowie gewerblich-technische Fächer
(5) Einschließlich Ausbildung von Lehrkräften, Agrarwissensch. , Hauswirtschaftslehre
    sowie Fächer im Dienstleistungsbereich

(1) 1992/93
(2) Some students are counted in more than one subject
(3) Includes Business admin., Mass communication, documentation
(4) Includes Transport, Trade, craft and industrial programmes
(5) Includes Teacher training, Agriculture, Home economics
    and Service trades

Pourcentage d'étudiantes par domaine d'études
1993/94

Enseignement supérieur - CITE 5,6,7

%

IRL	I	L	NL	A(2)	P	FIN	S	UK	Domaine d'études
48	52	:	46	47	57	53	55	50	Total
63	79	:	:	62	74	70	64	61	Lettres, Arts appliqués, Religion
54	50	:	:	47	57	56	56	51	Sciences sociales (3)
52	55	:	:	42	60	49	52	55	Droit
51	52	:	:	39	60	50	45	44	Sciences naturelles
27	43	:	:	22	45	20	28	25	Mathématiques, Informatique
57	51	:	:	58	73	84	74	77	Sciences médicales
12	23	:	:	17	29	15	20	14	Sciences de l'ingénieur, Architecture (4)
60	65	:	:	62	71	70	75	70	Autres (5)

(1) 1992/93
(3) Il existe des étudiants qui sont comptés dans plus d'un domaine
(3) Administration des entreprises, Information et documentation inclues
(4) Transport, métiers de la production industrielle inclus
(5) Sciences de l'éducation , Agriculture, Enseignement ménager
et Formation pour le secteur tertiaire inclus

B

B3-7

Frauenanteil in den Fachrichtungen des Tertiärbereichs (ISCED 5,6,7)
Proportion of female students in higher education (ISCED 5,6,7) per field of study
Pourcentage d'étudiantes dans l'enseignement supérieur (CITE 5,6,7) par domaine d'études

Geistes- und Kunstwissenschaften, Theologie,
Humanities, Applied arts, Religion
Lettres, Arts appliqués, Religion

Sozialwissenschaften
Social science
Sciences sociales

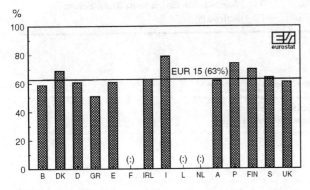
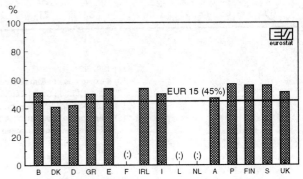

Rechtswissenschaften
Law
Droit

Naturwissenschaften
Natural science
Sciences naturelles

B

Mathematik, Informatik
Mathematics, Computer science
Mathématiques, Informatique

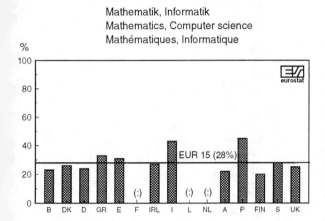

Medizin
Medical science
Sciences médicales

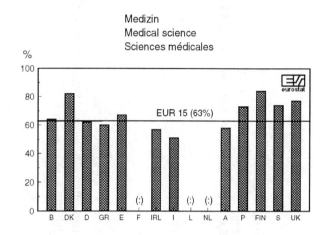

Ingenieurwissenschaften, Architektur
Engineering, Architecture
Sciences de l'ingénieur, Architecture

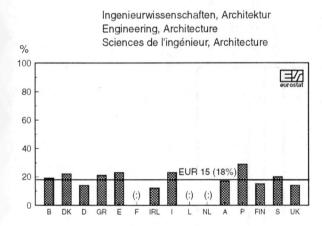

Sonstige
Others
Autres

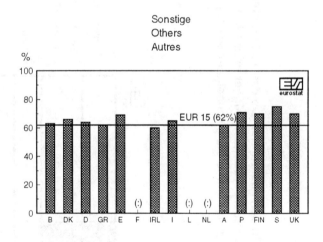

 B3-8

Frauenanteil in den Fachrichtungen des Tertiärbereichs (ISCED 5,6,7), EUR 15
Proportion of female students in higher education (ISCED 5,6,7) per field of study, EUR 15
Pourcentage d'étudiantes dans l'enseignement supérieur (CITE 5,6,7) par domaine d'études, EUR 15

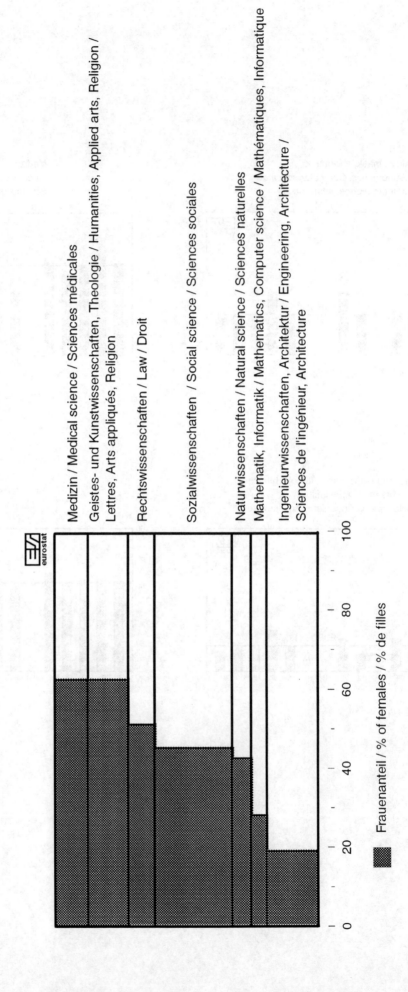

Medizin / Medical science / Sciences médicales

Geistes- und Kunstwissenschaften, Theologie / Humanities, Applied arts, Religion /
Lettres, Arts appliqués, Religion

Rechtswissenschaften / Law / Droit

Sozialwissenschaften / Social science / Sciences sociales

Naturwissenschaften / Natural science / Sciences naturelles

Mathematik, Informatik / Mathematics, Computer science / Mathématiques, Informatique

Ingenieurwissenschaften, Architektur / Engineering, Architecture /
Sciences de l'ingénieur, Architecture

Frauenanteil / % of females / % de filles

B Schüler- und Studentenbestand
Enrolment
Effectifs

B

B4 nach Beteiligung am Fremdsprachenunterricht
by foreign language learnt
par langues étrangères apprises

B4-1

Teilnehmer am Fremdsprachenunterricht
Schüler und Schülerinnen
1993/94

Primarbereich - ISCED 1

Pupils learning foreign languages
Males and females
1993/94

Primary education - ISCED 1

1000

eurostat	EUR 15	B(F)	B(VL)	DK	D	GR(2)	E	F
Spanisch / Spanish	:	-	-	-	0.2	-	.	14.3
Deutsch / German	:	2.8	-	-	.	-	x	79.0
Englisch / English	:	3.1	-	109.0	160.8	323.3	1292.4	375.6
Französisch / French	:	-	137.6	-	77.9	31.5	44.9	.
Italienisch / Italian	:	-	-	-	0.3	-	x	9.9
Andere (1) / Other (1)	:	118.6	-	-	12.7	-	4.8	9.3

B4-2

Teilnehmer am Fremdsprachenunterricht
Schüler und Schülerinnen
1993/94

Sekundarbereich, allgemeinbildend - ISCED 2+3

Pupils learning foreign languages
Males and females
1993/94

Secondary general education - ISCED 2+3

1000

eurostat	EUR 15	B(F)	B(VL)	DK	D	GR(2)	E	F
Spanisch / Spanish	:	5.6	0.6	19.4	51.5	-	.	1410.3
Deutsch / German	:	11.3	59.9	182.7	.	10.8	7.1	1311.9
Englisch / English	:	128.6	184.5	280.5	5351.7	456.4	3384.3	4408.5
Französisch / French	:	-	258.9	54.1	1319.8	316.1	294.5	.
Italienisch / Italian	:	0.6	0	1.2	14.9	-	1.4	165.1
Andere (1) / Other (1)	:	151.6	-	3.1	453.2	-	5.0	50.5

(1) Infolge einer möglichen Teilnahme derselben Schüler an mehreren
   "anderen" Sprachen können die Angaben Doppelzählungen enthalten
(2) 1992/93
(3) Nur Vollzeit

Sprachunterricht mit grösseren Teilnehmerzahlen
- Niederländisch in der französischsprachigen Gemeinschaft in
  Belgien (118.6 in ISCED 1; 151.6 in ISCED 2+3)
- Russisch in Deutschland (8,5 in ISCED 1 und 438,0 in ISCED 2+3)
  und Frankreich (21,7 in ISCED 2+3)
- Swedisch in Finnland (10,6 in ISCED 1 und 279,4 in ISCED 2+3)
- Finnisch in Finnland (13,7 in ISCED 1 und 16,9 in ISCED 2+3)
- Portugiesisch in Frankreich (8,2 in ISCED 2+3)
- Arabisch in Frankreich (6,6 in ISCED 2+3)

(1) As this refers to a number of different languages and pupils are counted
   per language taught, double-counting can occur
(2) 1992/93
(3) Full-time only

Other languages which a significant number of pupils are learning:
- Dutch in the French-speaking Community of Belgium (118.6 in ISCED 1;
  151.6 in ISCED2+3)
- Russian in Germany (8,5 in ISCED 1 and 438,0 in ISCED 2+3)
  and France (21,7 in ISCED 2+3)
- Swedish in Finland (10,6 in ISCED 1 and 279,4 in ISCED 2+3)
- Finnish in Finland (13,7 in ISCED 1 and 16,9 in ISCED 2+3)
- Portuguese in France (8,2 in ISCED 2+3)
- Arabic in France (6,6 in ISCED 2+3)

B4-1
Elèves par langues étrangères apprises
Garçons et filles
1993/94
Enseignement primaire - CITE 1

1000

IRL	I	L	NL	A(2)	P	FIN	S	UK	
-	-	:	-	-	:	-	-	:	Espagnol
-	-	:	-	.	:	13.2	-	:	Allemand
-	-	:	367.0	185.4	:	247.2	289.3	:	Anglais
-	-	:	-	0.4	:	3.7	-	:	Français
-	-	:	-	-	:	-	-	:	Italien
-	-	:	-	0.3	:	25.4	-	:	Autres (1)

B4-2
Elèves par langues étrangères apprises
Garçons et filles
1993/94
Enseignement secondaire général - CITE 2+3

1000

IRL(3)	I	L	NL	A(2)	P	FIN	S	UK	
12.7	12.0	:	-	3.3	:	x	7.6	:	Espagnol
91.8	98.6	:	518.0	.	:	98.5	145.2	:	Allemand
.	1967.5	:	692.0	409.7	:	298.4	320.6	:	Anglais
240.2	961.5	:	428.0	39.9	:	33.4	53.5	:	Français
1.5	.	:	-	11.8	:	x	1.0	:	Italien
-	20.9	:	-	3.2	:	306.0	10.6	:	Autres (1)

(1) Des double-comptes peuvent se produire puisque certains élèves peuvent
    éventuellement apprendre plusieurs langues étrangères en même temps
(2) 1992/93
(3) Plein-temps uniquement

Autres langues apprises par un nombre relativement important d'élèves:
- le néerlandais dans la Communauté francophone en Belgique (118.6
  dans CITE 1; 151.6 dans CITE 2+3)
- le russe en Allemagne (8,5 dans CITE 1 et 438,0 dans CITE 2+3)
  et en France (21,7 dans CITE 2+3)
- le suédois en Finlande (10,6 dans CITE 1 et 279,4 dans CITE 2+3)
- le finlandais en Finlande (13,7 dans CITE 1 et 16,9 dans CITE 2+3)
- le portugais en France (8,2 dans CITE 2+3)
- l'arabe en France (6,6 dans CITE 2+3)

B4-3

Teilnehmer am Fremdsprachenunterricht
Schüler und Schülerinnen
1993/94

Pupils learning foreign languages
Males and females
1993/94

Sekundarstufe I, allgemeinbildend - ISCED 2

Lower secondary general education - ISCED 2

1000

eurostat		EUR 15	B(F)	B(VL)	DK	D	GR(2)	E	F
Spanisch	/ Spanish	:	-	-	-	21.2	-	-	761.7
Deutsch	/ German	:	1.7	0.4	146.7	.	8.6	x	722.2
Englisch	/ English	:	36.6	68.9	205.3	4764.7	263.1	1743.8	2901.9
Französisch	/ French	:	.	143.3	14.9	1080.3	181.6	92.7	.
Italienisch	/ Italian	:	-	-	-	6.8	-	x	69.1
Andere (1)	/ Other (1)	:	63.7	-	-	385.3	-	4.4	17.9

B4-4

Teilnehmer am Fremdsprachenunterricht
Schüler und Schülerinnen
1993/94

Pupils learning foreign languages
Males and females
1993/94

Sekundarstufe II, allgemeinbildend - ISCED 3

Upper secondary general education - ISCED 3

1000

eurostat		EUR 15	B(F)	B(VL)	DK	D	GR(2)	E	F
Spanisch	/ Spanish	:	5.6	0.6	19.4	30.2	-	-	648.5
Deutsch	/ German	:	9.5	59.5	35.9	.	2.2	7.1	589.7
Englisch	/ English	:	92.1	115.6	75.2	587.0	193.4	1640.5	1506.6
Französisch	/ French	:	.	115.6	39.2	239.5	134.5	201.8	.
Italienisch	/ Italian	:	0.6	0	1.2	8.1	-	1.4	96.0
Andere (1)	/ Other (1)	:	87.8	-	3.1	67.9	-	0.6	32.6

B4-5

Teilnehmer am Fremdsprachenunterricht
Schüler und Schülerinnen
1993/94

Pupils learning foreign languages
Males and females
1993/94

Sekundarstufe II, beruflich - ISCED 3

Upper secondary vocational education - ISCED 3

1000

eurostat		EUR 15	B(F)	B(VL)	DK	D	GR(2)	E	F
Spanisch	/ Spanish	:	2.0	3.6	1.0	34.7	-	5.1	26.8
Deutsch	/ German	:	2.9	28.0	30.0	.	-	25.4	29.7
Englisch	/ English	:	45.9	112.6	86.0	523.2	132.3	903.5	588.5
Französisch	/ French	:	.	149.6	6.0	82.1	2.0	104.5	.
Italienisch	/ Italian	:	0.8	1.4	-	x	-	6.9	1.6
Andere (1)	/ Other (1)	:	53.7	3.8	-	20.1	-	4.8	1.9

(1) Infolge einer möglichen Teilnahme derselben Schüler an mehreren
"anderen" Sprachen können die Angaben Doppelzählungen enthalten
(2) 1992/93
(3) Nur Vollzeit

Sprachunterricht mit grösseren Teilnehmerzahlen
- Niederländisch in der französischsprachigen Gemeinschaft in
Belgien (63.7 in ISCED 2; 87.8 in ISCED 3 allg. und 53.2 in ISCED 3 beruf.
- Russisch in Deutschland (362,9 in ISCED 2 und 62,6 in ISCED 3 allg.)
und Frankreich (6,1 in ISCED 2 und 15,7 in ISCED 3 allg.)
- Schwedisch in Finnland (178,4 in ISCED 2 und 101,0 in ISCED 3 allg.)
- Finnisch in Finnland (10,7 in ISCED 2 und 6,3 in ISCED 3 allg.)
- Portugiesisch in Frankreich (3,2 in ISCED 2 und 4,9 in ISCED 3 allg.)
- Arabisch in Frankreich (3,1 in ISCED 2 und 4,7 in ISCED 3 allg.)

(1) As this refers to a number of different languages and pupils are counted
per language taught, double-counting can occur.
(2) 1992/93
(3) Full-time only

Languages with significant numbers of pupils included in 'other'
- Dutch in the French-speaking Community of Belgium (63.7 in ISCED 2;
87.8 in ISCED 3 general and 53.2 in ISCED 3 vocational)
- Russian in Germany (362,9 in ISCED 2 and 62,6 in ISCED 3 general)
and France (6,1 in ISCED 2 and 15,7 in ISCED 3 general)
- Swedish in Finland (178,4 in ISCED 2 and 101.0 in ISCED 3 general)
- Finnish in Finland (10,7 in ISCED 2 and 6,3 in ISCED 3 general)
- Portuguese in France (3,2 in ISCED 2 and 4,9 in ISCED 3 general)
- Arabic in France (3,1 in ISCED 2 and 4,7 in ISCED 3 general)

B4-3
Elèves par langues étrangères apprises
Garçons et filles
1993/94

Enseignement secondaire inférieur général - CITE 2
1000

IRL	I	L	NL	A	P	FIN	S	UK	
7.8	1.7	:	-	:	:	x	x	:	Espagnol
64.0	49.9	:	406.0	:	:	38.9	128.2	:	Allemand
-	1394.6	:	484.0	:	:	191.1	291.5	:	Anglais
157.6	790.0	:	336.0	:	:	13.7	43.9	:	Français
0.8	.	:	-	:	:	x	x	:	Italien
-	15.2	:	-	:	:	192.4	4.9	:	Autres (1)

B4-4
Elèves par langues étrangères apprises
Garçons et filles
1993/94

Enseignement secondaire supérieur général - CITE 3
1000

IRL(3)	I	L	NL	A	P	FIN	S	UK	
4.9	10.3	:	-	:	:	x	7.6	:	Espagnol
27.9	48.7	:	112.0	:	:	59.6	17.0	:	Allemand
.	573.0	:	208.0	:	:	107.3	29.1	:	Anglais
82.6	171.5	:	92.0	:	:	19.7	9.6	:	Français
0.6	.	:	-	:	:	x	1.0	:	Italien
-	5.6	:	-	:	:	113.6	5.7	:	Autres (1)

B4-5
Elèves par langues étrangères apprises
Garçons et filles
1993/94

Enseignement secondaire supérieur professionnel - CITE 3
1000

IRL(3)	I	L	NL	A	P	FIN	S	UK	
0.5	20.6	:	:	:	:	:	4.8	:	Espagnol
2.4	155.7	:	:	:	:	:	16.6	:	Allemand
.	1459.6	:	:	:	:	:	58.0	:	Anglais
3.8	751.1	:	:	:	:	:	4.2	:	Français
0.1	.	:	:	:	:	:	0.5	:	Italien
-	6.6	:	:	:	:	:	2.1	:	Autres (1)

(1) Des double-comptes peuvent se produire puisque certains élèves peuvent
    éventuellement apprendre plusieurs langues étrangères en même temps
(2) 1992/93
(3) Plein-temps uniquement

Autres langues apprises par un nombre relativement important d'élèves:
- le néerlandais dans la Communauté francophone en Belgique (63.7
  dans CITE 2; 87.8 dans CITE 3 général et 53.2 dans CITE 3 professionnel)
- le russe en Allemagne (362,9 dans CITE 2 et 62,6 dans CITE 3 général)
  et en France (6,1 dans CITE 2 et 15,7 dans CITE 3 général)
- le suédois en Finlande (178,4 dans CITE 2 et 101,0 dans CITE 3 général)
- le finlandais en Finlande (10,7 dans CITE 2 et 6,3 dans CITE 3 général)
- le portugais en France (3,2 dans CITE 2 et 4,9 dans CITE 3 général)
- l'arabe en France (3,1 dans CITE 2 et 4,7 dans CITE 3 général)

B4-6

Bevorzugte Fremdsprachen (1)	Most widely taught foreign languages (1)
Schüler und Schülerinnen	Males and females
1993/94	1993/94
Primarbereich - ISCED 1	Primary education - ISCED 1

%

		EUR 15	B(F)	B(VL)	DK	D	GR(2)	E	F
Spanisch	/ Spanish	:	-	-	-	0	-	.	0
Deutsch	/ German	:	1	-	.	.	-	x	2
Englisch	/ English	:	1	-	33	5	43	52	10
Französisch	/ French	:	.	35	-	2	4	2	.
Italienisch	/ Italian	:	-	-	-	0	-	x	0

 B4-7

Bevorzugte Fremdsprachen (1)	Most widely taught foreign languages (1)
Schüler und Schülerinnen	Males and females
1993/94	1993/94
Sekundarbereich, allgemeinbildend - ISCED 2+3	Secondary general education - ISCED 2+3

%

		EUR 15	B(F)	B(VL)	DK	D	GR(2)	E	F
Spanisch	/ Spanish	8 *	3	0	6	1	-	.	30
Deutsch	/ German	18 *	5	23	61	.	2	0	28
Englisch	/ English	88 *	60	70	94	93	64	94	95
Französisch	/ French	32 *	.	98	18	23	45	8	.
Italienisch	/ Italian	1 *	0	0	0	0	-	0	4

(1) Anteil der Schüler, die bestimmte ausgewählte Fremdsprachen erlernen
(2) 1992/93
(3) Nur Vollzeit

Sprachunterricht mit grösseren Teilnehmerzahlen
- Niederländisch in der französischsprachigen Gemeinschaft in
  Belgien (39% in ISCED 1; 70% in ISCED 2+3)
- Russisch in Deutschland (7% in ISCED 2+3)
- Swedisch in Finnland (3% in ISCED 1 und 93% in ISCED 2+3)
- Finnisch in Finnland (4% in ISCED 1 und 6% in ISCED 2+3)

(1) Percentage of pupils learning selected foreign languages
(2) 1992/93
(3) Full-time only

Other languages which a significant number of pupils are learning:
- Dutch in the French-speaking Community of Belgium (39%
  in ISCED 1; 70% in ISCED 2+3)
- Russian in Germany (7% in ISCED 2+3)
- Swedish in Finland (3% in ISCED 1 and 93% in ISCED 2+3)
- Finnish in Finland (4% in ISCED 1 and 6% in ISCED 2+3)

Les langues vivantes les plus enseignées (1)
Garçons et filles
1993/94

Enseignement primaire - CITE 1

%

IRL	I	L	NL	A(2)	P	FIN	S	UK	
-	-	:	-	-	:	-	-	:	Espagnol
-	-	:	-	.	:	3	-	:	Allemand
-	-	:	33	49	:	64	48	:	Anglais
-	-	:	-	0	:	1	-	:	Français
-	-	:	-	-	:	-	-	:	Italien

Les langues vivantes les plus enseignées (1)
Garçons et filles
1993/94

Enseignement secondaire général - CITE 2+3

%

IRL(3)	I	L	NL	A(2)	P	FIN	S	UK	
4	0	:	-	1	:	:	2	:	Espagnol
27	4	:	69	.	:	33	45	:	Allemand
.	71	:	93	96	:	99	99	:	Anglais
70	34	:	57	9	:	11	17	:	Français
0	.	:	-	3	:	:	0	:	Italien

(1) Pourcentage d'élèves apprenant certaines langues étrangères
(2) 1992/93
(3) Plein-temps uniquement

Autres langues apprises par un nombre relativement important d'élèves:
- le néerlandais dans la Communauté francophone en Belgique (39%
  dans CITE 1; 70% dans CITE 2+3)
- le russe en Allemagne (7% dans CITE 2+3)
- le suédois en Finlande (3% dans CITE 1 et 93% dans CITE 2+3)
- le finlandais en Finlande (4% dans CITE 1 et 6% dans CITE 2+3)

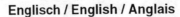 **B4-7**

Bevorzugte Fremdsprechen im Sekundarbereich, allgemeinbildend - ISCED 2+3
Most widely taught foreign languages in secondary general education - ISCED 2+3
Les langues vivantes les plus enseignées dans l'enseignement secondaire général - CITE 2+3

Englisch / English / Anglais

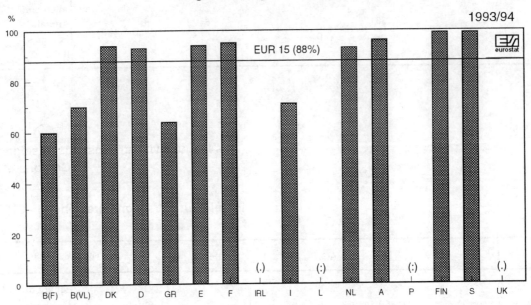

Französisch / French / Français

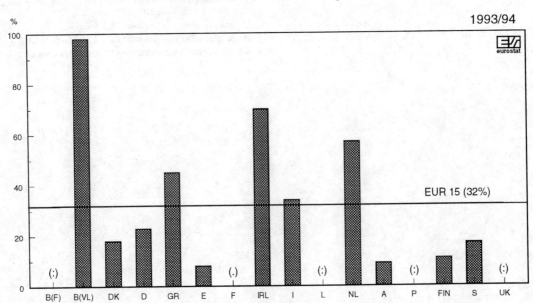

Deutsch / German / Allemand

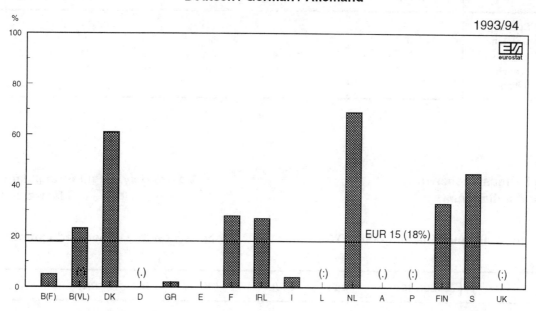

1993/94

EUR 15 (18%)

Spanisch / Spanish / Espagnol

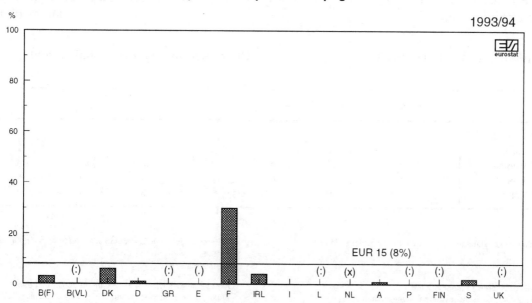

1993/94

EUR 15 (8%)

B4-8

Bevorzugte Fremdsprachen (1)
Schüler und Schülerinnen
1993/94

Sekundarstufe I, allgemeinbildend - ISCED 2

Most widely taught foreign languages (1)
Males and females
1993/94

Lower secondary general education - ISCED 2

%

eurostat	EUR 15	B(F)	B(VL)	DK	D	GR(2)	E	F
Spanisch / Spanish	6 *	-	-	0	0	-	.	24
Deutsch / German	18 *	2	0	66	.	2	x	23
Englisch / English	87 *	31	47	92	93	60	95	93
Französisch / French	33 *	.	97	7	21	42	5	.
Italienisch / Italian	1 *	-	-	-	0	-	x	2

B4-9

Bevorzugte Fremdsprachen (1)
Schüler und Schülerinnen
1993/94

Sekundarstufe II, allgemeinbildend - ISCED 3

Most widely taught foreign languages (1)
Males and females
1993/94

Upper secondary general education - ISCED 3

%

eurostat	EUR 15	B(F)	B(VL)	DK	D	GR(2)	E	F
Spanisch / Spanish	13 *	6	1	25	5	-	.	42
Deutsch / German	17 *	10	51	47	.	1	0	39
Englisch / English	88 *	92	100	99	88	44	93	99
Französisch / French	29 *	.	100	52	36	31	11	.
Italienisch / Italian	2 *	1	0	2	1	-	0	6

B4-10

Bevorzugte Fremdsprachen (1)
Schüler und Schülerinnen
1993/94

Sekundarstufe II, beruflich - ISCED 3

Most widely taught foreign languages (1)
Males and females
1993/94

Upper secondary vocational education - ISCED 3

%

eurostat	EUR 15	B(F)	B(VL)	DK	D	GR(2)	E	F
Spanisch / Spanish	:	1	2	1	2	-	0	4
Deutsch / German	:	2	12	20	.	-	2	4
Englisch / English	:	27	48	59	23	99	74	88
Französisch / French	:	.	64	4	4	1	9	.
Italienisch / Italian	:	0	1	-	x	-	1	0

(1) Anteil der Schüler, die bestimmte ausgewählte Fremdsprachen lernen
(2) 1992/93
(3) Nur Vollzeit

Sprachunterricht mit grösseren Teilnehmerzahlen
- Niederländisch in der französischsprachigen Gemeinschaft in
  Belgien (55% in ISCED 2; 88% in ISCED 3 allg. und 31% in ISCED 3 beruf.
- Russisch in Deutschland (7% in ISCED 2 und 9% in ISCED 3 allg.)
- Schwedisch in Finnland (92% in ISCED 2 und 94% in ISCED 3 allg.)
- Finnisch in Finnland (6% in ISCED 2 and 6% in ISCED 3 allg.)

(1) Percentage of pupils learning selected foreign languages
(2) 1992/93
(3) Full-time only

Other languages which a significant percentage of pupils are learning:
- Dutch in the French-speaking Community of Belgium (55% in ISCED 2;
  88% in ISCED 3 general and 31% in ISCED 3 vocational)
- Russian in Germany (7% in ISCED 2 and 9% in ISCED 3 general)
- Swedish in Finland (92% in ISCED 2 and 94% in ISCED 3 general)
- Finnish in Finland (6% in ISCED 2 and 6% in ISCED 3 general)

B4-8

Les langues vivantes les plus enseignées (1)
Garçons et filles
1993/94

Enseignement secondaire inférieur général - CITE 2
%

IRL	I	L	NL	A	P	FIN	S	UK	Langue
4	0	:	-	:	:	x	x	:	Espagnol
30	2	:	77	:	:	20	44	:	Allemand
.	70	:	92	:	:	99	99	:	Anglais
75	40	:	64	:	:	7	15	:	Français
0	.	:	-	:	:	x	x	:	Italien

B4-9

Les langues vivantes les plus enseignées (1)
Garçons et filles
1993/94

Enseignement secondaire supérieur général - CITE 3
%

IRL(3)	I	L	NL	A	P	FIN	S	UK	
4	1	:	-	:	:	x	26	:	Espagnol
21	6	:	50	:	:	55	59	:	Allemand
.	72	:	93	:	:	100	100	:	Anglais
62	22	:	41	:	:	18	34	:	Français
0	.	:	-	:	:	x	4	:	Italien

B4-10

Les langues vivantes les plus enseignées (1)
Garçons et filles
1993/94

Enseignement secondaire supérieur professionnel - CITE 3
%

IRL(3)	I	L	NL	A	P	FIN	S	UK	
2	1	:	:	:	:	:	9	:	Espagnol
10	7	:	:	:	:	:	30	:	Allemand
-	68	:	:	:	:	:	100	:	Anglais
16	35	:	:	:	:	:	8	:	Français
1	.	:	:	:	:	:	1	:	Italien

(1) Pourcentage d'élèves apprenant certaines langues étrangères
(2) 1992/93
(3) Plein-temps uniquement

Autres langues apprises par un nombre relativement important d'élèves:
- le néerlandais dans la Communauté francophone en Belgique (55%
  dans CITE 2; 88% dans CITE 3 général et 31% dans CITE 3 professionnel)
- le russe en Allemagne (7% dans CITE 2 et 9% dans CITE 3 général.)
- le suédois en Finlande (92% dans CITE 2 et 94% dans CITE 3 général.)
- le finlandais en Finlande (6% dans CITE 2 et 6% dans CITE 3 général)

**Zahl der im Durchschnitt je Schüler
unterrichteten Fremdsprachen** (1)
Schüler und Schülerinnen
1993/94

ISCED 1-3

**Average number of foreign
languages taught per pupil** (1
Males and females
1993/94

ISCED 1-3

eurostat		EUR 15	B(F)	B(VL)	DK	D	GR(2)	E	F
Primarbereich	/ Primary education	:	0.4	0.3	0.3	0.1	0.5	0.5	0.1
Sekundarstufe I, allgemeinbildend	/ Lower secondary general	1.3 *	0.9	1.4	1.6	1.2	1.0	1.0	1.4
Sekundarstufe II, allgemeinbildend	/ Upper secondary general	1.2 *	2.0	2.5	2.3	1.4	1.2	1.0	1.9
Sekundarbereich, allgemeinbildend	/ Total secondary general	1.2 *	1.4	1.9	1.8	1.2	1.1	1.0	1.6
Sekundarbereich II, beruflich	/ Upper secondary vocational	:	0.6	1.3	0.8	0.3	1.0	0.9	1.0

(1) Durchschnittliche Zahl der Fremdsprachen, die jeder Schüler zu
  einem bestimmten Zeitpunkt lernt (im Gegensatz zu der Zahl der
  während der gesamten Schulzeit gelernten Fremdsprachen)
(2) 1992/93
(3) Nur Vollzeit

(1) The average number of foreign languages being studied
  by each pupil at one point (as opposed to those
  studied throughout their schooling)
(2) 1992/93
(3) Full-time only

◁ B4-11
Nombre moyen de langues
étrangères apprises par élève (1)
Garçons et filles
1993/94

ISCED 1-3

B

IRL(3)	I	L	NL	A(2)	P	FIN	S	UK	
-	-	:	0.3	0.5	:	0.7	0.5	:	Primaire
1.1	1.1	:	2.3	:	:	2.3	1.6	:	Secondaire inférieur général
0.9	1.0	:	1.8	:	:	2.8	2.4	:	Secondaire supérieur général
1.0	1.1	:	2.2	1.1	:	2.4	1.7	:	Secondaire total général
0.3	1.1	:	:	:	:	:	1.6	:	Secondaire supérieur professionnelle

(1) Nombre moyen de langues étrangères étudiées par chaque élève
   à un moment donné (par opposition aux langues étudiées tout
   au long de leur scolarité)
(2) 1992/93
(3) Plein-temps uniquement

B4-11

Zahl der im Durchschnitt je Schüler unterrichteten Fremdsprachen im allgemeinbildenden Sekundarbereich - ISCED 2+3

Average number of foreign languages taught per pupil in total secondary general - ISCED 2+3

Nombre moyen de langues étrangères apprises par élève dans l'enseignement secondaire général - CITE 2+3

B

1993/94

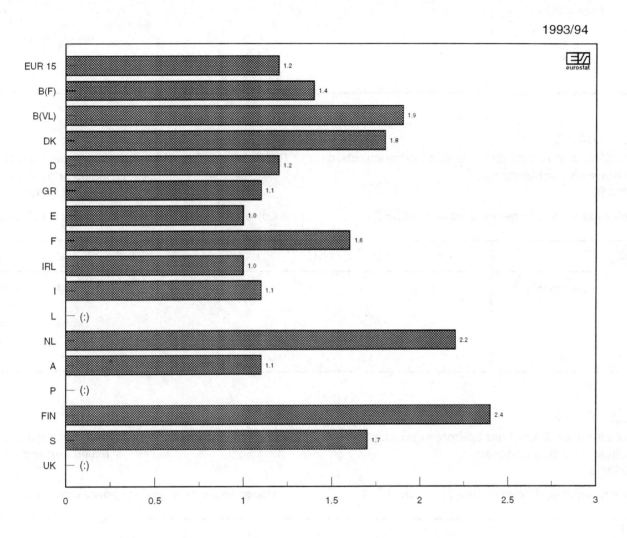

B4-12

Schüler nach Anzahl der erlernten Fremdsprachen (1)	Pupils by number of foreign languages learnt (1)
Schüler und Schülerinnen	Males and females
1993/94	1993/94
Primarbereich - ISCED 1	Primary education - ISCED 1

%

	EUR 15	B(F)	B(VL)	DK	D	GR	E	F
Insgesamt/Total	:	:	:	:	:	:	100	100
0	:	:	:	:	:	:	46	88
1	:	:	:	:	:	:	54	12
2	:	:	:	:	:	:	-	-
3	:	:	:	:	:	:	-	-

B4-13

Schüler nach Anzahl der erlernten Fremdsprachen (1)	Pupils by number of foreign languages learnt (1)
Schüler und Schülerinnen	Males and females
1993/94	1993/94
Sekundarstufe I, allgemeinbildend - ISCED 2	Lower secondary general education - ISCED 2

%

	EUR 15	B(F)	B(VL)	DK	D	GR	E	F
Insgesamt/Total	:	:	:	:	:	:	100	100
0	:	:	:	:	:	:	-	1
1	:	:	:	:	:	:	99	56
2	:	:	:	:	:	:	1	43
3	:	:	:	:	:	:	-	0

B4-14

Schüler nach Anzahl der erlernten Fremdsprachen (1)	Pupils by number of foreign languages learnt (1)
Schüler und Schülerinnen	Males and females
1993/94	1993/94
Sekundarstufe II, allgemeinbildend - ISCED 3	Upper secondary general education - ISCED 3

%

	EUR 15	B(F)	B(VL)	DK	D	GR	E	F
Insgesamt/Total	:	:	:	:	:	:	100	100
0	:	:	:	:	:	:	1	0
1	:	:	:	:	:	:	93	21
2	:	:	:	:	:	:	6	70
3	:	:	:	:	:	:	-	9

(1) Anzahl der Fremdsprachen, die jeder Schüler zu
einem bestimmten Zeitpunkt lernt (im Gegensatz zu der Zahl der
während der gesamten Schulzeit gelernten Fremdsprachen)
(3) Nur Vollzeit
(3) 2 oder mehr

(1) The number of foreign languages being studied
by each pupil at one point (as opposed to those
studied throughout their schooling)
(2) Full-time only
(3) 2 or more

B4-12

Élèves par nombre de langues étrangères apprises (1)
Garçons et filles
1993/94

Enseignement primaire - CITE 1

%

IRL	I	L	NL	A	P	FIN	S	UK	
100	-	:	:	:	:	100	100	:	Total
100	-	:	:	:	:	31	52	:	0
-	-	:	:	:	:	62	48	:	1
-	-	:	:	:	:	6	-	:	2
-	-	:	:	:	:	0	-	:	3

B4-13

Élèves par nombre de langues étrangères apprises (1)
Garçons et filles
1993/94

Enseignement secondaire inférieur général - CITE 2

%

IRL	I	L	NL	A	P	FIN	S	UK	
100	100	:	:	:	:	100	:	:	Total
12	-	:	:	:	:	1	:	:	0
66	87	:	:	:	:	7	:	:	1
21	13 (3)	:	:	:	:	62	:	:	2
0	:	:	:	:	:	30	:	:	3

B4-14

Élèves par nombre de langues étrangères apprises (1)
Garçons et filles
1993/94

Enseignement secondaire supérieur général - CITE 3

%

IRL(2)	I	L	NL	A	P	FIN	S	UK	
100	100	:	:	:	:	:	:	:	Total
21	-	:	:	:	:	:	:	:	0
72	98	:	:	:	:	:	:	:	1
7	2 (3)	:	:	:	:	:	:	:	2
0	:	:	:	:	:	:	:	:	3

(1) Nombre de langues étrangères étudiées par chaque élève
à un moment donné (par opposition aux langues étudiées tout
au long de leur scolarité)
(2) Plein-temps uniquement
(3) 2 ou plus

B Schüler- und Studentenbestand
Enrolment
Effectifs

B

B5 nach Staatsangehörigkeit
by citizenship
par nationalité

B5-1

Ausländische Studierende nach Nationalität
Tertiärbereich - ISCED 5,6,7
1993/94

Männlich und weiblich

Non-national students by citizenship
Higher education - ISCED 5,6,7
1993/94

Males and females

1000

eurostat		EUR 15	B	DK	D	GR	E(1)(4)	F(2)
Insgesamt	**/ Total**	:	**35.2**	**7.9**	**146.1**	:	**12.6**	**170.6**
Europa	**/ Europe**	:	19.7	3.2	85.1	:	5.0	37.5
EUR 15	**/ EUR 15**	:	17.9	1.6	41.6	:	4.2	28.9
Belgien	/ Belgium	:	.	0	1.0	:	0.2	1.6
Dänemark	/ Denmark	:	0.1	.	0.6	:	0	0.4
Deutschland	/ Germany	:	0.7	0.5	.	:	1.1	5.9
Griechenland	/ Greece	:	1.0	0	8.0	:	0	2.9
Spanien	/ Spain	:	1.6	0	3.8	:	.	3.3
Frankreich	/ France	:	4.6	0.1	5.5	:	1.1	.
Irland	/ Ireland	:	0.1	0	0.5	:	0.1	0.6
Italien	/ Italy	:	4.7	0.1	5.5	:	0.5	3.2
Luxemburg	/ Luxembourg	:	1.6	0	1.2	:	0	1.1
Niederlande	/ Netherlands	:	2.8	0.1	2.5	:	0.2	0.8
Österreich	/ Austria	:	0	0	6.7	:	0.1	0.3
Portugal	/ Portugal	:	0.5	0	1.2	:	0.3	3.5
Finnland	/ Finland	:	0	0.1	1.0	:	0.0	0.3
Schweden	/ Sweden	:	0.1	0.3	1.0	:	0.1	0.8
Vereinigtes Königreich	/ United Kingdom	:	0.3	0.3	3.2	:	0.5	4.2
(1) 1992/93	/ Iceland	:	0	0.4	0.3	:		0.1
Liechtenstein	/ Liechtenstein	:	0	0	0	:		0
Norwegen	/ Norway	:	0	0.7	1.2	:		0.4
Schweiz	/ Switzerland	:	0.1	0	1.8	:	0.4	0.6
Türkei	/ Turkey	:	0.7	0.2	21.0	:	0.0	1.7
Afrika	**/ Africa**	:	11.1	0.2	12.4	:	1.7	73.7
darunter: Marokko	/ of which: Morocco	:	4.1	0	3.1	:	1.2	20.3
Algerien	/ Algeria	:	0.5	0	0.3	:	0	19.5
Tunesien	/ Tunisia	:	0.3	0	0.9	:	0.1	6.0
Nordamerika	**/ North America**	:	0.5	0.3	6.0	:	1.4	5.8
darunter: USA	/ of which: United States	:	0.2	0.2	4.6	:	0.4	3.4
Kanada	/ Canada	:	0.1	0.1	5.8	:	0.1	1.1
Südamerika	**/ South America**	:	0.8	0.1	3.9	:	3.5	4.2
Asien	**/ Asia**	:	2.2	1.2	36.2	:	1.0	17.9
darunter: China	/ of which: China	:	0.7	0.1	5.8	:	0	1.5
Japan	/ Japan	:	0.1	0	1.5	:	0	1.2
Ozeanien	**/ Oceania**	:	0	0	0.3	:	0	0.2
Unbek. und staatenlos	**/ Unknown and stateless**	:	0.9	2.9	2.4	:	-	31.4

(1) 1992/93
(2) Alle Studierenden außerhalb der Hochschulen in der Kategorie 'unbekannt
   und staatenlos'
(3) Nur Vollzeit
(4) Ohne die ISCED Niveaustufe 5 (Fachschulstufe)
(5) Lediglich universitäre Einrichtungen (Hochschulbereich)
(6) Etwa die Hälfte dieser Studierenden haben eine nordische
   Staatsangehörigkeit

(1) 1992/93
(2) All ISCED 5 students (16.0) are included in 'unknown and
   stateless'
(3) Full-time only
(4) Excludes ISCED 5
(5) Data refer to university institutions only
(6) Approximately half of these students are of Nordic citizenship

Etudiants non-nationaux par nationalité
Enseignement supérieur - CITE 5,6,7
1993/94

Garçons et filles

1000

IRL(3)	I	L	NL	A(4)	P	FIN(5)	S	UK	
4.9	24.6	:	:	23.9	6.9	2.3	13.6	128.6	**Total**
2.6	15.2	:	:	18.2	1.4	1.1	7.4	57.7	**Europe**
2.5	10.2	:	:	12.2	:	0.6	4.9	48.5	**EUR 15**
0	0.2	:	:	0.1	:	0	0	1.4	Belgique
0	0.0	:	:	0	:	0	0.6	0.9	Danemark
0.4	1.6	:	:	5.1	:	0.1	0.7	9.4	Allemagne
0	6.6	:	:	0.4	:	0	0.2	8.7	Grèce
0.1	0.2	:	:	0.2	:	0	0.1	3.6	Espagne
0.2	0.7	:	:	0.3	:	0	0.2	7.9	France
.	0	:	:	0	:	0	0	9.0	Irlande
0.1	.	:	:	5.4	:	0	0.1	2.8	Italie
0	0	:	:	0.3	:	-	0	0.3	Luxembourg
0	0.1	:	:	0.1	:	0	0.2	2.0	Pays Bas
0	0.1	:	:	.	:	0	0.1	0.4	Autriche
0	0	:	:	0	:	0	0	1.0	Portugal
0	0.1	:	:	0.1	:	.	2.2	0.4	Finlande
0	0.1	:	:	0.2	:	0.2	.	0.8	Suède
1.6	0.4	:	:	0.2	:	0.1	0.4	.	Royaume Uni
0	0	:	:	0	:	0	0.3	0.2	Islande
-	0	:	:	0.1	:	-	-	0	Liechtenstein
0	0	:	:	0.1	:	0	1.0	2.1	Norvège
0	1.5	:	:	0.2	:	0	0.1	0.8	Suisse
0	-	:	:	1.3	:	0	0.1	1.3	Turquie
0.2	2.8	:	:	1.0	3.1	0.3	0.4	10.2	**Afrique**
0	0.2	:	:	0	:	0	0	0.1	dont: Maroc
-	0	:	:	0	:	0	0	0.1	Algérie
-	0.1	:	:	0.1	:	0	0	0	Tunisie
0.9	1.0	:	:	0.6	:	0.2	0.6	10.1	**Amérique du nord**
0.8	0.5	:	:	0.4	:	0.1	0.5	6.3	dont: Etats-Unis
0.1	0.3	:	:	0.1	:	0	0.1	1.8	Canada
0	1.0	:	:	0.3	1.0	0	0.4	1.7	**Amérique du sud**
1.1	4.4	:	:	3.4	:	0.7	2.7	46.6	**Asie**
0	0.1	:	:	0.6	:	0.4	0.6	2.1	dont: Chine
0	0.1	:	:	0.3	:	0	0.1	2.5	Japon
0	0.2	:	:	0	:	0	0	1.2	**Océanie**
-	0	:	:	0.3	1.4	0	1.9 (6)	0.9	**Inconnus et apatrides**

(1) 1992/93
(2) Tous les étudiants de CITE 5 (16.0) sont inclus dans la rubrique
   'inconnus et apatrides'
(3) Plein-temps uniquement
(4) CITE 5 exclue
(5) Les données se réfèrent aux établissements universitaires uniquement
(6) Environ la moitié de ces étudiants ont une nationalité d'un pays nordique

B5-2

Ausländische Studierende im Tertiärbereich (ISCED 5,6,7) nach Region - NUTS 1
Non-national students in higher education (ISCED 5,6,7) by region - NUTS 1
Etudiants non-nationaux dans l'enseignement supérieur (CITE 5,6,7) par région - NUTS 1

1993/94

Männlich und weiblich
Males and females
Garçons et filles

1000

	Insgesamt Total Total	darunter EU of which EU dont UE
EUR 15	:	:
BELGIQUE-BELGIE	35.2	17.9
BRUXELLES/ BRUSSELS	14.4	6.8
VLAAMS GEWEST	5.0	2.9
REGION WALLONNE	15.9	8.2
DANMARK	7.9	1.6
BR DEUTSCHLAND	146.1	41.0
BADEN-WÜRTTEMBURG	20.8	6.8
BAYERN	17.1	6.3
BERLIN	17.6	3.4
BAYERN	0.6	0
BREMEN	1.9	0.4
HAMBURG	5.2	1.2
HESSEN	14.2	3.4
MECKLENBURG-VORPOMMERN	0.6	0
NIEDERSACHSEN	9.0	2.3
NORDRHEIN-WESTFALEN	43.0	12.4
RHEINLAND-PFALZ	6.5	2.2
SAARLAND	2.6	1.3
SACHSEN	2.9	0.3
SACHSEN-ANHALT	0.8	0.1
SCHLESWIG-HOLSTEIN	2.4	0.7
THÜRINGEN	0.8	0.1
ELLADA	:	:
VOREIA ELLADA	:	:
KENTRIKI ELLADA	:	:
ATTIKI	:	:
NISIA	:	:
ESPANA (1) (2)	12.6	4.2
NOROESTE	2.0	0.8
NORESTE	0.8	0.2
MADRID	3.6	0.9
CENTRO (E)	1.0	0.5
ESTE	2.7	1.0
SUR	2.2	0.6
CANARIAS	0.4	0.1
FRANCE (2)	139.2	28.9
ILE DE FRANCE	:	:
BASSIN PARISIEN	:	:
NORD-PAS-DE-CALAIS	:	:
EST	:	:
OUEST	:	:
SUD-OUEST	:	:
CENTRE-EST	:	:
MEDITERRANEE	:	:
DEPARTEMENTS D'OUTRE-MER	:	:
IRELAND (3)	4.9	2.5
ITALIA (2)	22.6	:
NORD OVEST	3.8	:
LOMBARDIA	2.5	:
NORD EST	4.8	:

1000

	Insgesamt Total Total	darunter EU of which EU dont UE
EMILIA-ROMAGNA	2.0	:
LAZIO	6.4	:
CAMPANIA	0.6	:
ABRUZZI-MOLISE	0.5	:
SUD	0.9	:
SICILIA	0.6	:
SARDEGNA	0.2	:
LUXEMBOURG	:	:
NEDERLAND	:	:
NOORD-NEDERLAND	:	:
OOSTNEDERLAND	:	:
WESTNEDERLAND	:	:
ZUIDNEDERLAND	:	:
ÖSTERREICH (2)	23.9	:
OSTÖSTERREICH	14.2	:
SÜDÖSTERREICH	2.8	:
WESTÖSTERREICH	7.5	:
PORTUGAL	:	:
CONTINENTE	:	:
ACORES	:	:
MADEIRA	:	:
SUOMI/FINLAND (4)	2.3	0.3
MANNER-SUOMI	2.3	0.3
AHVENANMAAÅLAND	-	-
SVERIGE (5)	11.7	4.9
Stockholm	3.8	1.7
Östra Mellansverige	2.3	1.0
Småland med arnaö	0.5	0.2
Sydsverige	1.6	0.6
Västsverige	2.1	0.7
Norra Mellansverige	0.4	0.2
Mellersta Norrland	0.2	0.1
Övre Norrland	0.9	0.4
UNITED KINGDOM	128.6	48.5
NORTH	:	:
YORKSHIRE & HUMBERSIDE	:	:
EAST MIDLANDS	:	:
EAST ANGLIA	:	:
SOUTH EAST (UK)	:	:
SOUTH WEST (UK)	:	:
WEST MIDLANDS	:	:
NORTH WEST (UK)	:	:
WALES	:	:
SCOTLAND	:	:
NORTHERN IRELAND	:	:

(1) 1992/93
(2) Ohne die ISCED Niveaustufe 5 (Fachschulstufe)
(3) Nur Vollzeit
(4) Lediglich universitäre Einrichtungen (Hochschulbereich)
(5) NUTS 2

(1) 1992/93
(2) Excludes ISCED 5
(3) Full-time only
(4) Data refer to university institutions only
(5) NUTS 2

(1) 1992/93
(2) CITE 5 exclue
(3) Plein-temps uniquement
(4) Les données se réfèrent aux établissements universitaires uniquement
(5) NUTS 2

B5-3

Ausländische Studierende aus der EU nach Nationalität	Non-national students by EU citizenship
Tertiärbereich - ISCED 5,6,7	Higher education - ISCED 5,6,7
1993/94	1993/94
Männlich und weiblich	Males and females

%

eurostat		EUR 15	B	DK	D	GR	E(1)(2)	F(2)
EUR 15	/ EUR 15	100	100	100	100	:	100	100
Belgien	/ Belgium	3 *	.	1	2	:	5	5
Dänemark	/ Denmark	2 *	0	.	2	:	1	2
Deutschland	/ Germany	15 *	4	34		:	26	21
Griechenland	/ Greece	16 *	6	1	19	:	1	10
Spanien	/ Spain	7 *	9	3	9	:	.	11
Frankreich	/ France	12 *	26	6	13	:	28	.
Irland	/ Ireland	6 *	0	2	1	:	1	2
Italien	/ Italy	13 *	26	3	13	:	11	11
Luxemburg	/ Luxembourg	3 *	9	0	3	:	0	4
Niederlande	/ Netherlands	5 *	15	5	6	:	4	3
Österreich	/ Austria	4 *	0	2	16	:	3	1
Portugal	/ Portugal	4 *	3	1	3	:	7	12
Finnland	/ Finland	2 *	0	4	2	:	0	1
Schweden	/ Sweden	2 *	0	18	2	:	2	3
Vereinigtes Königreich	/ United Kingdom	7 *	2	21	8	:	12	15

(1) 1992/93	(1) 1992/93
(2) Ohne die ISCED Niveaustufe 5 (Fachschulstufe)	(2) Excludes ISCED 5
(3) Nur Vollzeit	(3) Full-time only
(4) Lediglich universitäre Einrichtungen (Hochschulbereich)	(4) Data refer to university institutions only

Etudiants non-nationaux par nationalité de l'UE
Enseignement supérieur - CITE 5,6,7
1993/94

Garçons et filles

%

IRL(3)	I	L	NL	A(2)	P	FIN(4)	S	UK	
100	**100**	:	:	**100**	:	**100**	**100**	**100**	**EUR 15**
2	2	:	:	0	:	1	0	3	Belgique
1	0	:	:	0	:	5	13	2	Danemark
14	15	:	:	41	:	25	14	19	Allemagne
1	65	:	:	3	:	3	3	18	Grèce
5	2	:	:	1	:	3	2	7	Espagne
9	7	:	:	2	:	5	4	16	France
.	0	:	:	0	:	1	1	19	Irlande
2	.	:	:	44	:	5	3	6	Italie
0	0	:	:	2	:	-	0	1	Luxembourg
1	1	:	:	1	:	3	3	4	Pays Bas
1	1	:	:	.	:	2	2	1	Autriche
0	0	:	:	0	:	1	1	2	Portugal
0	1	:	:	1	:	.	44	1	Finlande
1	1	:	:	1	:	38	.	2	Suède
62	4	:	:	2	:	10	9	.	Royaume Uni

(1) 1992/93
(2) CITE 5 exclue
(3) Plein-temps uniquement
(4) Les données se réfèrent aux établissements universitaires uniquement

B5-3

Ausländische Studierende im Tertiärbereich (ISCED 5,6,7) aus EU-Ländern nach Nationalität
Non-national students in higher education (ISCED 5,6,7) by EU citizenship
Etudiants non-nationaux dans l'enseignement supérieur (CITE 5,6,7) par nationalité de l' UE

1993/94

EUR 15

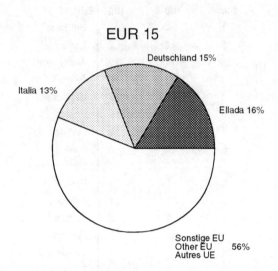

Deutschland 15%
Italia 13%
Ellada 16%
Sonstige EU Other EU Autres UE 56%

B

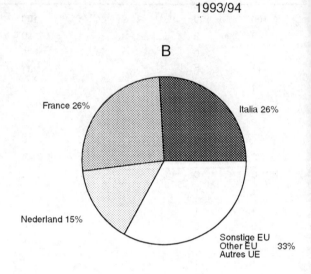

France 26%
Italia 26%
Nederland 15%
Sonstige EU Other EU Autres UE 33%

DK

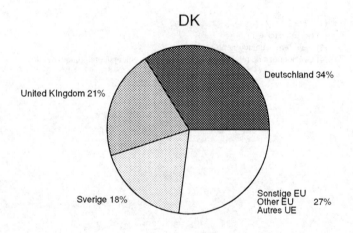

Deutschland 34%
United Kingdom 21%
Sverige 18%
Sonstige EU Other EU Autres UE 27%

D

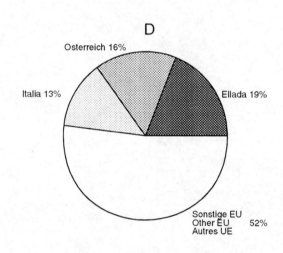

Osterreich 16%
Italia 13%
Ellada 19%
Sonstige EU Other EU Autres UE 52%

E

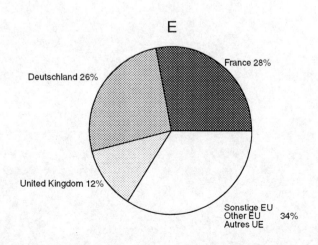

France 28%
Deutschland 26%
United Kingdom 12%
Sonstige EU Other EU Autres UE 34%

F

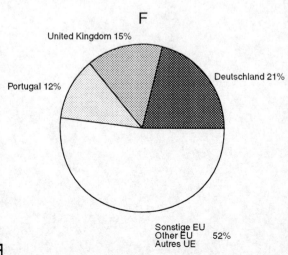

United Kingdom 15%
Portugal 12%
Deutschland 21%
Sonstige EU Other EU Autres UE 52%

eurostat

IRL

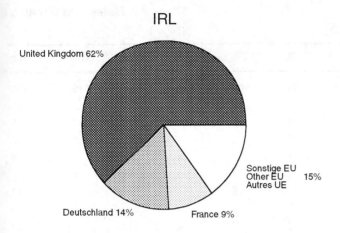

United Kingdom 62%

Sonstige EU
Other EU   15%
Autres UE

Deutschland 14%   France 9%

I

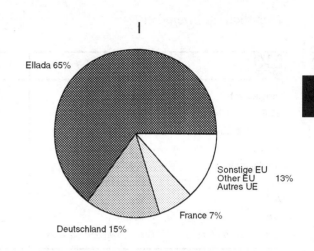

Ellada 65%

Sonstige EU
Other EU   13%
Autres UE

France 7%

Deutschland 15%

A

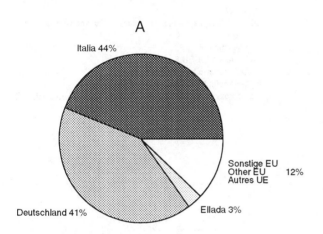

Italia 44%

Sonstige EU
Other EU   12%
Autres UE

Deutschland 41%   Ellada 3%

FIN

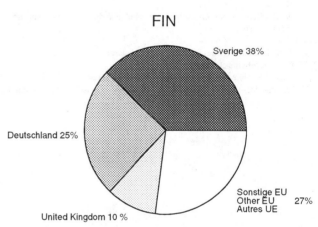

Sverige 38%

Deutschland 25%

Sonstige EU
Other EU   27%
Autres UE

United Kingdom 10 %

S

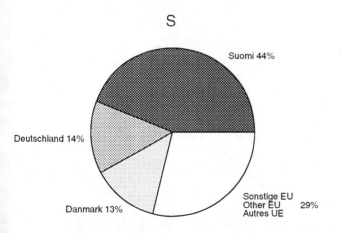

Suomi 44%

Deutschland 14%

Sonstige EU
Other EU   29%
Autres UE

Danmark 13%

UK

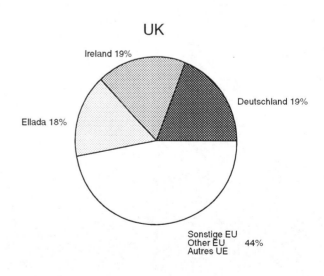

Ireland 19%

Deutschland 19%

Ellada 18%

Sonstige EU
Other EU   44%
Autres UE

B5-4

Ausländische Studierende nach Nationalität	**Non-national students by citizenship**
Tertiärbereich - ISCED 5,6,7	Higher education - ISCED 5,6,7
1993/94	1993/94
Männlich und weiblich	**Males and females**

%

		EUR 15	B	DK	D	GR	E(1)(4)	F(2)
Insgesamt	**/ Total**	**100**	**100**	**100**	**100**	:	**100**	**100**
EUR 15	/ EUR 15	30 *	51	20	28	:	33	17
Sonstiges Europa	/ Rest of Europe	14 *	5	20	30	:	7	5
Afrika	/ Africa	20 *	32	2	9	:	14	43
Nordamerika	/ North America	5 *	1	4	4	:	11	3
Südamerika	/ South America	3 *	2	1	3	:	27	2
Asien	/ Asia	21 *	6	15	25	:	8	11
Ozeanien	/ Oceania	0 *	0	0	0	:	0	0
Unbek. u. staatenlos	/ Unknown and stateless	7 *	2	37	2	:	-	18

(1) 1992/93	(1) 1992/93
(2) Alle Studierenden außerhalb der Hochschulen in der Kategorie 'unbekannt und staatenlos'	(2) All ISCED 5 students are included in 'unknown and stateless'
(3) Nur Vollzeit	(3) Full-time only
(4) Ohne die ISCED Niveaustufe 5 (Fachschulstufe)	(4) Excludes ISCED 5
(5) Daten beziehen sich auf Europa insgesamt	(5) Data refer to total Europe
(6) Lediglich universitäre Einrichtungen (Hochschulbereich)	(6) Data refer to university institutions only
(7) Etwa die Hälfte dieser Studierenden haben eine nordische Staatsangehörigkeit	(7) Approximately half of these students are of Nordic citizenship

%

IRL(3)	I	L	NL	A(4)	P	FIN(6)	S	UK	
100	100	:	:	100	100	100	100	100	Total
52	42	:	:	51	21 (5)	24	36	38	EUR 15
2	20	:	:	25	:	22	18	7	Reste de l'Europe
5	11	:	:	4	45	13	3	8	Afrique
18	4	:	:	3	:	6	5	8	Amérique du nord
0	4	:	:	1	14	2	3	1	Amérique du sud
23	18	:	:	14	:	30	20	36	Asie
1	1	:	:	0	:	0	0	1	Océanie
-	0	:	:	1	20	2	14 (7)	1	Inconnus et apatrides

B

(1) 1992/93
(2) Tous les étudiants de CITE 5 (16.0) sont inclus dans la rubrique
    'inconnus et apatrides'
(3) Plein-temps uniquement
(4) CITE 5 exclue
(5) Les données se réfèrent à l'Europe total
(6) Les données se réfèrent aux établissements universitaires uniquement
(7) Environ la moitié de ces étudiants ont une nationalité d'un pays nordique

B5-4

Ausländische Studierende im Tertiärbereich (ISCED 5,6,7) nach Nationalität
Non-national students in higher education (ISCED 5,6,7) by citizenship
Etudiants non-nationaux dans l'enseignement supérieur (CITE 5,6,7) par nationalité

B

EUR 15   1993/94

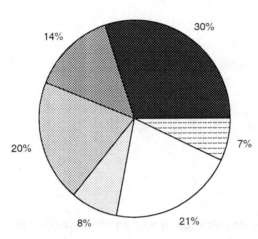

■ EUR 15	Nord-und Südamerika North and South America Amerique du nord et sud
Sonstiges Europa Rest of Europe Reste de l'Europe	Asien Asia Asie
Afrika Africa Afrique	Unbekannt und staatenlos Unknown and stateless Inconnus et apatrides

B5-5

Ausländeranteil der Studierenden insgesamt	Non-nationals as a percentage of total student population
Tertiärbereich - ISCED 5,6,7	Higher education - ISCED 5,6,7
1993/94	1993/94
Männlich und weiblich	Males and females

%

		EUR 15	B	DK	D	GR	E(1)(2)	F(2)
Insgesamt	/ Total	5.3 *	10.9	4.6	6.9	:	0.9	9.5
EU	/ EU	1.7 *	5.6	0.9	2.0	:	0.3	1.8
Nicht-EU	/ Non-EU	3.7 *	5.4	3.7	4.9	:	0.6	7.8

(1) 1992/93	(1) 1992/93
(2) Ohne die ISCED Niveaustufe 5 (Fachschulstufe)	(2) Excludes ISCED 5
(3) Nur Vollzeit	(3) Full-time only
(4) Lediglich universitäre Einrichtungen (Hochschulbereich)	(4) Data refer to university institutions only

B5-5

Anteil der Ausländer mit EU-Staatsangehörigkeit an den Studierenden im Tertiärbereich - ISCED 5,6,7
EU non-nationals as a percentage of total student population in higher education - ISCED 5,6,7
Non-nationaux de l' UE en pourcentage du total d'étudiants dans l'enseignement supérieur - CITE 5,6,7

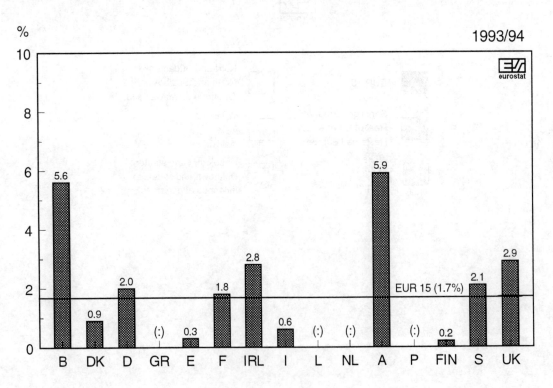

Non-nationaux en pourcentage du nombre total d'étudiants
Enseignement supérieur - CITE 5,6,7
1993/94

Garçons et filles

%

IRL(3)	I	L	NL	A(2)	P	FIN(4)	S	UK	
5.3	1.4	:	:	11.5	2.5	1.2	5.8	7.7	Total
2.8	0.6	:	:	5.9	:	0.2	2.1	2.9	UE
2.6	0.8	:	:	5.6	:	0.9	3.7	4.8	Non-UE

B

(1) 1992/93
(2) CITE 5 exclue
(3) Plein-temps uniquement
(4) Les données se réfèrent aux établissements universitaires uniquement

B5-5

Anteil der Ausländer mit Nicht-EU-Staatsangehörigkeit an den Studierenden im Tertiärbereich - ISCED 5,6,7
Non-EU citizens as a percentage of total student population in higher education - ISCED 5,6,7
Non-UE citoyens en pourcentage du total d'étudiants dans l'enseignement supérieur - CITE 5,6,7

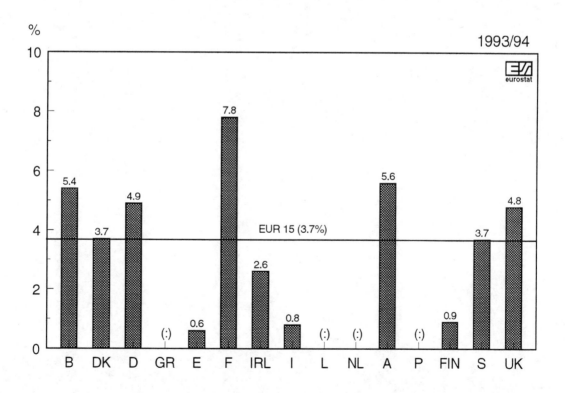

B5-6

Anteil der im EU-Ausland Studierenden im Tertiärbereich - ISCED 5,6,7 (1)
Share of students in higher education enrolled in other EU countries - ISCED 5,6,7 (1)
Pourcentage d'étudiants dans l'enseignement supérieur inscrits dans d'autres pays de l'UE - CITE 5,6,7 (1)

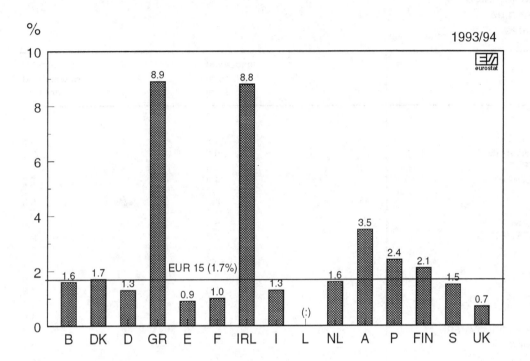

z.B. 8.9% der griechischen Studierenden in der EU studierten außerhalb Griechenlands
e.g. 8.9% of Greek students in the EU were studying outside Greece
p. ex. 8.9% des étudiants grecs dans l'UE étudiaient en dehors de la Grèce

(1) Die Angaben für die einzelnen Mitgliedstaaten sind stets etwas zu niedrig, da bestimmte Länder nicht in der Lage waren, alle bei ihnen studierenden Ausländer zu berücksichtigen (siehe Fussnoten zu Tabelle B5-1)
(1) Data for each Member State are all slightly underestimated as certain countries are unable to provide complete coverage of all non-national students studying in their country (see footnotes to table B5-1)
(1) Les données pour chaque Etat membre sont légèrement sous-estimées car certains pays n'ont pas été en mesure de fournir le pays d'origine pour tous les étudiants non-nationaux (voir note en bas du tableau B5-1)

◁ B5-7

Anteil der ausländischen Studierenden an den Studierenden im Tertiärbereich (ISCED 5,6,7) nach
Region - NUTS 1
Non-national students as a percentage of all students in higher education (ISCED 5,6,7) by region - NUTS
Pourcentage de non-nationaux parmi l'ensemble des étudiants de l'enseignement supérieur (CITE 5,6,7)
par région - NUTS 1
1993/94

Männlich und weiblich
Males and females
Garçons et filles   %

	Insgesamt Total Total	von denen EU of which EU dont UE
EUR 15	:	:
BELGIQUE-BELGIE	10.9	5.5
BRUXELLES/ BRUSSELS	19.5	9.2
VLAAMS GEWEST	3.5	2.0
REGION WALLONNE	14.9	7.7
DANMARK	4.6	0.9
BR DEUTSCHLAND	6.9	1.9
BADEN-WÜRTTEMBURG	7.8	2.5
BAYERN	5.5	2.1
BERLIN	10.7	2.1
BRANDENBURG	3.1	0
BREMEN	7.0	1.3
HAMBURG	7.2	1.6
HESSEN	8.2	1.9
MECKLENBURG-VORPOMMERN	3.3	0
NIEDERSACHSEN	4.9	1.2
NORDRHEIN-WESTFALEN	7.4	2.1
RHEINLAND-PFALZ	6.6	2.3
SAARLAND	8.5	4.3
SACHSEN	4.2	0.4
SACHSEN-ANHALT	3.0	0.3
SCHLESWIG-HOLSTEIN	4.2	1.3
THÜRINGEN	3.0	0.4
ELLADA		
VOREIA ELLADA	:	:
KENTRIKI ELLADA	:	:
ATTIKI	:	:
NISIA	:	:
ESPANA (1) (2)	0.9	0.3
NOROESTE	1.5	0.6
NORESTE	0.5	0.1
MADRID	1.4	0.4
CENTRO (E)	0.7	0.4
ESTE	0.8	0.3
SUR	0.9	0.3
CANARIAS	0.9	0.3
FRANCE (2)	9.5	1.8
ILE DE FRANCE	:	:
BASSIN PARISIEN	:	:
NORD-PAS-DE-CALAIS	:	:
EST	:	:
OUEST	:	:
SUD-OUEST	:	:
CENTRE-EST	:	:
MEDITERRANEE	:	:
DEPARTEMENTS D'OUTRE-MER	:	:
IRELAND (3)	5.3	2.8
ITALIA (2)	1.4	:
NORD OVEST	2.7	:
LOMBARDIA	1.1	:
NORD EST	3.2	:

%

	Insgesamt Total Total	von denen EU of which EU dont UE
EMILIA-ROMAGNA	1.4	:
CENTRO (I)	5.3	:
LAZIO	2.6	:
CAMPANIA	1.3	:
ABRUZZI-MOLISE	1.4	:
SUD	0.6	:
SICILIA	0.4	:
SARDEGNA	0.5	:
LUXEMBOURG	:	:
NEDERLAND	:	:
NOORD-NEDERLAND	:	:
OOSTNEDERLAND	:	:
WESTNEDERLAND	:	:
ZUIDNEDERLAND	:	:
ÖSTERREICH (2)	11.5	5.9
OSTÖSTERREICH	11.4	:
SÜDÖSTERREICH	6.3	:
WESTÖSTERREICH	15.2	:
PORTUGAL	2.5	:
CONTINENTE	:	:
ACORES	:	:
MADEIRA	:	:
SUOMI/FINLAND (4)	1.2	0.2
MANNER-SUOMI	1.2	0.2
AHVENANMAAÅLAND	-	-
SVERIGE (5)	5.0	2.1
Stockholm	7.6	3.4
Östra Mellansverige	4.7	2.0
Småland med arnaö	3.5	1.4
Sydsverige	4.5	1.8
Västsverige	4.7	1.7
Norra Mellansverige	2.7	1.3
Mellersta Norrland	2.9	1.2
Övre Norrland	4.1	2.0
UNITED KINGDOM	7.7	2.9
NORTH	:	:
YORKSHIRE & HUMBERSIDE	:	:
EAST MIDLANDS	:	:
EAST ANGLIA	:	:
SOUTH EAST (UK)	:	:
SOUTH WEST (UK)	:	:
WEST MIDLANDS	:	:
NORTH WEST (UK)	:	:
WALES	:	:
SCOTLAND	:	:
NORTHERN IRELAND	:	:

B

(1) 1992/93
(2) Ohne die ISCED Niveaustufe 5 (Fachschulstufe)
(3) Nur Vollzeit
(4) Lediglich universitäre Einrichtungen (Hochschulbereich)
(5) NUTS 2

(1) 1992/93
(2) Excludes ISCED 5
(3) Full-time only
(4) Data refer to university institutions only
(5) NUTS 2

(1) 1992/93
(2) CITE 5 exclue
(3) Plein-temps uniquement
(4) Les données se réfèrent aux établissements universitaires uniquement
(5) NUTS 2

C Studienanfänger im Tertiärbereich
New entrants to higher education
Nouveaux inscrits dans l'enseignement supérieur

C

C1 nach Alter
by age
par âge

C1-1

Studienanfänger nach Alter
Tertiärbereich - ISCED 5,6
1993/94

Männlich und weiblich

New entrants by age
Higher education - ISCED 5,6
1993/94

Males and females

1000

	EUR 15	B	DK	D	GR	E(3)	F
Insgesamt / Total	:	107.8	34.6	401.0	42.1	324.7	479.1
17 und jünger / 17 and under	:	:	0	0.2	-	:	16.5
18	:	:	0.1	5.8	24.9	:	162.6
19	:	:	1.6	31.8	9.9	:	127.5
20	:	:	4.2	47.2	3.2	:	94.5
21	:	:	5.3	38.6	0.8	:	44.7
22	:	:	4.5	27.2	0.6	:	15.6
23	:	:	3.3	20.0	0.5	:	5.4
24	:	:	2.6	14.5	0.4	:	1.8
25	:	:	2.2	10.5	0.3	:	1.9
26	:	:	1.7	7.5	0.2	:	0.9
27	:	:	1.4	5.5	0.2	:	0.7
28	:	:	1.1	4.1	0.2	:	0.6
29	:	:	0.8	3.5	0.1	:	0.6
30-34	:	:	2.6	9.2	0.3 (2)	:	2.8
35-39	:	:	1.5	5.0	:	:	1.1
40 und älter / 40 and over	:	:	1.7	-	:	:	1.3
Alter unbekannt / age unknown	:	:	-	170.4 (1)	0.5	:	0.5

(1) Hiervon entfallen 126.3 Studienanfänger auf die ISCED Niveaustufe 5
(2) 30 und älter
(3) Einschliesslich von Wiedereintritten auf demselben Niveau; IRL - einschl. ISCED Niv. 7
(4) Nur Vollzeit. Altersgliederung anhand von Stichprobenergebnissen geschätzt
(5) Ohne die ISCED Niveaustufe 5 (Fachschulreife)

(1) 126.3 of this figure refers to ISCED 5
(2) 30 and over
(3) Includes re-entrants; For IRL ISCED 7 is also included
(4) Full-time only. Age breakdown is estimated using survey data
(5) Data refer to ISCED 5

1000

IRL(3)(4)	I(3)	L	NL	A	P	FIN(3)	S	UK	
30.5	466.7	:	68.5	34.9	66.3	44.2	61.7	525.5	Total
5.7	:	:	3.5	0 *	:	:	0	13.3	17 et moins
15.3	:	:	10.9	5.1 *	:	:	0.9	133.5	18
6.8	:	:	13.6	7.4 *	:	:	11.5	81.7	19
1.3	:	:	11.2	4.7 *	:	:	10.7	40.6	20
0.4	:	:	7.1	2.6 *	:	:	7.5	28.9	21
0.2	:	:	3.8	1.6 *	:	:	5.3	24.4	22
0.1	:	:	2.5	1.1 *	:	:	3.8	20.2	23
0.1	:	:	1.8	1.0 *	:	:	2.8	17.6	24
0.1	:	:	1.4	0.7 *	:	:	2.3	17.0	25
0	:	:	1.3	0.5 *	:	:	1.9	16.0	26
0	:	:	1.1	0.4 *	:	:	1.6	15.0	27
0	:	:	1.1	0.3 *	:	:	1.3	14.4	28
0	:	:	1.1	0.2 *	:	:	1.1	13.1	29
0.3 (2)	:	:	4.7	0.6 *	:	:	3.7	89.8 (2)	30-34
:	:	:	1.8	0.3 *	:	:	2.7	:	35-39
:	:	:	1.6	0.4 *	:	:	4.6	:	40 et plus
0.1	:	:	-	8.0 (5)	:	:	-	-	âge inconnu

(1) Parmi eux, 126.3 correspondent au Niveau CITE 5
(2) 30 et plus
(3) Inclut les réinscriptions. Pour IRL, CITE 7 est également incluse
(4) Plein-temps uniquement. La ventilation par âge est estimée à partir de données d'enquête
(5) Les données se réfèrent au niveau CITE 5

C1-2

Studienanfänger nach Alter
Tertiärbereich - ISCED 5,6
1993/94

Weiblich

New entrants by age
Higher education - ISCED 5,6
1993/94

Females

1000

eurostat	EUR 15	B	DK	D	GR	E(2)	F
Insgesamt / Total	:	:	17.7	190.5	:	164.1	257.0
17 und jünger / 17 and under	:	:	-	0.1	:	:	9.7
18	:	:	0.1	3.9	:	:	94.4
19	:	:	0.8	22.5	:	:	65.7
20	:	:	2.3	24.4	:	:	48.2
21	:	:	2.9	13.1	:	:	21.9
22	:	:	2.3	9.0	:	:	7.7
23	:	:	1.7	6.6	:	:	2.7
24	:	:	1.3	4.7	:	:	0.9
25	:	:	1.0	3.7	:	:	0.9
26	:	:	0.8	2.9	:	:	0.5
27	:	:	0.6	2.3	:	:	0.4
28	:	:	0.5	1.8	:	:	0.4
29	:	:	0.4	1.5	:	:	0.3
30-34	:	:	1.3	3.7	:	:	1.7
35-39	:	:	0.9	2.5	:	:	0.7
40 und älter / 40 and over	:	:	1.1	-	:	:	0.8
Alter unbekannt / age unknown	:	:	-	87.7 (1)	:	:	0.2

C1-3

Studienanfänger nach Alter
Tertiärbereich - ISCED 5,6
1993/94

Männlich

New entrants by age
Higher education - ISCED 5,6
1993/94

Males

1000

eurostat	EUR 15	B	DK	D	GR	E(2)	F
Insgesamt / Total	:	:	16.8	210.6	:	160.6	222.2
17 und jünger / 17 and under	:	:	0	0.1	:	:	6.9
18	:	:	0.1	1.9	:	:	68.3
19	:	:	0.8	9.3	:	:	61.7
20	:	:	1.9	22.8	:	:	46.3
21	:	:	2.3	25.5	:	:	22.8
22	:	:	2.2	18.2	:	:	7.8
23	:	:	1.6	13.4	:	:	2.8
24	:	:	1.3	9.9	:	:	0.9
25	:	:	1.2	6.8	:	:	1.0
26	:	:	0.9	4.5	:	:	0.4
27	:	:	0.8	3.1	:	:	0.3
28	:	:	0.6	2.3	:	:	0.3
29	:	:	0.5	2.0	:	:	0.2
30-34	:	:	1.3	5.5	:	:	1.1
35-39	:	:	0.6	2.5	:	:	0.4
40 und älter / 40 and over	:	:	0.7	-	:	:	0.5
Alter unbekannt / age unknown	:	:	-	82.7 (1)	:	:	0.4

(1) Hiervon entfallen 67.5 Studienanfängerinnen und 58.8 Studienanfänger
auf die ISCED Niveaustufe 5
(2) Einschliesslich von Wiedereintritten auf demselben Niveau; IRL - einschl. ISCED Niv. 7
(3) Nur Vollzeit. Altersgliederung anhand von Stichprobenergebnissen geschätzt
(4) 30 und älter
(5) Ohne die ISCED Niveaustufe 5 (Fachschulreife)

(1) 67.5 (females) and 58.8 (males) of this figure refers to ISCED 5
(2) Includes re-entrants; For IRL ISCED 7 is also included
(3) Full-time only. Age breakdown is estimated using survey data
(4) 30 and over
(5) Data refer to ISCED 5

Nouveaux inscrits par âge
Enseignement supérieur - CITE 5,6
1993/94

Filles

1000

IRL(2)(3)	I(2)	L	NL	A	P	FIN(2)	S	UK	
14.5	250.3	:	34.8	19.2	:	24.8	34.1	265.0	Total
2.9	:	:	2.3	0 *	:	:	0	7.0	17 et moins
7.4	:	:	6.7	3.2 *	:	:	0.6	65.0	18
3.0	:	:	7.1	4.0 *	:	:	6.1	38.7	19
0.6	:	:	5.0	2.1 *	:	:	6.6	19.4	20
0.1	:	:	2.8	1.1 *	:	:	4.1	14.3	21
0.1	:	:	1.6	0.8 *	:	:	2.6	12.7	22
0	:	:	1.0	0.6 *	:	:	1.9	11.2	23
0	:	:	0.8	0.4 *	:	:	1.4	9.9	24
0	:	:	0.7	0.3 *	:	:	1.1	10.1	25
0	:	:	0.6	0.2 *	:	:	1.0	9.7	26
0	:	:	0.5	0.2 *	:	:	0.8	9.2	27
0	:	:	0.5	0.1 *	:	:	0.6	9.0	28
0	:	:	0.6	0.1 *	:	:	0.5	8.1	29
0.2 (4)	:	:	2.4	0.3 *	:	:	2.0	40.5 (4)	30-34
:	:	:	1.1	0.2 *	:	:	1.7	:	35-39
:	:	:	1.1	0.3 *	:	:	3.1	:	40 et plus
0	:	:	-	5.4 (5)	:	:	-	-	âge inconnu

Nouveaux inscrits par âge
Enseignement supérieur - CITE 5,6
1993/94

Garçons

1000

IRL(2)(3)	I(2)	L	NL	A	P	FIN(2)	S	UK	
15.9	216.4	:	33.6	15.6	:	19.3	27.6	260.5	Total
2.7	:	:	1.2	0 *	:	:	0	6.3	17 et moins
7.8	:	:	4.2	1.9 *	:	:	0.3	68.5	18
3.8	:	:	6.5	3.4 *	:	:	5.4	43.0	19
0.8	:	:	6.2	2.6 *	:	:	4.1	21.2	20
0.2	:	:	4.4	1.4 *	:	:	3.5	14.6	21
0.1	:	:	2.1	0.8 *	:	:	2.7	11.7	22
0.1	:	:	1.5	0.6 *	:	:	1.9	9.0	23
0.1	:	:	1.0	0.6 *	:	:	1.4	7.7	24
0.1	:	:	0.7	0.4 *	:	:	1.2	6.9	25
0	:	:	0.6	0.3 *	:	:	1.0	6.3	26
0	:	:	0.6	0.2 *	:	:	0.8	5.8	27
0	:	:	0.6	0.2 *	:	:	0.6	5.3	28
0	:	:	0.5	0.1 *	:	:	0.6	5.0	29
0.1 (4)	:	:	2.2	0.3 *	:	:	1.7	49.3 (4)	30-34
:	:	:	0.8	0.1 *	:	:	1.0	:	35-39
:	:	:	0.5	0.2 *	:	:	1.5	:	40 et plus
0	:	:	-	2.6 (5)	:	:	-	-	âge inconnu

(1) Parmi eux, 67.5 (pour les filles) et 58.8 (pour les garçons) correspondent
    au Niveau CITE 5
(2) Inclut les réinscriptions. Pour IRL, CITE 7 est également incluse
(3) Plein-temps uniquement. La ventilation par âge est estimée à partir de données d'enquête
(4) 30 et plus
(5) Les données se réfèrent au niveau CITE 5

C1-4

Altersstruktur der Studienanfänger	Age structure of new entrants
Tertiärbereich - ISCED 5,6	Higher education - ISCED 5,6
1993/94	1993/94
Männlich und weiblich	**Males and females**

%

	EUR 15	B	DK	D(1)	GR(1)	E	F
Insgesamt / Total	:	:	100	100	100	:	100
17 und jünger / 17 and under	:	:	0	0	-	:	3
18	:	:	0	3	60	:	34
19	:	:	5	14	24	:	27
20	:	:	12	20	8	:	20
21	:	:	15	17	2	:	9
22	:	:	13	12	2	:	3
23	:	:	10	9	1	:	1
24	:	:	8	6	1	:	0
25	:	:	6	5	1	:	0
26	:	:	5	3	1	:	0
27	:	:	4	2	0	:	0
28	:	:	3	2	0	:	0
29	:	:	2	2	0	:	0
30-34	:	:	8	4	1 (2)	:	1
35-39	:	:	4	2	:	:	0
40 und älter / 40 and over	:	:	5	-	:	:	0

(1) Altersverteilung unbekannt für D (42%), GR (1%), and A (23%)
(2) 30 und älter
(3) Nur Vollzeit. Altersgliederung anhand von Stichprobenergebnissen geschätzt
(4) Einschliesslich von Wiedereintritten auf demselben Niveau und ISCED Niveaustufe 7

(1) Age distribution unknown for: D (42%), GR (1%) and A (23%)
(2) 30 and over
(3) Full-time only. Age breakdown is estimated using survey data
(4) Includes re-entrants and ISCED 7

%

IRL(3)(4)	I	L	NL	A(1)	P	FIN	S	UK	
100	:	:	100	100	:	:	100	100	Total
19	:	:	5	0 *	:	:	0	3	17 et moins
50	:	:	16	19 *	:	:	1	25	18
22	:	:	20	27 *	:	:	19	16	19
4	:	:	16	17 *	:	:	17	8	20
1	:	:	10	10 *	:	:	12	6	21
1	:	:	5	6 *	:	:	9	5	22
0	:	:	4	4 *	:	:	6	4	23
0	:	:	3	4 *	:	:	4	3	24
0	:	:	2	3 *	:	:	4	3	25
0	:	:	2	2 *	:	:	3	3	26
0	:	:	2	1 *	:	:	3	3	27
0	:	:	2	1 *	:	:	2	3	28
0	:	:	2	1 *	:	:	2	2	29
1 (2)	:	:	7	2 *	:	:	6	17 (2)	30-34
:	:	:	3	1 *	:	:	4	:	35-39
:	:	:	2	2 *	:	:	7	:	40 et plus

(1) Pourcentage d'"Age inconnu': D (42 %), GR (1%) et A (23%)
(2) 30 et plus
(3) Pleins-temps uniquement. La ventilation par âge est estimée à partir de données d'enquête
4) Inclut les réinscriptions et CITE 7

C1-4

Altersstruktur der Studienanfänger im Tertiärbereich - ISCED 5,6
Age structure of new entrants to higher education - ISCED 5,6
Structure d'âge des nouveaux inscrits dans l'enseignement supérieur - CITE 5,6

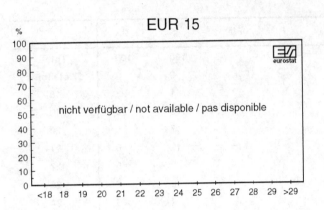

EUR 15

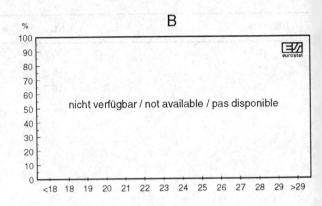

B

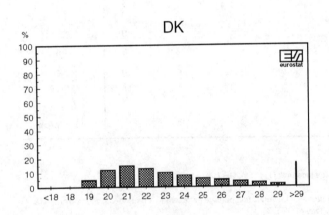

DK

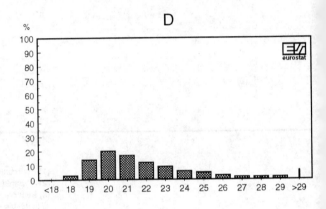

D

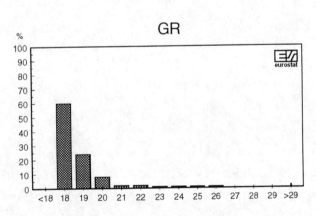

GR

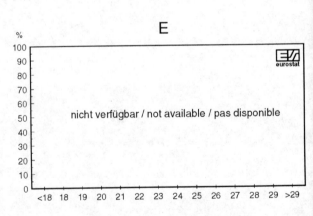

E

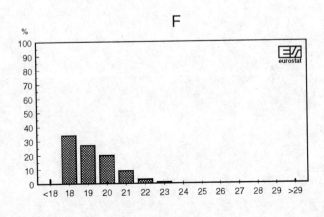

F

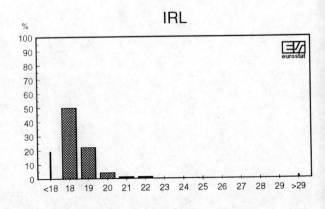

IRL

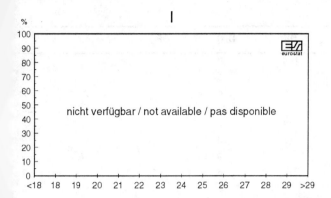

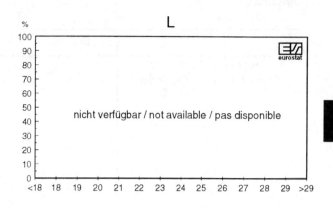

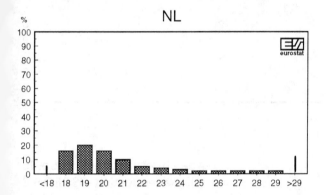

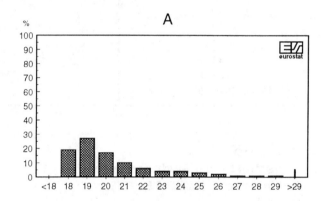

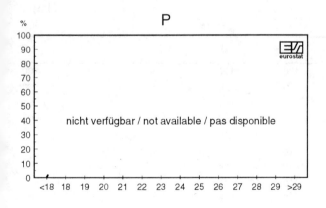

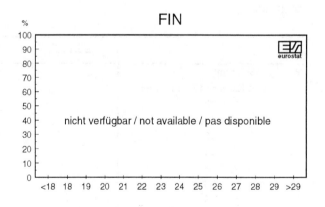

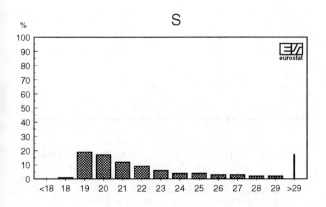

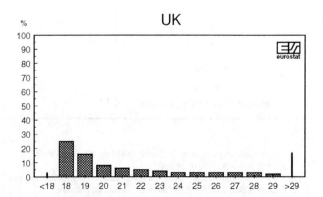

C1-5
Altersstruktur der Studienanfänger
Tertiärbereich - ISCED 5,6
1993/94
Weiblich

Age structure of new entrants
Higher education - ISCED 5,6
1993/94
Females

%

	EUR 15	B	DK	D(1)	GR	E	F
Insgesamt / Total	:	:	100	100	:	:	100
17 und jünger / 17 and under	:	:	-	0	:	:	4
18	:	:	0	4	:	:	37
19	:	:	4	22	:	:	26
20	:	:	13	24	:	:	19
21	:	:	17	13	:	:	9
22	:	:	13	9	:	:	3
23	:	:	10	6	:	:	1
24	:	:	7	5	:	:	0
25	:	:	5	4	:	:	0
26	:	:	4	3	:	:	0
27	:	:	3	2	:	:	0
28	:	:	3	2	:	:	0
29	:	:	2	1	:	:	0
30-34	:	:	7	4	:	:	1
35-39	:	:	5	2	:	:	0
40 und älter / 40 and over	:	:	6	-	:	:	0

C1-6
Altersstruktur der Studienanfänger
Tertiärbereich - ISCED 5,6
1993/94
Männlich

Age structure of new entrants
Higher education - ISCED 5,6
1993/94
Males

%

	EUR 15	B	DK	D	GR	E	F
Insgesamt / Total	:	:	100	100	:	:	100
17 und jünger / 17 and under	:	:	0	0	:	:	3
18	:	:	0	1	:	:	31
19	:	:	5	7	:	:	28
20	:	:	11	18	:	:	21
21	:	:	14	20	:	:	10
22	:	:	13	14	:	:	4
23	:	:	10	11	:	:	1
24	:	:	8	8	:	:	0
25	:	:	7	5	:	:	0
26	:	:	6	4	:	:	0
27	:	:	5	2	:	:	0
28	:	:	4	2	:	:	0
29	:	:	3	2	:	:	0
30-34	:	:	8	4	:	:	1
35-39	:	:	4	2	:	:	0
40 und älter / 40 and over	:	:	4	-	:	:	0

(1) Altersverteilung unbekannt für: D (46% weiblich, 39% männlich)
    A (28% weiblich, 17% männlich)
(2) Nur Vollzeit. Altersgliederung anhand von Stichprobenergebnissen geschätzt
(3) Einschliesslich von Wiedereintritten auf demselben Niveau
(4) 30 und älter

(1) Age distribution unknown for : D (46% females, 39% males);
    A (28% females, 17% males)
(2) Full-time only. Age breakdown is estimated using survey data
(3) Includes re-entrants and ISCED 7
(4) 30 and over

Structure d'âge des nouveaux inscrits
Enseignement supérieur - CITE 5,6
1993/94

Filles

%

IRL(2)(3)	I	L	NL	A(1)	P	FIN	S	UK	
100	:	:	100	100	:	:	100	100	Total
20	:	:	7	0	:	:	0	3	17 et moins
51	:	:	19	23	:	:	2	25	18
21	:	:	20	29	:	:	18	15	19
4	:	:	14	15	:	:	19	7	20
1	:	:	8	8	:	:	12	5	21
0	:	:	5	6	:	:	8	5	22
0	:	:	3	4	:	:	5	4	23
0	:	:	2	3	:	:	4	4	24
0	:	:	2	2	:	:	3	4	25
0	:	:	2	2	:	:	3	4	26
0	:	:	2	1	:	:	2	3	27
0	:	:	2	1	:	:	2	3	28
0	:	:	2	1	:	:	2	3	29
1 (4)	:	:	7	2	:	:	6	15 (4)	30-34
:	:	:	3	1	:	:	5	:	35-39
:	:	:	3	2	:	:	9	:	40 et plus

Structure d'âge des nouveaux inscrits
Enseignement supérieur - CITE 5,6
1993/94

Garçons

%

IRL(2)(3)	I	L	NL	A	P	FIN	S	UK	
100	:	:	100	100	:	:	100	100	Total
17	:	:	3	0	:	:	0	2	17 et moins
49	:	:	13	14	:	:	1	26	18
24	:	:	19	26	:	:	19	17	19
5	:	:	19	20	:	:	15	8	20
2	:	:	13	11	:	:	13	6	21
1	:	:	6	6	:	:	10	4	22
0	:	:	4	4	:	:	7	3	23
1	:	:	3	4	:	:	5	3	24
0	:	:	2	3	:	:	4	3	25
0	:	:	2	2	:	:	4	2	26
0	:	:	2	2	:	:	3	2	27
0	:	:	2	1	:	:	2	2	28
0	:	:	2	1	:	:	2	2	29
1 (4)	:	:	7	2	:	:	6	19 (4)	30-34
:	:	:	2	1	:	:	4	:	35-39
:	:	:	1	1	:	:	5	:	40 et plus

(1) Pourcentage d'Age inconnu': D (46% des filles, 39% des garçons); A (28% des filles, 17% des garçons)
(2) Plein-temps uniquement. La ventilation par âge est estimée à partir de données d'enquête
(3) Inclut les réinscriptions et CITE 7
(4) 30 et plus

C1-7

Frauenanteil bei den Studienanfängern nach Altersgruppen 1993/94	**Proportion of females among new entrants by age group 1993/94**
Tertiärbereich - ISCED 5,6	**Higher education - ISCED 5,6**

%

	EUR 15	B	DK	D(1)(2)	GR	E(3)	F
Insgesamt / Total	:	:	51	45	:	51	54
16-18	:	:	50	68	:	:	58
19-21	:	:	54	51	:	:	51
22-24	:	:	51	33	:	:	50
25-27	:	:	44	38	:	:	51
28 und älter/28 and over	:	:	53	44	:	:	60

(1) Ohne die ISCED Niveaustufe 5 (Fachschulreife)
(2) Altersverteilung unbekannt für: D (42%), A (23%)
(3) Einschliesslich von Wiedereintritten auf demselben Niveau; IRL - einschl. ISCED Niv. 7
(4) Nur Vollzeit. Altersgliederung anhand von Stichprobenergebnissen geschätzt

(1) Excludes ISCED 5
(2) Age distribution unknown for: D (42%), A (23%)
(3) Includes re-entrants; For IRL ISCED 7 is also included
(4) Full-time only. Age breakdown is estimated using survey data

Proportion de filles parmi les nouveaux inscrits par groupe d'âge
1993/94

Enseignement supérieur - CITE 5,6

%

IRL(3)(4)	I(3)	L	NL	A(1)(2)	P	FIN(3)	S	UK	
48	**54**	**:**	**51**	**55**	**:**	**56**	**55**	**50**	Total
49	:	:	62	63	:	:	70	49	**16-18**
44	:	:	47	49	:	:	56	48	**19-21**
34	:	:	43	48	:	:	49	54	**22-24**
45	:	:	48	43	:	:	49	60	**25-27**
58	:	:	56	51	:	:	60	49	**28 et plus**

(1) CITE 5 exclue
(2) Pourcentage d''Age inconnu': D (42%), A (23 %)
(3) Inclut les réinscriptions. Pour IRL, CITE 7 est également incluse
(4) Plein-temps uniquement. La ventilation par âge est estimée à partir de données d'enquête

C1-8

Mittleres Alter (Median) der Studienanfänger im Tertiärbereich - ISCED 5,6
Median age of new entrants to higher education - ISCED 5,6
Age médian des nouveaux inscrits dans l'enseignement supérieur - CITE 5,6

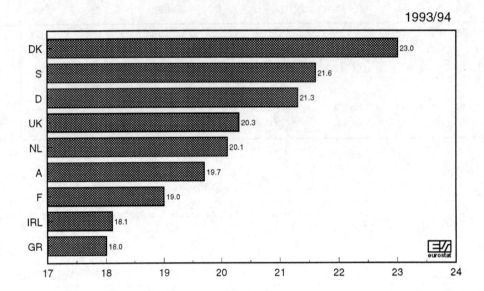

1993/94

z. B.   Dieser Wert bedeutet bezogen auf die dänischen Studierenden im Tertiärbereich, dass jeweils die Hälfte
        dieses Personenkreises jünger bzw. älter als 23.0 Jahre ist

e.g.   Of the higher education students in Denmark, half are younger and half are older than 23.0 years old

p.ex.   Au Danemark, la moitié des étudiants de l'enseignement supérieur a moins de 23.0 ans et l'autre moitié
        a plus de 23.0 ans

C Studienanfänger im Tertiärbereich
New entrants to higher education
Nouveaux inscrits dans l'enseignement supérieur

C

C2 nach Fachrichtungen
by field of study
par domaines d'études

C2-1
Studienanfänger nach Fachrichtungen
Tertiärbereich - ISCED 5,6
1993/94

Männlich und weiblich

New entrants by field of stu
Higher education - ISCED
1993.

Males and fema

1000

eurostat		EUR 15	B	DK	D	GR	E(1)	
Insgesamt	/ Total	:	107.8	34.6	401.0	42.1	324.7	47
Geistes- und Kunstwissensch.,Theologie	/ Humanities, Applied arts, Religion	:	:	4.8	37.5	:	27.1	
Sozial- und Rechtswissenschaften (5)	/ Social science, Law (5)	:	:	10.6	87.8	:	131.6	
Naturwissenschaften, Mathematik (6)	/ Natural science, Mathematics (6)	:	:	0.6	30.8	:	41.8	
Medizin	/ Medical science	:	:	3.9	54.6	:	21.4	
Ingenieurwissenschaften, Architektur (7)	/ Engineering, Architecture (7)	:	:	7.5	87.0	:	50.4	
Sonstige (8)	/ Others (8)	:	:	7.2	103.3	:	41.1	
Fachrichtung unbekannt	/ Field of study unknown	:	:	-	-	:	11.2	

C2-2
Studienanfänger nach Fachrichtungen
Tertiärbereich - ISCED 5,6
1993/94

Weiblich

New entrants by field of stu
Higher education - ISCED 5
1993/

Femal

1000

eurostat		EUR 15	B	DK	D	GR	E(1)	
Insgesamt	/ Total	:	:	17.7	190.5	:	164.1	25
Geistes- und Kunstwissensch.,Theologie	/ Humanities, Applied arts, Religion	:	:	3.4	25.6	:	15.6	
Sozial- und Rechtswissenschaften (5)	/ Social science, Law (5)	:	:	4.3	42.3	:	71.1	
Naturwissenschaften, Mathematik (6)	/ Natural science, Mathematics (6)	:	:	0.1	10.1	:	15.5	
Medizin	/ Medical science	:	:	3.4	39.7	:	15.6	
Ingenieurwissenschaften, Architektur (7)	/ Engineering, Architecture (7)	:	:	1.2	12.2	:	12.5	
Sonstige (8)	/ Others (8)	:	:	5.2	60.7	:	28.3	
Fachrichtung unbekannt	/ Field of study unknown	:	:	-	-	:	5.5	

C2-3
Studienanfänger nach Fachrichtungen
Tertiärbereich - ISCED 5,6
1993/94

Männlich

New entrants by field of stud
Higher education - ISCED 5,
1993/9

Male

1000

eurostat		EUR 15	B	DK	D	GR	E(1)	
Insgesamt	/ Total	:	:	16.8	210.6	:	160.6	222
Geistes- und Kunstwissensch.,Theologie	/ Humanities, Applied arts, Religion	:	:	1.4	11.9	:	11.4	
Sozial- und Rechtswissenschaften (5)	/ Social science, Law (5)	:	:	6.2	45.5	:	60.5	
Naturwissenschaften, Mathematik (6)	/ Natural science, Mathematics (6)	:	:	0.5	20.8	:	26.4	
Medizin	/ Medical science	:	:	0.4	15.0	:	5.8	
Ingenieurwissenschaften, Architektur (7)	/ Engineering, Architecture (7)	:	:	6.3	74.8	:	38.0	
Sonstige (8)	/ Others (8)	:	:	1.9	42.6	:	12.8	
Fachrichtung unbekannt	/ Field of study unknown	:	:	-	-	:	5.7	

(1) Einschliesslich von Wiedereintritten auf demselben Niveau; IRL - einschl. ISCED Niv. 7
(2) Nur Vollzeit
(3) Alle Angaben unter 'Fachrichtung unbekannt' beziehen sich auf die ISCED Niveaustufe 5
(4) Einige Schüler sind in mehreren Fächern eingeschrieben
(5) Einschließlich Betriebswirtschaftslehre, Kommunikationswissenschaften und Dokumentation
(6) Einschließlich Informatik
(7) Einschließlich Verkehrswesen, Handelsfächer sowie gewerblich-technische Fächer
(8) Einschließlich Ausbildung von Lehrkräften, Agrarwissensch. , Hauswirtschaftslehre A24
   sowie Fächer im Dienstleistungsbereich

(1) Includes re-entrants; For IRL ISCED 7 is also included
(2) Full-time only
(3) All data in 'Field of study unknown' refer to ISCED 5
(4) Some students are counted in more than one subject
(5) Includes Business admin., Mass communication,documentation
(6) Includes Computer science
(7) Includes Transport, Trade, craft and industrial programmes
(8) Includes Teacher training, Agriculture, Home economics
   and Service trades

Nouveaux inscrits par domaine d'études
Enseignement supérieur - CITE 5,6
1993/94

Garçons et filles

1000

IRL(1)(2)	I(1)(3)	L	NL	A(4)	P	FIN(1)	S	UK	
30.5	466.7	:	68.5	34.9	66.3	44.2	61.7	525.5	Total
:	56.2	:	3.0	5.6	5.5	4.5	11.1	:	Lettres, Arts appliqués, Religion
:	172.8	:	25.8	13.7	26.7	7.1	15.1	:	Sciences sociales, Droit (5)
:	42.4	:	2.5	3.7	4.8	4.3	6.9	:	Sciences naturelles, Mathémathiques (6)
:	16.8	:	12.7	3.5	3.8	11.7	7.3	:	Sciences médicales
:	57.8	:	8.4	5.1	10.9	10.4	11.1	:	Sciences de l'ingénieur, Architecture (7)
:	27.9	:	16.0	5.8	14.6	6.2	10.2	:	Autres (8)
:	92.9	:	-	-	-	-	-	:	Domaine d'études non spécifié

Nouveaux inscrits par domaine d'études
Enseignement supérieur - CITE 5,6
1993/94

Filles

1000

IRL(1)(2)	I(1)(3)	L	NL	A(4)	P	FIN(1)	S	UK	
14.5	250.3	:	34.8	19.2	:	24.8	34.1	265.0	Total
:	44.7	:	1.7	3.8	:	3.2	7.3	:	Lettres, Arts appliqués, Religion
:	87.5	:	13.1	7.3	:	4.2	8.5	:	Sciences sociales, Droit (5)
:	22.6	:	0.7	1.2	:	1.4	2.5	:	Sciences naturelles, Mathémathiques (6)
:	9.5	:	8.4	2.4	:	10.3	6.1	:	Sciences médicales
:	11.5	:	0.9	1.2	:	1.4	2.1	:	Sciences de l'ingénieur, Architecture (7)
:	16.1	:	10.0	4.4	:	4.3	7.6	:	Autres (8)
:	58.4	:	-	-	:	-	-	:	Domaine d'études non spécifié

Nouveaux inscrits par domaine d'études
Enseignement supérieur - CITE 5,6
1993/94

Garçons

1000

IRL(1)(2)	I(1)(3)	L	NL	A(4)	P	FIN(1)	S	UK	
15.9	216.4	:	33.6	15.6	:	19.3	27.6	260.5	Total
:	11.6	:	1.2	1.8	:	1.3	3.8	:	Lettres, Arts appliqués, Religion
:	85.2	:	12.7	6.4	:	2.9	6.6	:	Sciences sociales, Droit (5)
:	19.8	:	1.9	2.5	:	2.8	4.4	:	Sciences naturelles, Mathémathiques (6)
:	7.3	:	4.3	1.1	:	1.4	1.2	:	Sciences médicales
:	46.3	:	7.5	3.9	:	8.9	9.0	:	Sciences de l'ingénieur, Architecture (7)
:	11.8	:	6.0	1.4	:	1.9	2.6	:	Autres (8)
:	34.4	:	-	0.0	:	-	-	:	Domaine d'études non spécifié

(1) Inclut les réinscriptions. Pour IRL, CITE 7 est également incluse
(2) Plein-temps uniquement
(3) Les données relatives à la rubrique 'Domaine d'études non spécifié' correspondent au niveau CITE 5
(4) Il existe des étudiants qui sont comptés dans plus d'un domaine
(5) Administration des entreprises, Information et documentation inclues
(6) Informatique inclu
(7) Transport, métiers de la production industrielle inclus
(8) Sciences de l'éducation , Agriculture, Enseignement ménager et formation pour le secteur
    tertiaire inclus

C2-4
Studienanfänger nach fachlicher Ausrichtung des Studiums
Tertiärbereich - ISCED 5,6
1993/94

Männlich und weiblich

Field of study choices of new entran
Higher education - ISCED 5
1993/9

Males and female

%

eurostat		EUR 15	B	DK	D	GR	E(1)
Insgesamt	/ Total	:	:	100	100	:	100
Geistes- und Kunstwissensch.,Theologie	/ Humanities, Applied arts, Religion	:	:	14	9	:	8
Sozial- und Rechtswissenschaften (4)	/ Social science, Law (4)	:	:	31	22	:	41
Naturwissenschaften, Mathematik (5)	/ Natural science, Mathematics (5)	:	:	2	8	:	13
Medizin	/ Medical science	:	:	11	14	:	7
Ingenieurwissenschaften, Architektur (6)	/ Engineering, Architecture (6)	:	:	22	22	:	16
Sonstige (7)	/ Others (7)	:	:	21	26	:	13
Fachrichtung unbekannt	/ Field of study unknown	:	:	-	-	:	3

C2-5
Studienanfänger nach fachlicher Ausrichtung des Studiums
Tertiärbereich - ISCED 5,6
1993/94

Weiblich

Field of study choices of new entrant
Higher education - ISCED 5,
1993/9

Female

%

eurostat		EUR 15	B	DK	D	GR	E(1)
Insgesamt	/ Total	:	:	100	100	:	100
Geistes- und Kunstwissensch.,Theologie	/ Humanities, Applied arts, Religion	:	:	19	13	:	10
Sozial- und Rechtswissenschaften (4)	/ Social science, Law (4)	:	:	25	22	:	43
Naturwissenschaften, Mathematik (5)	/ Natural science, Mathematics (5)	:	:	1	5	:	9
Medizin	/ Medical science	:	:	19	21	:	10
Ingenieurwissenschaften, Architektur (6)	/ Engineering, Architecture (6)	:	:	7	6	:	8
Sonstige (7)	/ Others (7)	:	:	29	32	:	17
Fachrichtung unbekannt	/ Field of study unknown	:	:	-	-	:	3

C2-6
Studienanfänger nach fachlicher Ausrichtung des Studiums
Tertiärbereich - ISCED 5,6
1993/94

Männlich

Field of study choices of new entrants
Higher education - ISCED 5,6
1993/94

Males

%

eurostat		EUR 15	B	DK	D	GR	E(1)	F
Insgesamt	/ Total	:	:	100	100	:	100	:
Geistes- und Kunstwissensch.,Theologie	/ Humanities, Applied arts, Religion	:	:	9	6	:	7	
Sozial- und Rechtswissenschaften (4)	/ Social science, Law (4)	:	:	37	22	:	38	
Naturwissenschaften, Mathematik (5)	/ Natural science, Mathematics (5)	:	:	3	10	:	16	
Medizin	/ Medical science	:	:	3	7	:	4	
Ingenieurwissenschaften, Architektur (6)	/ Engineering, Architecture (6)	:	:	37	36	:	24	
Sonstige (7)	/ Others (7)	:	:	11	20	:	8	
Fachrichtung unbekannt	/ Field of study unknown	:	:	-	-	:	4	

(1) Einschliesslich von Wiedereintritten auf demselben Niveau
(2) Alle Angaben unter 'Fachrichtung unbekannt' beziehen sich auf die ISCED Niveaustufe 5
(3) Die Summe entspricht nicht 100% da manche Studenten mehr als einmal gezählt wurden
(4) Einschließlich Betriebswirtschaftslehre, Kommunikationswissenschaften und Dokumentation
(5) Einschließlich Informatik
(6) Einschließlich Verkehrswesen, Handelsfächer sowie gewerblich-technische Fächer
(7) Einschließlich Ausbildung von Lehrkräften, Agrarwissensch. , Hauswirtschaftslehre A24
   sowie Fächer im Dienstleistungsbereich

(1) Includes re-entrants
(2) All data in 'Field of study unknown' refer to ISCED 5
(3) Sum is not 100% as some students are counted more than once
(4) Includes Business admin., Mass communication,documentation
(5) Includes Computer science
(6) Includes Transport, Trade, craft and industrial programmes
(7) Includes Teacher training, Agriculture, Home economics
   and Service trades

C2-4

Domaines d'études choisis par les nouveaux inscrits
Enseignement supérieur - CITE 5,6
1993/94

Garçons et filles

%

IRL	I(1)(2)	L	NL	A(3)	P	FIN(1)	S	UK	
:	100	:	100	.	100	100	100	:	Total
:	12	:	5	16	8	10	18	:	Lettres, Arts appliqués, Religion
:	37	:	42	39	40	16	24	:	Sciences sociales, Droit (4)
:	9	:	4	11	7	10	11	:	Sciences naturelles, Mathémathiques (5)
:	4	:	10	10	6	27	12	:	Sciences médicales
:	12	:	14	15	16	23	18	:	Sciences de l'ingénieur, Architecture (6)
:	6	:	26	16	22	14	17	:	Autres (7)
:	20	:	-	-	-	-	-	:	Domaine d'études non spécifié

C2-5

Domaines d'études choisis par les nouveaux inscrits
Enseignement supérieur - CITE 5,6
1993/94

Filles

%

IRL	I(1)(2)	L	NL	A(3)	P	FIN(1)	S	UK	
:	100	:	100	.	:	100	100	:	Total
:	18	:	6	20	:	13	21	:	Lettres, Arts appliqués, Religion
:	35	:	41	38	:	17	25	:	Sciences sociales, Droit (4)
:	9	:	2	6	:	6	7	:	Sciences naturelles, Mathémathiques (5)
:	4	:	16	12	:	41	18	:	Sciences médicales
:	5	:	3	6	:	6	6	:	Sciences de l'ingénieur, Architecture (6)
:	6	:	32	23	:	17	22	:	Autres (7)
:	23	:	-	-	:	-	-	:	Domaine d'études non spécifié

C2-6

Domaines d'études choisis par les nouveaux inscrits
Enseignement supérieur - CITE 5,6
1993/94

Garçons

%

IRL	I(1)(2)	L	NL	A(3)	P	FIN(1)	S	UK	
:	100	:	100	.	:	100	100	:	Total
:	5	:	4	11	:	7	14	:	Lettres, Arts appliqués, Religion
:	39	:	42	41	:	15	24	:	Sciences sociales, Droit (4)
:	9	:	6	16	:	15	16	:	Sciences naturelles, Mathémathiques (5)
:	3	:	4	7	:	7	4	:	Sciences médicales
:	21	:	25	25	:	46	33	:	Sciences de l'ingénieur, Architecture (6)
:	5	:	20	9	:	10	9	:	Autres (7)
:	16	:	-	-	:	-	-	:	Domaine d'études non spécifié

(1) Inclut les réinscriptions
(2) Les données relatives à la rubrique 'Domaine d'études non spécifié' correspondent au niveau CITE 5
(3) La somme n'est pas égale à 100% étant donnée qu'il existe des étudiants qui sont comptés dans plus d'un domaine
(4) Administration des entreprises, Information et documentation inclues
(5) Informatique inclu
(6) Transport, métiers de la production industrielle inclus
(7) Sciences de l'éducation , Agriculture, Enseignement ménager
et Formation pour le secteur tertiaire inclus

C

C2-7

**Frauenanteil bei den Studienanfängern
nach Fachrichtungen
1993/94**

Tertiärbereich - ISCED 5,6

**Proportion of female new entrant?
per field of stud?
1993/9?**

Higher education - ISCED 5,?

%

		EUR 15	B	DK	D	GR	E(1)	
Insgesamt	/ Total	:	:	51	47	:	51	?
Geistes- und Kunstwissensch.,Theologie	/ Humanities, Applied arts, Religion	:	:	70	68	:	58	
Sozial- und Rechtswissenschaften (3)	/ Social science, Law (3)	:	:	41	48	:	54	
Naturwissenschaften, Mathematik (4)	/ Natural science, Mathematics (4)	:	:	23	33	:	37	
Medizin	/ Medical science	:	:	89	73	:	73	
Ingenieurwissenschaften, Architektur (5)	/ Engineering, Architecture (5)	:	:	16	14	:	25	
Sonstige (6)	/ Others (6)	:	:	73	59	:	69	

(1) Einschliesslich von Wiedereintritten auf demselben Niveau. IRL - einschl. ISCED Niv. 7
(2) Einige Schüler sind in meheren Fächern eingeschrieben
(3) Einschließlich Betriebswirtschaftslehre, Kommunikationswissenschaften und Dokumentation
(4) Einschließlich Informatik
(5) Einschließlich Verkehrswesen, Handelsfächer sowie gewerblich-technische Fächer
(6) Einschließlich Ausbildung von Lehrkräften, Agrarwissensch. , Hauswirtschaftslehre
      sowie Fächer im Dienstleistungsbereich

(1) Includes re-entrants; For IRL ISCED 7 is also included
(2) Some students are counted in more than one subject
(3) Includes Business admin., Mass communication,documentation
(4) Includes Computer science
(5) Includes Transport, Trade, craft and industrial programmes
(6) Includes Teacher training, Agriculture, Home economics
      and Service trades

Pourcentage de nouvelles inscrites
par domaine d'études
1993/94

Enseignement supérieur - CITE 5,6

%

IRL(1)	I(1)	L	NL	A(2)	P	FIN(1)	S	UK	
48	54	:	51	55	:	56	55	50	**Total**
:	79	:	58	68	:	71	66	:	**Lettres, Arts appliqués, Religion**
:	51	:	51	53	:	59	57	:	**Sciences sociales, Droit** (3)
:	53	:	27	33	:	34	36	:	**Sciences naturelles, Mathémathiques** (4)
:	56	:	81	68	:	88	83	:	**Sciences médicales**
:	20	:	11	24	:	14	19	:	**Sciences de l'ingénieur, Architecture** (5)
:	58	:	63	76	:	69	74	:	**Autres** (6)

C

(1) Inclues les réinscriptions. Pour IRL CITE 7 est également incluse
(2) Il existe des étudiants qui sont comptés dans plus d'un domaine
(3) Administration des entreprises, Information et documentation inclues
(4) Informatique inclu
(5) Transport, métiers de la production industrielle inclus
(6) Sciences de l'éducation , Agriculture, Enseignement ménager
    et Formation pour le secteur tertiaire inclus

C2-7

Frauenanteil bei den Studienanfängern im Tertiärbereich (ISCED 5,6) nach Fachrichtungen
Proportion of female new entrants to higher education (ISCED 5,6) per field of study
Pourcentage de nouvelles inscrites dans l'enseignement supérieur (CITE 5,6) par domaine d'études

Geistes- und Kunstwissenschaften, Theologie,
Humanities, Applied arts, Religion
Lettres, Arts appliqués, Religion

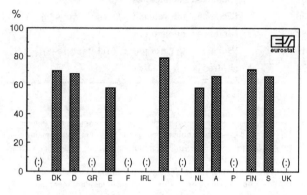

Sozialwissenschaften, Rechtswissenschaften
Social science, Law
Sciences sociales, Droit

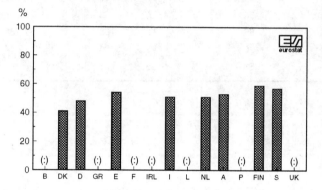

Naturwissenschaften, Mathematik
Natural science, Mathematics
Sciences naturelles, Mathématiques

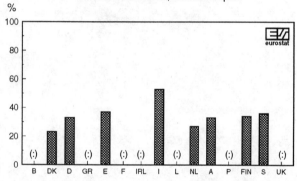

Medizin
Medical science
Sciences médicales

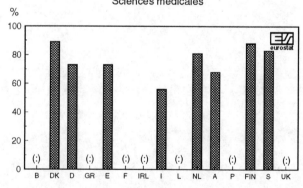

Ingenieurwissenschaften, Architektur
Engineering, Architecture
Sciences de l'ingénieur, Architecture

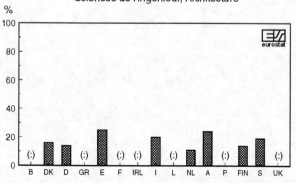

Sonstige
Others
Autres

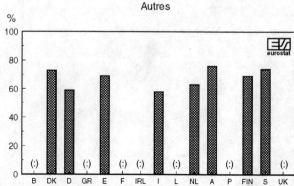

D Absolventen
Graduates
Diplômés

D

D1 der Sekundarstufe II
of upper secondary
de l'enseignement secondaire supérieur

D1-1

Absolventen nach Schulart
Sekundarstufe II - ISCED 3
1993/94
Männlich und weiblich

Graduates by type of education
Upper secondary education - ISCED 3
1993/94
Males and females

1000

		EUR 15	B(1)	DK(1)	D	GR(1)	E(1)	F(1)
Insgesamt	/ Total	:	124.1	72.7	930.1	116.6	525.7	725.5
Allgemeine Ausbildung	/ General education	:	41.5	35.9	197.8	82.2	290.3	278.0
Berufliche Ausbildung	/ Vocational education	:	82.6	36.8	732.2	34.4	235.4	447.5

D1-2

Absolventen nach Schulart
Sekundarstufe II - ISCED 3
1993/94
Weiblich

Graduates by type of education
Upper secondary education - ISCED 3
1993/94
Females

1000

		EUR 15	B(1)	DK(1)	D	GR(1)	E(1)	F(1)
Insgesamt	/ Total	:	65.8	38.8	442.2	58.8	281.9	366.0
Allgemeine Ausbildung	/ General education	:	22.7	20.9	106.2	46.2	160.2	158.7
Berufliche Ausbildung	/ Vocational education	:	43.1	17.9	336.0	12.7	121.7	207.3

D1-3

Absolventen nach Schulart
Sekundarstufe II - ISCED 3
1993/94
Männlich

Graduates by type of education
Upper secondary education - ISCED 3
1993/94
Males

1000

		EUR 15	B(1)	DK(1)	D	GR(1)	E(1)	F(1)
Insgesamt	/ Total	:	58.4	33.9	487.9	57.7	243.8	359.5
Allgemeine Ausbildung	/ General education	:	18.8	15.1	91.7	36.0	130.1	119.3
Berufliche Ausbildung	/ Vocational education	:	39.5	18.9	396.2	21.7	113.7	240.3

(1) 1992/93
(2) Ohne die Absolventen der bürotechnischen und kaufmännischen Kurse an
    unabhängigen Privatschulen sowie von öffentlich geförderten landwirt-
    schaftlichen Bildungseinrichtungen (unter 1.0 Absolventen)

(1) 1992/93
(2) Excludes students completing secretarial and commercial
    courses in independent private schools and graduates from
    publicly aided agricultural colleges (less than 1.0)

D1-1

Diplômés par type d'enseignement
Enseignement secondaire supérieur - CITE 3
1993/94

Garçons et filles

1000

IRL(2)	I	L	NL(1)	A(1)	P	FIN	S	UK	
75.1	**689.3**	**2.0**	:	**80.4**	**63.1**	**83.4**	**83.7**	:	Total
57.3	145.6	0.9	:	13.7	:	29.3	28.7	:	Enseignement général
17.7	543.7	1.1	77.6	66.7	:	54.1	55.0	:	Enseignement professionnel

D1-2

Diplômés par type d'enseignement
Enseignement secondaire supérieur - CITE 3
1993/94

Filles

1000

IRL(2)	I	L	NL(1)	A(1)	P	FIN	S	UK	
41.3	**359.7**	:	:	**37.9**	:	**48.6**	**39.8**	:	Total
30.0	80.9	:	:	7.8	:	17.5	18.4	:	Enseignement général
11.3	278.8	:	35.3	30.2	:	31.1	21.5	:	Enseignement professionnel

D1-3

Diplômés par type d'enseignement
Enseignement secondaire supérieur - CITE 3
1993/94

Garçons

1000

IRL(2)	I	L	NL(1)	A(1)	P	FIN	S	UK	
33.8	**329.7**	:	:	**42.4**	:	**34.8**	**43.9**	:	Total
27.3	64.7	:	:	6.0	:	11.8	10.4	:	Enseignement général
6.4	264.9	:	42.2	36.5	:	23.0	33.5	:	Enseignement professionnel

(1) 1992/93
(2) Ne sont pas inclus les étudiants ayant achevé des formations de secrétariat ou
de commerce dans des écoles privées indépendantes, ainsi que les diplômés
des lycées agricoles bénéficiant d'aides publiques (moins de 1.0)

D1-4

Allgemeine versus berufliche Bildung Sekundarstufe II - ISCED 3 1993/94	General versus vocational Upper secondary education - ISCED 3 1993/94
Männlich und weiblich	Males and females

%

		EUR 15	B(1)	DK(1)	D	GR(1)	E(1)	F(1)
Insgesamt	/ Total	:	100	100	100	100	100	100
Allgemeine Ausbildung	/ General education	:	33	49	21	70	55	38
Berufliche Ausbildung	/ Vocational education	:	67	51	79	30	45	62

 D1-5

Allgemeine versus berufliche Bildung Sekundarstufe II - ISCED 3 1993/94	General versus vocational Upper secondary education - ISCED 3 1993/94
Weiblich	Females

%

		EUR 15	B(1)	DK(1)	D	GR(1)	E(1)	F(1)
Insgesamt	/ Total	:	100	100	100	100	100	100
Allgemeine Ausbildung	/ General education	:	35	54	24	79	57	43
Berufliche Ausbildung	/ Vocational education	:	65	46	76	21	43	57

 D1-6

Allgemeine versus berufliche Bildung Sekundarstufe II - ISCED 3 1993/94	General versus vocational Upper secondary education - ISCED 3 1993/94
Männlich	Males

%

		EUR 15	B(1)	DK(1)	D	GR(1)	E(1)	F(1)
Insgesamt	/ Total	:	100	100	100	100	100	100
Allgemeine Ausbildung	/ General education	:	32	44	19	62	53	33
Berufliche Ausbildung	/ Vocational education	:	68	56	81	38	47	67

(1) 1992/93
(2) Ohne die Absolventen der bürotechnischen und kaufmännischen Kurse an
unabhängigen Privatschulen sowie von öffentlich geförderten landwirt-
schaftlichen Bildungseinrichtungen

(1) 1992/93
(2) Excludes students completing secretarial and commercial
courses in independent private schools and graduates from
publicly aided agricultural colleges

Parts respectives du général et du professionnel
Enseignement secondaire supérieur - CITE 3
1993/94

Garçons et filles

%

IRL(2)	I	L	NL	A(1)	P	FIN	S	UK	
100	100	100	:	100	:	100	100	:	Total
76	21	45	:	17	:	35	34	:	Enseignement général
24	79	55	:	83	:	65	66	:	Enseignement professionnel

D

⌒ **D1-5**

Parts respectives du général et du professionnel
Enseignement secondaire supérieur - CITE 3
1993/94

Filles

%

IRL(2)	I	L	NL	A(1)	P	FIN	S	UK	
100	100	:	:	100	:	100	100	:	Total
73	22	:	:	20	:	36	46		Enseignement général
27	78	:	:	80	:	64	54		Enseignement professionnel

⌒ **D1-6**

Parts respectives du général et du professionnel
Enseignement secondaire supérieur - CITE 3
1993/94

Garçons

%

IRL(2)	I	L	NL	A(1)	P	FIN	S	UK	
100	100	:	:	100	:	100	100	:	Total
81	20	:	:	14	:	34	24	:	Enseignement général
19	80	:	:	86	:	66	76	:	Enseignement professionnel

(1) 1992/93
(2) Ne sont pas inclus les étudiants ayant achevé des formations de secrétariat ou
de commerce dans des écoles privées indépendantes, ainsi que les diplômés
des lycées agricoles bénéficiant d'aides publiques

D1-7

**Weibliche Absolventen je 100 männliche Absolventen
nach Bildungsart
1993/94**

Sekundarstufe II - ISCED 3

**Female per 100 male graduates
by type of education
1993/94**

Upper secondary education - ISCED 3

eurostat		EUR 15	B(1)	DK(1)	D	GR(1)	E(1)	F(1)
Insgesamt	**/ Total**	:	**113**	**114**	**91**	**102**	**116**	**102**
Allgemeine Ausbildung	**/ General education**	:	121	138	116	128	123	133
Berufliche Ausbildung	**/ Vocational education**	:	109	95	85	58	107	86

(1) 1992/93
(2) Ohne der Absolventen der bürotechnischen und kaufmännischen Kurse an
unabhängigen Privatschulen sowie von öffentlich geförderten landwirt-
schaftlichen Bildungseinrichtungen

(1) 1992/93
(2) Excludes students completing secretarial and commercial
courses in independent private schools and graduates from
publicly aided agricultural colleges

D1-7

**Weibliche Absolventen je 100 männliche Absolventen
nach Bildungsart
1993/94**

Sekundarstufe II - ISCED 3

**Female per 100 male graduates
by type of education
1993/94**

Upper secondary education - ISCED 3

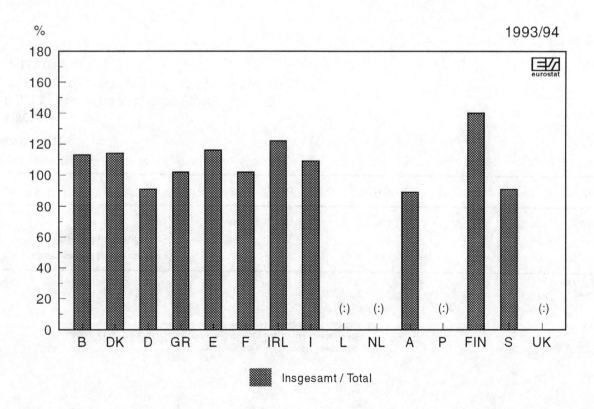

Nombre de filles diplômées pour 100 garçons diplômés
par type d'enseignement
1993/94

Enseignement secondaire supérieur - CITE 3

IRL(2)	I	L	NL(1)	A(1)	P	FIN	S	UK	
122	**109**	:	:	**89**	:	**140**	**91**	:	Total
110	125	:	:	130	:	148	177	:	Enseignement général
176	105	:	84	83	:	135	64	:	Enseignement professionnel

(1) 1992/93
(2) Ne sont pas inclus les étudiants ayant achevé des formations de secrétariat ou
de commerce dans des écoles privées indépendantes, ainsi que les diplômés
des lycées agricoles bénéficiant d'aides publiques

D

📊 **D1-7**

Nombre de filles diplômées pour 100 garçons diplômés
par type d'enseignement
1993/94

Enseignement secondaire supérieur - CITE 3

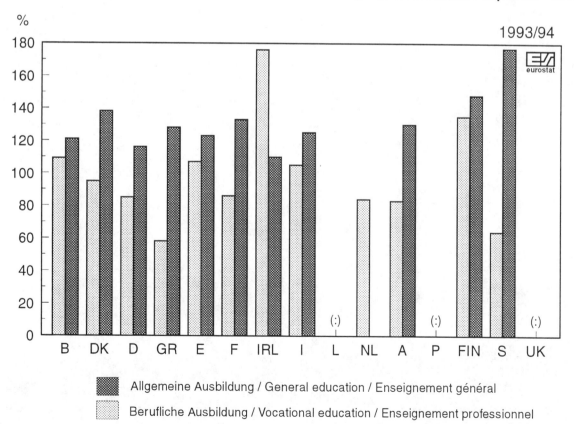

Allgemeine Ausbildung / General education / Enseignement général

Berufliche Ausbildung / Vocational education / Enseignement professionnel

D Absolventen
Graduates
Diplômés

D

D2 des Tertiärbereichs
of higher education
de l'enseignement supérieur

D2-1

Absolventen nach Fachrichtungen
Tertiärbereich - ISCED 5,6,7
1993/94

Männlich und weiblich

Graduates by field of stud
Higher education - ISCED 5,6,
1993/9

Males and female

1000

	eurostat	EUR 15	B(1)	DK	D(1)	GR(1)	E(1)
Insgesamt	/ Total	:	59.9	23.4	309.4	26.6	150.2
Geistes- und Kunstwissensch.,Theologie	/ Humanities, Applied arts, Religion	:	3.3	2.0	25.4	1.1	16.6
Sozialwissenschaften (4)	/ Social science (4)	:	19.7	5.7	55.8	3.6	34.4
Rechtswissenschaften	/ Law	:	2.4	0.3	10.1	1.3	25.7
Naturwissenschaften	/ Natural science	:	1.5	0.4	17.0	1.6	8.2
Mathematik, Informatik	/ Mathematics, Computer science	:	2.0	0.3	11.8	0.8	5.3
Medizin	/ Medical science	:	7.8	3.4	59.4	4.3	16.7
Ingenieurwissenschaften, Architektur (5)	/ Engineering, Architecture (5)	:	10.5	5.2	79.2	3.6	15.2
Sonstige (6)	/ Others (6)	:	12.6	6.0	50.7	10.3	26.8
Fachrichtung unbekannt	/ Field of study unknown	:	0.2	-	-	-	1.3

D2-2

Absolventen nach Fachrichtungen
Tertiärbereich - ISCED 5,6,7
1993/94

Weiblich

Graduates by field of stud
Higher education - ISCED 5,6,
1993/9

Female

1000

	eurostat	EUR 15	B(1)	DK	D(1)	GR(1)	E(1)
Insgesamt	/ Total	:	30.6	12.3	137.7	15.1	82.8
Geistes- und Kunstwissensch.,Theologie	/ Humanities, Applied arts, Religion	:	2.0	1.6	16.4	0.6	10.3
Sozialwissenschaften (4)	/ Social science (4)	:	10.7	2.3	25.1	1.9	18.7
Rechtswissenschaften	/ Law	:	1.2	0.2	4.1	0.8	14.7
Naturwissenschaften	/ Natural science	:	0.6	0.1	4.9	0.6	3.8
Mathematik, Informatik	/ Mathematics, Computer science	:	0.4	0.1	3.9	0.3	1.8
Medizin	/ Medical science	:	5.3	2.9	40.0	2.6	11.2
Ingenieurwissenschaften, Architektur (5)	/ Engineering, Architecture (5)	:	2.0	1.1	9.3	0.9	2.7
Sonstige (6)	/ Others (6)	:	8.3	4.0	34.0	7.3	19.1
Fachrichtung unbekannt	/ Field of study unknown	:	0	-	-	-	0.5

D2-3

Absolventen nach Fachrichtungen
Tertiärbereich - ISCED 5,6,7
1993/94

Männlich

Graduates by field of stud
Higher education - ISCED 5,6,
1993/9

Male

1000

	eurostat	EUR 15	B(1)	DK	D(1)	GR(1)	E(1)
Insgesamt	/ Total	:	29.2	11.1	171.6	11.5	67.4
Geistes- und Kunstwissensch.,Theologie	/ Humanities, Applied arts, Religion	:	1.2	0.5	9.0	0.5	6.3
Sozialwissenschaften (4)	/ Social science (4)	:	9.0	3.4	30.7	1.7	15.7
Rechtswissenschaften	/ Law	:	1.2	0.1	6.0	0.5	11.0
Naturwissenschaften	/ Natural science	:	0.8	0.3	12.1	0.9	4.4
Mathematik, Informatik	/ Mathematics, Computer science	:	1.6	0.2	7.9	0.5	3.6
Medizin	/ Medical science	:	2.5	0.5	19.4	1.7	5.6
Ingenieurwissenschaften, Architektur (5)	/ Engineering, Architecture (5)	:	8.5	4.2	69.9	2.7	12.5
Sonstige (6)	/ Others (6)	:	4.3	2.0	16.7	3.0	7.7
Fachrichtung unbekannt	/ Field of study unknown	:	0.1	-	-	-	0.7

(1) 1992/93

(2) Einschliesslich der Absolventen, die nochmals auf demselben ISCED Niveau
   einen Abschluss erlangten (ca. 4000). Ohne die Absolventen der ISCED Niveaustufe 5,
   die Prüfungen vor verschiedenen berufsständischen Vertretungen zwecks Erlangung von
   Qualifikationen auf bestimmten Fachgebieten (Rechnungswesen, Marketing, Bürotechnik)
   abgelegt haben
(3) Alle Angaben unter 'Fachrichtung unbekannt' beziehen sich auf die ISCED Niveaustufe 5
(4) Einschliesslich Betriebswirtschaftslehre, Kommunikationswissenschaften und Dokumentation
(5) Einschliesslich der Absolventen des Verkehrswesens, der Handelsfächer sowie der
   gewerblich-technischen Fächer
(6) Einschliesslich der Lehrerabsolventen, sowie der Absolventen der Agrarwissenschaften,
   der Hauswirtschaftslehre sowie der Fächer im Dienstleistungsbereich

(1) 1992/93

(2) Includes students who graduated a second time at the same
   ISCED level (approx. 4.0). Excludes a number of students at
   ISCED 5 who received professional qualifications from variou
   professional bodies (accountacy, marketing and secretarial)
(3) All data in 'Field of study unknown' refer to ISCED 5
(4) Includes Business admin., Mass communication, documenta
(5) Includes Transport, Trade, craft and industrial programmes
(6) Includes Teacher training, Agriculture, Home economics and
   Service trades

Diplômés par domaine d'études
Enseignement supérieur - CITE 5,6,7
1993/94

Garçons et filles

1000

IRL(1)(2)	I(3)	L	NL(1)	A	P	FIN	S	UK	
29.4 *	199.1	:	73.6	18.7	33.9	31.6	34.7	471.6	Total
4.9	16.9	:	6.1	2.5	3.3	1.8	1.6	73.1	Lettres, Arts appliqués, Religion
7.9	27.9	:	24.4	4.0	9.9	2.9	6.5	148.6	Sciences sociales (4)
1.1	15.2	:	3.7	1.5	2.1	0.5	0.9	17.4	Droit
3.4	7.5	:	2.3	0.9	0.7	0.9	1.1	31.4	Sciences naturelles
1.7	3.5	:	1.9	0.8	0.8	1.9	1.4	28.9	Mathématiques, Informatique
2.6 *	28.4	:	10.0	1.8	3.1	10.0	8.6	64.7	Sciences médicales
5.0	14.5	:	10.3	2.6	4.5	6.3	5.4	71.3	Sciences de l'ingénieur, Architecture (5)
2.8	6.4	:	13.3	4.7	9.4	7.3	9.2	36.0	Autres (6)
-	78.9	:	1.6	-	-	-	-	-	Domaine d'études non spécifié

D

Diplômés par domaine d'études
Enseignement supérieur - CITE 5,6,7
1993/94

Filles

1000

IRL(1)(2)	I(3)	L	NL(1)	A	P	FIN	S	UK	
15.1 *	112.3	:	34.7	9.4	21.4	18.2	21.3	241.5	Total
3.0	14.2	:	3.8	1.5	2.3	1.2	1.0	44.5	Lettres, Arts appliqués, Religion
4.4	14.0	:	11.6	2.0	6.0	1.7	3.8	74.1	Sciences sociales (4)
0.6	8.0	:	1.8	0.6	1.3	0.2	0.5	9.8	Droit
1.8	4.1	:	0.8	0.3	0.4	0.4	0.5	13.7	Sciences naturelles
0.7	1.7	:	0.2	0.2	0.4	0.4	0.3	8.7	Mathématiques, Informatique
2.1 *	13.4	:	6.6	1.1	2.5	8.8	6.9	52.8	Sciences médicales
0.5	3.4	:	1.5	0.5	1.2	0.9	1.0	14.3	Sciences de l'ingénieur, Architecture (5)
2.0	3.9	:	7.6	3.3	7.1	4.5	7.3	23.5	Autres (6)
-	49.5	:	0.7	-	-	-	-	-	Domaine d'études non spécifié

Diplômés par domaine d'études
Enseignement supérieur - CITE 5,6,7
1993/94

Garçons

1000

IRL(1)(2)	I(3)	L	NL(1)	A	P	FIN	S	UK	
14.3 *	86.8	:	38.9	9.2	12.7	13.4	13.4	230.1	Total
1.9	2.7	:	2.3	1.0	1.0	0.6	0.7	28.6	Lettres, Arts appliqués, Religion
3.5	13.9	:	12.8	2.0	3.9	1.2	2.7	74.4	Sciences sociales (4)
0.5	7.1	:	1.8	0.9	0.7	0.3	0.4	7.6	Droit
1.6	3.4	:	1.5	0.6	0.3	0.5	0.6	17.7	Sciences naturelles
1.0	1.8	:	1.7	0.6	0.3	1.5	1.1	20.2	Mathématiques, Informatique
0.5 *	15.0	:	3.4	0.7	0.6	1.3	1.6	11.9	Sciences médicales
4.5	11.0	:	8.8	2.1	3.3	5.4	4.4	57.0	Sciences de l'ingénieur, Architecture (5)
0.8	2.4	:	5.6	1.3	2.5	2.8	1.9	12.5	Autres (6)
-	29.4	:	0.9	-	-	-	-	-	Domaine d'études non spécifié

(1) 1992/93
(2) Inclut les étudiants ayant obtenu pour la seconde fois un diplôme de même
    niveau. Exclut certains étudiants de niveau CITE 5 ayant reçu une qualification
    professionnelle de la part de différents organismes professionnels (comptabilité,
    marketing et secrétariat)
(3) Les données figurant dans la rubrique 'Domaine d'études non spécifié' correspondent au niveau CITE 5
(4) Administration des entreprises, Information et documentation inclues
(5) Transport, métiers de la production industrielle inclus
(6) Sciences de l'éducation , Agriculture, Enseignement ménager et Formation pour le secteur
    tertiaire inclus

D2-4

Absolventen nach Fachrichtungen
Tertiärbereich - ISCED 5,6,7
1993/94

Männlich und weiblich

Field of study choices of graduate
Higher education - ISCED 5,6,
1993/9

Males and female

%

eurostat		EUR 15	B(1)	DK	D(1)	GR(1)	E(1)
Insgesamt	/ Total	100	100	100	100	100	100
Geistes- und Kunstwissensch.,Theologie	/ Humanities, Applied arts, Religion	11 *	5	9	8	4	11
Sozialwissenschaften (4)	/ Social science (4)	24 *	33	24	18	13	23
Rechtswissenschaften	/ Law	6 *	4	1	3	5	17
Naturwissenschaften	/ Natural science	6 *	2	2	6	6	5
Mathematik, Informatik	/ Mathematics, Computer science	4 *	3	1	4	3	4
Medizin	/ Medical science	14 *	13	15	19	16	11
Ingenieurwissenschaften, Architektur (5)	/ Engineering, Architecture (5)	17 *	17	22	26	14	10
Sonstige (6)	/ Others (6)	14 *	21	26	16	39	18
Fachrichtung unbekannt	/ Field of study unknown	5 *	0	-	-	-	1

D2-5

Absolventen nach Fachrichtungen
Tertiärbereich - ISCED 5,6,7
1993/94

Weiblich

Field of study choices of graduate
Higher education - ISCED 5,6,
1993/9

Female

%

eurostat		EUR 15	B(1)	DK	D(1)	GR(1)	E(1)
Insgesamt	/ Total	100	100	100	100	100	100
Geistes- und Kunstwissensch.,Theologie	/ Humanities, Applied arts, Religion	14 *	7	13	12	4	12
Sozialwissenschaften (4)	/ Social science (4)	25 *	35	19	18	12	23
Rechtswissenschaften	/ Law	7 *	4	2	3	6	18
Naturwissenschaften	/ Natural science	4 *	2	1	4	4	5
Mathematik, Informatik	/ Mathematics, Computer science	3 *	1	1	3	2	2
Medizin	/ Medical science	19 *	17	24	29	17	13
Ingenieurwissenschaften, Architektur (5)	/ Engineering, Architecture (5)	6 *	7	9	7	6	3
Sonstige (6)	/ Others (6)	18 *	27	33	25	48	23
Fachrichtung unbekannt	/ Field of study unknown	6 *	0	-	-	-	1

D2-6

Absolventen nach Fachrichtungen
Tertiärbereich - ISCED 5,6,7
1993/94

Männlich

Field of study choices of graduates
Higher education - ISCED 5,6,7
1993/94

Males

%

eurostat		EUR 15	B(1)	DK	D(1)	GR(1)	E(1)	F
Insgesamt	/ Total	100	100	100	100	100	100	:
Geistes- und Kunstwissensch.,Theologie	/ Humanities, Applied arts, Religion	8 *	4	4	5	4	9	:
Sozialwissenschaften (4)	/ Social science (4)	24 *	31	30	18	15	23	:
Rechtswissenschaften	/ Law	6 *	4	1	3	4	16	:
Naturwissenschaften	/ Natural science	7 *	3	2	7	8	7	:
Mathematik, Informatik	/ Mathematics, Computer science	6 *	5	2	5	4	5	:
Medizin	/ Medical science	8 *	8	4	11	15	8	:
Ingenieurwissenschaften, Architektur (5)	/ Engineering, Architecture (5)	28 *	29	38	41	23	18	:
Sonstige (6)	/ Others (6)	9 *	15	18	10	26	11	:
Fachrichtung unbekannt	/ Field of study unknown	4 *	0	-	-	0	1	:

(1) 1992/93
(2) Einschliesslich der Absolventen, die nochmals auf demselben ISCED Niveau
einen Abschluss erlangten. Ohne die Absolventen der ISCED Niveaustufe 5,
die Prüfungen vor verschiedenen berufsständischen Vertretungen zwecks Erlangung von
Qualifikationen auf bestimmten Fachgebieten (Rechnungsesen, Marketing, Bürotechnik)
abgelegt haben
(3) Alle Angaben unter 'Fachrichtung unbekannt' beziehen sich auf die ISCED Niveaustufe 5
(4) Einschliesslich Betriebswirtschaftslehre, Kommunikationswissenschaften und Dokumentation
(5) Einschliesslich der Absolventen des Verkehrswesens, der Handelsfächer sowie der
gewerblich-technischen Fächer
(6) Einschliesslich der Lehrerabsolventen, sowie der Absolventen der Agrarwissenschaften,
der Hauswirtschaftslehre sowie der Fächer im Dienstleistungsbereich

(1) 1992/93
(2) Includes students who graduated a second time at the same
ISCED level. Excludes a number of students at ISCED 5 who
received professional qualifications from various
professional bodies (accountacy, marketing and secretarial)
(3) All data in 'Field of study unknown' refer to ISCED 5
(4) Includes Business admin., Mass communication, documentation
(5) Includes Transport, Trade, craft and industrial programmes
(6) Includes Teacher training, Agriculture, Home economics and
Service trades

Domaines d'études choisis par les diplômés
Enseignement supérieur - CITE 5,6,7
1993/94

Garçons et filles

%

IRL(1)(2)	I(3)	L	NL(1)	A	P	FIN	S	UK	
100	100	:	100	100	100	100	100	100	Total
17	8	:	8	14	10	6	5	15	Lettres, Arts appliqués, Religion
27	14	:	33	21	29	9	19	32	Sciences sociales (4)
4	8	:	5	8	6	1	3	4	Droit
11	4	:	3	5	2	3	3	7	Sciences naturelles
6	2	:	3	4	2	6	4	6	Mathématiques, Informatique
9 *	14	:	14	10	9	32	25	14	Sciences médicales
17	7	:	14	14	13	20	16	15	Sciences de l'ingénieur, Architecture (5)
10	3	:	18	25	28	23	26	8	Autres (6)
-	40	:	2	-	-	-	-	-	Domaine d'études non spécifié

Domaines d'études choisis par les diplômés
Enseignement supérieur - CITE 5,6,7
1993/94

Filles

%

IRL(1)(2)	I(3)	L	NL(1)	A	P	FIN	S	UK	
100	100	:	100	100	100	100	100	100	Total
20	13	:	11	16	11	7	5	18	Lettres, Arts appliqués, Religion
29	12	:	34	21	28	9	18	31	Sciences sociales (4)
4	7	:	5	6	6	1	2	4	Droit
12	4	:	2	3	2	2	2	6	Sciences naturelles
5	2	:	1	2	2	2	1	4	Mathématiques, Informatique
14 *	12	:	19	12	12	48	33	22	Sciences médicales
4	3	:	4	5	6	5	5	6	Sciences de l'ingénieur, Architecture (5)
13	4	:	22	35	33	25	34	10	Autres (6)
-	44	:	2	-	-	-	-	-	Domaine d'études non spécifié

Domaines d'études choisis par les diplômés
Enseignement supérieur - CITE 5,6,7
1993/94

Garçons

%

IRL(1)(2)	I(3)	L	NL(1)	A	P	FIN	S	UK	
100	100	:	100	100	100	100	100	100	Total
13	3	:	6	11	8	4	5	12	Lettres, Arts appliqués, Religion
25	16	:	33	22	31	9	20	32	Sciences sociales (4)
3	8	:	5	10	6	2	3	3	Droit
11	4	:	4	6	2	3	4	8	Sciences naturelles
7	2	:	4	6	3	11	8	9	Mathématiques, Informatique
3 *	17	:	9	7	5	10	12	5	Sciences médicales
31	13	:	23	22	26	40	33	25	Sciences de l'ingénieur, Architecture (5)
6	3	:	15	15	20	21	14	5	Autres (6)
-	34	:	2	-	-	-	-	-	Domaine d'études non spécifié

(1) 1992/93
(2) Inclut les étudiants ayant obtenu pour la seconde fois un diplôme de même
    niveau. Exclut certains étudiants de niveau CITE 5 ayant reçu une qualification
    professionnelle de la part de différents organismes professionnels (comptabilité,
    marketing et secrétariat)
(3) Les données figurant dans la rubrique 'Domaine d'études non spécifié' correspondent au niveau CITE 5
(4) Administration des entreprises, Information et documentation inclues
(5) Transport, métiers de la production industrielle inclus
(6) Sciences de l'éducation , Agriculture, Enseignement ménager et Formation pour le secteur
    tertiaire inclus

Frauenanteil bei den Absolventen nach Fachrichtungen **Proportion of female graduates per field of stud**
Tertiärbereich - ISCED 5,6,7 **Higher education - ISCED 5,6,**
1993/94 **1993/9**

%

eurostat		EUR 15	B(1)	DK	D(1)	GR(1)	E(1)
Insgesamt	/ Total	51 *	51	53	45	57	55
Geistes- und Kunstwissensch.,Theologie	/ Humanities, Applied arts, Religion	65 *	62	76	65	56	62
Sozialwissenschaften (3)	/ Social science (3)	52 *	54	41	45	52	54
Rechtswissenschaften	/ Law	55 *	51	60	41	62	57
Naturwissenschaften	/ Natural science	40 *	42	35	29	41	46
Mathematik, Informatik	/ Mathematics, Computer science	32 *	22	30	33	40	33
Medizin	/ Medical science	70 *	68	86	67	60	67
Ingenieurwissenschaften, Architektur (4)	/ Engineering, Architecture (4)	17 *	19	20	12	25	18
Sonstige (5)	/ Others (5)	67 *	66	67	67	71	71

(1) 1992/93
(2) Einschliesslich der Absolventen, die nochmals auf demselben ISCED Niveau
   einen Abschluss erlangten. Ohne die Absolventen der ISCED Niveaustufe 5,
   die Prüfungen vor verschiedenen berufsständischen Vertretungen zwecks Erlangung von
   Qualifikationen auf bestimmten Fachgebieten (Rechnungsesen, Marketing, Bürotechnik)
   abgelegt haben
(3) Einschliesslich Betriebswirtschaftslehre, Kommunikationswissenschaften und Dokumentation
(4) Einschliesslich der Absolventen des Verkehrswesens, der Handelsfächer sowie der
   gewerblich-technischen Fächer
(5) Einschliesslich der Lehrerabsolventen, sowie der Absolventen der Agrarwissenschaften,
   der Hauswirtschaftslehre sowie der Fächer im Dienstleistungsbereich

(1) 1992/93
(2) Includes students who graduated a second time at the same
   ISCED level. Excludes a number of students at ISCED 5 who
   received professional qualifications from various
   professional bodies (accountacy, marketing and secretarial)
(3) Includes Business admin., Mass communication, documentation
(4) Includes Transport, Trade, craft and industrial programmes
(5) Includes Teacher training, Agriculture, Home economics and
   Service trades

%

IRL(1)(2)	I	L	NL(1)	A	P	FIN	S	UK	
51 *	56	:	47	51	63	58	61	51	**Total**
61	84	:	62	60	70	69	59	61	**Lettres, Arts appliqués, Religion**
56	50	:	48	50	61	60	58	50	**Sciences sociales** (3)
56	53	:	50	38	64	46	55	56	**Droit**
52	54	:	34	33	63	48	45	44	**Sciences naturelles**
41	49	:	11	21	49	23	22	30	**Mathématiques, Informatique**
80 *	47	:	66	62	81	87	81	82	**Sciences médicales**
11	24	:	15	20	26	14	19	20	**Sciences de l'ingénieur, Architecture** (4)
70	62	:	58	71	76	62	80	65	**Autres** (5)

D

(1) 1992/93
(2) Inclut les étudiants ayant obtenu pour la seconde fois un diplôme de même
    niveau. Exclut certains étudiants de niveau CITE 5 ayant reçu une qualification
    professionnelle de la part de différents organismes professionnels (comptabilité,
    marketing et secrétariat)
(3) Administration des entreprises, Information et documentation inclues
(4) Transport, métiers de la production industrielle inclus
(5) Sciences de l'éducation , Agriculture, Enseignement ménager et Formation pour le secteur
    tertiaire inclus

D2-7

Frauenanteil bei den Absolventen des Tertiärbereichs (ISCED 5,6,7) nach Fachrichtungen
Proportion of female graduates of higher education (ISCED 5,6,7) per field of study
Pourcentage de filles diplômées de l'enseignement supérieur (CITE 5,6,7) par domaine d'études

Geistes- und Kunstwissenschaften, Theologie,
Humanities, Applied arts, Religion
Lettres, Arts appliqués, Religion

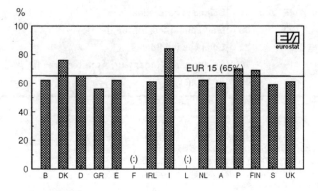

Sozialwissenschaften
Social science
Sciences sociales

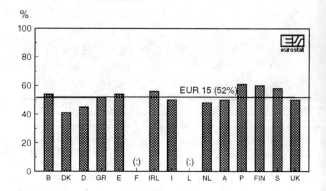

Rechtswissenschaften
Law
Droit

Naturwissenschaften
Natural science
Sciences naturelles

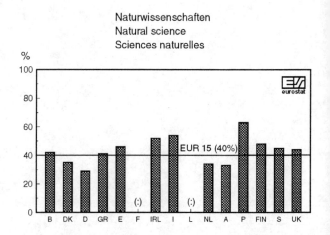

Mathematik, Informatik
Mathematics, Computer science
Mathématiques, Informatique

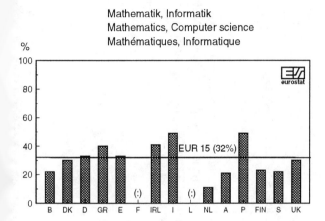

Medizin
Medical science
Sciences médicales

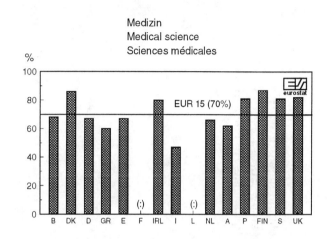

Ingenieurwissenschaften, Architektur
Engineering, Architecture
Sciences de l'ingénieur, Architecture

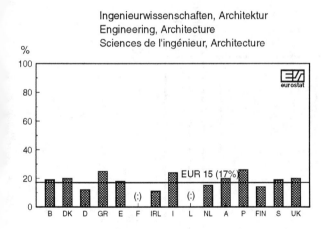

Sonstige
Others
Autres

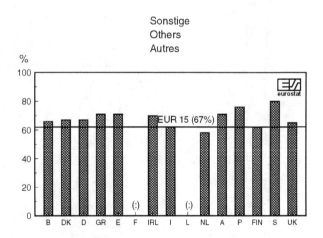

D

D2-8

Frauenanteil bei den Absolventen des Tertiärbereichs (ISCED 5,6,7) nach Fachrichtungen, EUR 15
Proportion of female graduates of higher education (ISCED 5,6,7) per field of study, EUR 15
Pourcentage de filles diplômées de l'enseignement supérieur (CITE 5,6,7) par domaine d'études, EUR 15

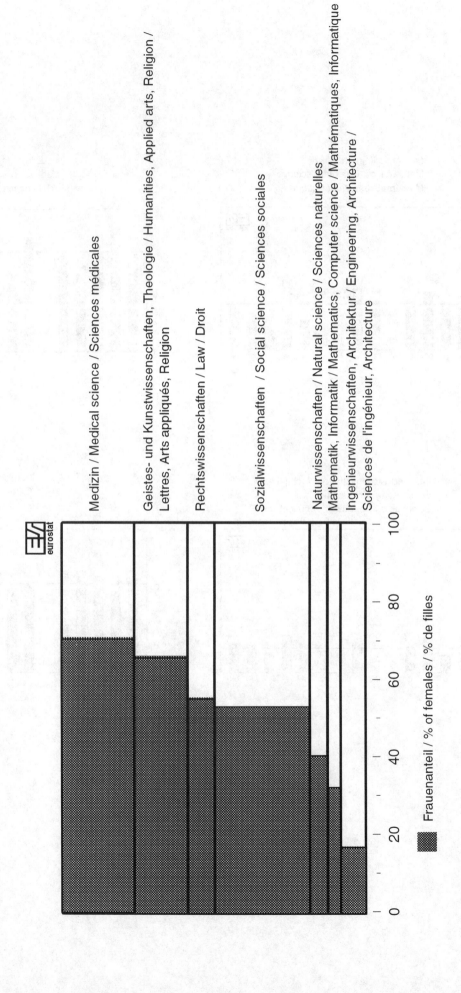

Medizin / Medical science / Sciences médicales

Geistes- und Kunstwissenschaften, Theologie / Humanities, Applied arts, Religion /
Lettres, Arts appliqués, Religion

Rechtswissenschaften / Law / Droit

Sozialwissenschaften / Social science / Sciences sociales

Naturwissenschaften / Natural science / Sciences naturelles

Mathematik, Informatik / Mathematics, Computer science / Mathématiques, Informatique

Ingenieurwissenschaften, Architektur / Engineering, Architecture /
Sciences de l'ingénieur, Architecture

■ Frauenanteil / % of females / % de filles

E Höchstes Bildungsniveau
Highest level of education and training attained
Le niveau d'éducation et de formation le plus élevé atteint

E

E1
Bildungsniveau der Bevölkerung im Alter von 25 bis 59 Jahren
1995

Männlich und weiblich

Educational attainment of the population aged 25-59
1995

Males and females

1000

eurostat		EUR 15	B	DK	D	GR	E	F
Insgesamt	/ Total	174981.7	4841.7	2552.6	39803.6	4712.9	17157.4	26586.8
Niedrig (<ISCED 3)	/ Low (<ISCED 3)	72486.7	2060.3	477.5	6842.4	2535.1	11825.4	10135.6
Mittel (ISCED 3) (1)	/ Medium (ISCED 3) (1)	69631.9	1578.5	1355.5	23882.6	1444.4	2359.9	11311.4
Hoch (ISCED 5,6,7)	/ High (ISCED 5,6,7)	32863.2	1202.9	719.7	9078.6	733.4	2972.1	5139.8

E2
Bildungsniveau der Bevölkerung im Alter von 25 bis 59 Jahren
1995

Weiblich

Educational attainment of the population aged 25-59
1995

Females

1000

eurostat		EUR 15	B	DK	D	GR	E	F
Insgesamt	/ Total	87420.4	2396.2	1252.7	19569.7	2431.1	8690.9	13396.8
Niedrig (<ISCED 3)	/ Low (<ISCED 3)	39478.7	1067.3	270.5	4368.8	1354.5	6155.0	5562.5
Mittel (ISCED 3) (1)	/ Medium (ISCED 3) (1)	33204.2	733.2	643.7	11844.8	748.7	1130.1	5187.7
Hoch (ISCED 5,6,7)	/ High (ISCED 5,6,7)	14737.5	595.7	338.5	3356.1	327.8	1405.9	2646.6

E3
Bildungsniveau der Bevölkerung im Alter von 25 bis 59 Jahren
1995

Männlich

Educational attainment of the population aged 25-59
1995

Males

1000

eurostat		EUR 15	B	DK	D	GR	E	F
Insgesamt	/ Total	87561.4	2445.5	1300.0	20234.0	2281.8	8466.5	13190.0
Niedrig (<ISCED 3)	/ Low (<ISCED 3)	33008.0	993.0	207.0	2473.6	1180.5	5670.4	4573.1
Mittel (ISCED 3) (1)	/ Medium (ISCED 3) (1)	36427.6	845.4	711.7	12037.8	695.7	1229.8	6123.7
Hoch (ISCED 5,6,7)	/ High (ISCED 5,6,7)	18125.7	607.1	381.2	5722.5	405.6	1566.2	2493.2

(1) Bei der Ermittlung dieser Ergebnisse wurde die gesamte schulgestützte berufliche Bildung (einschließlich des Dualsystems) der ISCED Niveaustufe 3 zugeordnet. Dies führte zu einer leichten Überhöhung des Anteils der Personen mit dem Bildungsniveau ISCED 3 für DK, D, F und vor allem für die NL

(1) Data have been calculated by allocating all school-based vocational education (dual system included) to ISCED 3. This results in a slight overestimation of the number of people having attained ISCED 3 in DK, D, F and particularly in NL

E1

Niveau d'éducation ou de formation atteint
de la population âgée de 25 à 59 ans
1995

Hommes et femmes

1000

IRL	I	L	NL	A	P	FIN	S	UK	
1524.2	27497.2	205.7	7731.3	3943.1	4563.0	2516.3	3980.1	27365.9	Total
771.6	17024.6	113.8	1562.6	1149.5	3488.0	753.1	938.0	12809.4	Inférieur (<CITE 3)
435.2	8178.0	58.3	4450.1	2462.0	524.9	1209.3	1880.6	8501.3	Moyen (CITE 3) (1)
317.4	2294.6	33.6	1718.6	331.7	550.2	553.9	1161.5	6055.2	Supérieur (CITE 5,6,7)

E2

Niveau d'éducation ou de formation atteint
de la population âgée de 25 à 59 ans
1995

Femmes

1000

IRL	I	L	NL	A	P	FIN	S	UK	
764.1	13827.4	100.8	3797.4	1958.0	2402.4	1251.2	1944.7	13636.9	Total
358.8	8785.6	62.8	896.9	738.1	1828.8	358.8	403.8	7266.5	Inférieur (<CITE 3)
251.0	3976.0	24.7	2163.5	1076.6	252.1	620.7	934.3	3617.1	Moyen (CITE 3) (1)
154.4	1065.8	13.3	737.0	143.3	321.5	271.7	606.7	2753.4	Supérieur (CITE 5,6,7)

E3

Niveau d'éducation ou de formation atteint
de la population âgée de 25 à 59 ans
1995

Hommes

1000

IRL	I	L	NL	A	P	FIN	S	UK	
760.0	13669.8	104.9	3933.8	1985.1	2160.6	1265.1	2035.3	13729.0	Total
412.8	8238.9	51.0	665.6	411.4	1659.1	394.3	534.2	5543.0	Inférieur (<CITE 3)
184.2	4202.0	33.6	2286.6	1385.4	272.8	588.6	946.3	4884.2	Moyen (CITE 3) (1)
163.1	1228.9	20.4	981.6	188.3	228.7	282.2	554.8	3301.8	Supérieur (CITE 5,6,7)

(1) Toutes les formations professionnelles dans une école (formation
alternée inclue) ont été affectées au niveau CITE 3; ceci peut expliquer
une relative sur-estimation du nombre de personnes ayant atteint le
niveau CITE 3 au DK, D, F et particulièrement aux NL

E4

Bildungsniveau der Bevölkerung im Alter von 25 bis 59 Jahren
Männlich und weiblich
1995

Educational attainment of the population aged 25-59
Males and females
1995

%

eurostat		EUR 15	B	DK	D	GR	E	F
Insgesamt	**/ Total**	**100**	**100**	**100**	**100**	**100**	**100**	**100**
Niedrig (<ISCED 3)	**/ Low (<ISCED 3)**	41	43	19	17	54	69	38
Mittel (ISCED 3) (1)	**/ Medium (ISCED 3) (1)**	40	33	53	60	31	14	43
Hoch (ISCED 5,6,7)	**/ High (ISCED 5,6,7)**	19	25	28	23	16	17	19

E5

Bildungsniveau der Bevölkerung im Alter von 25 bis 59 Jahren
1995
Weiblich

Educational attainment of the population aged 25-59
1995
Females

%

eurostat		EUR 15	B	DK	D	GR	E	F
Insgesamt	**/ Total**	**100**	**100**	**100**	**100**	**100**	**100**	**100**
Niedrig (<ISCED 3)	**/ Low (<ISCED 3)**	45	45	22	22	56	71	42
Mittel (ISCED 3) (1)	**/ Medium (ISCED 3) (1)**	38	31	51	61	31	13	39
Hoch (ISCED 5,6,7)	**/ High (ISCED 5,6,7)**	17	25	27	17	13	16	20

E6

Bildungsniveau der Bevölkerung im Alter von 25 bis 59 Jahren
1995
Männlich

Educational attainment of the population aged 25-59
1995
Males

%

eurostat		EUR 15	B	DK	D	GR	E	F
Insgesamt	**/ Total**	**100**	**100**	**100**	**100**	**100**	**100**	**100**
Niedrig (<ISCED 3)	**/ Low (<ISCED 3)**	38	41	16	12	52	67	35
Mittel (ISCED 3) (1)	**/ Medium (ISCED 3) (1)**	42	35	55	59	30	15	46
Hoch (ISCED 5,6,7)	**/ High (ISCED 5,6,7)**	21	25	29	28	18	18	19

(1) Bei der Ermittlung dieser Ergebnisse wurde die gesamte schulgestützte berufliche Bildung (einschließlich des Dualsystems) der ISCED Niveaustufe 3 zugeordnet. Dies führte zu einer leichten Überhöhung des Anteils der Personen mit dem Bildungsniveau ISCED 3 für DK, D, F und vor allem für die NL

(1) Data have been calculated by allocating all school-based vocational education (dual system included) to ISCED 3. This results in a slight overestimation of the number of people having attained ISCED 3 in DK, D, F and particularly in NL

**Niveau d'éducation ou de formation atteint
de la population âgée de 25 à 59 ans
Hommes et femmes
1995**

%

IRL	I	L	NL	A	P	FIN	S	UK	
100	100	100	100	100	100	100	100	100	Total
51	62	55	20	29	76	30	24	47	Inférieur (<CITE 3)
29	30	28	58	62	12	48	47	31	Moyen (CITE 3) (1)
21	8	16	22	8	12	22	29	22	Supérieur (CITE 5,6,7)

E

⬦ E5

**Niveau d'éducation ou de formation atteint
de la population âgée de 25 à 59 ans
1995
Femmes**

%

IRL	I	L	NL	A	P	FIN	S	UK	
100	100	100	100	100	100	100	100	100	Total
47	64	62	24	38	76	31	21	53	Inférieur (<CITE 3)
33	29	24	57	55	10	47	48	27	Moyen (CITE 3) (1)
20	8	13	19	7	13	22	31	20	Supérieur (CITE 5,6,7)

⬦ E6

**Niveau d'éducation ou de formation atteint
de la population âgée de 25 à 59 ans
1995
Hommes**

%

IRL	I	L	NL	A	P	FIN	S	UK	
100	100	100	100	100	100	100	100	100	Total
54	60	49	17	21	77	29	26	40	Inférieur (<CITE 3)
24	31	32	58	70	13	50	46	36	Moyen (CITE 3) (1)
21	9	19	25	9	11	22	27	24	Supérieur (CITE 5,6,7)

(1) Toutes les formations professionnelles dans une école (formation
alternée inclue) ont été affectées au niveau CITE 3; ceci peut expliquer
une relative sur-estimation du nombre de personnes ayant atteint le
niveau CITE 3 au DK, D, F et particulièrement aux NL

E7

**Altersstruktur der Bevölkerung für
ein bestimmtes Bildungsniveau
1995**

Männlich und weiblich

%

**Age structure of the population of a
given level of educational attainment
1995**

Males and females

		EUR 15	B	DK	D	GR	E	F
Insgesamt	**/ Total**							
Insgesamt 25-59	**/ Total 25-59**	100	100	100	100	100	100	100
	25-29	16	16	15	15	15	17	16
	30-34	16	17	15	16	15	16	16
	35-39	15	16	15	14	15	15	16
	40-44	14	15	14	14	14	14	16
	45-49	14	14	16	12	14	14	15
	50-54	12	11	14	13	12	13	10
	55-59	12	11	10	15	14	12	11
Niedrig (<ISCED 3)	**/ Low (<ISCED 3)**							
Insgesamt 25-59	**/ Total 25-59**	100	100	100	100	100	100	100
	25-29	12	10	9	12	9	12	10
	30-34	13	13	12	13	11	13	12
	35-39	13	15	15	12	13	14	14
	40-44	14	15	12	12	14	15	16
	45-49	16	15	18	12	17	16	17
	50-54	15	14	18	16	16	16	14
	55-59	17	17	17	23	20	15	16
Mittel (ISCED 3) [1]	**/ Medium (ISCED 3)** [1]							
Insgesamt 25-59	**/ Total 25-59**	100	100	100	100	100	100	100
	25-29	20	20	19	18	23	28	18
	30-34	18	19	16	17	19	23	19
	35-39	16	17	14	14	18	20	17
	40-44	14	15	13	13	14	12	16
	45-49	12	14	14	11	11	8	14
	50-54	10	8	14	13	8	5	9
	55-59	9	8	9	13	7	3	8
Hoch (ISCED 5,6,7)	**/ High (ISCED 5,6,7)**							
Insgesamt 25-59	**/ Total 25-59**	100	100	100	100	100	100	100
	25-29	17	20	13	12	20	28	22
	30-34	18	20	16	17	20	21	19
	35-39	17	17	16	16	18	17	17
	40-44	16	15	16	16	15	13	15
	45-49	14	13	18	13	12	10	14
	50-54	11	9	12	14	8	7	8
	55-59	8	6	7	12	7	5	5

(1) Bei der Ermittlung dieser Ergebnisse wurde die gesamte schulgestützte berufliche
Bildung (einschließlich des Dualsystems) der ISCED Niveaustufe 3 zugeordnet.
Dies führte zu einer leichten Überhöhung des Anteils der Personen mit dem
Bildungsniveau ISCED 3 für DK, D, F und vor allem für die NL

(1) Data have been calculated by allocating all school-based vocational
education (dual system included) to ISCED 3. This results in a slight
overestimation of the number of people having attained ISCED 3 in
DK, D, F and particularly in NL

Structure d'âge de la population par niveau donné d'éducation ou de formation atteint
1995
Hommes et femmes

%

IRL	I	L	NL	A	P	FIN	S	UK	
									Total
100	**100**	**100**	**100**	**100**	**100**	**100**	**100**	**100**	**Total 25-59**
16	17	16	16	18	13	14	16	17	25-29
16	15	17	17	18	14	15	15	17	30-34
16	14	16	16	15	15	15	15	15	35-39
15	14	15	14	13	16	16	15	14	40-44
14	14	13	15	12	16	18	16	15	45-49
12	13	11	11	14	13	11	14	12	50-54
10	12	11	10	10	14	11	10	11	55-59
									Inférieur (<CITE 3)
100	**100**	**100**	**100**	**100**	**100**	**100**	**100**	**100**	**Total 25-59**
11	14	16	11	12	11	7	7	15	25-29
13	13	17	13	13	13	8	9	16	30-34
14	12	15	14	14	13	11	12	14	35-39
16	13	15	14	14	16	15	12	13	40-44
18	16	14	17	14	17	22	19	15	45-49
15	15	12	15	17	14	17	21	13	50-54
14	17	12	15	16	16	20	20	14	55-59
									Moyen (CITE 3) (1)
100	**100**	**100**	**100**	**100**	**100**	**100**	**100**	**100**	**Total 25-59**
22	26	19	18	20	27	18	21	18	25-29
20	20	18	18	19	21	19	18	17	30-34
19	17	18	16	15	18	17	15	16	35-39
15	14	14	14	13	11	16	15	14	40-44
11	11	12	15	12	11	15	14	15	45-49
8	8	10	11	12	7	8	10	11	50-54
6	5	9	9	8	6	6	7	9	55-59
									Supérieur (CITE 5,6,7)
100	**100**	**100**	**100**	**100**	**100**	**100**	**100**	**100**	**Total 25-59**
23	15	15	16	16	15	13	15	17	25-29
20	17	19	18	21	15	17	16	19	30-34
17	18	17	19	21	19	18	15	16	35-39
15	17	16	16	15	18	16	17	15	40-44
12	16	14	15	11	14	16	16	15	45-49
8	10	11	9	11	10	12	14	10	50-54
6	7	8	7	6	8	8	7	8	55-59

(1) Toutes les formations professionnelles dans une école (formation
alternée inclue) ont été affectées au niveau CITE 3; ceci peut expliquer
une relative sur-estimation du nombre de personnes ayant atteint le
niveau CITE 3 au DK, D, F et particulièrement aux NL

E8

Altersstruktur der Bevölkerung für		**Age structure of the population of a**
ein bestimmtes Bildungsniveau		**given level of educational attainment**
1995		**1995**
Weiblich		**Females**

%

		EUR 15	B	DK	D	GR	E	F
Insgesamt	**/ Total**							
Insgesamt 25-59	**/ Total 25-59**	100	100	100	100	100	100	100
	25-29	16	15	15	15	15	16	16
	30-34	16	17	16	16	15	16	16
	35-39	15	16	14	14	15	15	16
	40-44	14	15	14	14	14	14	16
	45-49	14	14	16	12	14	14	15
	50-54	12	11	14	14	12	13	11
	55-59	12	12	10	15	14	12	11
Niedrig (<ISCED 3)	**/ Low (<ISCED 3)**							
Insgesamt 25-59	**/ Total 25-59**	100	100	100	100	100	100	100
	25-29	11	9	7	10	8	11	9
	30-34	13	12	11	12	11	12	11
	35-39	13	15	13	11	13	14	15
	40-44	14	15	12	13	14	15	17
	45-49	16	16	19	12	17	16	18
	50-54	15	15	19	16	16	16	14
	55-59	17	18	19	25	21	16	17
Mittel (ISCED 3) (1)	**/ Medium (ISCED 3) (1)**							
Insgesamt 25-59	**/ Total 25-59**	100	100	100	100	100	100	100
	25-29	20	19	19	17	23	28	19
	30-34	19	20	18	17	19	25	20
	35-39	16	17	13	15	19	19	17
	40-44	14	15	13	14	14	12	16
	45-49	12	13	13	12	11	7	13
	50-54	10	8	14	13	8	5	8
	55-59	9	8	9	13	7	3	7
Hoch (ISCED 5,6,7)	**/ High (ISCED 5,6,7)**							
Insgesamt 25-59	**/ Total 25-59**	100	100	100	100	100	100	100
	25-29	20	22	13	15	27	32	23
	30-34	20	21	18	19	22	24	19
	35-39	18	17	17	18	17	17	18
	40-44	15	15	19	17	13	12	15
	45-49	12	12	17	11	10	8	13
	50-54	9	7	10	11	6	5	7
	55-59	6	5	7	9	4	3	5

(1) Bei der Ermittlung dieser Ergebnisse wurde die gesamte schulgestützte berufliche Bildung (einschließlich des Dualsystems) der ISCED Niveaustufe 3 zugeordnet. Dies führte zu einer leichten Überhöhung des Anteils der Personen mit dem Bildungsniveau ISCED 3 für DK, D, F und vor allem für die NL

(1) Data have been calculated by allocating all school-based vocational education (dual system included) to ISCED 3. This results in a slight overestimation of the number of people having attained ISCED 3 in DK, D, F and particularly in NL

Structure d'âge de la population par niveau donné d'éducation ou de formation atteint
1995
Filles

%

IRL	I	L	NL	A	P	FIN	S	UK	
									Total
100	100	100	100	100	100	100	100	100	**Total 25-59**
16	17	16	16	18	13	14	16	16	**25-29**
17	15	17	17	17	14	15	15	17	**30-34**
16	14	16	16	15	15	16	14	15	**35-39**
15	14	15	15	13	16	16	15	14	**40-44**
14	14	13	15	12	16	17	16	15	**45-49**
11	13	11	11	14	13	12	14	12	**50-54**
10	13	11	10	11	14	11	10	11	**55-59**
									Inférieur (<CITE 3)
100	100	100	100	100	100	100	100	100	**Total 25-59**
10	12	15	10	12	10	7	7	14	**25-29**
12	12	16	13	13	13	6	9	15	**30-34**
14	12	15	14	14	13	11	10	14	**35-39**
17	13	15	14	14	16	15	11	13	**40-44**
18	16	14	18	14	17	22	21	15	**45-49**
15	16	12	15	17	14	18	21	14	**50-54**
14	17	13	16	16	16	21	22	14	**55-59**
									Moyen (CITE 3) (1)
100	100	100	100	100	100	100	100	100	**Total 25-59**
21	27	20	18	21	31	17	20	20	**25-29**
21	22	19	18	20	22	17	18	19	**30-34**
19	17	19	15	15	19	17	15	15	**35-39**
14	13	14	14	12	10	17	15	14	**40-44**
11	10	11	15	12	9	16	15	15	**45-49**
8	7	11	11	12	5	9	11	10	**50-54**
6	5	8	9	8	4	7	8	7	**55-59**
									Supérieur (CITE 5,6,7)
100	100	100	100	100	100	100	100	100	**Total 25-59**
25	18	19	19	19	16	15	15	18	**25-29**
21	19	22	20	24	16	19	15	19	**30-34**
17	20	17	19	22	21	18	16	17	**35-39**
14	16	15	16	14	17	15	17	15	**40-44**
11	15	13	13	9	13	14	16	14	**45-49**
7	8	7	8	7	10	11	13	10	**50-54**
5	5	6	6	4	6	6	7	8	**55-59**

(1) Toutes les formations professionnelles dans une école (formation alternée inclue) ont été affectées au niveau CITE 3; ceci peut expliquer une relative sur-estimation du nombre de personnes ayant atteint le niveau CITE 3 au DK, D, F et particulièrement aux NL

E9

Altersstruktur der Bevölkerung für ein bestimmtes Bildungsniveau 1995

Männlich

%

Age structure of the population of a given level of educational attainment 1995

Males

		EUR 15	B	DK	D	GR	E	F
Insgesamt	**/ Total**							
Insgesamt 25-59	**/ Total 25-59**	**100**	**100**	**100**	**100**	**100**	**100**	**100**
	25-29	16	16	16	16	15	17	16
	30-34	16	17	14	17	15	16	16
	35-39	15	16	15	15	15	15	16
	40-44	14	15	13	13	15	14	16
	45-49	14	14	17	12	15	14	15
	50-54	12	11	14	13	12	12	10
	55-59	12	11	10	15	14	11	11
Niedrig (<ISCED 3)	**/ Low (<ISCED 3)**							
Insgesamt 25-59	**/ Total 25-59**	**100**	**100**	**100**	**100**	**100**	**100**	**100**
	25-29	13	11	11	14	10	13	11
	30-34	14	14	13	16	11	14	13
	35-39	13	15	17	13	13	14	14
	40-44	14	15	13	11	15	14	15
	45-49	16	15	17	12	17	16	17
	50-54	14	13	17	14	16	15	14
	55-59	15	16	14	20	19	15	16
Mittel (ISCED 3) (1)	**/ Medium (ISCED 3) (1)**							
Insgesamt 25-59	**/ Total 25-59**	**100**	**100**	**100**	**100**	**100**	**100**	**100**
	25-29	19	20	19	19	22	27	17
	30-34	18	18	15	17	19	22	18
	35-39	16	17	15	14	16	20	17
	40-44	14	15	13	13	14	12	16
	45-49	13	14	15	11	12	9	14
	50-54	11	8	14	13	8	6	9
	55-59	10	8	10	14	8	4	8
Hoch (ISCED 5,6,7)	**/ High (ISCED 5,6,7)**							
Insgesamt 25-59	**/ Total 25-59**	**100**	**100**	**100**	**100**	**100**	**100**	**100**
	25-29	15	18	14	10	15	25	20
	30-34	17	19	15	16	18	19	18
	35-39	16	17	16	16	18	16	16
	40-44	16	15	14	16	16	13	15
	45-49	15	14	20	13	14	12	16
	50-54	12	10	15	15	9	9	9
	55-59	9	7	8	14	10	6	6

(1) Bei der Ermittlung dieser Ergebnisse wurde die gesamte schulgestützte berufliche Bildung (einschließlich des Dualsystems) der ISCED Niveaustufe 3 zugeordnet. Dies führte zu einer leichten Überhöhung des Anteils der Personen mit dem Bildungsniveau ISCED 3 für DK, D, F und vor allem für die NL

(1) Data have been calculated by allocating all school-based vocational education (dual system included) to ISCED 3. This results in a slight overestimation of the number of people having attained ISCED 3 in DK, D, F and particularly in NL

Structure d'âge de la population par niveau donné d'éducation ou de formation atteint
1995

Hommes

%

IRL	I	L	NL	A	P	FIN	S	UK	
									Total
100	100	100	100	100	100	100	100	100	Total 25-59
17	17	16	17	18	13	14	16	17	25-29
16	15	17	17	18	14	16	15	17	30-34
16	14	16	16	15	15	15	15	15	35-39
16	14	15	14	13	16	16	14	14	40-44
15	15	14	15	12	16	18	16	15	45-49
12	13	11	11	13	13	11	14	12	50-54
10	12	10	10	10	13	11	10	11	55-59
									Inférieur (<CITE 3)
100	100	100	100	100	100	100	100	100	Total 25-59
11	15	17	14	13	12	7	6	17	25-29
13	14	17	14	13	13	9	9	17	30-34
14	12	15	14	13	14	11	13	13	35-39
16	13	15	14	14	16	16	12	12	40-44
17	16	14	17	15	16	22	18	14	45-49
15	15	11	14	16	14	16	21	13	50-54
13	16	11	14	15	15	19	19	12	55-59
									Moyen (CITE 3) (1)
100	100	100	100	100	100	100	100	100	Total 25-59
24	24	18	18	20	23	20	22	17	25-29
19	18	17	18	19	19	21	18	16	30-34
18	17	18	16	15	17	16	15	16	35-39
15	14	15	14	13	12	16	15	14	40-44
10	12	13	14	12	12	15	14	15	45-49
8	8	10	11	12	8	7	10	11	50-54
6	6	10	9	9	7	6	6	11	55-59
									Supérieur (CITE 5,6,7)
100	100	100	100	100	100	100	100	100	Total 25-59
22	11	13	14	14	12	11	14	17	25-29
18	15	17	17	19	15	15	16	18	30-34
17	17	17	18	20	17	17	15	16	35-39
15	18	16	16	15	19	17	16	16	40-44
13	17	14	16	12	16	18	17	15	45-49
9	12	14	11	13	11	12	14	10	50-54
6	9	9	8	7	11	10	8	8	55-59

E

(1) Toutes les formations professionnelles dans une école (formation alternée inclue) ont été affectées au niveau CITE 3; ceci peut expliquer une relative sur-estimation du nombre de personnes ayant atteint le niveau CITE 3 au DK, D, F et particulièrement aux NL

E10
Bildungsniveau der Bevölkerung nach Altersgruppen
1995
Männlich und weiblich

Educational attainment level of the population by age group
1995
Males and females

%

		EUR 15	B	DK	D	GR	E	F
Insgesamt 25-59	**/ Total 25-59**							
Insgesamt	/ Total	100	100	100	100	100	100	100
Niedrig (<ISCED 3)	/ Low (< ISCED 3)	41	43	19	17	54	69	38
Mittel (ISCED 3) (1)	/ Medium (ISCED 3) (1)	40	33	53	60	31	14	43
Hoch (ISCED 5,6,7)	/ High (ISCED 5,6,7)	19	25	28	23	16	17	19
25-29								
Insgesamt	/ Total	100	100	100	100	100	100	100
Niedrig (<ISCED 3)	/ Low (< ISCED 3)	31	27	10	13	32	48	24
Mittel (ISCED 3) (1)	/ Medium (ISCED 3) (1)	49	41	65	70	46	23	49
Hoch (ISCED 5,6,7)	/ High (ISCED 5,6,7)	20	32	24	17	21	29	27
30-34								
Insgesamt	/ Total	100	100	100	100	100	100	100
Niedrig (<ISCED 3)	/ Low (< ISCED 3)	34	33	14	14	40	56	28
Mittel (ISCED 3) (1)	/ Medium (ISCED 3) (1)	45	37	56	62	40	20	50
Hoch (ISCED 5,6,7)	/ High (ISCED 5,6,7)	21	30	30	24	21	23	22
35-39								
Insgesamt	/ Total	100	100	100	100	100	100	100
Niedrig (<ISCED 3)	/ Low (< ISCED 3)	37	39	18	14	46	63	35
Mittel (ISCED 3) (1)	/ Medium (ISCED 3) (1)	42	34	50	60	35	18	45
Hoch (ISCED 5,6,7)	/ High (ISCED 5,6,7)	21	26	31	26	18	19	21
40-44								
Insgesamt	/ Total	100	100	100	100	100	100	100
Niedrig (<ISCED 3)	/ Low (< ISCED 3)	41	43	17	15	53	72	39
Mittel (ISCED 3) (1)	/ Medium (ISCED 3) (1)	39	32	50	58	31	12	43
Hoch (ISCED 5,6,7)	/ High (ISCED 5,6,7)	20	25	33	27	16	16	18
45-49								
Insgesamt	/ Total	100	100	100	100	100	100	100
Niedrig (<ISCED 3)	/ Low (< ISCED 3)	46	46	20	18	63	79	43
Mittel (ISCED 3) (1)	/ Medium (ISCED 3) (1)	35	32	47	58	24	8	39
Hoch (ISCED 5,6,7)	/ High (ISCED 5,6,7)	18	22	32	25	13	12	18
50-54								
Insgesamt	/ Total	100	100	100	100	100	100	100
Niedrig (<ISCED 3)	/ Low (< ISCED 3)	50	56	24	20	70	85	51
Mittel (ISCED 3) (1)	/ Medium (ISCED 3) (1)	34	25	52	57	20	6	35
Hoch (ISCED 5,6,7)	/ High (ISCED 5,6,7)	16	20	25	23	10	9	14
55-59								
Insgesamt	/ Total	100	100	100	100	100	100	100
Niedrig (<ISCED 3)	/ Low (< ISCED 3)	57	64	31	27	76	89	59
Mittel (ISCED 3) (1)	/ Medium (ISCED 3) (1)	31	22	49	55	16	4	31
Hoch (ISCED 5,6,7)	/ High (ISCED 5,6,7)	12	14	21	19	8	7	10

(1) Bei der Ermittlung dieser Ergebnisse wurde die gesamte schulgestützte berufliche Bildung (einschließlich des Dualsystems) der ISCED Niveaustufe 3 zugeordnet. Dies führte zu einer leichten Überhöhung des Anteils der Personen mit dem Bildungsniveau ISCED 3 für DK, D, F und vor allem für die NL

(1) Data have been calculated by allocating all school-based vocational education (dual system included) to ISCED 3. This results in a slight overestimation of the number of people having attained ISCED 3 in DK, D, F and particularly in NL

Niveau d'éducation ou de formation atteint par groupe d'âge
1995

Hommes et femmes

%

IRL	I	L	NL	A	P	FIN	S	UK	
									Total 25-59
100	100	100	100	100	100	100	100	100	Total
51	62	55	20	29	76	30	24	47	Inférieur (<CITE 3)
29	30	28	58	62	12	48	47	31	Moyen (CITE 3) (1)
21	8	16	22	8	12	22	29	22	Supérieur (CITE 5,6,7)
									25-29
100	100	100	100	100	100	100	100	100	Total
33	49	53	14	20	63	15	10	43	Inférieur (<CITE 3)
38	44	33	64	72	24	65	63	34	Moyen (CITE 3) (1)
30	7	15	22	8	14	21	27	23	Supérieur (CITE 5,6,7)
									30-34
100	100	100	100	100	100	100	100	100	Total
39	52	53	16	22	70	15	15	44	Inférieur (<CITE 3)
36	39	29	60	68	17	60	55	32	Moyen (CITE 3) (1)
25	9	18	24	10	13	25	31	24	Supérieur (CITE 5,6,7)
									35-39
100	100	100	100	100	100	100	100	100	Total
45	54	51	18	26	70	22	19	43	Inférieur (<CITE 3)
33	36	32	57	63	14	52	50	32	Moyen (CITE 3) (1)
22	11	17	26	11	16	25	31	24	Supérieur (CITE 5,6,7)
									40-44
100	100	100	100	100	100	100	100	100	Total
53	59	55	20	31	78	29	19	44	Inférieur (<CITE 3)
27	30	27	56	59	8	49	47	31	Moyen (CITE 3) (1)
20	11	17	24	10	14	22	34	25	Supérieur (CITE 5,6,7)
									45-49
100	100	100	100	100	100	100	100	100	Total
62	68	57	23	33	81	37	28	47	Inférieur (<CITE 3)
21	23	25	55	59	8	42	42	31	Moyen (CITE 3) (1)
17	9	17	22	7	11	20	30	22	Supérieur (CITE 5,6,7)
									50-54
100	100	100	100	100	100	100	100	100	Total
66	76	58	27	36	84	45	36	53	Inférieur (<CITE 3)
20	18	26	55	57	6	33	36	28	Moyen (CITE 3) (1)
14	7	16	18	7	10	23	29	19	Supérieur (CITE 5,6,7)
									55-59
100	100	100	100	100	100	100	100	100	Total
71	83	64	31	45	88	55	47	58	Inférieur (<CITE 3)
17	12	23	53	50	5	28	32	26	Moyen (CITE 3) (1)
12	5	12	16	5	7	17	21	16	Supérieur (CITE 5,6,7)

E

(1) Toutes les formations professionnelles dans une école (formation alternée inclue) ont été affectées au niveau CITE 3; ceci peut expliquer une relative sur-estimation du nombre de personnes ayant atteint le niveau CITE 3 au DK, D, F et particulièrement aux NL

E10

Bildungsniveau der Bevölkerung nach Altersgruppen, 1995 - EUR 15
Educational attainment level of the population by age group, 1995 - EUR 15
Niveau d'éducation ou de formation atteint par groupe d'âge, 1995 - EUR 15

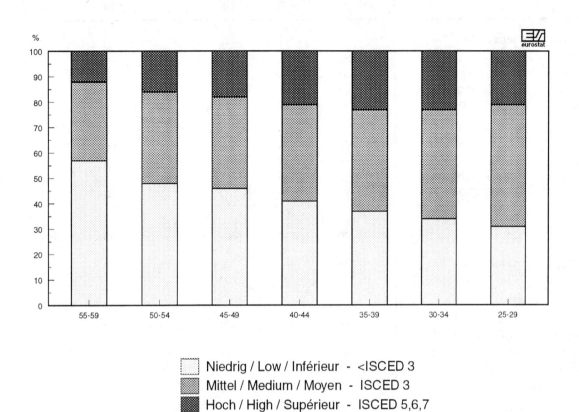

Niedrig / Low / Inférieur - <ISCED 3
Mittel / Medium / Moyen - ISCED 3
Hoch / High / Supérieur - ISCED 5,6,7

E

E11
Bildungsniveau der Bevölkerung nach Altersgruppen
1995
Weiblich

Educational attainment level of the population by age group
1995
Females

%

		EUR 15	B	DK	D	GR	E	F
Insgesamt 25-59	**/ Total 25-59**							
Insgesamt	/ Total	100	100	100	100	100	100	100
Niedrig (<ISCED 3)	/ Low (< ISCED 3)	45	45	22	22	56	71	42
Mittel (ISCED 3) (1)	/ Medium (ISCED 3) (1)	38	31	51	61	31	13	39
Hoch (ISCED 5,6,7)	/ High (ISCED 5,6,7)	17	25	27	17	13	16	20
	25-29							
Insgesamt	/ Total	100	100	100	100	100	100	100
Niedrig (<ISCED 3)	/ Low (< ISCED 3)	31	26	10	15	30	46	23
Mittel (ISCED 3) (1)	/ Medium (ISCED 3) (1)	48	38	66	68	46	22	47
Hoch (ISCED 5,6,7)	/ High (ISCED 5,6,7)	21	36	23	17	24	32	30
	30-34							
Insgesamt	/ Total	100	100	100	100	100	100	100
Niedrig (<ISCED 3)	/ Low (< ISCED 3)	35	32	15	16	41	55	29
Mittel (ISCED 3) (1)	/ Medium (ISCED 3) (1)	44	36	56	63	39	21	47
Hoch (ISCED 5,6,7)	/ High (ISCED 5,6,7)	21	32	29	21	20	24	24
	35-39							
Insgesamt	/ Total	100	100	100	100	100	100	100
Niedrig (<ISCED 3)	/ Low (< ISCED 3)	40	41	20	17	47	65	38
Mittel (ISCED 3) (1)	/ Medium (ISCED 3) (1)	40	33	48	61	37	17	40
Hoch (ISCED 5,6,7)	/ High (ISCED 5,6,7)	20	26	32	21	15	18	22
	40-44							
Insgesamt	/ Total	100	100	100	100	100	100	100
Niedrig (<ISCED 3)	/ Low (< ISCED 3)	45	45	18	20	56	75	44
Mittel (ISCED 3) (1)	/ Medium (ISCED 3) (1)	37	30	47	59	32	11	38
Hoch (ISCED 5,6,7)	/ High (ISCED 5,6,7)	18	25	35	20	13	13	19
	45-49							
Insgesamt	/ Total	100	100	100	100	100	100	100
Niedrig (<ISCED 3)	/ Low (< ISCED 3)	52	51	26	24	68	84	49
Mittel (ISCED 3) (1)	/ Medium (ISCED 3) (1)	33	29	44	60	23	7	34
Hoch (ISCED 5,6,7)	/ High (ISCED 5,6,7)	15	21	30	16	10	9	17
	50-54							
Insgesamt	/ Total	100	100	100	100	100	100	100
Niedrig (<ISCED 3)	/ Low (< ISCED 3)	56	61	30	27	73	89	56
Mittel (ISCED 3) (1)	/ Medium (ISCED 3) (1)	32	22	51	59	20	5	31
Hoch (ISCED 5,6,7)	/ High (ISCED 5,6,7)	12	17	19	14	7	6	13
	55-59							
Insgesamt	/ Total	100	100	100	100	100	100	100
Niedrig (<ISCED 3)	/ Low (< ISCED 3)	64	68	39	38	81	92	65
Mittel (ISCED 3) (1)	/ Medium (ISCED 3) (1)	27	20	44	52	15	3	26
Hoch (ISCED 5,6,7)	/ High (ISCED 5,6,7)	9	11	17	10	4	5	9

(1) Bei der Ermittlung dieser Ergebnisse wurde die gesamte schulgestützte berufliche Bildung (einschließlich des Dualsystems) der ISCED Niveaustufe 3 zugeordnet. Dies führte zu einer leichten Überhöhung des Anteils der Personen mit dem Bildungsniveau ISCED 3 für DK, D, F und vor allem für die NL

(1) Data have been calculated by allocating all school-based vocational education (dual system included) to ISCED 3. This results in a slight overestimation of the number of people having attained ISCED 3 in DK, D, F and particularly in NL

△ **E11**

**Niveau d'éducation ou de formation
atteint par groupe d'âge
1995**

Femmes

%

IRL	I	L	NL	A	P	FIN	S	UK	
									Total 25-59
100	100	100	100	100	100	100	100	100	Total
47	64	62	24	38	76	29	21	53	Inférieur (<CITE 3)
33	29	24	57	55	10	50	48	27	Moyen (CITE 3) (1)
20	8	13	19	7	13	22	31	20	Supérieur (CITE 5,6,7)
									25-29
100	100	100	100	100	100	100	100	100	Total
28	46	55	14	26	58	14	9	46	Inférieur (<CITE 3)
41	45	30	63	66	25	62	61	33	Moyen (CITE 3) (1)
31	8	15	23	8	17	24	30	22	Supérieur (CITE 5,6,7)
									30-34
100	100	100	100	100	100	100	100	100	Total
34	51	57	18	28	68	13	13	48	Inférieur (<CITE 3)
41	40	26	60	62	17	59	55	29	Moyen (CITE 3) (1)
25	9	16	23	10	15	28	32	22	Supérieur (CITE 5,6,7)
									35-39
100	100	100	100	100	100	100	100	100	Total
40	54	58	21	35	67	21	14	51	Inférieur (<CITE 3)
38	35	28	55	54	14	54	51	27	Moyen (CITE 3) (1)
21	11	14	23	11	19	25	35	22	Supérieur (CITE 5,6,7)
									40-44
100	100	100	100	100	100	100	100	100	Total
51	63	64	23	40	79	27	15	51	Inférieur (<CITE 3)
31	28	23	56	52	7	52	48	27	Moyen (CITE 3) (1)
19	9	14	21	8	15	21	37	22	Supérieur (CITE 5,6,7)
									45-49
100	100	100	100	100	100	100	100	100	Total
59	72	66	28	42	83	36	27	54	Inférieur (<CITE 3)
26	20	21	55	53	6	46	43	26	Moyen (CITE 3) (1)
15	8	14	17	5	11	18	30	19	Supérieur (CITE 5,6,7)
									50-54
100	100	100	100	100	100	100	100	100	Total
64	80	68	32	47	85	43	31	60	Inférieur (<CITE 3)
24	15	23	55	50	4	36	38	22	Moyen (CITE 3) (1)
12	5	9	13	4	11	21	31	17	Supérieur (CITE 5,6,7)
									55-59
100	100	100	100	100	100	100	100	100	Total
69	87	75	38	58	91	56	44	69	Inférieur (<CITE 3)
20	10	17	51	39	3	32	36	17	Moyen (CITE 3) (1)
11	3	7	11	3	6	13	20	14	Supérieur (CITE 5,6,7)

E

(1) Toutes les formations professionnelles dans une école (formation
alternée inclue) ont été affectées au niveau CITE 3; ceci peut expliquer
une relative sur-estimation du nombre de personnes ayant atteint le
niveau CITE 3 au DK, D, F et particulièrement aux NL

E12
Bildungsniveau der Bevölkerung nach Altersgruppen
1995
Männlich

Educational attainment level of the population by age group
1995
Males

%

		EUR 15	B	DK	D	GR	E	F
Insgesamt 25-59	**/ Total 25-59**							
Insgesamt	/ Total	100	100	100	100	100	100	100
Niedrig (<ISCED 3)	/ Low (< ISCED 3)	38	41	16	12	52	67	35
Mittel (ISCED 3) (1)	/ Medium (ISCED 3) (1)	42	35	55	59	30	15	46
Hoch (ISCED 5,6,7)	/ High (ISCED 5,6,7)	21	25	29	28	18	18	19
25-29								
Insgesamt	/ Total	100	100	100	100	100	100	100
Niedrig (<ISCED 3)	/ Low (< ISCED 3)	31	28	11	11	35	50	24
Mittel (ISCED 3) (1)	/ Medium (ISCED 3) (1)	50	44	64	71	46	23	51
Hoch (ISCED 5,6,7)	/ High (ISCED 5,6,7)	19	28	25	18	18	27	24
30-34								
Insgesamt	/ Total	100	100	100	100	100	100	100
Niedrig (<ISCED 3)	/ Low (< ISCED 3)	33	34	14	12	38	58	27
Mittel (ISCED 3) (1)	/ Medium (ISCED 3) (1)	45	37	56	61	40	20	52
Hoch (ISCED 5,6,7)	/ High (ISCED 5,6,7)	22	28	30	28	21	22	21
35-39								
Insgesamt	/ Total	100	100	100	100	100	100	100
Niedrig (<ISCED 3)	/ Low (< ISCED 3)	34	38	17	11	45	61	31
Mittel (ISCED 3) (1)	/ Medium (ISCED 3) (1)	44	36	53	59	33	19	49
Hoch (ISCED 5,6,7)	/ High (ISCED 5,6,7)	22	26	30	31	22	19	19
40-44								
Insgesamt	/ Total	100	100	100	100	100	100	100
Niedrig (<ISCED 3)	/ Low (< ISCED 3)	36	41	16	10	51	69	34
Mittel (ISCED 3) (1)	/ Medium (ISCED 3) (1)	41	33	54	56	29	13	48
Hoch (ISCED 5,6,7)	/ High (ISCED 5,6,7)	23	25	30	34	20	18	18
45-49								
Insgesamt	/ Total	100	100	100	100	100	100	100
Niedrig (<ISCED 3)	/ Low (< ISCED 3)	41	42	16	12	58	75	38
Mittel (ISCED 3) (1)	/ Medium (ISCED 3) (1)	37	34	50	55	25	9	43
Hoch (ISCED 5,6,7)	/ High (ISCED 5,6,7)	21	24	34	33	17	16	19
50-54								
Insgesamt	/ Total	100	100	100	100	100	100	100
Niedrig (<ISCED 3)	/ Low (< ISCED 3)	44	50	18	13	67	80	45
Mittel (ISCED 3) (1)	/ Medium (ISCED 3) (1)	36	27	52	55	20	7	39
Hoch (ISCED 5,6,7)	/ High (ISCED 5,6,7)	20	23	30	31	13	13	16
55-59								
Insgesamt	/ Total	100	100	100	100	100	100	100
Niedrig (<ISCED 3)	/ Low (< ISCED 3)	49	60	23	16	71	86	54
Mittel (ISCED 3) (1)	/ Medium (ISCED 3) (1)	35	24	53	57	17	5	35
Hoch (ISCED 5,6,7)	/ High (ISCED 5,6,7)	16	16	24	27	12	9	11

(1) Bei der Ermittlung dieser Ergebnisse wurde die gesamte schulgestützte berufliche Bildung (einschließlich des Dualsystems) der ISCED Niveaustufe 3 zugeordnet. Dies führte zu einer leichten Überhöhung des Anteils der Personen mit dem Bildungsniveau ISCED 3 für DK, D, F und vor allem für die NL

(1) Data have been calculated by allocating all school-based vocational education (dual system included) to ISCED 3. This results in a slight overestimation of the number of people having attained ISCED 3 in DK, D, F and particularly in NL

Niveau d'éducation ou de formation atteint par groupe d'âge
1995

Hommes

%

IRL	I	L	NL	A	P	FIN	S	UK	
									Total 25-59
100	100	100	100	100	100	100	100	100	Total
54	60	49	17	21	77	31	26	40	Inférieur (<CITE 3)
24	31	32	58	70	13	47	46	36	Moyen (CITE 3) (1)
21	9	19	25	9	11	22	27	24	Supérieur (CITE 5,6,7)
									25-29
100	100	100	100	100	100	100	100	100	Total
37	51	50	14	15	68	16	10	41	Inférieur (<CITE 3)
35	43	35	65	77	22	67	65	36	Moyen (CITE 3) (1)
28	6	15	21	7	10	18	25	24	Supérieur (CITE 5,6,7)
									30-34
100	100	100	100	100	100	100	100	100	Total
45	54	49	14	15	72	17	16	41	Inférieur (<CITE 3)
30	37	32	61	75	17	62	54	34	Moyen (CITE 3) (1)
25	9	19	25	10	11	21	30	26	Supérieur (CITE 5,6,7)
									35-39
100	100	100	100	100	100	100	100	100	Total
49	53	45	14	17	73	24	24	36	Inférieur (<CITE 3)
28	37	35	58	71	15	51	49	38	Moyen (CITE 3) (1)
23	11	20	28	12	12	26	27	26	Supérieur (CITE 5,6,7)
									40-44
100	100	100	100	100	100	100	100	100	Total
55	56	47	16	22	78	31	23	37	Inférieur (<CITE 3)
23	32	32	56	67	10	46	47	36	Moyen (CITE 3) (1)
21	12	20	28	11	13	24	31	28	Supérieur (CITE 5,6,7)
									45-49
100	100	100	100	100	100	100	100	100	Total
65	64	50	19	25	79	38	30	40	Inférieur (<CITE 3)
17	26	30	55	65	10	39	41	36	Moyen (CITE 3) (1)
19	10	20	26	9	11	22	29	24	Supérieur (CITE 5,6,7)
									50-54
100	100	100	100	100	100	100	100	100	Total
68	71	48	21	26	83	46	40	45	Inférieur (<CITE 3)
16	20	29	55	65	8	29	33	34	Moyen (CITE 3) (1)
16	9	24	24	9	9	25	27	21	Supérieur (CITE 5,6,7)
									55-59
100	100	100	100	100	100	100	100	100	Total
73	79	54	25	31	85	55	51	47	Inférieur (<CITE 3)
14	15	29	55	62	7	24	28	35	Moyen (CITE 3) (1)
13	7	17	20	7	8	21	21	18	Supérieur (CITE 5,6,7)

(1) Toutes les formations professionnelles dans une école (formation alternée inclue) ont été affectées au niveau CITE 3; ceci peut expliquer une relative sur-estimation du nombre de personnes ayant atteint le niveau CITE 3 au DK, D, F et particulièrement aux NL

E13

Frauenanteil je Altersgruppe und Bildungsniveaustufe

Proportion of females per age group and educational attainment level

1995   %   1995

		EUR 15	B	DK	D	GR	E	F
Insgesamt	**/ Total**							
Insgesamt 25-59	**/ Total 25-59**	50	49	49	49	52	51	50
	25-29	50	49	48	49	53	50	50
	30-34	50	49	52	48	52	50	50
	35-39	50	49	48	49	52	50	51
	40-44	50	49	51	50	50	51	51
	45-49	50	49	47	49	51	50	50
	55-59	51	51	51	49	52	52	51
Niedrig (<ISCED 3)	**/ Low (<ISCED 3)**							
Insgesamt 25-59	**/ Total 25-59**	54	52	57	64	53	52	55
	25-29	50	47	47	56	48	48	49
	30-34	51	47	53	57	53	48	52
	35-39	54	51	51	60	53	52	55
	40-44	56	51	55	67	52	53	57
	45-49	55	54	59	65	54	53	56
	50-54	56	55	60	67	54	55	56
	55-59	57	54	64	69	56	54	56
Mittel (ISCED 3) (1)	**/ Medium (ISCED 3) (1)**							
Insgesamt 25-59	**/ Total 25-59**	48	46	47	50	52	48	46
	25-29	48	45	48	48	53	48	48
	30-34	49	48	52	49	51	52	48
	35-39	48	47	45	50	55	47	46
	40-44	48	47	47	52	52	48	45
	45-49	47	45	44	51	49	43	44
	50-54	47	45	48	51	51	44	45
	55-59	45	47	46	48	48	41	43
Hoch (ISCED 5,6,7)	**/ High (ISCED 5,6,7)**							
Insgesamt 25-59	**/ Total 25-59**	45	50	47	37	45	47	51
	25-29	52	55	46	48	59	53	55
	30-34	48	52	52	41	50	53	54
	35-39	47	50	50	40	43	49	54
	40-44	44	49	55	38	39	44	52
	45-49	41	46	44	33	37	36	47
	50-54	38	42	38	31	37	33	46
	55-59	35	43	42	27	24	35	45

(1) Bei der Ermittlung dieser Ergebnisse wurde die gesamte schulgestützte berufliche Bildung (einschließlich des Dualsystems) der ISCED Niveaustufe 3 zugeordnet. Dies führte zu einer leichten Überhöhung des Anteils der Personen mit dem Bildungsniveau ISCED 3 für DK, D, F und vor allem für die NL

(1) Data have been calculated by allocating all school-based vocational education (dual system included) to ISCED 3. This results in a slight overestimation of the number of people having attained ISCED 3 in DK, D, F and particularly in NL

Proportion de femmes par groupe d'âge et niveau d'éducation ou de formation atteint

1995

%

IRL	I	L	NL	A	P	FIN	S	UK	
									Total
50	**50**	**49**	**49**	**50**	**53**	**50**	**49**	**50**	Total 25-59
50	50	49	49	49	52	50	49	49	25-29
52	51	49	49	49	52	48	49	49	30-34
51	50	49	49	49	53	51	48	50	35-39
50	50	49	50	50	53	49	49	50	40-44
50	50	48	49	50	53	49	49	50	45-49
50	52	50	50	51	53	50	50	51	55-59
									Inférieur (<CITE 3)
47	**52**	**55**	**57**	**64**	**52**	**48**	**43**	**57**	Total 25-59
43	47	52	49	62	48	46	45	52	25-29
44	49	53	54	64	51	41	43	54	30-34
46	51	56	59	66	51	48	35	59	35-39
48	53	56	59	64	54	45	39	58	40-44
47	53	55	59	62	54	47	46	58	45-49
47	53	58	60	65	53	50	43	58	50-54
49	54	58	60	66	55	51	46	60	55-59
									Moyen (CITE 3) (1)
58	**49**	**42**	**49**	**44**	**48**	**51**	**50**	**43**	Total 25-59
54	52	45	49	45	55	48	47	47	25-29
60	53	45	48	44	52	47	49	46	30-34
58	49	44	48	43	51	53	49	41	35-39
57	47	40	50	44	44	52	50	43	40-44
60	43	39	49	44	40	52	50	42	45-49
59	42	44	49	44	35	57	52	40	50-54
58	43	37	48	40	33	57	55	32	55-59
									Supérieur (CITE 5,6,7)
49	**46**	**40**	**43**	**43**	**58**	**49**	**52**	**45**	Total 25-59
52	58	49	51	52	65	58	54	47	25-29
52	52	45	46	49	60	55	51	46	30-34
49	50	40	44	47	63	51	54	46	35-39
47	44	39	42	41	57	46	54	44	40-44
44	43	38	38	35	54	43	51	44	45-49
43	34	26	35	30	58	47	52	45	50-54
45	31	30	36	29	44	39	49	45	55-59

E

(1) Toutes les formations professionnelles dans une école (formation alternée inclue) ont été affectées au niveau CITE 3; ceci peut expliquer une relative sur-estimation du nombre de personnes ayant atteint le niveau CITE 3 au DK, D, F et particulièrement aux NL

Frauenanteil je Altersgruppe und Bildungsniveaustufe, 1995 - EUR 15
Proportion of females per age group and educational attainment level, 1995 - EUR 15
Proportion de femmes par groupe d'âge et niveau d'éducation ou de formation atteint, 1995 - EUR 15

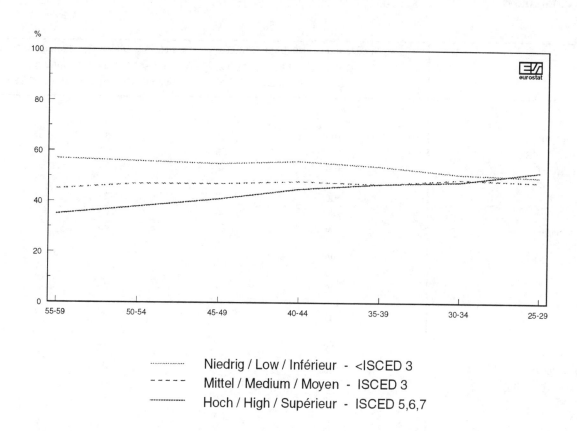

.... Niedrig / Low / Inférieur - <ISCED 3
- - - - - Mittel / Medium / Moyen - ISCED 3
--------------- Hoch / High / Supérieur - ISCED 5,6,7

E

◇ E14

Bildungsniveau der Bevölkerung im Alter von 25 bis 59 Jahren nach Region
Educational attainment of the population aged 25-59 by region
Niveau d'éducation ou de formation atteint de la population âgée de 25 à 59 ans par région

Männlich und weiblich
Males and females
Hommes et femmes

1995   %

	Insgesamt Total Total	Niedrig (<ISCED 3) Low (<ISCED 3) Inférieur (<CITE 3)	Mittel (ISCED 3)(1) Medium (ISCED 3)(1) Moyen (CITE 3)(1)	Hoch (ISCED 5,6,7) High (ISCED 5,6,7) Supérieur (CITE 5,6,7)
EUR 15				
BELGIQUE-BELGIE	100	43	33	25
BRUXELLES-BRUSSEL	100	39	29	32
VLAAMS GEWEST	100	42	34	25
BRABANT	100	36	31	33
Antwerpen	100	42	34	24
Limburg	100	49	33	19
Oost-Vlaanderen	100	40	35	26
West-Vlaanderen	100	45	33	22
REGION WALLONNE	100	45	32	23
Hainaut	100	51	30	19
Liège	100	42	36	22
Luxembourg	100	46	32	21
Namur	100	46	27	27
DANMARK	100	19	53	28
BR DEUTSCHLAND	100	17	60	23
BADEN-WÜRTTEMBERG	100	16	63	21
Stuttgart	100	22	55	23
Karlsruhe	100	21	57	22
Freiburg	100	21	57	22
Tübingen	100	22	56	22
BAYERN	100	16	61	23
Oberbayern	100	19	55	26
Niederbayern	100	22	60	17
Oberpfalz	100	23	61	16
Oberfranken	100	23	60	17
Mittelfranken	100	19	56	24
Unterfranken	100	21	60	18
Schwaben	100	19	62	19
BERLIN	100	19	61	20
BRANDENBURG	100	19	63	18
BREMEN	100	19	62	19
HAMBURG	100	19	57	23
HESSEN	100	21	60	19
Darmstadt	100	19	56	25
Gießen	100	19	60	21
Kassel	100	21	59	20
MECKLENBURG-VORPOMMERN	100	21	56	22
NIEDERSACHSEN	100	20	58	21
Braunschweig	100	18	62	20
Hannover	100	16	61	22
Lüneberg	100	20	60	19
Weser-Ems	100	21	60	19
NORDRHEIN-WESTFALEN	100	23	61	16
Düsseldorf	100	19	64	17
Köln	100	19	59	22
Münster	100	16	65	19
Detmold	100	19	63	18

	Insgesamt Total Total	Niedrig (<ISCED 3) Low (<ISCED 3) Inférieur (<CITE 3)	Mittel (ISCED 3)(1) Medium (ISCED 3)(1) Moyen (CITE 3)(1)	Hoch (ISCED 5,6,7) High (ISCED 5,6,7) Supérieur (CITE 5,6,7)
Arnsberg	100	20	63	16
RHEINLAND-PFALZ	100	13	55	32
Koblenz	100	20	62	18
Trier	100	21	61	18
Rheinhessen-Pfalz	100	22	58	20
SAARLAND	100	7	62	31
SACHSEN	100	8	60	32
SACHSEN-ANHALT	100	6	64	31
Dessau	100	9	63	28
Halle	100	8	61	31
Magdeburg	100	8	62	29
SCHLESWIG-HOLSTEIN	100	8	62	29
THÜRINGEN	100	6	63	31
ELLADA	100	54	31	16
VOREIA ELLADA	100	60	26	14
Anatol.Makedon.Thraki	100	68	21	11
Kentriki Makedonia	100	54	30	17
Dytiki Makedonia	100	65	23	11
Thessalia	100	67	21	12
KENTRIKI ELLADA	100	68	22	10
Ipeiros	100	66	20	13
Ionia Nisia	100	71	21	7
Dytiki Ellada	100	69	21	10
Sterea Ellada	100	69	23	9
Peloponnisos	100	66	25	10
ATTIKI	100	41	39	20
NISIA	100	61	27	12
Voreio Aigaio	100	66	23	11
Notio Aigaio	100	64	27	9
Kriti	100	58	28	14
ESPANA	100	69	14	17
NOROESTE	100	73	12	15
Galicia	100	75	11	14
Asturias	100	70	13	17
Cantabria	100	67	14	19
NORESTE	100	61	17	22
Pais Vasco	100	57	19	24
Navarra	100	61	15	23
Rioja	100	67	13	20
Aragon	100	66	15	19
MADRID	100	57	17	26
CENTRO (E)	100	74	11	15
Castilla-Léon	100	68	14	18
Castilla-La Mancha	100	79	9	12
Extremadura	100	81	9	11
ESTE	100	69	14	16
Cataluna	100	67	15	18
Comunidad Valenciana	100	72	13	15
Baleares	100	72	16	12
SUR	100	75	11	14
Andalucia	100	75	11	14
Murcia	100	75	13	12
Ceuta y Melilla	100	68	15	17
CANARIAS	100	70	15	16
FRANCE	100	38	43	19
ILE DE FRANCE	100	33	37	30
BASSIN PARISIEN	100	43	42	15
Champagne-Ardennes	100	45	39	16
Picardie	100	48	40	13
Haute-Normandie	100	44	40	17

E

	Insgesamt Total Total	Niedrig (<ISCED 3) Low (<ISCED 3) Inférieur (<CITE 3)	Mittel (ISCED 3)(1) Medium (ISCED 3)(1) Moyen (CITE 3)(1)	Hoch (ISCED 5,6,7) High (ISCED 5,6,7) Supérieur (CITE 5,6,7)
Centre	100	42	44	14
Basse-Normandie	100	44	41	16
Bourgogne	100	39	47	15
NORD-PAS-DE-CALAIS	100	48	38	14
EST	100	39	45	16
Lorraine	100	48	38	14
Alsace	100	35	47	18
Franche-Comté	100	42	43	15
OUEST	100	38	47	16
Pays de la Loire	100	38	46	16
Bretagne	100	35	49	16
Poitou-Charentes	100	42	44	14
SUD-OUEST	100	34	47	19
Aquitaine	100	34	48	19
Midi-Pyrénées	100	34	46	20
Limousin	100	35	49	16
CENTRE-EST	100	35	45	20
Rhône-Alpes	100	34	45	21
Auvergne	100	37	47	16
MEDITERRANEE	100	41	42	17
Languedoc-Roussillon	100	39	44	17
Provence-Alpes-Cô.Azur	100	41	42	17
Corse	100	60	24	15
DEPARTEMENTS D'OUTRE-MER	:	:	:	:
Guadeloupe	:	:	:	:
Martinique	:	:	:	:
Guyane	:	:	:	:
Réunion	:	:	:	:
IRELAND	100	51	29	21
ITALIA	100	62	30	8
NORD OVEST	100	61	31	8
Piemonte	100	62	30	7
Valle d'Aosta	100	65	28	7
Liguria	100	58	34	9
LOMBARDIA	100	61	30	9
NORD EST	100	63	30	7
Trentino-Alto Adige	100	57	36	7
Veneto	100	65	28	7
Friuli-Venezia Giulia	100	61	33	6
EMILIA-ROMAGNA	100	59	32	9
CENTRO (I)	100	62	30	9
Toscana	100	63	29	8
Umbria	100	55	36	9
Marche	100	63	28	9
LAZIO	100	53	36	11
CAMPANIA	100	64	28	8
ABRUZZI-MOLISE	100	59	32	9
Abruzzi	100	58	33	9
Molise	100	63	29	8
SUD	100	66	26	8
Puglia	100	68	25	8
Basilicata	100	65	29	6
Calabria	100	62	29	9
SICILIA	100	67	25	8
SARDEGNA	100	70	24	6
LUXEMBOURG	100	55	28	16
NEDERLAND	100	20	58	22
NOORD-NEDERLAND	100	19	62	19
Groningen	100	21	57	21
Friesland	100	18	65	16

	Insgesamt Total Total	Niedrig (<ISCED 3) Low (<ISCED 3) Inférieur (<CITE 3)	Mittel (ISCED 3)(1) Medium (ISCED 3)(1) Moyen (CITE 3)(1)	Hoch (ISCED 5,6,7) High (ISCED 5,6,7) Supérieur (CITE 5,6,7)
Drenthe	100	19	63	18
OOSTNEDERLAND	100	19	61	20
Overijssel	100	20	62	18
Gelderland	100	19	60	21
Flevoland	100	22	62	16
WESTNEDERLAND	100	21	54	25
Utrecht	100	18	51	31
NoordHolland	100	20	53	27
ZuidHolland	100	22	54	23
Zeeland	100	19	65	15
ZUIDNEDERLAND	100	20	60	20
NoordBrabant	100	19	60	20
Limburg (NL)	100	21	59	20
ÖSTERREICH	100	29	62	8
OSTÖSTERREICH	100	29	61	10
Burgenland	100	36	59	6
Niederösterreich	100	32	62	6
Wien	100	26	59	15
SÜDÖSTERREICH	100	27	66	7
Kärnten	100	21	72	7
Steiermark	100	29	63	7
WESTÖSTERREICH	100	31	63	7
Oberösterreich	100	30	63	6
Salzburg	100	27	65	9
Tirol	100	31	62	7
Vorarlberg	100	37	57	6
PORTUGAL	100	76	12	12
CONTINENTE	100	76	12	12
Norte	100	79	10	11
Centro (P)	100	82	8	10
Lisboa e Vale do Tejo	100	69	16	16
Alentejo	100	84	9	8
Algarve	100	79	12	9
ACORES	100	85	8	6
MADEIRA	100	88	8	4
SUOMI/FINLAND	100	30	48	22
MANNER-SUOMI	100	30	48	22
Uusimaa	100	26	44	30
Etelä-Suomi	100	32	48	20
Itä-Suomi	100	30	52	18
Väli-Suomi	100	34	48	17
Pohjois-Suomi	100	28	54	18
AHVENANMAAÅLAND	100	49	51	-
SVERIGE	100	24	47	29
Stockholm	100	18	43	39
Östra Mellansverige	100	23	48	29
Småland med arnaö	100	31	46	23
Sydsverige	100	29	43	27
Västsverige	100	24	47	29
Norra Mellansverige	100	23	56	21
Mellersta Norrland	100	20	54	25
Övre Norrland	100	20	56	24
UNITED KINGDOM	100	47	31	22
NORTH	100	50	32	18
YORKSHIRE & HUMBERSIDE	100	47	32	20
EAST MIDLANDS	100	48	32	19

E

%

%

	Insgesamt Total Total	Niedrig (<ISCED 3) Low (<ISCED 3) Inférieur (<CITE 3)	Mittel (ISCED 3)(1) Medium (ISCED 3)(1) Moyen (CITE 3)(1)	Hoch (ISCED 5,6,7) High (ISCED 5,6,7) Supérieur (CITE 5,6,7)
EAST ANGLIA	100	48	31	21
SOUTH EAST (UK)	100	46	29	25
SOUTH WEST (UK)	100	45	33	22
WEST MIDLANDS	100	51	30	19
NORTH WEST (UK)	100	49	30	21
WALES	100	48	31	22
SCOTLAND	100	41	36	23
NORTHERN IRELAND	100	50	32	18

(1) Bei der Ermittlung dieser Ergebnisse wurde die gesamte schulgestützte berufliche Bildung (einschließlich des Dualsystems) der ISCED Niveaustufe 3 zugeordnet. Dies führte zu einer leichten Überhöhung des Anteils der Personen mit dem Bildungsniveau ISCED 3 für DK, D, F und vor allem für die NL

(1) Data have been calculated by allocating all school-based vocational education (dual system included) to ISCED 3. This results in a slight overestimation of the number of people having attained ISCED 3 in DK, D, F and particularly in NL

(1) Toutes les formations professionnelles dans une école (formation alternée inclue) ont été affectées au niveau CITE 3; ceci peut expliquer une relative sur-estimation du nombre de personnes ayant atteint le niveau CITE 3 au DK, D, F et particulièrement aux NL

E15

Anteil der 25- bis 59jährigen Bevölkerung mit Fachschul- oder Hochschulabschluß: regionale
Abweichungen vom Landesdurchschnitt - 1995

Proportion of the population aged 25-59 with a higher education qualification: regional
variations around the national average - 1995

Proportion de la population âgée de 25 à 29 ans avec un diplôme d'enseignement supérieur: écarts
régionaux par rapport à la moyenne nationale - 1995

BELGIQUE/BELGIE

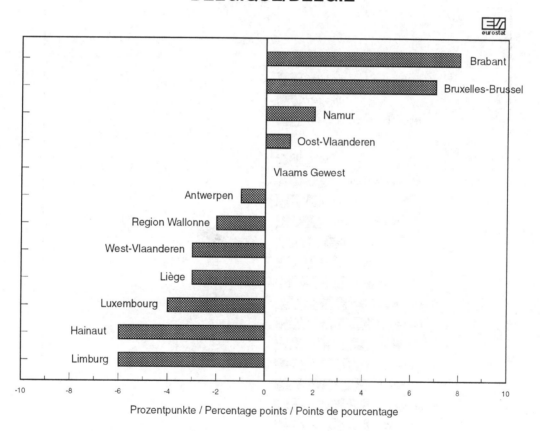

Prozentpunkte / Percentage points / Points de pourcentage

BR DEUTSCHLAND

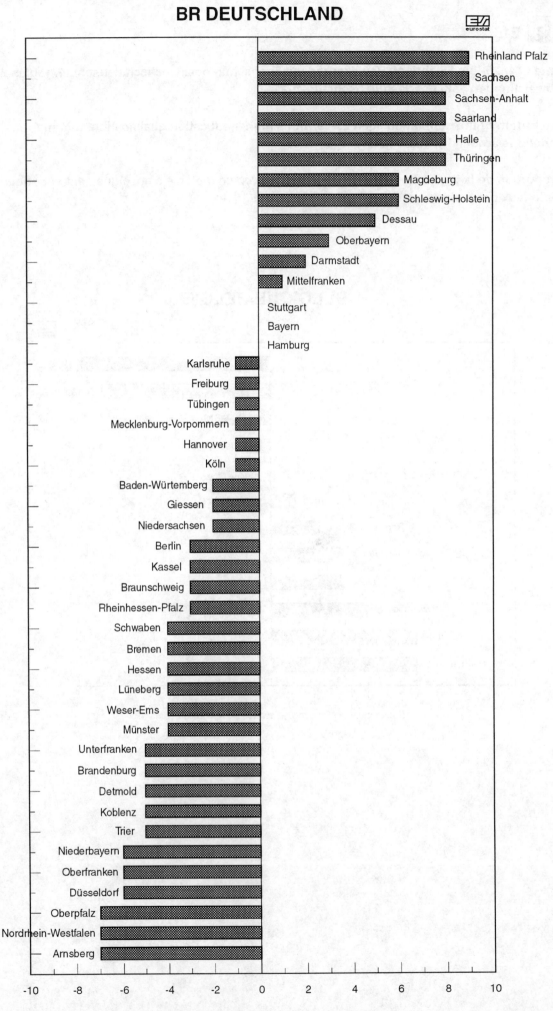

Prozentpunkte / Percentage points / Points de pourcentage

ELLADA

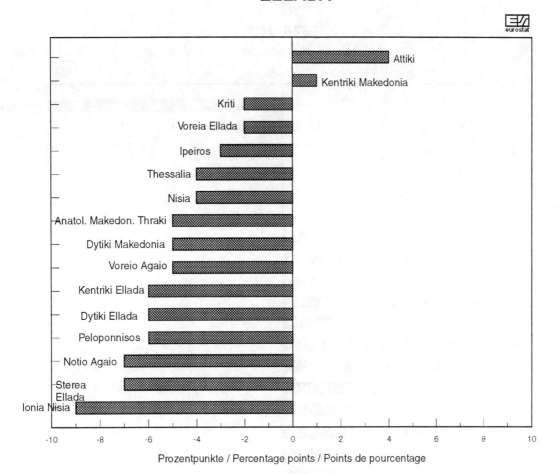

Prozentpunkte / Percentage points / Points de pourcentage

E

ESPANA

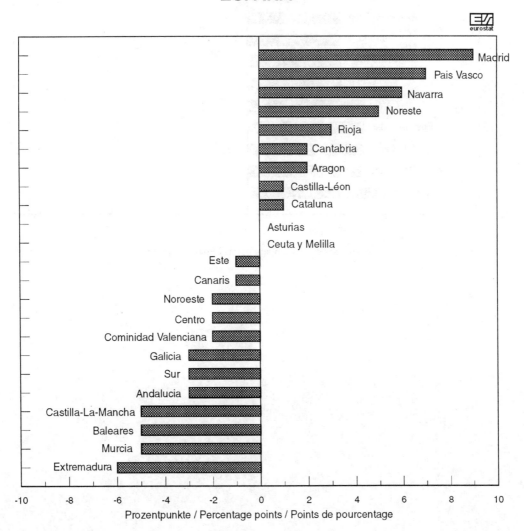

Prozentpunkte / Percentage points / Points de pourcentage

FRANCE

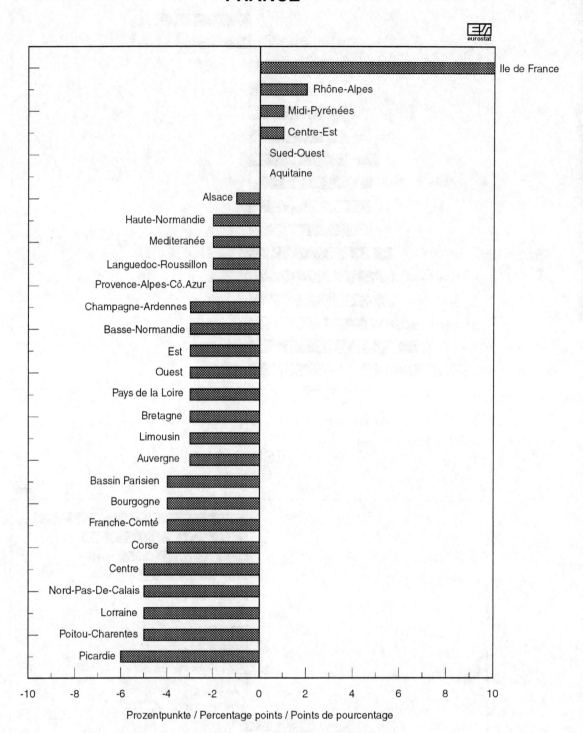

Prozentpunkte / Percentage points / Points de pourcentage

ITALIA

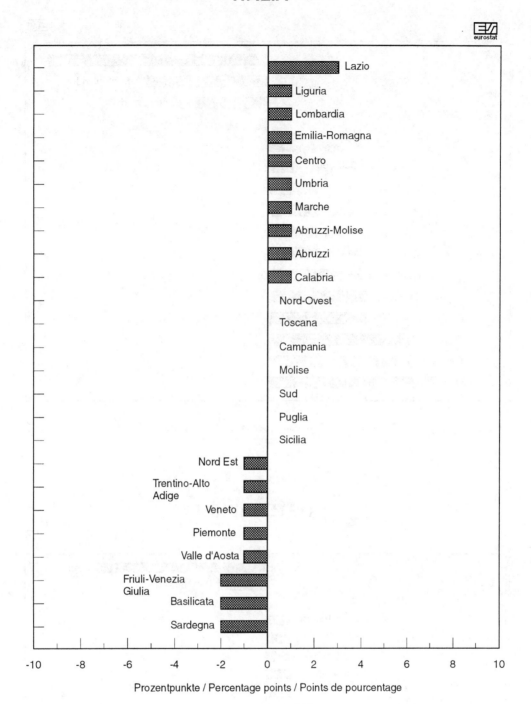

Prozentpunkte / Percentage points / Points de pourcentage

E

NEDERLAND

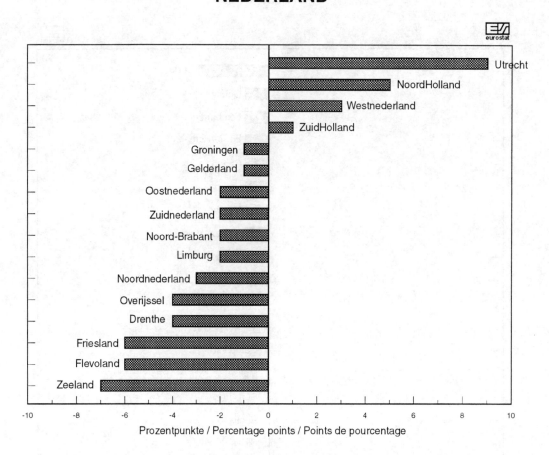

Prozentpunkte / Percentage points / Points de pourcentage

ÖSTERREICH

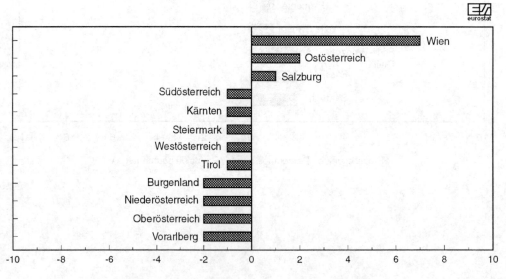

Prozentpunkte / Percentage points / Points de pourcentage

PORTUGAL

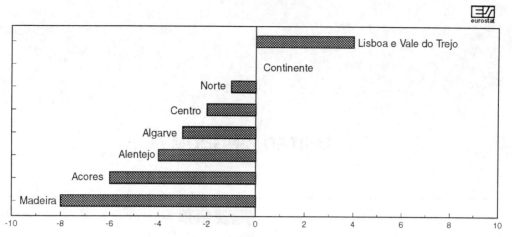

Prozentpunkte / Percentage points / Points de pourcentage

SUOMI/FINLAND

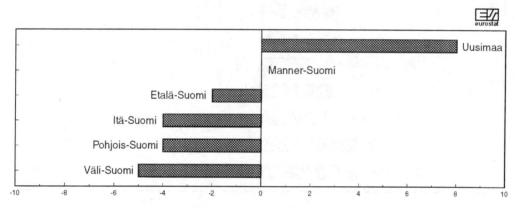

Prozentpunkte / Percentage points / Points de pourcentage

SVERIGE

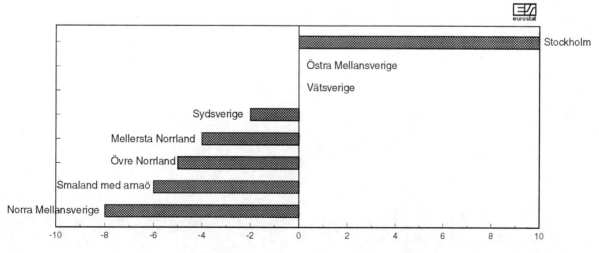

Prozentpunkte / Percentage points / Points de pourcentage

UNITED KINGDOM

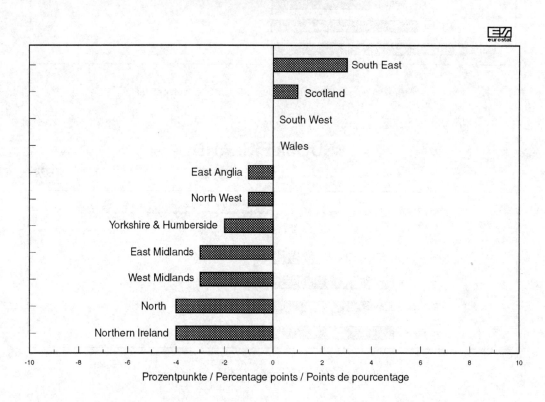

Prozentpunkte / Percentage points / Points de pourcentage

F Lehrkräfte
Teaching staff
Le personnel enseignant

F

F1

Vollzeit- und Teilzeitlehrkräfte
nach Bildungsbereichen - ISCED 0-3
1993/94
Männlich und weiblich

Full-time and part-time teachers
by level of education - ISCED 0-3
1993/94
Males and females

1000

		EUR 15	B	DK	D	GR(1)	E	F
Insgesamt	/ Total	:	211.9	104.7	888.1	117.9	481.5	792.4
Vorschulbereich	/ Pre-primary education	:	24.2	18.8	137.6	8.4	54.8	106.6
Primarbereich	/ Primary education	:	60.7	32.9	224.3	43.8	128.6	218.0
Sekundarbereich insgesamt	/ Total secondary education	:	127.0	53.0	526.3	65.8	298.1	467.8
davon: Sekundarstufe I	/ of which: Lower secondary	:	:	27.5	350.8	31.2	101.8	:
Sekundarstufe II	/ Upper secondary	:	:	25.5	175.5	34.5	196.3	:

F2

Vollzeit- und Teilzeitlehrkräfte
nach Bildungsbereichen - ISCED 0-3
1993/94
Weiblich

Full-time and part-time teachers
by level of education - ISCED 0-3
1993/94
Females

1000

		EUR 15	B	DK	D	GR(1)	E	F
Insgesamt	/ Total	:	135.0	63.8	561.8	67.9	296.0	525.7
Vorschulbereich	/ Pre-primary education		23.9	17.3	133.0	8.4	51.9	82.6
Primarbereich	/ Primary education	:	43.6	19.1	190.7	24.3	92.6	169.7
Sekundarbereich insgesamt	/ Total secondary education	:	67.5	27.4	238.1	35.2	151.6	273.3
davon: Sekundarstufe I	/ of which: Lower secondary	:	:	16.0	177.6	19.4	58.0	:
Sekundarstufe II	/ Upper secondary	:	:	11.4	60.5	15.8	93.6	:

F3

Vollzeit- und Teilzeitlehrkräfte
nach Bildungsbereichen - ISCED 0-3
1993/94
Männlich

Full-time and part-time teachers
by level of education - ISCED 0-3
1993/94
Males

1000

		EUR 15	B	DK	D	GR(1)	E	F
Insgesamt	/ Total	:	76.9	40.9	326.4	50.1	185.5	266.8
Vorschulbereich	/ Pre-primary education	:	0.3	1.5	4.5	0	2.9	23.9
Primarbereich	/ Primary education	:	17.1	13.8	33.6	19.5	36.0	48.3
Sekundarbereich insgesamt	/ Total secondary education	:	59.5	25.6	288.2	30.5	146.6	194.5
davon: Sekundarstufe I	/ of which: Lower secondary	:	:	11.5	173.2	11.8	43.9	:
Sekundarstufe II	/ Upper secondary	:	:	14.1	115.0	18.7	102.7	:

(1) Nur Vollzeit

(1) Full-time only

**Enseignants à plein temps et à temps partiel
par niveau d'enseignement - CITE 0-3
1993/94**

Hommes et femmes

1000

IRL	I	L	NL	A	P	FIN	S	UK	
46.5 *	984.7	:	177.0	126.3	157.6	:	166.2	697.4 *	Total
4.7 *	121.6	:	24.9	11.5	9.7	:	17.1	12.3	Pré-primaire
16.2 *	281.2	:	63.9	32.1	76.4	:	61.6	280.8	Primaire
25.6 *	581.9	:	88.2	82.7	71.5	:	87.6	404.3 *	Secondaire total
:	249.6	:	51.7	46.0	:	:	39.4	140.9	dont Secondaire inférieur
:	332.3	:	36.5	36.7	:	:	48.2	263.4 *	Secondaire supérieur

F2

F

**Enseignants à plein temps et à temps partiel
par niveau d'enseignement - CITE 0-3
1993/94**

Femmes

1000

IRL	I	L	NL	A	P	FIN	S	UK	
29.8 *	749.4	:	86.6	84.7	:	:	111.3	458.8 *	Total
3.6 *	121.0	:	18.4	11.3	:	:	16.6	12.3	Pré-primaire
12.5 *	261.2	:	41.2	26.8	:	:	48.6	228.3	Primaire
13.6 *	367.2	:	27.0	46.6	:	:	46.1	218.2 *	Secondaire total
:	179.7	:	15.4	28.7	:	:	22.5	77.6	dont Secondaire inférieur
:	187.5	:	11.6	17.9	:	:	23.5	140.6 *	Secondaire supérieur

F3

**Enseignants à plein temps et à temps partiel
par niveau d'enseignement - CITE 0-3
1993/94**

Hommes

1000

IRL	I	L	NL	A	P	FIN	S	UK	
16.7 *	235.3	:	90.3	41.5	:	:	55.0	238.6 *	Total
1.1 *	0.6	:	6.5	0.2	:	:	0.5	-	Pré-primaire
3.7 *	20.0	:	22.6	5.2	:	:	13.0	52.5	Primaire
12.0 *	214.7	:	61.2	36.1	:	:	41.5	186.1 *	Secondaire total
:	69.9	:	36.4	17.2	:	:	16.9	63.3	dont Secondaire inférieur
:	144.8	:	24.9	18.9	:	:	24.6	122.9 *	Secondaire supérieur

(1) Uniquement plein temps

F4

Teilzeitlehrkräfte
nach Bildungsbereichen - ISCED 0-3
1993/94

Männlich und weiblich

Part-time teachers
by level of education - ISCED 0-3
1993/94

Males and females

1000

eurostat		EUR 15	B	DK	D	GR	E	F
Insgesamt	/ Total	:	58.8	28.3	312.2	:	23.9	100.9
Vorschulbereich	/ Pre-primary education	:	6.4	5.1	39.0	:	-	6.4
Primarbereich	/ Primary education	:	12.5	8.9	96.7	:	-	13.4
Sekundarbereich insgesamt	/ Total secondary education	:	39.9	14.3	176.6	:	23.9	81.1
davon: Sekundarstufe I	/ of which: Lower secondary	:	:	7.4	120.7	:	-	:
Sekundarstufe II	/ Upper secondary	:	:	6.9	55.9	:	23.9	:

F5

Teilzeitlehrkräfte
nach Bildungsbereichen - ISCED 0-3
1993/94

Weiblich

Part-time teachers
by level of education - ISCED 0-3
1993/94

Females

1000

eurostat		EUR 15	B	DK	D	GR	E	F
Insgesamt	/ Total	:	44.4	17.3	255.6	:	11.4	78.5
Vorschulbereich	/ Pre-primary education	:	6.2	4.7	37.9	:	-	6.1
Primarbereich	/ Primary education	:	10.7	5.2	93.2	:	-	12.7
Sekundarbereich insgesamt	/ Total secondary education	:	27.5	7.4	124.6	:	11.4	59.7
davon: Sekundarstufe I	/ of which: Lower secondary	:	:	4.3	92.4	:	-	:
Sekundarstufe II	/ Upper secondary	:	:	3.1	32.1	:	11.4	:

F6

Teilzeitlehrkräfte
nach Bildungsbereichen - ISCED 0-3
1993/94

Männlich

Part-time teachers
by level of education - ISCED 0-3
1993/94

Males

1000

eurostat		EUR 15	B	DK	D	GR	E	F
Insgesamt	/ Total	:	14.3	11.0	56.6	:	12.5	22.5
Vorschulbereich	/ Pre-primary education	:	0.1	0.4	1.1	:	-	0.3
Primarbereich	/ Primary education	:	1.8	3.7	3.5	:	-	0.7
Sekundarbereich insgesamt	/ Total secondary education	:	12.4	6.9	52.0	:	12.5	21.4
davon: Sekundarstufe I	/ of which: Lower secondary	:	:	3.1	28.3	:	-	:
Sekundarstufe II	/ Upper secondary	:	:	3.8	23.7	:	12.5	:

F4
Enseignants à temps partiel
par niveau d'enseignement - CITE 0-3
1993/94

Hommes et femmes

1000

IRL	I	L	NL	A	P	FIN	S	UK	
5.0 *	.	:	80.2	.	:	:	79.8	146.4 *	Total
0.1 *	.	:	14.9	.	:	:	1.3	2.1	Pré-primaire
0.1 *	.	:	24.2	.	:	:	23.8	54.1	Primaire
4.8 *	.	:	41.0	.	:	:	54.8	90.3 *	Secondaire total
:	.	:	23.4	.	:	:	19.6	22.0	dont Secondaire inférieur
:	.	:	17.7	.	:	:	35.2	68.2 *	Secondaire supérieur

F5
Enseignants à temps partiel
par niveau d'enseignement - CITE 0-3
1993/94

Femmes

1000

IRL	I	L	NL	A	P	FIN	S	UK	
2.6 *	.	:	57.7	.	:	:	49.1	119.8 *	Total
0 *	.	:	13.6	.	:	:	1.2	2.1	Pré-primaire
0.1 *	.	:	22.1	.	:	:	17.5	48.4	Primaire
2.5 *	.	:	22.0	.	:	:	30.4	69.3 *	Secondaire total
:	.	:	12.5	.	:	:	11.8	17.5	dont Secondaire inférieur
:	.	:	9.5	.	:	:	18.5	51.8 *	Secondaire supérieur

F6
Enseignants à temps partiel
par niveau d'enseignement - CITE 0-3
1993/94

Hommes

1000

IRL	I	L	NL	A	P	FIN	S	UK	
2.4 *	.	:	22.4	.	:	:	30.8	26.6 *	Total
0 *	.	:	1.3	.	:	:	0	-	Pré-primaire
0 *	.	:	2.1	.	:	:	6.3	5.7	Primaire
2.3 *	.	:	19.0	.	:	:	24.4	20.9 *	Secondaire total
:	.	:	10.9	.	:	:	7.8	4.5	dont Secondaire inférieur
:	.	:	8.1	.	:	:	16.7	16.4 *	Secondaire supérieur

F

F7

Anteil der weiblichen Lehrkräfte in den Bildungsbereichen
ISCED 0-3
1993/94

Vollzeit und Teilzeit

Proportion of female teachers per level
ISCED 0-3
1993/94

Full-time and part-time

%

		EUR 15	B	DK	D	GR(1)	E	F
Insgesamt	/ Total	64 *	64	61	63	58	61	66
Vorschulbereich	/ Pre-primary education	91 *	99	92	97	100	95	78
Primarbereich	/ Primary education	76 *	72	58	85	55	72	78
Sekundarbereich insgesamt	/ Total secondary education	52 *	53	52	45	54	51	58
davon: Sekundarstufe I	/ of which: Lower secondary	:	:	58	51	62	57	:
Sekundarstufe II	/ Upper secondary	:	:	45	34	46	48	:

F8

Anteil der weiblichen Lehrkräfte in den Bildungsbereichen
ISCED 0-3
1993/94

Teilzeit

Proportion of female teachers per level
ISCED 0-3
1993/94

Part-time

%

		EUR 15	B	DK	D	GR	E	F
Insgesamt	/ Total	:	76	61	82	:	48	78
Vorschulbereich	/ Pre-primary education	:	98	92	97	:	.	95
Primarbereich	/ Primary education	:	86	58	96	:	.	95
Sekundarbereich insgesamt	/ Total secondary education	:	69	52	71	:	48	74
davon: Sekundarstufe I	/ of which: Lower secondary	:	:	58	77	:	.	:
Sekundarstufe II	/ Upper secondary	:	:	45	58	:	48	:

(1) Nur Vollzeit

(1) Full-time only

Proportion d'enseignantes par niveau d'enseignement
CITE 0-3
1993/94

Plein-temps et temps-partiel

%

IRL	I	L	NL	A	P	FIN	S	UK	
64 *	**76**	:	**49**	**67**	:	:	**67**	**66** *	Total
77 *	99	:	74	98	:	:	97	100	Pré-primaire
77 *	93	:	65	84	:	:	79	81	Primaire
53 *	63	:	31	56	:	:	53	54 *	Secondaire total
:	72	:	30	62	:	:	57	55	dont Secondaire inférieur
:	56	:	32	49	:	:	49	53 *	Secondaire supérieur

F

◓ F8

Proportion d'enseignantes par niveau d'enseignement
CITE 0-3
1993/94

Temps-partiel

%

IRL	I	L	NL	A	P	FIN	S	UK	
53 *	.	:	**72**	.	:	:	**61**	**82** *	Total
88 *	.	:	91	.	:	:	99	100	Pré-primaire
88 *	.	:	91	.	:	:	73	89	Primaire
51 *	.	:	54	.	:	:	55	77 *	Secondaire total
:	.	:	53	.	:	:	60	79	dont Secondaire inférieur
:	.	:	54	.	:	:	53	76 *	Secondaire supérieur

(1) Uniquement plein temps

F9

Anteil der weiblichen Lehrkräfte - Vollzeit- und Teilzeit, EUR 15
Proportion of female teachers - Full-time and part-time, EUR 15
Proportion d'enseignantes - Plein-temps et temps-partiel, EUR 15

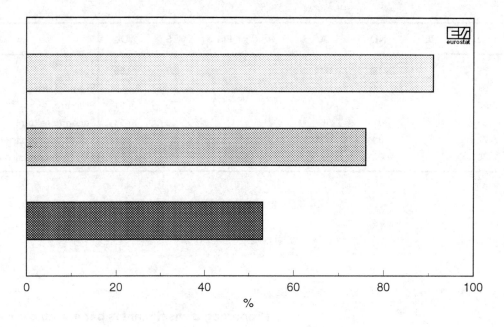

Anteil der weiblichen Lehrkräfte - Vollzeit- und Teilzeit
Proportion of female teachers - Full-time and part-time
Proportion d'enseignantes - Plein-temps et temps-partiel

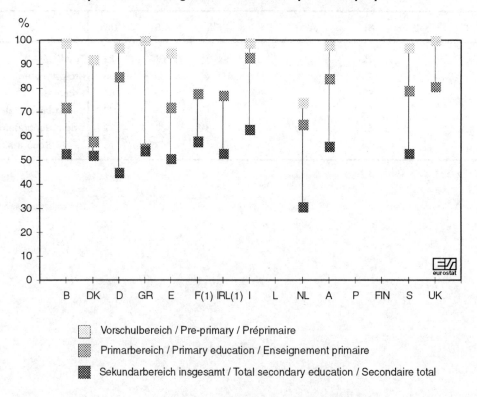

☐ Vorschulbereich / Pre-primary / Préprimaire

▨ Primarbereich / Primary education / Enseignement primaire

▓ Sekundarbereich insgesamt / Total secondary education / Secondaire total

(1) Anteil der weiblichen Lehrkräfte im Vorschulbereich ist der gleiche wie im Primarbereich (F = 78%, IRL = 77%)
(1) Proportion of female teachers in pre-primary is the same as primary (F = 78%, IRL = 77%)
(1) La proportion d'enseignantes de l'enseignement pré-primaire est égale à celle de l'enseignement primaire (F = 78%, IRL = 77%)

G Zeitreihen
Time series
Series temporelles

G

G1

Entwicklung des Schüler- und Studentenbestandes
ISCED 1-7
1975/76-1993/94

Männlich und weiblich

Trend in the number of pupils and students
ISCED 1-7
1975/76-1993/94

Males and females

1000

eurostat	EUR 15(1)	B	DK	D(1)	GR	E	F
1975/76	:	2142.6	977.0	13113.0	1734.9	7473.5	10962.0
1980/81	:	2090.8	1040.0	12789.8	1764.9	8365.3	11296.0
1981/82	70789 *	2083.9	1037.0	12585.1	1797.8	8531.2	11258.0
1982/83	70249 *	2073.0	1039.0	12271.5	1787.8	8647.2	11218.0
1983/84	69662 *	2088.1	1027.0	11931.9	1830.8	8809.0	11229.0
1984/85	69289 *	2093.3	1013.0	11568.2	1864.8	8919.3	11197.0
1985/86	69028 *	2101.7	1006.0	11227.9	1889.8	9065.6	11401.4
1986/87	68436 *	2066.7	1000.0	10932.8	1905.8	9171.4	11398.9
1987/88	67930 *	2071.2	988.0	10697.8	1900.8	9155.4	11495.2
1988/89	67771 *	2072.1	974.0	10569.0	1894.8	9098.4	11618.4
1989/90	67516 *	2071.8	959.8	10484.0	1877.8	8860.4	11711.5
1990/91	70241 *	2056.2	947.8	13217.7	1865.1	8829.8	11800.5
1991/92	70928 *	2047.7	932.8	13337.7	1855.9	8773.1	11911.4
1992/93	72353 *	2086.8	936.6	13629.0	1891.7	8813.0	11998.3
1993/94	73055	2112.6	942.0	13892.2	1889.0	8778.4	12144.7

(1) Bis 1990/91 beziehen sich die Angaben auf die Bundesrepublik Deutschland
nach dem Gebietsstand bis zum 3.10.1990
(2) Ab 1993/94 wurde eine Neuaufteilung des Vorschulbereichs und
des Primarbereichs vorgenommen
(3) Ab 1992/93 schliessen die Angaben die Erwachsenenbidung sowie die Sonder-
schulerziehung mit ein

(1) Until 1990/91 data refer to the Federal Republic of Germany
prior to 3.10.90
(2) From 1993/94 there is a reallocation of data between pre-primary
and primary
(3) As from 1992/93 data include adult and special education

G1
Evolution du nombre d'élèves et d'étudiants
CITE 1-7
1975/76-1993/94
Garçons et filles

1000

IRL	I	L	NL(2)	A	P	FIN	S(3)	UK	
746.0	10748.0	50.0 *	3807.7 *	1552.9	1746.0	950.8	:	13636.0	**1975/76**
806.0	10900.0	51.0 *	3884.3 *	1470.9	1825.0	944.5	:	12543.2	**1980/81**
819.0	10780.0	51.0 *	3855.2 *	1429.8	1840.0	933.0	1472.1	12316.2	**1981/82**
834.0	10666.0	49.0 *	3825.2 *	1407.3	1958.0	926.9	1474.8	12071.3	**1982/83**
836.0	10558.0	48.0 *	3780.1 *	1373.2	1958.0	924.6	1466.5	11801.5	**1983/84**
846.0	10475.0	48.0 *	3733.4 *	1358.7	1997.0	924.7	1446.4	11804.3	**1984/85**
850.0	10300.0	50.0 *	3712.2 *	1367.2	1987.0	928.5	1420.2	11720.1	**1985/86**
859.0	10122.0	50.0 *	3650.7 *	1341.8	1955.0	929.8	1399.1	11653.3	**1986/87**
865.0	9987.0	50.0 *	3590.5 *	1328.7	1896.0	934.2	1386.2	11583.2	**1987/88**
867.0	9892.0	50.0 *	3537.5 *	1317.4	1967.0	942.8	1376.5	11593.7	**1988/89**
870.2	9798.0	48.9 *	3529.3	1320.8	1974.0	960.1	1361.1	11688.3	**1989/90**
874.7	9632.1	48.8 *	3549.8	1322.2	1970.0	980.4	1359.5	11786.5	**1990/91**
886.2	9552.7	48.7 *	3533.6	1351.6	2023.7	1006.8	1377.0	12288.7	**1991/92**
892.3	9466.9	:	3538.9	1372.2	2098.9	1024.5	1623.0	12931.3	**1992/93**
901.5	9572.0	52.3	3241.1	1387.1	2144.5	1043.6	1655.7	13298.4	**1993/94**

(1) Jusqu'à 1990/91, les données se réfèrent à la République Fédérale d'Allemagne
   avant le 3.10.90
(2) A partir de 1993/94, il y a eu une réaffectation des données entre
   le pré-primaire et le primaire
(3) Inclut l'enseignement pour adultes et l'enseign. spécial à partir de 1992/93

G

G2

Entwicklung des Schüler- und Studentenbestandes
ISCED 1-7
1975/76-1993/94

Weiblich

Trend in the number of pupils and student
ISCED 1-7
1975/76-1993/9

Females

1000

eurostat	EUR 15(1)	B	DK	D(1)	GR	E	
1975/76	:	1023.8	475.0	6153.8	781.9	3548.1	5359.0
1980/81	:	1019.1	507.0	6017.1	823.9	4069.0	5577.0
1981/82	34114 *	1018.1	506.0	5921.3	843.9	4102.8	5580.0
1982/83	33974 *	1019.1	505.0	5784.3	852.9	4242.8	5558.0
1983/84	33749 *	1031.1	501.0	5605.6	878.9	4331.8	5559.0
1984/85	33605 *	1035.2	496.0	5437.2	897.9	4385.0	5541.0
1985/86	33517 *	1042.4	492.0	5275.1	907.9	4479.1	5622.8
1986/87	33312 *	1027.2	489.0	5131.0	914.9	4556.3	5627.5
1987/88	33081 *	1032.2	486.0	5017.0	912.9	4546.0	5673.6
1988/89	33043 *	1031.2	479.0	4958.9	909.9	4512.8	5731.5
1989/90	32982 *	1035.9	475.4	4908.7	907.1	4392.9	5775.5
1990/91	34371 *	1027.1	469.6	6235.4	902.8	4400.0	5829.5
1991/92	34815 *	1018.7	463.7	6270.3	900.7	4387.1	5900.4
1992/93	:	1032.3	464.1	6418.1	921.8	4422.9	5950.0
1993/94	35982 *	1046.7	467.5	6557.7	900.1	4398.9	6027.2

G3

Entwicklung des Schüler- und Studentenbestandes
ISCED 1-7
1975/76-1993/94

Männlich

Trend in the number of pupils and students
ISCED 1-7
1975/76-1993/94

Males

1000

eurostat	EUR 15(1)	B	DK	D(1)	GR	E	F
1975/76	:	1118.8	502.0	6959.2	953.0	3925.4	5603.0
1980/81	:	1071.8	533.0	6772.6	940.9	4296.4	5719.0
1981/82	36676 *	1065.8	531.0	6663.8	953.9	4428.4	5678.0
1982/83	36275 *	1053.9	534.0	6487.2	934.9	4404.4	5660.0
1983/84	35913 *	1056.9	526.0	6326.2	951.9	4477.2	5670.0
1984/85	35684 *	1058.1	517.0	6131.0	966.9	4534.4	5656.0
1985/86	35511 *	1059.3	514.0	5952.8	981.9	4586.5	5778.6
1986/87	35124 *	1039.5	511.0	5801.7	990.9	4615.2	5771.3
1987/88	34848 *	1039.0	502.0	5680.8	987.9	4609.4	5821.6
1988/89	34727 *	1040.9	495.0	5610.1	984.9	4585.7	5887.0
1989/90	34534 *	1035.9	484.4	5575.3	970.7	4467.6	5936.0
1990/91	35870 *	1029.1	478.2	6982.4	962.2	4429.9	5971.0
1991/92	36113 *	1029.0	469.1	7067.4	955.1	4386.0	6011.0
1992/93	:	1054.5	472.5	7211.0	969.9	4390.1	6048.3
1993/94	37071 *	1065.9	474.4	7334.5	988.9	4379.4	6117.4

(1) Bis 1990/91 beziehen sich die Angaben auf die Bundesrepublik Deutschland
nach dem Gebietsstand bis zum 3.10.1990
(2) Ab 1993/94 wurde eine Neuaufteilung des Vorschulbereichs und
des Primarbereichs vorgenommen
(3) Ab 1992/93 schliessen die Angaben die Erwachsenenbildung sowie die Sonder-
schulerziehung mit ein

(1) Until 1990/91 data refer to the Federal Republic of Germany
prior to 3.10.90
(2) From 1993/94 there is a reallocation of data between pre-primary
and primary
(3) As from 1992/93 data include adult and special education

Evolution du nombre d'élèves et d'étudiants
CITE 1-7
1975/76-1993/94

Filles

1000

IRL	I	L	NL(2)	A	P	FIN	S(3)	UK	
359.0	5010.0	:	1750.9 *	718.3	836.0	473.7	:	6261.3	**1975/76**
389.0	5202.0	:	1833.8 *	684.4	903.0	471.9	:	5982.4	**1980/81**
396.0	5203.0	:	1830.8 *	670.1	919.0	468.6	732.3	5897.1	**1981/82**
401.0	5127.0	:	1823.8 *	658.2	969.0	465.2	733.7	5809.7 *	**1982/83**
405.0	5086.0	:	1801.8 *	642.5	972.0	467.4	730.1	5712.8	**1983/84**
410.0	5054.0	:	1776.8 *	641.2	984.0	468.1	719.3	5736.2	**1984/85**
413.0	4979.0	:	1759.5 *	639.6	973.0	469.6	705.5	5734.0	**1985/86**
418.0	4898.0	:	1738.3 *	627.6	970.0	471.5	694.8	5723.2	**1986/87**
421.0	4840.0	:	1703.3 *	624.1	934.0	474.3	688.2	5704.4	**1987/88**
422.0	4807.0	:	1678.3 *	621.7	972.0	478.9	685.7	5730.1	**1988/89**
425.3	4789.0	24.0 *	1673.4	622.4	983.0	490.4	678.5	5800.3	**1989/90**
426.8	4707.1	23.9 *	1681.5	624.0	986.9	502.9	679.4	5874.2	**1990/91**
432.4	4668.9	24.0 *	1688.6	638.8	:	519.6	688.9	6178.9	**1991/92**
437.6	3973.1	:	:	650.7	1064.0	526.9	825.0	6498.9	**1992/93**
442.4	4741.1	:	1538.6	659.8	1079.4	535.8	847.7	6713.9	**1993/94**

Evolution du nombre d'élèves et d'étudiants
CITE 1-7
1975/76-1993/94

Garçons

1000

IRL	I	L	NL(2)	A	P	FIN	S(3)	UK	
387.0	5738.0	:	2056.8 *	834.6	910.0	477.1	:	7374.8	**1975/76**
417.0	5698.0	:	2050.5 *	786.5	922.0	472.6	:	6560.8	**1980/81**
423.0	5577.0	:	2024.4 *	759.8	921.0	464.4	739.9	6419.2	**1981/82**
433.0	5539.0	:	2001.4 *	749.1	989.0	461.7	741.1	6261.5 *	**1982/83**
431.0	5472.0	:	1978.3 *	730.7	986.0	457.2	736.4	6088.7	**1983/84**
436.0	5421.0	:	1956.6 *	717.6	1013.0	456.6	727.1	6068.1	**1984/85**
437.0	5321.0	:	1952.7 *	727.6	1014.0	458.9	714.7	5986.2	**1985/86**
441.0	5224.0	:	1912.3 *	714.2	985.0	458.3	704.3	5930.1	**1986/87**
444.0	5147.0	:	1887.2 *	704.7	962.0	459.9	698.0	5878.8	**1987/88**
445.0	5085.0	:	1859.2 *	695.7	995.0	463.9	690.8	5863.5	**1988/89**
445.0	5009.0	25.0 *	1855.9	698.4	991.0	469.7	682.6	5888.0	**1989/90**
447.8	4925.0	24.9 *	1868.3	698.2	983.1	477.4	680.0	5912.3	**1990/91**
453.8	4883.8	24.7 *	1845.0	712.8	:	493.1	688.1	6109.8	**1991/92**
454.7	5493.9	:	:	721.5	1034.9	497.604	785.4	6425.9	**1992/93**
459.0	4830.9	:	1702.5	727.3	1065.1	507.8	807.9	6584.6	**1993/94**

(1) Jusqu'à 1990/91, les données se réfèrent à la République Fédérale d'Allemagne
avant le 3.10.90
(2) A partir de 1993/94, il y a eu une réaffectation des données entre
le pré-primaire et le primaire
(3) Inclut l'enseignement pour adultes et l'enseign. spécial à partir de 1992/93

G4

Entwicklung des Schüler- und Studentenbestandes
Primarbereich - ISCED 1
1975/76-1993/94

Männlich und weiblich

Trend in the number of pupils and student
Primary education - ISCED
1975/76-1993/9

Males and female

1000

EV eurostat	EUR 15(1)	B	DK	D(1)	GR	E	
1975/76	30898	948.1	481.0	4026.7	938.4	3729.9	4754.
1980/81	27850	857.0	435.0	2896.2	903.1	3683.6	4740.0
1981/82	27156	835.6	432.0	2709.0	893.8	3710.3	4631.0
1982/83	26438	811.2	432.0	2552.4	892.8	3717.3	4479.0
1983/84	25756	789.5	427.0	2461.2	890.8	3691.0	4343.0
1984/85	25194	767.5	415.0	2397.0	892.7	3653.6	4204.0
1985/86	24709	758.0	403.0	2360.6	893.3	3569.2	4116.0
1986/87	24439	755.4	392.0	2376.5	871.0	3506.7	4118.4
1987/88	24172	757.2	380.0	2412.4	873.0	3337.5	4151.7
1988/89	23892	756.1	363.0	2480.0	858.1	3145.2	4176.4
1989/90	23729	752.3	350.2	2575.0	838.9	2994.5	4163.2
1990/91	24406	749.9	340.3	3542.1	817.7	2846.9	4149.1
1991/92	24036	744.0	327.0	3543.7	791.2	2690.2	4109.9
1992/93	24333 *	739.1	323.7	3582.6	749.3	2582.3	4060.4
1993/94	23901	736.8	326.6	3639.7	723.7	2471.1	4078.4

(1) Bis 1990/91 beziehen sich die Angaben auf die Bundesrepublik Deutschland
nach dem Gebietsstand bis zum 3.10.1990
(2) Ab 1993/94 wurde eine Neuaufteilung des Vorschulbereichs und
des Primarbereichs vorgenommen
(3) Ab 1992/93 schliessen die Angaben die Erwachsenenbildung sowie die Sonder-
schulerziehung mit ein

(1) Until 1990/91 data refer to the Federal Republic of Germany
prior to 3.10.90
(2) From 1993/94 there is a reallocation of data between pre-primary
and primary
(3) As from 1992/93 data include adult and special education

1000

IRL	I	L	NL(2)	A	P	FIN	S(3)	UK	
414.0	4879.0	29.0	2029.3	519.9	1211.0	453.7	713.1	5771.2	**1975/76**
430.0	4437.0	25.0	1806.5	400.4	1240.0	373.3	666.7	4956.3	**1980/81**
431.0	4345.0	24.0	1734.9	385.0	1263.0	365.4	662.6	4733.6	**1981/82**
432.0	4215.0	23.0	1667.2	367.7	1306.0	366.0	658.1	4518.3	**1982/83**
428.0	4073.0	22.0	1603.9	354.5	1288.0	369.0	647.6	4367.8	**1983/84**
429.0	3913.0	22.0	1561.4	342.8	1275.0	374.4	630.5	4315.8	**1984/85**
428.0	3712.0	22.0	1536.3	343.8	1238.0	379.3	612.7	4336.9	**1985/86**
431.0	3525.0	22.0	1516.1	343.0	1234.0	386.9	600.1	4360.6	**1986/87**
433.0	3378.0	23.0	1502.4	350.7	1186.0	389.5	588.6	4408.8	**1987/88**
433.0	3248.0	24.0	1498.6	360.5	1126.0	388.8	580.2	4454.4	**1988/89**
430.9	3146.0	23.6	1505.4	367.0	1086.0	389.1	578.5	4528.0	**1989/90**
425.0	3061.9	24.3	1516.9	370.2	1019.8	390.6	578.4	4572.5	**1990/91**
416.7	3009.0	25.1	1481.6	378.7	940.8	392.7	584.2	4600.9	**1991/92**
402.2	2959.6	:	1488.6	382.7	952.9	392.5	619.8	5071.8	**1992/93**
392.0	2863.3	25.4	1172.5	381.6	929.5	390.9	626.3	5143.2	**1993/94**

G

(1) Jusqu'à 1990/91, les données se réfèrent à la République Fédérale d'Allemagne
avant le 3.10.90
(2) A partir de 1993/94, il y a eu une réaffectation des données entre
le pré-primaire et le primaire
(3) Inclut l'enseignement pour adultes et l'enseign. spécial à partir de 1992/93

G5

Entwicklung des Schüler- und Studentenbestandes
Primarbereich - ISCED 1
1975/76-1993/94

Weiblich

Trend in the number of pupils and student
Primary education - ISCED
1975/76-1993/9

Female

1000

eurostat	EUR 15(1)	B	DK	D(1)	GR	E	
1975/76	15009 *	461.9	234.0	1958.3	451.7	1816.6	2299.
1980/81	13510 *	415.5	212.0	1404.3	435.7	1782.3	2290.
1981/82	13205 *	404.9	211.0	1318.9	430.7	1789.0	2235.
1982/83	12811 *	392.8	212.0	1238.2	432.3	1789.0	2160.
1983/84	12475 *	383.6	209.0	1192.9	431.3	1773.0	2096.
1984/85	12202 *	372.5	204.0	1163.0	432.3	1757.3	2024.
1985/86	11977 *	368.6	197.0	1144.4	431.7	1713.6	1986.
1986/87	11859 *	367.4	192.0	1153.2	420.7	1706.9	1994.
1987/88	11717 *	368.4	186.0	1171.0	422.6	1603.1	2013.
1988/89	11588 *	367.6	177.0	1204.5	415.6	1513.7	2025.
1989/90	11508	365.3	171.4	1249.6	405.9	1442.1	2013.8
1990/91	11855	365.0	166.6	1720.8	396.0	1377.3	2010.
1991/92	11668 *	361.4	160.1	1721.8	384.3	1296.9	1990.6
1992/93	11016 *	358.7	158.6	1739.9	363.2	1244.5	1968.
1993/94	11621 *	357.2	160.0	1767.7	350.3	1190.3	1971.3

G6

Entwicklung des Schüler- und Studentenbestandes
Primarbereich - ISCED 1
1975/76-1993/94

Männlich

Trend in the number of pupils and students
Primary education - ISCED 1
1975/76-1993/94

Males

1000

eurostat	EUR 15(1)	B	DK	D(1)	GR	E	F
1975/76	15889 *	486.2	247.0	2068.4	486.7	1913.3	2455.0
1980/81	14340 *	441.6	223.0	1491.9	467.4	1901.3	2450.0
1981/82	13952 *	430.6	221.0	1390.1	463.1	1921.3	2396.0
1982/83	13627 *	418.4	220.0	1314.2	460.4	1928.3	2319.0
1983/84	13281 *	405.9	218.0	1268.3	459.4	1918.0	2247.0
1984/85	12991 *	395.0	211.0	1234.0	460.4	1896.3	2180.0
1985/86	12732 *	389.3	206.0	1216.2	461.6	1855.6	2129.8
1986/87	12580 *	388.0	200.0	1223.4	450.3	1799.8	2124.4
1987/88	12455 *	388.8	194.0	1241.4	450.3	1734.4	2138.3
1988/89	12304 *	388.5	186.0	1275.5	442.4	1631.5	2151.2
1989/90	12221	387.0	178.8	1325.4	432.9	1552.5	2149.4
1990/91	12551	384.8	173.7	1821.4	421.7	1469.6	2138.9
1991/92	12367 *	382.7	166.9	1821.9	407.0	1393.3	2119.3
1992/93	13022 *	380.4	165.1	1842.7	386.1	1337.8	2092.1
1993/94	12279 *	379.5	166.6	1872.0	373.4	1280.8	2107.1

(1) Bis 1990/91 beziehen sich die Angaben auf die Bundesrepublik Deutschland
nach dem Gebietsstand bis zum 3.10.1990
(2) Ab 1993/94 wurde eine Neuaufteilung des Vorschulbereichs und
des Primarbereichs vorgenommen
(3) Ab 1992/93 schliessen die Angaben die Erwachsenenbildung sowie die Sonder-
schulerziehung mit ein

(1) Until 1990/91 data refer to the Federal Republic of Germany
prior to 3.10.90
(2) From 1993/94 there is a reallocation of data between pre-primary
and primary
(3) As from 1992/93 data include adult and special education

Evolution du nombre d'élèves et d'étudiants
Enseignement primaire - CITE 1
1975/76-1993/94

Filles

1000

IRL	I	L	NL(2)	A	P	FIN	S(3)	UK	
202.0	2371.0	:	985.6	251.7	584.0	219.8	347.1	2812.3	**1975/76**
210.0	2157.0	:	878.0	195.1	601.0	181.9	325.1	2410.4	**1980/81**
210.0	2146.0	:	841.7	187.4	613.0	179.0	323.2	2303.1	**1981/82**
210.0	2050.0	:	808.7	179.1	631.0	178.2	321.5	2196.7	**1982/83**
208.0	1981.0	:	777.7	172.6	620.0	179.8	316.0	2123.8	**1983/84**
208.0	1904.0	:	758.5	166.9	612.0	182.3	307.5	2099.2	**1984/85**
208.0	1805.0	:	744.9	166.2	606.0	184.7	298.9	2111.0	**1985/86**
209.0	1710.0	:	735.8	166.1	587.0	188.9	292.7	2124.2	**1986/87**
210.0	1641.0	:	729.6	169.8	565.0	190.1	287.0	2148.4	**1987/88**
210.0	1578.0	:	728.8	175.0	536.0	189.8	282.9	2172.1	**1988/89**
209.9	1529.0	11.7	732.0	178.7	517.0	189.8	282.0	2209.3	**1989/90**
206.8	1488.3	12.0	738.8	180.4	485.3	190.3	282.0	2234.9	**1990/91**
202.2	1461.9	12.3	720.6	184.2	:	191.6	284.8	2244.0	**1991/92**
195.5	767.6	:	:	186.1	454.4	191.5	301.2	2474.7	**1992/93**
190.5	1419.1	:	568.3	185.5	441.5	190.7	307.0	2509.9	**1993/94**

G

Evolution du nombre d'élèves et d'étudiants
Enseignement primaire - CITE 1
1975/76-1993/94

Garçons

1000

IRL	I	L	NL(2)	A	P	FIN	S(3)	UK	
212.0	2508.0	:	1043.6	268.3	627.0	233.9	366.0	2958.9	**1975/76**
220.0	2280.0	:	928.5	205.3	639.0	191.5	341.6	2545.9	**1980/81**
221.0	2199.0	:	893.2	197.6	650.0	186.4	339.4	2430.6	**1981/82**
222.0	2165.0	:	858.5	188.6	675.0	187.8	336.6	2321.6	**1982/83**
220.0	2092.0	:	826.2	181.9	668.0	189.3	331.6	2244.0	**1983/84**
221.0	2009.0	:	802.9	175.9	663.0	192.2	323.0	2216.5	**1984/85**
220.0	1907.0	:	791.5	177.6	632.0	194.7	313.9	2225.9	**1985/86**
222.0	1815.0	:	780.3	176.9	647.0	198.0	307.4	2236.4	**1986/87**
223.0	1737.0	:	772.8	180.9	621.0	199.4	301.6	2260.4	**1987/88**
223.0	1670.0	:	769.7	185.5	590.0	199.0	297.3	2282.2	**1988/89**
221.0	1617.0	11.9	773.4	188.3	569.0	199.3	296.5	2318.7	**1989/90**
218.2	1573.6	12.3	778.1	189.8	534.5	200.3	296.3	2337.6	**1990/91**
214.6	1547.1	12.8	761.0	194.5	:	201.1	299.4	2356.9	**1991/92**
206.7	2191.9	:	:	196.5	498.5	201.0	313.3	2597.2	**1992/93**
201.5	1444.1	:	604.3	196.2	488.0	200.2	319.3	2633.3	**1993/94**

(1) Jusqu'à 1990/91, les données se réfèrent à la République Fédérale d'Allemagne avant le 3.10.90

(2) A partir de 1993/94, il y a eu une réaffectation des données entre le pré-primaire et le primaire

(3) Inclut l'enseignement pour adultes et l'enseign. spécial à partir de 1992/93

G7

Entwicklung des Schüler- und Studentenbestandes
Sekundarstufe I - ISCED 2
1975/76-1993/94

Männlich und weiblich

Trend in the number of pupils and student
Lower secondary education - ISCED
1975/76-1993/9

Males and female

1000

	EUR 15(1)	B	DK	D(1)	GR	E	
1975/76	20189 *	547.9	233.0	5489.3	374.5	1922.6	3257.
1980/81	20457 *	421.0	299.0	5551.5	452.8	2129.7	3261.
1981/82	20175 *	420.8	290.0	5381.2	460.0	2143.9	3271.
1982/83	19931 *	427.3	277.0	5127.1	453.0	2177.9	3325.
1983/84	19542 *	441.0	264.0	4790.7	441.0	2210.0	3397.
1984/85	19163 *	458.3	261.0	4415.2	441.0	2257.7	3457.
1985/86	19139 *	463.2	263.0	4092.3	441.5	2303.4	3891.7
1986/87	18545 *	436.7	262.0	3843.2	455.8	2348.7	3816.7
1987/88	17886 *	427.4	258.0	3652.4	450.8	2297.9	3717.8
1988/89	17492 *	422.5	255.0	3537.0	451.6	2293.3	3603.9
1989/90	16983	422.4	249.4	3500.0	447.1	2123.8	3498.9
1990/91	17929	410.4	242.4	4739.2	447.1	2067.2	3446.3
1991/92	18000	399.7	234.6	4886.7	442.8	1986.9	3451.4
1992/93	18062 *	383.1	226.3	5000.0	436.1	1926.0	3478.8
1993/94	18080	382.3	222.8	5120.4	439.0	1851.7	3472.1

(1) Bis 1990/91 beziehen sich die Angaben auf die Bundesrepublik Deutschland
   nach dem Gebietsstand bis zum 3.10.1990
(2) Ab 1992/93 schliessen die Angaben die Erwachsenenbildung sowie die Sonder-
   schulerziehung mit ein

(1) Until 1990/91 data refer to the Federal Republic of Germany
   prior to 3.10.90
(2) As from 1992/93 data include adult and special education

G7
Evolution du nombre d'élèves et d'étudiants
Enseignement secondaire inférieur - CITE 2
1975/76-1993/94

Garçons et filles

1000

IRL	I	L	NL	A	P	FIN	S(2)	UK	
187.0	2779.0	10.0	1037.4 *	524.4	340.0	244.8	313.7	2928.9	**1975/76**
200.0	2885.0	13.0	1084.8 *	471.7	309.0	230.7	365.3	2782.9	**1980/81**
202.0	2856.0	13.0	1090.4 *	455.6	293.0	224.7	356.1	2717.6	**1981/82**
205.0	2850.0	12.0	1094.9 *	436.3	315.0	214.7	340.8	2675.0	**1982/83**
208.0	2816.0	12.0	1081.2 *	412.5	322.0	204.8	328.8	2612.7	**1983/84**
211.0	2789.0	13.0	1053.9 *	392.9	356.0	199.5	328.6	2528.6	**1984/85**
212.0	2757.0	13.0	1017.8 *	390.1	376.0	192.6	332.5	2393.2	**1985/86**
211.0	2705.0	13.0	966.5 *	373.5	370.0	184.8	334.2	2223.7	**1986/87**
208.0	2619.0	12.0	913.1 *	359.7	325.0	185.3	332.2	2127.4	**1987/88**
204.0	2506.0	12.0	867.0 *	350.6	430.0	190.6	325.4	2043.3	**1988/89**
199.0	2392.0	12.1	832.9	340.8	445.0	200.7	316.0	2003.3	**1989/90**
201.1	2261.6	12.0	805.8	341.8	443.0	205.1	303.2	2003.1	**1990/91**
203.4	2152.2	12.0	785.5	356.8	496.4	206.5	293.5	2092.1	**1991/92**
207.9	2059.0	:	780.4	373.0	488.9	202.5	330.2	2157.3	**1992/93**
210.3	1996.7	13.2	787.2	381.9	500.4	200.3	332.2	2169.3	**1993/94**

(1) Jusqu'à 1990/91, les données se réfèrent à la République Fédérale d'Allemagne avant le 3.10.90

(2) Inclut l'enseignement pour adultes et l'enseign. spéciale à partir de 1992/93

G

G8

Entwicklung des Schüler- und Studentenbestandes
Sekundarstufe I - ISCED 2
1975/76-1993/94

Weiblich

Trend in the number of pupils and students
Lower secondary education - ISCED 2
1975/76-1993/94

Females

1000

eurostat	EUR 15(1)	B	DK	D(1)	GR	E	
1975/76	9762 *	261.7	115.0	2677.5	154.3	959.5	1631.(
1980/81	9984 *	209.3	149.0	2717.8	206.3	1067.7	1632.(
1981/82	9854 *	211.0	143.0	2629.5	213.3	1073.8	1641.(
1982/83	9744 *	218.1	136.0	2515.1	211.5	1088.8	1667.(
1983/84	9551 *	228.4	130.0	2340.7	208.5	1104.8	1700.(
1984/85	9362 *	240.5	129.0	2160.2	208.5	1119.7	1728.(
1985/86	9303 *	243.6	130.0	1999.7	208.2	1141.5	1898.7
1986/87	9016 *	228.6	129.0	1877.9	215.2	1166.4	1859.4
1987/88	8681 *	225.7	127.0	1783.0	214.3	1130.9	1808.6
1988/89	8505 *	224.4	126.0	1726.3	215.3	1126.1	1753.(
1989/90	8247	224.5	122.5	1709.1	213.7	1027.1	1700.(
1990/91	8716	216.9	119.0	2322.5	213.7	997.6	1672.7
1991/92	8759 *	208.1	114.8	2392.1	211.4	957.6	1675.0
1992/93	8792 *	200.1	110.7	2452.1	209.3	926.0	1682.8
1993/94	8806 *	199.1	108.9	2511.1	210.3	887.0	1687.0

G9

Entwicklung des Schüler- und Studentenbestandes
Sekundarstufe I - ISCED 2
1975/76-1993/94

Männlich

Trend in the number of pupils and students
Lower secondary education - ISCED 2
1975/76-1993/94

Males

1000

eurostat	EUR 15(1)	B	DK	D(1)	GR	E	F
1975/76	10428 *	286.2	118.0	2811.8	220.2	963.1	1626.0
1980/81	10473 *	211.7	150.0	2833.7	246.5	1062.1	1629.0
1981/82	10321 *	209.8	147.0	2751.7	246.7	1070.1	1630.0
1982/83	10187 *	209.2	141.0	2612.0	241.5	1089.1	1658.0
1983/84	9990 *	212.6	134.0	2450.0	232.5	1105.2	1697.0
1984/85	9801 *	217.7	132.0	2254.9	232.5	1138.1	1729.0
1985/86	9837 *	219.5	133.0	2092.6	233.3	1161.9	1993.0
1986/87	9528 *	208.1	133.0	1965.3	240.5	1182.4	1957.3
1987/88	9205 *	201.8	131.0	1869.4	236.5	1167.0	1909.2
1988/89	8987 *	198.1	129.0	1810.7	236.4	1167.2	1850.9
1989/90	8736	197.8	126.9	1790.9	233.4	1096.7	1798.9
1990/91	9213	193.5	123.4	2416.6	233.4	1069.6	1773.6
1991/92	9241 *	191.6	119.8	2494.7	231.4	1029.3	1776.3
1992/93	9266 *	183.1	115.6	2547.8	226.8	1000.0	1796.0
1993/94	9273 *	183.2	113.9	2609.3	228.7	964.6	1785.2

(1) Bis 1990/91 beziehen sich die Angaben auf die Bundesrepublik Deutschland
 nach dem Gebietsstand bis zum 3.10.1990
(2) Ab 1992/93 schliessen die Angaben die Erwachsenenbildung sowie die Sonder-
 schulerziehung mit ein

(1) Until 1990/91 data refer to the Federal Republic of Germany
 prior to 3.10.90
(2) As from 1992/93 data include adult and special education

G8
Evolution du nombre d'élèves et d'étudiants
Enseignement secondaire inférieur - CITE 2
1975/76-1993/94

Filles

1000

IRL	I	L	NL	A	P	FIN	S(2)	UK	
91.0	1321.0	:	493.3 *	256.7	160.0	125.5	153.4	1357.0	**1975/76**
97.0	1375.0	:	529.8 *	231.1	157.0	113.9	177.9	1314.0	**1980/81**
99.0	1362.0	:	534.1 *	223.1	150.0	111.3	173.5	1283.0	**1981/82**
100.0	1357.0	:	536.1 *	213.4	161.0	106.1	166.0	1262.0	**1982/83**
102.0	1339.0	:	529.1 *	201.9	166.0	101.2	160.7	1233.0	**1983/84**
103.0	1325.0	:	516.3 *	192.3	182.0	98.5	160.5	1192.0	**1984/85**
104.0	1309.0	:	497.6 *	189.4	190.0	95.0	162.5	1127.0	**1985/86**
103.0	1285.0	:	473.5 *	181.1	190.0	90.8	163.1	1047.0	**1986/87**
102.0	1244.0	:	445.7 *	174.6	164.0	91.2	162.2	1002.0	**1987/88**
99.0	1204.0	:	422.5 *	170.1	218.0	93.8	159.1	962.0	**1988/89**
97.1	1150.0	5.9	406.3	165.0	226.0	99.2	154.4	946.0	**1989/90**
98.0	1072.0	5.9	393.4	165.7	225.3	101.2	147.8	964.5	**1990/91**
99.9	1020.6	6.1	382.8	173.0	:	102.5	143.1	1018.9	**1991/92**
102.3	978.0	:	380.4	181.2	248.5	99.8	162.8	1051.6	**1992/93**
103.5	949.7	:	383.4	186.2	250.0	98.9	166.2	1058.5	**1993/94**

G9
Evolution du nombre d'élèves et d'étudiants
Enseignement secondaire inférieur - CITE 2
1975/76-1993/94

Garçons

1000

IRL	I	L	NL	A	P	FIN	S(2)	UK	
96.0	1458.0	:	544.1 *	267.7	180.0	119.3	160.3	1571.9	**1975/76**
103.0	1510.0	:	555.0 *	240.7	152.0	116.8	187.4	1468.9	**1980/81**
103.0	1494.0	:	556.3 *	232.5	143.0	113.4	182.6	1434.6	**1981/82**
105.0	1493.0	:	558.8 *	222.9	154.0	108.7	174.9	1413.0	**1982/83**
106.0	1477.0	:	552.1 *	210.7	156.0	103.5	168.1	1379.7	**1983/84**
108.0	1464.0	:	537.6 *	200.6	174.0	101.0	168.2	1336.6	**1984/85**
108.0	1448.0	:	520.2 *	200.7	186.0	97.6	170.0	1266.2	**1985/86**
108.0	1420.0	:	493.1 *	192.3	180.0	94.0	171.1	1176.7	**1986/87**
106.0	1375.0	:	467.4 *	185.1	161.0	94.2	169.9	1125.4	**1987/88**
105.0	1302.0	:	444.4 *	180.5	212.0	96.8	166.3	1081.3	**1988/89**
101.9	1242.0	6.2	426.6	175.7	219.0	101.6	161.6	1057.3	**1989/90**
103.1	1189.5	6.2	412.4	176.0	217.7	103.9	155.4	1038.6	**1990/91**
103.5	1131.6	5.9	402.7	183.7	:	104.0	150.4	1073.2	**1991/92**
105.6	1081.0	:	400.0	191.8	240.5	102.7	163.7	1105.8	**1992/93**
106.8	1047.0	:	403.8	195.7	250.3	101.4	166.0	1110.8	**1993/94**

(1) Jusqu'à 1990/91, les données se réfèrent à la République Fédérale d'Allemagne avant le 3.10.90
(2) Inclut l'enseignement pour adultes et l'enseign. spéciale à partir de 1992/93

G10

Entwicklung des Schüler- und Studentenbestandes
Sekundarstufe II - ISCED 3
1975/76-1993/94

Männlich und weiblich

Trend in the number of pupils and students
Upper secondary education - ISCED 3
1975/76-1993/94

Males and females

1000

eurostat	EUR 15(1)	B	DK	D(1)	GR	E	F
1975/76	14427	470.6	152.0	2553.0	305.0	1273.0	1898.0
1980/81	16505	595.8	200.0	3119.0	288.0	1854.0	2119.0
1981/82	16830	603.5	208.0	3170.0	319.0	1956.0	2132.0
1982/83	16975	604.5	219.0	3187.0	305.0	2002.0	2158.0
1983/84	17139	618.5	223.0	3208.0	350.0	2098.0	2185.0
1984/85	17456	622.5	222.0	3237.0	363.0	2152.0	2204.0
1985/86	17504	632.5	224.0	3225.0	373.1	2259.0	2035.9
1986/87	17612	624.6	227.0	3134.0	381.1	2339.0	2096.8
1987/88	17797	632.6	228.0	3007.0	388.1	2471.0	2223.6
1988/89	17972	632.6	229.0	2865.0	397.1	2559.0	2361.1
1989/90	17988	626.2	225.5	2689.0	397.4	2576.3	2464.2
1990/91	18292	619.7	222.1	2887.8	405.1	2693.6	2506.3
1991/92	18778	618.1	221.0	2873.6	422.2	2794.2	2509.9
1992/93	19114 *	657.5	222.3	2933.8	407.3	2934.0	2507.1
1993/94	19507	671.2	222.9	2949.7	412.3	2986.1	2510.9

(1) Bis 1990/91 beziehen sich die Angaben auf die Bundesrepublik Deutschland
 nach dem Gebietsstand bis zum 3.10.1990
(2) Ab 1992/93 schliessen die Angaben die Erwachsenenbidung sowie die Sonder-
 schulerziehung mit ein

(1) Until 1990/91 data refer to the Federal Republic of Germany
 prior to 3.10.90
(2) As from 1992/93 data include adult and special education

G10
Evolution du nombre d'élèves et d'étudiants
Enseignement secondaire supérieur - CITE 3
1975/76-1993/94

Garçons et filles

1000

IRL	I	L	NL	A	P	FIN	S(2)	UK	
99.0	2113.0	10.0	450.0	404.0	106.0	175.0	215.4	4203.0	**1975/76**
121.0	2452.0	12.0	629.0	462.1	186.0	227.3	264.0	3976.0	**1980/81**
126.0	2475.0	13.0	657.0	451.7	205.0	228.1	278.5	4007.0	**1981/82**
133.0	2502.0	13.0	683.0	457.0	238.0	228.6	295.8	3949.0	**1982/83**
135.0	2542.0	13.0	709.0	452.1	247.0	230.9	307.1	3820.0	**1983/84**
139.0	2584.0	12.0	728.0	457.7	249.0	229.8	302.6	3953.0	**1984/85**
140.0	2639.0	14.0	753.0	460.1	271.0	228.6	292.3	3957.0	**1985/86**
144.0	2691.0	14.0	768.0	445.4	240.0	224.1	282.1	4001.0	**1986/87**
147.0	2754.0	14.0	762.0	431.1	276.0	220.0	281.2	3961.0	**1987/88**
149.0	2832.0	13.0	756.0	413.6	281.0	216.6	283.9	3983.0	**1988/89**
155.3	2887.0	12.2	754.0	413.2	312.0	215.0	282.0	3979.0	**1989/90**
158.2	2856.3	11.5	748.2	404.5	321.5	219.0	285.3	3952.7	**1990/91**
165.0	2858.2	10.6	773.0	399.6	395.7	233.9	292.0	4210.7	**1991/92**
173.7	2833.2	:	763.3	395.1	409.5	241.3	450.2	4173.7	**1992/93**
177.6	2941.8	12.0	748.9	396.1	438.3	255.0	462.8	4321.9	**1993/94**

G

(1) Les données se réfèrent à la République Fédérale d'Allemagne
avant le 3.10.90
(2) Inclut l'enseignement pour adultes et l'enseign. spéciale à partir de 1992/93

G11

Entwicklung des Schüler- und Studentenbestandes
Sekundarstufe II - ISCED 3
1975/76-1993/94

Weiblich

Trend in the number of pupils and students
Upper secondary education - ISCED 3
1975/76-1993/94

Females

1000

eurostat	EUR 15(1)	B	DK	D(1)	GR	E	F
1975/76	6476 *	231.2	74.0	1117.0	133.0	574.0	929.0
1980/81	7946 *	301.3	94.0	1392.0	132.0	914.0	1061.0
1981/82	8116 *	305.2	99.0	1420.0	147.0	914.0	1077.0
1982/83	8301 *	306.2	103.0	1441.0	148.0	1016.0	1084.0
1983/84	8396 *	311.2	106.0	1458.0	169.0	1067.0	1089.0
1984/85	8584 *	311.2	106.0	1482.0	176.0	1097.0	1097.0
1985/86	8654 *	317.2	108.0	1484.0	179.0	1166.0	1029.3
1986/87	8747 *	314.2	109.0	1446.0	181.0	1200.0	1057.9
1987/88	8863 *	318.2	111.0	1392.0	183.0	1286.0	1113.8
1988/89	8955 *	318.2	112.0	1336.0	187.1	1323.0	1171.6
1989/90	9004	315.9	112.2	1252.0	190.7	1332.5	1223.3
1990/91	9127	311.8	109.6	1319.8	195.3	1401.1	1244.6
1991/92	9445 *	311.5	109.8	1314.6	203.6	1465.4	1245.3
1992/93	9617 *	323.3	111.3	1339.3	201.6	1543.7	1240.0
1993/94	9811 *	331.2	111.8	1356.5	199.1	1572.1	1230.7

G12

Entwicklung des Schüler- und Studentenbestandes
Sekundarstufe II - ISCED 3
1975/76-1993/94

Männlich

Trend in the number of pupils and students
Upper secondary education - ISCED 3
1975/76-1993/94

Males

1000

eurostat	EUR 15(1)	B	DK	D(1)	GR	E	F
1975/76	7951 *	239.4	78.0	1436.0	172.0	699.0	969.0
1980/81	8559 *	294.5	106.0	1727.0	156.0	940.0	1058.0
1981/82	8714 *	298.4	109.0	1750.0	172.0	1042.0	1055.0
1982/83	8674 *	298.4	116.0	1746.0	157.0	986.0	1074.0
1983/84	8743 *	307.4	117.0	1750.0	181.0	1031.0	1096.0
1984/85	8872 *	311.4	116.0	1755.0	187.0	1055.0	1107.0
1985/86	8850 *	315.4	116.0	1741.0	194.0	1093.0	1006.6
1986/87	8865 *	310.4	118.0	1688.0	200.1	1139.0	1038.9
1987/88	8934 *	314.4	117.0	1615.0	205.1	1185.0	1109.8
1988/89	9017 *	314.4	117.0	1529.0	210.1	1236.0	1189.5
1989/90	8985	310.3	113.3	1437.0	206.8	1243.8	1240.8
1990/91	9165	307.9	112.5	1568.0	209.8	1292.4	1261.0
1991/92	9333 *	306.6	111.1	1559.0	218.6	1328.8	1264.5
1992/93	9486 *	334.1	111.0	1594.5	205.7	1390.4	1267.1
1993/94	9696 *	340.0	111.1	1593.2	213.2	1414.0	1280.2

(1) Bis 1990/91 beziehen sich die Angaben auf die Bundesrepublik Deutschland
nach dem Gebietsstand bis zum 3.10.1990
(2) Ab 1992/93 schliessen die Angaben die Erwachsenenbidung sowie die Sonder-
schulerziehung mit ein

(1) Until 1990/91 data refer to the Federal Republic of Germany
prior to 3.10.90
(2) As from 1992/93 data include adult and special education

**Evolution du nombre d'élèves et d'étudiants
Enseignement secondaire supérieur - CITE 3
1975/76-1993/94**

Filles

1000

IRL	I	L	NL	A	P	FIN	S(2)	UK	
50.0	937.0	:	178.0	169.6	50.0	93.589	107.2	1828.0	**1975/76**
60.0	1188.0	:	282.0	200.8	101.0	122.9	136.0	1955.0	**1980/81**
63.0	1215.0	:	301.0	200.1	109.0	124.1	144.6	1991.0	**1981/82**
65.0	1237.0	:	320.0	201.5	127.0	125.1	151.9	1969.0	**1982/83**
67.0	1261.0	:	333.0	199.9	130.0	129.3	157.3	1912.0	**1983/84**
70.0	1285.0	:	342.0	207.9	127.0	128.9	154.5	1994.0	**1984/85**
71.0	1314.0	:	351.0	205.5	121.0	127.5	148.0	2026.0	**1985/86**
74.0	1341.0	:	358.0	198.5	133.0	125.1	143.3	2059.0	**1986/87**
75.0	1370.0	:	351.0	193.5	148.0	122.8	142.0	2050.0	**1987/88**
77.0	1400.0	:	346.0	188.5	149.0	120.3	144.2	2076.0	**1988/89**
79.8	1446.0	5.9	342.1	186.8	167.0	121.3	144.2	2084.0	**1989/90**
80.6	1426.3	5.6	336.9	183.9	172.8	124.9	146.1	2067.8	**1990/91**
82.8	1426.8	5.1	361.1	181.6	:	133.9	149.1	2240.7	**1991/92**
87.6	1410.7	:	361.2	180.3	222.3	135.8	239.9	2214.7	**1992/93**
90.1	1460.5	:	341.2	181.1	230.7	141.5	246.7	2312.6	**1993/94**

G

**Evolution du nombre d'élèves et d'étudiants
Enseignement secondaire supérieur - CITE 3
1975/76-1993/94**

Garçons

1000

IRL	I	L	NL	A	P	FIN	S(2)	UK	
49.0	1176.0	:	272.0	234.4	56.0	81.38	108.3	2375.0	**1975/76**
61.0	1264.0	:	347.0	261.3	85.0	104.4	128.0	2021.0	**1980/81**
63.0	1260.0	:	356.0	251.6	96.0	104.0	133.9	2016.0	**1981/82**
68.0	1265.0	:	363.0	255.5	111.0	103.5	143.9	1980.0	**1982/83**
68.0	1281.0	:	376.0	252.2	117.0	101.7	149.9	1908.0	**1983/84**
69.0	1299.0	:	386.0	249.8	122.0	100.9	148.2	1959.0	**1984/85**
69.0	1325.0	:	402.0	254.6	150.0	101.1	144.3	1931.0	**1985/86**
70.0	1350.0	:	410.0	246.9	107.0	99.0	138.8	1942.0	**1986/87**
72.0	1384.0	:	411.0	237.6	128.0	97.2	139.2	1911.0	**1987/88**
72.0	1432.0	:	410.0	225.1	132.0	96.3	139.7	1907.0	**1988/89**
75.5	1441.0	6.4	411.9	226.4	145.0	93.7	137.8	1895.0	**1989/90**
77.6	1430.0	6.0	411.3	220.6	148.7	94.1	139.2	1885.0	**1990/91**
82.2	1431.4	5.5	412.0	218.0	:	100.0	143.0	1970.0	**1991/92**
86.2	1422.4	:	402.2	214.8	187.2	105.5	206.7	1952.5	**1992/93**
87.5	1481.3	:	407.8	214.9	207.6	113.5	216.1	2009.3	**1993/94**

(1) Les données se réfèrent à la République Fédérale d'Allemagne
avant le 3.10.90
(2) Inclut l'enseignement pour adultes et l'enseign. spéciale à partir de 1992/93

G13

Entwicklung des Schüler- und Studentenbestandes
Tertiärbereich - ISCED 5,6,7
1975/76-1993/94

Trend in the number of pupils and students
Higher education - ISCED 5,6,7
1975/76-1993/94

Männlich und weiblich

Males and females

1000

	EUR 15(1)	B	DK	D(1)	GR	E	F
1975/76	:	176.0	111.0	1044.0	117.0	548.0	1053.0
1980/81	:	217.0	106.0	1223.0	121.0	698.0	1176.0
1981/82	6628 *	224.0	107.0	1325.0	125.0	721.0	1224.0
1982/83	6905 *	230.0	111.0	1405.0	137.0	750.0	1256.0
1983/84	7225 *	239.0	113.0	1472.0	149.0	810.0	1304.0
1984/85	7477 *	245.0	115.0	1519.0	168.0	856.0	1332.0
1985/86	7675 *	248.0	116.0	1550.0	182.0	934.0	1357.9
1986/87	7841 *	250.0	119.0	1579.0	198.0	977.0	1367.0
1987/88	8076 *	254.0	122.0	1626.0	189.0	1049.0	1402.1
1988/89	8415 *	261.0	127.0	1687.0	188.0	1101.0	1477.1
1989/90	8816 *	271.0	134.7	1720.0	194.4	1165.8	1585.3
1990/91	9614 *	276.2	143.0	2048.6	195.2	1222.1	1698.7
1991/92	10114 *	285.9	150.2	2033.7	199.7	1301.7	1840.3
1992/93	10846 *	307.1	164.4	2112.6	299.0	1370.7	1952.0
1993/94	11513	322.4	169.6	2132.2	314.0	1469.5	2083.2

(1) Bis 1990/91 beziehen sich die Angaben auf die Bundesrepublik Deutschland
nach dem Gebietsstand bis zum 3.10.1990

(1) Until 1990/91 data refer to the Federal Republic of Germany
prior to 3.10.90

Evolution du nombre d'élèves et d'étudiants
Enseignement supérieur - CITE 5,6,7
1975/76-1993/94

Garçons et filles

1000

IRL	I	L	NL	A	P	FIN	S	UK	
46.0	977.0	1.0 *	291.0	104.525	89.0	77.2	:	733.0	**1975/76**
55.0	1126.0	1.0 *	364.0	136.8	90.0	113.2	:	828.0	**1980/81**
60.0	1104.0	1.0 *	373.0	137.6	79.0	114.8	175.0	858.0	**1981/82**
64.0	1099.0	1.0 *	380.0	146.4	99.0	117.7	180.0	929.0	**1982/83**
65.0	1127.0	1.0 *	386.0	154.1	101.0	119.8	183.0	1001.0	**1983/84**
67.0	1189.0	1.0 *	390.0	165.3	117.0	121.0	184.7	1007.0	**1984/85**
70.0	1192.0	1.0 *	405.0	173.2	102.0	128.0	182.7	1033.0	**1985/86**
73.0	1201.0	1.0 *	400.0	179.9	111.0	133.9	182.7	1068.0	**1986/87**
77.0	1236.0	1.0 *	413.0	188.2	109.0	139.4	184.2	1086.0	**1987/88**
81.0	1306.0	1.0 *	416.0	192.7	130.0	146.9	187.0	1113.0	**1988/89**
85.1	1373.0	1.0 *	437.0	199.8	131.0	155.3	184.5	1178.0	**1989/90**
90.3	1452.3	1.0 *	478.9	205.8	185.8	165.7	192.6	1258.2	**1990/91**
101.1	1533.2	1.0 *	493.6	216.5	190.9	173.7	207.3	1385.1	**1991/92**
108.4	1615.2	:	506.6	221.4	247.5	188.2	222.8	1528.4	**1992/93**
117.6	1770.3	1.8	532.4	227.4	276.4	197.4	234.5	1664.0	**1993/94**

G

(1) Jusqu'à 1990/91, les données se réfèrent à la République Fédérale d'Allemagne avant le 3.10.90

G14
Entwicklung des Schüler- und Studentenbestandes
Tertiärbereich - ISCED 5,6,7
1975/76-1993/94

Weiblich

Trend in the number of pupils and students
Higher education - ISCED 5,6,7
1975/76-1993/94

Females

1000

	EUR 15(1)	B	DK	D(1)	GR	E	F
1975/76	:	69.0	52.0	401.0	43.0	198.0	500.0
1980/81	:	93.0	52.0	503.0	50.0	305.0	594.0
1981/82	2939 *	97.0	53.0	553.0	53.0	326.0	627.0
1982/83	3117 *	102.0	54.0	590.0	61.0	349.0	647.0
1983/84	3325 *	108.0	56.0	614.0	70.0	387.0	674.0
1984/85	3456 *	111.0	57.0	632.0	81.0	411.0	692.0
1985/86	3583 *	113.0	57.0	647.0	89.0	458.0	708.7
1986/87	3689 *	117.0	59.0	654.0	98.0	483.0	716.3
1987/88	3820 *	120.0	62.0	671.0	93.0	526.0	737.9
1988/89	3994 *	121.0	64.0	692.0	92.0	550.0	781.7
1989/90	4223 *	130.2	69.3	698.0	96.9	591.1	838.3
1990/91	4673 *	133.3	74.4	872.2	97.9	623.9	901.9
1991/92	4943 *	137.8	78.9	841.9	101.5	667.1	989.4
1992/93	5359 *	150.2	83.5	886.7	147.8	708.8	1058.9
1993/94	5728 *	159.1	86.8	902.4	146.7	749.5	1138.3

G15
Entwicklung des Schüler- und Studentenbestandes
Tertiärbereich - ISCED 5,6,7
1975/76-1993/94

Männlich

Trend in the number of pupils and students
Higher education - ISCED 5,6,7
1975/76-1993/94

Males

1000

	EUR 15(1)	B	DK	D(1)	GR	E	F
1975/76	:	107.0	59.0	643.0	74.0	350.0	553.0
1980/81	:	124.0	54.0	720.0	71.0	393.0	582.0
1981/82	3689 *	127.0	54.0	772.0	72.0	395.0	597.0
1982/83	3787 *	128.0	57.0	815.0	76.0	401.0	609.0
1983/84	3899 *	131.0	57.0	858.0	79.0	423.0	630.0
1984/85	4020 *	134.0	58.0	887.0	87.0	445.0	640.0
1985/86	4091 *	135.0	59.0	903.0	93.0	476.0	649.2
1986/87	4151 *	133.0	60.0	925.0	100.0	494.0	650.7
1987/88	4255 *	134.0	60.0	955.0	96.0	523.0	664.3
1988/89	4420 *	140.0	63.0	995.0	96.0	551.0	695.3
1989/90	4592 *	140.8	65.4	1022.0	97.6	574.6	747.0
1990/91	4941 *	142.9	68.6	1176.4	97.3	598.2	796.8
1991/92	5171 *	148.1	71.3	1191.9	98.1	634.6	850.9
1992/93	5487 *	156.9	80.9	1225.9	151.3	661.9	893.1
1993/94	5785 *	163.2	82.8	1229.8	167.3	720.0	944.9

(1) Bis 1990/91 beziehen sich die Angaben auf die Bundesrepublik Deutschland
nach dem Gebietsstand bis zum 3.10.1990

(1) Until 1990/91 data refer to the Federal Republic of Germany
prior to 3.10.90

1000

IRL	I	L	NL	A	P	FIN	S	UK	
16.0	381.0	:	94.0	40.3	42.0	34.7	:	264.0	**1975/76**
22.0	482.0	:	144.0	57.5	44.0	53.2	:	303.0	**1980/81**
24.0	480.0	:	154.0	59.5	47.0	54.2	91.1	320.0	**1981/82**
26.0	483.0	:	159.0	64.1	50.0	55.9	94.2	382.0 *	**1982/83**
28.0	505.0	:	162.0	68.2	56.0	57.1	96.1	444.0	**1983/84**
29.0	540.0	:	160.0	74.1	63.0	58.4	96.8	451.0	**1984/85**
30.0	551.0	:	166.0	78.6	56.0	62.5	96.1	470.0	**1985/86**
32.0	562.0	:	171.0	81.8	60.0	66.6	95.6	493.0	**1986/87**
34.0	585.0	:	177.0	86.2	57.0	70.2	96.9	504.0	**1987/88**
36.0	625.0	:	181.0	88.1	69.0	75.0	99.5	520.0	**1988/89**
38.5	664.0	:	193.0	91.9	73.0	80.2	97.9	561.0	**1989/90**
41.4	720.5	:	212.4	94.0	103.5	86.5	103.5	607.0	**1990/91**
47.6	759.5	:	224.2	99.9	115.4	91.6	111.9	675.3	**1991/92**
52.2	816.6	:	233.0	103.0	138.8	99.8	121.1	757.9	**1992/93**
56.8	911.8	:	245.7	107.0	157.1	104.7	127.9	832.9	**1993/94**

G

1000

IRL	I	L	NL	A	P	FIN	S	UK	
30.0	596.0	:	197.0	64.3	47.0	42.5	:	469.0	**1975/76**
33.0	644.0	:	220.0	79.3	46.0	60.0	:	525.0	**1980/81**
36.0	624.0	:	219.0	78.1	32.0	60.6	84.0	538.0	**1981/82**
38.0	616.0	:	221.0	82.2	49.0	61.8	85.8	547.0 *	**1982/83**
37.0	622.0	:	224.0	86.0	45.0	62.7	86.9	557.0	**1983/84**
38.0	649.0	:	230.0	91.2	54.0	62.6	87.8	556.0	**1984/85**
40.0	641.0	:	239.0	94.6	46.0	65.5	86.6	563.0	**1985/86**
41.0	639.0	:	229.0	98.1	51.0	67.3	87.1	575.0	**1986/87**
43.0	651.0	:	236.0	102.0	52.0	69.1	87.3	582.0	**1987/88**
45.0	681.0	:	235.0	104.6	61.0	71.8	87.5	593.0	**1988/89**
46.6	709.0	:	244.0	108.0	58.0	75.2	86.6	617.0	**1989/90**
48.9	731.8	:	266.4	111.8	82.3	79.2	89.1	651.1	**1990/91**
53.5	773.7	:	269.4	116.6	75.4	82.1	95.4	709.7	**1991/92**
56.2	798.5	:	273.6	118.4	108.7	88.4	101.8	770.5	**1992/93**
60.8	858.5	:	286.7	120.4	119.3	92.7	106.6	831.1	**1993/94**

(1) Jusqu'à 1990/91, les données se réfèrent à la République Fédérale d'Allemagne
avant le 3.10.90

G16

Entwicklung des Schüler- und Studentenbestandes
Sekundarstufe II, allgemeinbildend - ISCED 3
1985/86-1993/94

Männlich und weiblich

Trend in the number of pupils and students
Upper secondary general education - ISCED 3
1985/86-1993/94

Males and females

1000

eurostat	EUR 15(2)	B	DK(1)	D(2)	GR	E	F
1985/86	:	222.6	73.6	677.3	267.4	1251.0	856.0
1986/87	:	222.4	70.3	634.3	267.2	1299.3	904.1
1987/88	:	221.0	70.8	606.4	261.7	1399.0	973.5
1988/89	:	219.4	72.8	578.8	266.2	1477.6	1045.8
1989/90	:	216.3	74.6	550.6	270.2	1538.4	1118.3
1990/91	:	216.1	74.3	569.4	273.7	1591.7	1151.7
1991/92	:	214.4	75.4	579.7	277.8	1631.4	1152.0
1992/93	:	214.3	99.9	634.7	273.0	1713.6	:
1993/94	7906.5	216.7	102.3	663.4	274.7	1764.6	1192.5

G17

Entwicklung des Schüler- und Studentenbestandes
Sekundarstufe II, allgemeinbildend - ISCED 3
1985/86-1993/94

Weiblich

Trend in the number of pupils and students
Upper secondary general education - ISCED 3
1985/86-1993/94

Females

1000

eurostat	EUR 15(2)	B	DK(1)	D(2)	GR	E	F
1985/86	:	117.3	43.1	326.5	147.7	666.0	497.8
1986/87	:	117.3	40.8	314.7	147.4	691.1	524.1
1987/88	:	117.0	41.2	301.5	144.9	741.5	561.8
1988/89	:	116.0	42.5	289.2	147.9	790.3	599.9
1989/90	:	114.6	44.0	277.7	149.9	829.4	637.6
1990/91	:	114.3	44.0	293.0	152.3	859.3	653.9
1991/92	:	114.1	44.7	302.9	154.3	870.5	654.2
1992/93	:	114.3	57.4	336.2	151.6	913.9	:
1993/94	4213 *	116.0	58.6	354.5	151.8	942.0	657.3

G18

Entwicklung des Schüler- und Studentenbestandes
Sekundarstufe II, allgemeinbildend - ISCED 3
1985/86-1993/94

Männlich

Trend in the number of pupils and students
Upper secondary general education - ISCED 3
1985/86-1993/94

Males

1000

eurostat	EUR 15(2)	B	DK(1)	D(2)	GR	E	F
1985/86	:	105.3	30.5	350.8	119.7	585.0	358.2
1986/87	:	105.1	29.4	319.6	119.8	608.2	380.0
1987/88	:	104.0	29.5	304.9	116.8	657.5	411.7
1988/89	:	103.4	30.2	289.6	118.3	687.3	445.8
1989/90	:	101.6	30.6	272.9	120.3	708.9	480.8
1990/91	:	101.8	30.3	276.3	121.5	732.4	497.8
1991/92	:	100.3	30.7	276.8	123.5	760.9	497.8
1992/93	:	99.9	42.5	298.5	121.4	799.7	:
1993/94	3693 *	100.7	43.7	308.9	122.8	822.7	535.2

(1) Ab 1993/94 wurde eine Neuaufteilung der "allgemeinen" und
"beruflichen" Bildung vorgenommen
(2) Bis 1990/91 beziehen sich die Angaben auf die Bundesrepublik Deutschland
nach dem Gebietsstand bis zum 3.10.1990

(1) From 1992/93 there is a reallocation of data between general
and vocational
(2) Until 1990/91 data refer to the Federal Republic of Germany
prior to 3.10.90

G16

Evolution du nombre d'élèves et d'étudiants
Enseignement secondaire supérieur général - CITE 3
1985/86-1993/94

Garçons et filles

1000

IRL	I	L	NL	A	P	FIN	S	UK	
105.1	633.4	:	:	105.7	:	108.2	:	2164.0	**1985/86**
109.5	645.8	:	:	108.2	:	105.2	:	2125.0	**1986/87**
112.8	688.5	:	:	103.6	:	102.2	:	2034.0	**1987/88**
116.3	708.0	:	255.9	99.6	:	99.6	:	1951.7	**1988/89**
121.2	721.8	4.4	247.2	99.5	:	99.3	:	1898.0	**1989/90**
122.1	733.4	4.2	239.5	85.5	:	100.9	:	1884.2	**1990/91**
126.5	747.9	3.9	231.5	85.2	288.9	109.3	:	1857.6	**1991/92**
131.0	:	:	225.5	86.0	347.5	111.7	145.8	1860.3	**1992/93**
136.5	792.0	4.4	223.4	88.0	338.8	118.4	163.3	1827.6	**1993/94**

G17

Evolution du nombre d'élèves et d'étudiants
Enseignement secondaire supérieur général - CITE 3
1985/86-1993/94

Filles

1000

IRL	I	L	NL	A	P	FIN	S	UK	
54.8	341.6	:	:	53.0	:	65.5	:	1065.0	**1985/86**
57.6	362.1	:	:	52.3	:	63.1	:	1045.0	**1986/87**
59.1	369.9	:	:	50.6	:	60.6	:	1000.0	**1987/88**
61.1	378.0	:	138.1	49.0	:	58.7	:	969.0	**1988/89**
63.3	404.9	2.4	133.0	49.5	:	58.6	:	936.0	**1989/90**
63.4	405.1	2.2	128.5	41.6	:	59.8	:	928.5	**1990/91**
65.3	414.3	2.1	124.0	42.2	:	65.1	:	916.3	**1991/92**
67.2	:	:	120.2	42.8	193.5	65.3	90.4	918.2	**1992/93**
69.9	447.2	:	119.4	43.9	185.7	69.0	96.4	899.6	**1993/94**

G18

Evolution du nombre d'élèves et d'étudiants
Enseignement secondaire supérieur général - CITE 3
1985/86-1993/94

Garçons

1000

IRL	I	L	NL	A	P	FIN	S	UK	
50.3	291.7	:	:	52.7	:	42.7	:	1099.0	**1985/86**
52.0	283.8	:	:	55.9	:	42.1	:	1080.0	**1986/87**
53.7	318.6	:	:	53.0	:	41.6	:	1034.0	**1987/88**
55.2	330.0	:	117.7	50.6	:	40.9	:	982.7	**1988/89**
57.9	316.9	2.1	114.2	50.0	:	40.6	:	962.0	**1989/90**
58.7	328.3	2.0	111.0	43.9	:	41.0	:	955.8	**1990/91**
61.2	333.5	1.8	107.5	43.1	:	44.3	:	941.3	**1991/92**
63.7	:	:	105.3	43.2	154.0	46.4	55.3	942.1	**1992/93**
66.6	344.7	:	103.9	44.1	153.1	49.4	67.0	928.0	**1993/94**

(1) A partir de 1993/94, il y a eu une réaffectation des données entre
le général et professionnel
(2) Jusqu'à 1990/91, les données se réfèrent à la République Fédérale d'Allemagne
avant le 3.10.90

317

G19

Entwicklung des Schüler- und Studentenbestandes
Sekundarstufe II, beruflich - ISCED 3
1985/86-1993/94

Männlich und weiblich

Trend in the number of pupils and students
Upper secondary vocational education - ISCED 3
1985/86-1993/94

Males and females

1000

eurostat	EUR 15(2)	B	DK(1)	D(2)	GR	E	F
1985/86	:	409.8	150.8	2547.8	105.8	849.4	1179.8
1986/87	:	402.4	156.5	2499.0	113.4	868.2	1192.6
1987/88	:	411.8	156.8	2400.3	126.1	917.1	1250.1
1988/89	:	412.7	155.8	2286.1	130.2	958.0	1315.4
1989/90	:	409.9	150.9	2137.9	127.2	1038.0	1345.8
1990/91	:	403.6	147.8	2318.4	131.4	1101.8	1354.6
1991/92	:	403.7	145.6	2293.9	144.3	1162.8	1357.8
1992/93	:	443.2	122.4	2299.1	134.3	1220.5	:
1993/94	11584.9	454.5	120.6	2286.3	137.6	1221.5	1318.4

G20

Entwicklung des Schüler- und Studentenbestandes
Sekundarstufe II, beruflich - ISCED 3
1985/86-1993/94

Weiblich

Trend in the number of pupils and students
Upper secondary vocational education - ISCED 3
1985/86-1993/94

Females

1000

eurostat	EUR 15(2)	B	DK(1)	D(2)	GR	E	F
1985/86	:	200.0	64.6	1157.5	30.9	388.0	531.5
1986/87	:	197.2	68.3	1131.9	33.3	398.1	533.8
1987/88	:	200.7	69.6	1091.0	38.0	429.0	551.9
1988/89	:	202.3	69.1	1046.9	39.4	435.9	571.6
1989/90	:	201.3	68.2	974.3	40.7	503.1	585.8
1990/91	:	197.4	65.6	1026.8	43.0	541.8	590.7
1991/92	:	197.4	65.2	1011.7	49.3	594.9	591.1
1992/93	:	209.0	54.0	1003.1	50.0	629.8	:
1993/94	5589 *	215.2	53.2	1002.1	47.3	630.1	573.4

G21

Entwicklung des Schüler- und Studentenbestandes
Sekundarstufe II, beruflich - ISCED 3
1985/86-1993/94

Männlich

Trend in the number of pupils and students
Upper secondary vocational education - ISCED 3
1985/86-1993/94

Males

1000

eurostat	EUR 15(2)	B	DK(1)	D(2)	GR	E	F
1985/86	:	209.8	86.2	1390.2	74.9	461.3	648.3
1986/87	:	205.2	88.2	1367.1	80.1	470.1	658.9
1987/88	:	211.1	87.2	1309.4	88.1	488.1	698.1
1988/89	:	210.4	86.7	1239.2	90.8	522.1	743.7
1989/90	:	208.7	82.7	1163.6	86.5	534.9	760.1
1990/91	:	206.1	82.2	1291.7	88.4	559.9	763.9
1991/92	:	206.3	80.4	1282.2	95.0	567.9	766.7
1992/93	:	234.2	68.5	1296.1	84.4	590.7	:
1993/94	5996 *	239.3	67.4	1284.3	90.4	591.4	745.0

(1) Ab 1993/94 wurde eine Neuaufteilung der "allgemeinen" und
"beruflichen" Bildung vorgenommen
(2) Bis 1990/91 beziehen sich die Angaben auf die Bundesrepublik Deutschland
nach dem Gebietsstand bis zum 3.10.1990

(1) From 1992/93 there is a reallocation of data between general
and vocational
(2) Until 1990/91 data refer to the Federal Republic of Germany
prior to 3.10.90

Evolution du nombre d'élèves et d'étudiants
Enseignement secondaire supérieur professionnel - CITE 3
1985/86-1993/94

Garçons et filles

1000

IRL	I	L	NL	A	P	FIN	S	UK	
35.4	2005.6	:	:	354.4	:	120.4	:	1793.0	**1985/86**
34.3	2045.2	:	:	337.2	:	118.9	:	1877.0	**1986/87**
34.6	2065.5	:	:	327.5	:	117.8	:	1925.0	**1987/88**
32.6	2124.0	:	499.8	314.0	:	117.0	:	2031.3	**1988/89**
34.1	2165.3	7.8	506.9	313.7	:	115.8	:	2081.0	**1989/90**
36.1	2122.9	7.4	508.7	319.0	:	118.1	:	2034.2	**1990/91**
38.5	2110.4	6.8	541.6	314.4	106.8	124.6	:	2353.1	**1991/92**
42.8	:	:	:	309.2	:	129.6	283.4	2313.4	**1992/93**
41.1	2149.8	7.6	525.6	308.1	99.5	136.6	283.3	2494.3	**1993/94**

Evolution du nombre d'élèves et d'étudiants
Enseignement secondaire supérieur professionnel - CITE 3
1985/86-1993/94

G

Filles

1000

IRL	I	L	NL	A	P	FIN	S	UK	
15.8	979.4	:	:	155.4	:	62.0	:	962.0	**1985/86**
16.1	978.9	:	:	146.2	:	62.0	:	1014.0	**1986/87**
16.4	1000.1	:	:	142.9	:	62.3	:	1050.0	**1987/88**
15.6	1022.0	:	207.9	139.5	:	61.6	:	1107.0	**1988/89**
16.5	1041.1	3.5	209.1	137.3	:	62.7	:	1148.0	**1989/90**
17.2	1021.3	3.4	208.4	142.3	:	65.1	:	1126.8	**1990/91**
17.5	1012.5	3.1	237.1	139.4	:	68.8	:	1324.4	**1991/92**
20.4	:	:	:	137.6	:	70.5	140.1	1296.5	**1992/93**
20.2	1013.2	:	221.7	137.2	45.0	72.5	141.6	1413.0	**1993/94**

Evolution du nombre d'élèves et d'étudiants
Enseignement secondaire supérieur professionnel - CITE 3
1985/86-1993/94

Garçons

1000

IRL	I	L	NL	A	P	FIN	S	UK	
19.6	1026.3	:	:	199.1	:	58.4	:	831.0	**1985/86**
18.2	1066.2	:	:	191.0	:	56.9	:	863.0	**1986/87**
18.2	1065.4	:	:	184.6	:	55.6	:	875.0	**1987/88**
17.0	1102.0	:	291.9	174.5	:	55.4	:	924.3	**1988/89**
17.6	1124.1	4.3	297.9	176.5	:	53.1	:	933.0	**1989/90**
19.0	1101.7	4.0	300.3	176.7	:	53.0	:	907.4	**1990/91**
21.0	1097.9	3.7	304.5	175.0	:	55.8	:	1028.7	**1991/92**
22.4	:	:	:	171.6	:	59.1	143.2	1010.5	**1992/93**
20.9	1136.6	:	303.8	170.9	54.5	64.1	141.8	1081.3	**1993/94**

(1) A partir de 1993/94, il y a eu une réaffectation des données entre
le général et professionnel
(2) Jusqu'à 1990/91, les données se réfèrent à la République Fédérale d'Allemagne
avant le 3.10.90

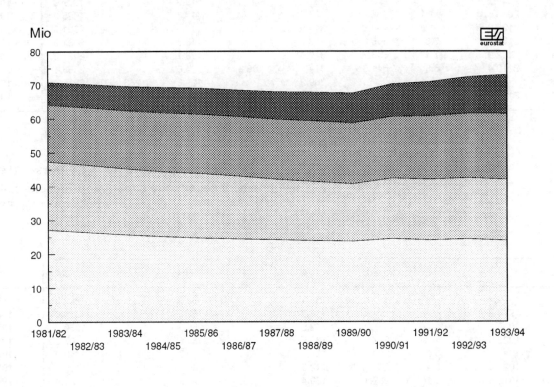

G22

Entwicklung des Schüler- und Studentenbestandes, 1981/82 - 1993/94, EUR 15 (1)
Trend in the number of pupils and students, 1981/82 - 1993/94, EUR 15 (1)
Evolution du nombre d'élèves et d'étudiants, 1981/82 - 1993/94, EUR 15 (1)

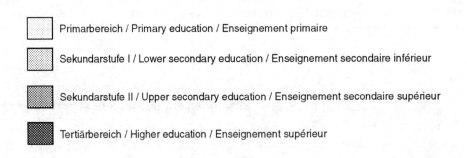

Primarbereich / Primary education / Enseignement primaire

Sekundarstufe I / Lower secondary education / Enseignement secondaire inférieur

Sekundarstufe II / Upper secondary education / Enseignement secondaire supérieur

Tertiärbereich / Higher education / Enseignement supérieur

(1) Bis 1990/91 beziehen sich die Angaben auf die Bundesrepublik Deutschland nach dem Gebietsstand bis zum 3.10.1990
(1) Until 1990/91 data refer to the Federal Republic of Germany prior to 3.10.90
(1) Jusqu'à 1990/91, les données se réfèrent à la République Fédérale d'Allemagne avant le 3.10.90

Entwicklung der Bildungsbeteiligung von Frauen: Frauen pro 100 Männer, 1981/82 - 1993/94, EUR15 (1)
Trend in female participation: Females per 100 males, 1981/82 - 1993/94, EUR15 (1)
Evolution de la scolarisation féminine: nombre de filles pour 100 garçons, 1981/82 - 1993/94, EUR15 (1)

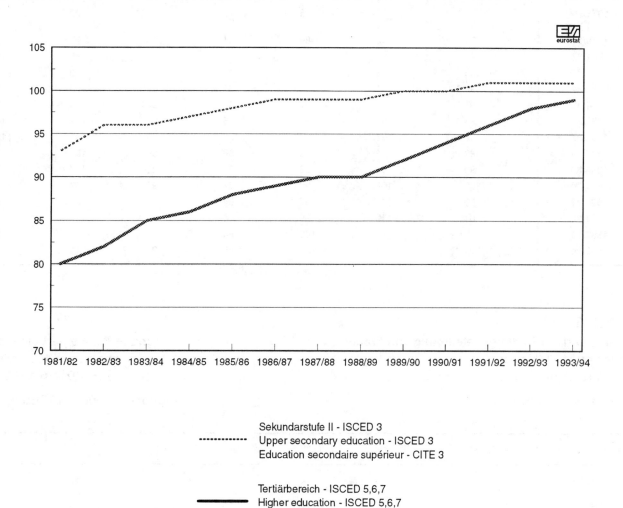

Sekundarstufe II - ISCED 3
------------- Upper secondary education - ISCED 3
Education secondaire supérieur - CITE 3

Tertiärbereich - ISCED 5,6,7
━━━━━ Higher education - ISCED 5,6,7
Education supérieur - CITE 5,6,7

(1) Bis 1990/91 beziehen sich die Angaben auf die Bundesrepublik Deutschland nach dem Gebietsstand bis zum 3.10.1990
(1) Until 1990/91 data refer to the Federal Republic of Germany prior to 3.10.90
(1) Jusqu'à 1990/91, les données se réfèrent à la République Fédérale d'Allemagne avant le 3.10.90

⌓ G24
Entwicklung der Bildungsbeteiligung von Frauen
Frauen pro 100 Männer
1975/76-1993/94

Sekundarstufe II - ISCED 3

Trend in female participation
Females per 100 males
1975/76-1993/94

Upper secondary education - ISCED 3

eurostat	EUR 15(1)	B	DK	D(1)	GR	E	F
1975/76	81 *	97	95	78	77	82	96
1980/81	93 *	102	89	81	85	97	100
1981/82	93 *	102	91	81	85	88	102
1982/83	96 *	103	89	83	94	103	101
1983/84	96 *	101	91	83	93	103	99
1984/85	97 *	100	91	84	94	104	99
1985/86	98 *	101	93	85	92	107	102
1986/87	99 *	101	92	86	90	105	102
1987/88	99 *	101	95	86	89	109	100
1988/89	99 *	101	96	87	89	107	98
1989/90	100	102	99	87	92	107	99
1990/91	100	101	97	84	93	108	99
1991/92	101 *	102	99	84	93	110	98
1992/93	101 *	97	100	84	98	111	98
1993/94	101 *	97	101	85	93	111	96

⌓ G25
Entwicklung der Bildungsbeteiligung von Frauen
Frauen pro 100 Männer
1975/76-1993/94

Tertiärbereich - ISCED 5,6,7

Trend in female participation
Females per 100 males
1975/76-1993/94

Higher education - ISCED 5,6,7

eurostat	EUR 15(1)	B	DK	D(1)	GR	E	F
1975/76	:	64	88	62	58	57	90
1980/81	:	75	96	70	70	78	102
1981/82	80 *	76	98	72	74	83	105
1982/83	82 *	80	95	72	80	87	106
1983/84	85 *	82	98	72	89	91	107
1984/85	86 *	83	98	71	93	92	108
1985/86	88 *	84	97	72	96	96	109
1986/87	89 *	88	98	71	98	98	110
1987/88	90 *	90	103	70	97	101	111
1988/89	90 *	86	102	70	96	100	112
1989/90	92 *	92	106	68	99	103	112
1990/91	95 *	93	108	74	101	104	113
1991/92	96 *	93	111	71	103	105	116
1992/93	98 *	96	103	72	98	107	119
1993/94	99 *	97	105	73	88	104	120

(1) Bis 1990/91 beziehen sich die Angaben auf die Bundesrepublik Deutschland
nach dem Gebietsstand bis zum 3.10.1990
(2) Ab 1992/93 schliessen die Angaben die Erwachsenenbildung sowie die Sonder-
schulerziehung mit ein

(1) Until 1990/91 data refer to the Federal Republic of Germany
prior to 3.10.90
(2) As from 1992/93 data include adult and special education

Evolution de la scolarisation féminine
Nombre de filles sur 100 garçons
1975/76-1993/94

Enseignement secondaire supérieur - CITE 3

IRL	I	L	NL	A	P	FIN	S(2)	UK	
102	80	:	65	72	89	115	99	77	1975/76
98	94	:	81	77	119	118	106	97	1980/81
100	96	:	85	80	114	119	108	99	1981/82
96	98	:	88	79	114	121	106	99	1982/83
99	98	:	89	79	111	127	105	100	1983/84
101	99	:	89	83	104	128	104	102	1984/85
103	99	:	87	81	81	126	103	105	1985/86
106	99	:	87	80	124	126	103	106	1986/87
104	99	:	85	81	116	126	102	107	1987/88
107	98	:	84	84	113	125	103	109	1988/89
106	100	92	83	82	115	129	105	110	1989/90
104	100	93	82	83	116	133	105	110	1990/91
101	100	94	88	83	:	134	104	114	1991/92
102	99	:	90	84	119	129	116	113	1992/93
103	99	:	84	84	111	125	114	115	1993/94

G

Evolution de la scolarisation féminine
Nombre de filles sur 100 garçons
1975/76-1993/94

Enseignement supérieur - CITE 5,6,7

IRL	I	L	NL	A	P	FIN	S(2)	UK	
53	64	:	48	63	89	82	:	56	1975/76
67	75	:	65	73	96	89	:	58	1980/81
67	77	:	70	76	147	89	108	59	1981/82
68	78	:	72	78	102	90	110	70	1982/83
76	81	:	72	79	124	91	111	80	1983/84
76	83	:	70	81	117	93	110	81	1984/85
75	86	:	69	83	122	95	111	83	1985/86
78	88	:	75	83	118	99	110	86	1986/87
79	90	:	75	84	110	102	111	87	1987/88
80	92	:	77	84	113	104	114	88	1988/89
83	94	:	79	85	126	107	113	91	1989/90
85	98	:	80	84	126	109	116	93	1990/91
89	98	:	83	86	153	112	117	95	1991/92
93	102	:	85	87	128	113	119	98	1992/93
93	106	:	86	89	132	113	120	100	1993/94

(1) Jusqu'à 1990/91, les données se réfèrent à la République Fédérale d'Allemagne
avant le 3.10.90
(2) Inclut l'enseignement pour adultes et l'enseign. spéciale à partir de 1992/93

G26

Entwicklung der Bildungsbeteiligung von Frauen
Frauen pro 100 Männer
1985/86-1993/94

Sekundarstufe II, allgemeinbildend - ISCED 3

Trend in female participation
Females per 100 males
1985/86-1993/94

Upper secondary general education - ISCED 3

eurostat	EUR 15(2)	B	DK(1)	D(2)	GR	E	F
1985/86	:	111	141	93	123	114	139
1986/87	:	112	139	98	123	114	138
1987/88	:	112	140	99	124	113	136
1988/89	:	112	141	100	125	115	135
1989/90	:	113	144	102	125	117	133
1990/91	:	112	145	106	125	117	131
1991/92	114 *	114	145	109	125	114	131
1992/93	:	114	135	113	125	114	:
1993/94	114 *	115	134	115	124	115	123

G27

Entwicklung der Bildungsbeteiligung von Frauen
Frauen pro 100 Männer
1985/86-1993/94

Sekundarstufe II, beruflich - ISCED 3

Trend in female participation
Females per 100 males
1985/86-1993/94

Upper secondary vocational education - ISCED 3

eurostat	EUR 15(2)	B	DK(1)	D(2)	GR	E	F
1985/86	:	95	75	83	41	84	82
1986/87	:	96	77	83	42	85	81
1987/88	:	95	80	83	43	88	79
1988/89	:	96	80	84	43	84	77
1989/90	:	96	82	84	47	94	77
1990/91	:	96	80	79	49	97	77
1991/92	93 *	96	81	79	52	105	77
1992/93	:	89	79	77	59	107	:
1993/94	93 *	90	79	78	52	107	77

(1) Ab 1993/94 wurde eine Neuaufteilung der "allgemeinen" und
"beruflichen" Bildung vorgenommen
(2) Bis 1990/91 beziehen sich die Angaben auf die Bundesrepublik Deutschland
nach dem Gebietsstand bis zum 3.10.1990

(1) From 1992/93 there is a reallocation of data between general
and vocational
(2) Until 1990/91 data refer to the Federal Republic of Germany
prior to 3.10.90

Evolution de la scolarisation féminine
Nombre de filles sur 100 garçons
1985/86-1993/94

Enseignement secondaire supérieur général - CITE 3

IRL	I	L	NL	A	P	FIN	S	UK	
109	117	:	:	101	:	153	:	97	**1985/86**
111	128	:	:	94	:	150	:	97	**1986/87**
110	116	:	:	96	:	146	:	97	**1987/88**
111	115	:	117	97	:	144	:	99	**1988/89**
109	128	115	116	99	:	144	:	97	**1989/90**
108	123	113	116	95	:	146	:	97	**1990/91**
107	124	116	115	98	:	147	:	97	**1991/92**
105	:	:	114	99	126	141	163	97	**1992/93**
105	130	:	115	100	121	140	144	97	**1993/94**

G

Evolution de la scolarisation féminine
Nombre de filles sur 100 garçons
1985/86-1993/94

Enseignement secondaire supérieur professionnel - CITE 3

IRL	I	L	NL	A	P	FIN	S	UK	
80	95	:	:	78	:	106	:	116	**1985/86**
89	92	:	:	77	:	109	:	117	**1986/87**
90	94	:	:	77	:	112	:	120	**1987/88**
92	93	:	71	80	:	111	:	120	**1988/89**
93	93	81	70	78	:	118	:	123	**1989/90**
90	93	84	69	81	:	123	:	124	**1990/91**
83	92	83	78	80	:	123	:	129	**1991/92**
91	:	:	:	80	:	119	98	128	**1992/93**
97	89	:	73	80	83	113	100	131	**1993/94**

(1) A partir de 1993/94, il y a eu une réaffectation des données entre
le général et professionnel
(2) Jusqu'à 1990/91, les données se réfèrent à la République Fédérale d'Allemagne
avant le 3.10.90

G28

Entwicklung der Bildungsarten
Anteil der Studenten in beruflicher Bildung
Sekundarstufe II - ISCED 3
1985/86-1993/94

Männlich und weiblich

Trend in type of education
Percentage share of students in vocational education
Upper secondary education - ISCED 3
1985/86-1993/94

Males and females

%

eurostat	EUR 15(2)	B	DK(1)	D(2)	GR	E	F
1985/86	:	65	67	79	28	38	58
1986/87	:	64	69	80	30	37	57
1987/88	:	65	69	80	32	37	56
1988/89	:	65	68	80	33	37	56
1989/90	:	65	67	80	32	40	55
1990/91	:	65	67	80	32	41	54
1991/92	60	65	66	80	34	42	54
1992/93	:	67	55	78	33	42	:
1993/94	59	68	54	78	33	41	53

(1) Ab 1993/94 wurde eine Neuaufteilung der "allgemeinen" und
"beruflichen" Bildung vorgenommen
(2) Bis 1990/91 beziehen sich die Angaben auf die Bundesrepublik Deutschland
nach dem Gebietsstand bis zum 3.10.1990

(1) From 1992/93 there is a reallocation of data between general
and vocational
(2) Until 1990/91 data refer to the Federal Republic of Germany
prior to 3.10.90

Evolution par type d'enseignement
Pourcentage d'étudiants dans l'enseignement professionnel
Enseignement secondaire supérieur - CITE 3
1985/86-1993/94

Garçons et filles

%

IRL	I	L	NL	A	P	FIN	S	UK	
25	76	:	:	77	:	53	:	45	**1985/86**
24	76	:	:	76	:	53	:	47	**1986/87**
24	75	:	:	76	:	54	:	49	**1987/88**
22	75	:	66	76	:	54	:	51	**1988/89**
22	75	64	67	76	:	54	:	52	**1989/90**
23	74	64	68	79	:	54	:	51	**1990/91**
23	74	64	70	79	27	53	:	56	**1991/92**
25	:	:	:	78	:	54	63	55	**1992/93**
23	73	63	70	78	23	54	61	58	**1993/94**

(1) A partir de 1993/94, il y a eu une réaffectation des données entre
le général et professionnel
(2) Jusqu'à 1990/91, les données se réfèrent à la République Fédérale d'Allemagne
avant le 3.10.90

G

H Demographische Daten
Demographic data
Données démographiques

H

H1 Bevölkerung nach dem Alter
Population by age
Population par âge

H1-1
Bevölkerung nach dem Alter
1. Januar 1994

Männlich und weiblich

Population by age
1 January 1994

Males and females

1000

eurostat	EUR 15	B	DK	D	GR	E	F
Insgesamt / Total	370418.6 *	10100.6	5196.6	81338.1	10409.6	39121.4	57779.1
3	4361.4 *	125.7	64.1	936.0	107.2	389.4	750.9
4	4333.2 *	123.3	62.1	923.5	107.7	396.7	756.0
5	4376.2 *	122.2	59.8	949.2	110.0	398.4	764.8
6	4328.2 *	119.8	57.2	925.2	112.6	412.6	765.5
7	4332.8 *	119.5	56.6	907.5	117.1	426.8	775.9
8	4335.7 *	116.2	55.3	875.7	122.8	447.8	767.5
9	4329.8 *	117.6	53.4	872.2	127.6	468.8	757.0
10	4373.6 *	118.8	52.3	879.8	133.4	491.9	745.4
11	4514.7 *	121.8	54.2	903.9	139.1	516.6	797.3
12	4593.4 *	124.9	54.6	900.6	144.0	541.2	805.4
13	4672.4 *	125.1	58.8	906.5	149.9	571.0	809.1
14	4603.0 *	124.2	60.6	859.1	151.2	596.1	765.4
15	4590.2 *	122.8	63.4	849.2	153.2	622.3	749.3
16	4638.9 *	122.1	63.4	845.9	152.6	643.6	758.1
17	4714.0 *	121.1	66.8	837.5	154.4	658.4	738.6
18	4822.2 *	120.3	73.6	820.6	155.1	664.6	765.7
19	4992.1 *	125.5	72.2	847.0	157.1	669.7	815.1
20	5130.5 *	131.6	72.8	875.5	156.1	667.4	865.1
21	5372.1 *	137.5	76.9	982.6	157.1	663.3	884.8
22	5599.3 *	143.1	76.7	1108.2	157.8	658.4	885.1
23	5629.9 *	144.7	73.2	1173.2	159.6	654.0	864.7
24	5783.8 *	145.3	73.3	1277.4	158.9	650.6	854.2
25	5852.5 *	146.0	76.5	1348.9	160.0	647.1	842.2
26	5935.3 *	149.1	82.6	1391.6	161.2	644.5	840.9
27	6065.2 *	154.8	88.8	1434.8	158.2	645.0	864.8
28	6113.4 *	159.6	86.0	1448.5	156.9	640.9	872.8
29	6178.2 *	165.8	84.2	1475.3	153.0	630.8	887.8
30-34	29138.0 *	809.9	388.1	6977.7	743.4	3009.0	4358.7
35-39	:	771.5	371.7	6053.1	718.3	2699.5	4280.2

(1) Bevölkerung am 1. Januar 1994 in der Alterstruktur vom
31. August 1993, um mit dem Bezugszeitraum der bildungs-
statistischen Daten übereinzustimmen

(1) Population at 1 January 1994 by age at 31 August 1993
to correspond with the reference period of the education
age data

1000

IRL	I	L	NL	A	P	FIN	S	UK(1)	
3569.0	57138.5	400.9	15341.6	8015.0	9892.2	5077.9	8745.1	58292.9	Total
54.6	554.5	5.4	199.5	93.7	107.7	65.9	125.4	781.2	3
54.2	557.9	5.1	191.3	92.2	110.1	63.8	118.3	771.2	4
54.7	559.6	5.1	189.4	93.5	105.5	63.9	115.2	785.1	5
57.9	547.4	4.7	190.1	92.1	108.2	60.5	108.4	765.8	6
60.3	551.0	4.9	188.5	92.9	111.4	61.6	106.3	752.6	7
61.1	571.5	4.4	183.2	92.3	118.1	63.6	103.2	752.9	8
62.3	579.4	4.5	179.6	93.2	124.2	66.0	99.0	725.1	9
64.7	593.7	4.5	175.3	93.5	128.6	67.8	96.9	727.1	10
67.1	613.5	4.5	177.0	97.4	135.4	67.3	97.8	721.8	11
69.7	627.6	4.7	183.2	98.7	138.5	64.8	98.6	737.1	12
72.2	636.1	4.5	186.5	95.8	145.5	64.4	101.5	745.7	13
71.9	659.7	4.4	181.2	89.1	149.3	64.5	100.1	726.3	14
69.3	704.2	4.3	182.4	88.9	152.0	64.9	96.9	667.0	15
67.1	732.6	4.3	180.8	89.4	161.9	66.1	99.8	651.4	16
65.1	772.9	4.3	185.1	91.4	170.1	66.9	102.5	678.9	17
61.3	820.2	4.4	188.2	97.0	173.7	65.4	108.1	704.0	18
57.2	861.7	4.4	199.0	101.2	170.6	62.4	114.8	734.3	19
57.7	868.9	4.7	209.4	104.4	166.5	56.9	114.2	779.3	20
60.6	885.5	5.1	230.3	114.0	167.7	59.0	116.8	830.9	21
60.9	909.6	5.5	245.0	122.3	163.2	61.3	118.4	883.7	22
58.2	897.0	5.5	257.8	126.9	159.9	63.7	115.4	876.1	23
54.5	924.4	5.9	266.7	134.9	154.1	65.5	114.6	903.6	24
51.3	914.6	6.2	256.1	142.5	151.8	70.7	121.5	916.8	25
49.4	925.7	6.6	255.5	142.9	149.5	73.3	129.7	932.7	26
49.1	953.3	6.7	258.2	143.9	148.3	74.0	132.0	953.1	27
49.3	954.8	7.0	264.0	145.1	147.3	74.3	132.9	974.0	28
49.3	971.8	7.1	269.8	147.2	147.8	76.1	133.4	978.9	29
247.9	4340.0	35.1	1297.9	696.3	713.3	382.3	589.3	4549.1	30-34
245.7	3914.3	33.1	1200.6	590.9	677.0	393.4	585.4	:	35-39

(1) L'âge est defini au 31 août 1993 afin de correspondre avec la période de référence utilisée dans les données de l'éducation par âge

H

H1-1

Anteil an Jugendlichen (Altersklasse 3-25) in der Bevölkerung
Proportion of young people (aged 3-25) in the population
Pourcentage de jeunes (âgés de 3-25 ans) dans la population

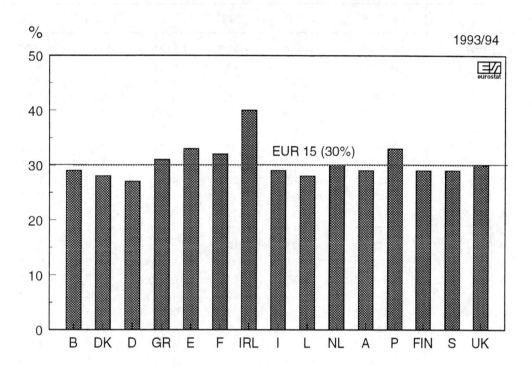

Bevölkerung nach dem Alter
1. Januar 1994

Weiblich

Population by age
1 January 1994

Females

1000

Insgesamt / Total	EUR 15	B	DK	D	GR	E	F
Insgesamt / Total	**189718.7** *	**5160.4**	**2633.2**	**41819.6**	**5268.8**	**19967.7**	**29640.6**
3	2124.9 *	61.4	31.2	455.6	52.3	189.5	366.0
4	2114.2 *	60.2	30.3	450.5	52.3	192.9	369.9
5	2130.9 *	59.6	29.0	461.8	53.5	193.5	373.4
6	2108.5 *	58.3	27.7	449.5	54.8	200.9	374.3
7	2111.6 *	58.0	27.6	442.1	56.9	208.0	378.8
8	2136.6 *	56.6	27.1	426.8	59.7	218.2	374.8
9	2111.1 *	57.5	26.1	424.5	62.0	228.5	370.2
10	2131.4 *	57.9	25.7	428.4	64.7	239.6	364.3
11	2201.1 *	59.4	26.4	439.9	67.6	251.8	389.1
12	2241.3 *	60.9	26.8	439.2	69.9	263.9	393.0
13	2278.2 *	61.3	28.8	442.0	72.7	278.5	395.0
14	2242.3 *	60.2	29.6	418.0	73.4	290.7	373.4
15	2237.3 *	60.2	31.0	412.3	74.2	303.8	365.9
16	2261.3 *	59.9	31.0	410.3	74.2	314.3	370.4
17	2298.1 *	59.2	32.4	406.3	75.1	321.8	361.4
18	2353.9 *	58.8	36.2	397.2	75.5	325.0	375.0
19	2441.4 *	61.5	35.3	412.7	76.6	327.6	399.5
20	2511.2 *	64.4	35.5	426.9	76.1	326.3	424.9
21	2630.0 *	67.5	37.9	477.7	76.9	324.4	435.8
22	2742.5 *	70.7	37.4	537.7	76.5	322.0	438.3
23	2753.6 *	71.0	35.9	566.8	77.8	320.0	428.1
24	2831.0 *	71.3	35.7	616.0	78.0	318.8	423.7
25	2866.5 *	71.7	37.1	649.5	79.0	317.7	418.8
26	2908.0 *	72.8	40.3	670.4	79.8	316.9	417.7
27	2974.3 *	75.9	43.2	690.1	78.4	317.7	430.9
28	2994.5 *	77.8	41.8	693.3	78.0	316.0	434.6
29	3031.1 *	81.3	40.6	707.9	76.4	311.6	443.6
30-34	14359.6 *	397.8	189.3	3367.4	372.6	1494.3	2184.9
35-39	:	379.7	182.1	2939.0	359.5	1348.5	2151.9

(1) Bevölkerung am 1. Januar 1994 in der Alterstruktur vom
31. August 1993, um mit dem Bezugszeitraum der bildungs-
statistischen Daten übereinzustimmen

(1) Population at 1 January 1994 by age at 31 August 1993
to correspond with the reference period of the education
age data

1000

IRL	I	L	NL	A	P	FIN	S	UK(1)	
1795.9	29399.8	204.0	7755.7	4133.0	5127.8	2607.7	4424.2	29780.3	Total
26.4	270.5	2.6	97.2	45.5	52.8	32.2	61.2	380.5	3
26.2	272.5	2.5	93.8	45.0	53.8	31.2	57.6	375.5	4
26.7	272.4	2.5	92.5	45.4	51.7	31.3	55.9	381.8	5
28.3	266.7	2.3	92.7	44.9	52.8	29.6	53.1	372.7	6
29.2	268.7	2.4	92.6	45.3	54.4	30.1	51.8	365.9	7
29.9	279.5	2.1	89.7	45.0	57.6	31.2	50.1	388.3	8
30.3	283.1	2.1	87.6	45.6	60.5	32.3	48.1	352.7	9
31.6	289.5	2.3	85.7	45.7	62.5	33.1	47.0	353.4	10
32.7	300.4	2.2	86.4	47.7	66.3	32.7	47.6	350.9	11
33.9	307.0	2.2	89.9	48.0	67.9	31.7	48.2	358.8	12
34.9	310.6	2.3	91.0	46.4	71.2	31.4	49.5	362.8	13
34.9	322.3	2.2	88.6	43.0	73.4	31.7	48.9	352.0	14
34.0	344.4	2.1	89.0	42.9	74.6	31.7	47.3	323.9	15
32.4	358.8	2.1	88.3	43.3	79.8	32.3	48.5	315.6	16
31.6	378.7	2.0	90.0	44.3	83.7	32.7	49.8	329.0	17
30.0	402.5	2.2	92.3	47.1	85.6	31.9	52.8	341.6	18
27.7	422.9	2.2	97.8	49.8	84.8	30.6	56.0	356.7	19
28.2	426.8	2.3	103.5	51.7	82.5	27.6	55.9	378.4	20
29.9	433.8	2.5	113.9	56.7	83.4	28.7	57.2	403.7	21
30.0	445.8	2.7	120.4	60.6	81.0	30.2	58.1	431.2	22
28.3	440.4	2.7	126.5	62.2	78.8	31.3	56.9	426.8	23
26.6	455.0	2.9	130.3	66.4	76.3	31.9	56.0	442.1	24
24.9	450.4	3.0	125.5	69.3	75.5	34.7	59.6	449.7	25
24.5	457.6	3.2	124.5	69.4	74.6	35.9	63.1	457.4	26
24.8	472.0	3.3	125.7	70.0	74.1	36.4	64.0	467.7	27
25.2	473.2	3.4	128.1	70.1	74.0	36.4	64.5	477.9	28
25.2	481.5	3.4	131.2	71.3	74.9	37.1	64.9	480.2	29
127.4	2161.9	17.3	634.6	336.8	362.2	186.9	286.5	2239.8	30-34
123.6	1960.2	16.2	590.0	288.8	346.7	193.0	286.4	:	35-39

(1) L'âge est defini au 31 août 1993 afin de correspondre
avec la période de référence utilisée dans les données
de l'éducation par âge

H

Bevölkerung nach dem Alter
1. Januar 1994

Männlich

Population by age
1 January 1994

Males

1000

eurostat	EUR 15	B	DK	D	GR	E	F
Insgesamt / Total	180720.1 *	4940.2	2563.4	39518.5	5140.8	19153.7	28138.5
3	2236.5 *	64.3	32.9	480.4	55.0	200.0	384.9
4	2219.0 *	63.0	31.8	473.0	55.3	203.8	386.1
5	2245.3 *	62.6	30.8	487.4	56.6	204.9	391.4
6	2219.8 *	61.4	29.5	475.7	57.8	211.8	391.2
7	2221.2 *	61.5	29.1	465.4	60.2	218.8	397.1
8	2221.1 *	59.6	28.2	449.0	63.1	229.5	392.8
9	2218.7 *	60.1	27.3	447.7	65.5	240.3	386.8
10	2242.2 *	61.0	26.7	451.4	68.6	252.2	381.2
11	2313.7 *	62.4	27.8	464.0	71.4	264.8	408.2
12	2352.1 *	64.1	27.7	461.4	74.1	277.3	412.4
13	2394.1 *	63.8	30.0	464.5	77.2	292.6	414.1
14	2359.7 *	64.0	31.0	441.1	77.8	305.4	392.0
15	2352.9 *	62.6	32.5	437.0	79.0	318.6	383.4
16	2377.7 *	62.2	32.4	435.6	78.4	329.3	387.6
17	2415.9 *	61.9	34.4	431.3	79.3	336.6	377.2
18	2468.2 *	61.5	37.4	423.3	79.6	339.5	390.7
19	2550.7 *	64.0	37.0	434.3	80.5	342.0	415.7
20	2619.3 *	67.2	37.2	448.6	80.0	341.1	440.3
21	2742.0 *	70.0	39.0	504.9	80.1	338.9	449.0
22	2856.9 *	72.5	39.3	570.5	81.3	336.4	446.8
23	2876.3 *	73.7	37.3	606.4	81.7	334.0	436.5
24	2952.9 *	74.0	37.6	661.4	80.9	331.7	430.5
25	2986.0 *	74.3	39.4	699.4	81.1	329.4	423.4
26	3027.3 *	76.3	42.4	721.2	81.4	327.6	423.2
27	3090.9 *	78.9	45.6	744.8	79.7	327.3	433.8
28	3119.0 *	81.7	44.2	755.2	78.8	324.9	438.1
29	3147.2 *	84.5	43.5	767.4	76.6	319.2	444.2
30-34	14778.3 *	412.1	198.9	3610.3	370.8	1514.7	2173.7
35-39	:	391.8	189.6	3114.0	358.8	1351.0	2128.2

(1) Bevölkerung am 1. Januar 1994 in der Alterstruktur vom
   31. August 1993, um mit dem Bezugszeitraum der bildungs-
   statistischen Daten übereinzustimmen

(1) Population at 1 January 1994 by age at 31 August 1993
   to correspond with the reference period of the education
   age data

1000

IRL	I	L	NL	A	P	FIN	S	UK(1)	
1773.1	27738.7	196.9	7585.9	3882.0	4764.4	2470.2	4321.0	28532.8	Total
28.1	284.0	2.8	102.3	48.2	54.9	33.7	64.3	400.7	3
27.9	285.5	2.6	97.5	47.3	56.3	32.6	60.8	395.7	4
28.0	287.2	2.6	96.8	48.1	53.7	32.7	59.3	403.3	5
29.6	280.7	2.4	97.5	47.3	55.5	31.0	55.3	393.2	6
31.0	282.3	2.5	95.9	47.6	56.9	31.5	54.5	386.8	7
31.3	292.0	2.3	93.5	47.3	60.5	32.4	53.1	386.7	8
32.0	296.3	2.4	92.0	47.6	63.8	33.7	50.9	372.4	9
33.1	304.1	2.3	89.5	47.8	66.2	34.7	49.9	373.7	10
34.3	313.1	2.3	90.6	49.7	69.0	34.6	50.3	371.1	11
35.8	320.6	2.5	93.3	50.7	70.5	33.1	50.4	378.3	12
37.3	325.5	2.2	95.5	49.5	74.2	33.0	52.0	382.9	13
37.0	337.4	2.3	92.6	46.1	75.9	32.7	51.2	373.3	14
35.2	359.7	2.2	93.4	46.0	77.4	33.2	49.6	343.1	15
34.7	373.8	2.2	92.5	46.1	82.1	33.7	51.3	335.8	16
33.5	394.2	2.2	95.1	47.1	86.4	34.2	52.6	349.9	17
31.3	417.7	2.2	95.9	49.8	88.1	33.6	55.3	362.4	18
29.5	438.9	2.2	101.2	51.4	85.8	31.7	58.8	377.6	19
29.4	442.1	2.4	105.9	52.7	84.0	29.3	58.3	400.9	20
30.7	451.7	2.6	116.4	57.3	84.2	30.4	59.6	427.2	21
30.9	463.8	2.8	124.7	61.7	82.3	31.1	60.4	452.6	22
29.9	456.6	2.8	131.3	64.6	81.1	32.5	58.5	449.3	23
27.9	469.4	3.0	136.4	68.5	77.8	33.6	58.6	461.6	24
26.3	464.2	3.2	130.6	73.2	76.4	36.0	61.9	467.1	25
24.9	468.1	3.4	131.0	73.5	74.9	37.4	66.7	475.3	26
24.3	481.3	3.4	132.6	73.9	74.3	37.7	68.0	485.4	27
24.2	481.6	3.6	135.9	74.9	73.3	37.9	68.5	496.1	28
24.1	490.3	3.7	138.6	75.9	72.9	39.0	68.5	498.7	29
120.5	2178.1	17.7	663.4	359.5	351.0	195.4	302.8	2309.3	30-34
122.1	1954.1	16.8	610.6	302.2	330.3	200.4	299.0	:	35-39

(1) L'âge est defini au 31 août 1993 afin de correspondre
avec la période de référence utilisée dans les données
de l'éducation par âge

H

H1-4

Bevölkerung nach Alter und Region - NUTS 1
Männlich und weiblich
1. Januar 1994

Population by age and region - NUTS 1
Males and females
1 January 1994

Population par âge et région - NUTS 1
Hommes et femmes
1er janvier 1994

1000

eurostat	14	15	16	17	18	19	20	21
EUR 15	:	:	:	:	:	:	:	:
BELGIQUE-BELGIE	124.2	122.8	122.1	121.1	120.3	125.5	131.6	137.5
BRUXELLES/ BRUSSELS	10.5	10.4	10.2	10.2	10.3	10.7	11.8	12.7
VLAAMS GEWEST	73.2	72.1	71.1	69.5	68.0	71.1	74.1	77.6
DANMARK	60.6	63.4	63.4	66.8	73.6	72.2	72.8	76.9
BR DEUTSCHLAND	859.1	849.1	845.8	837.5	820.6	847.1	875.5	982.6
BADEN-WURTTEMBERG	104.4	102.6	103.4	106.7	106.3	111.3	116.2	131.1
BAYERN	118.9	116.6	117.5	121.3	120.8	126.6	132.3	149.3
BERLIN	35.8	34.6	34.1	32.6	31.5	32.0	35.9	40.1
BRANDENBURG	37.1	35.7	34.2	29.4	27.0	26.2	25.1	27.5
BREMEN	5.8	6.2	6.3	6.5	6.5	6.8	7.6	8.6
HAMBURG	13.5	15.3	15.4	15.9	15.8	16.6	18.2	20.5
HESSEN	56.6	56.9	57.4	59.2	59.0	61.8	64.7	72.9
MECKLENBURG-VORPOMMERN	28.7	28.3	27.1	23.3	21.4	20.7	18.2	20.0
NIEDERSACHSEN	76.0	76.8	77.5	79.9	79.6	83.4	85.7	96.7
NORDRHEIN-WESTFALEN	173.7	170.8	172.2	177.7	177.0	185.4	190.2	214.5
RHEINLAND-PFALZ	39.7	37.5	37.8	39.0	38.9	40.7	41.3	46.5
SAARLAND	10.4	9.8	9.9	10.2	10.2	10.6	10.8	12.2
SACHSEN	60.9	61.2	58.7	50.5	46.3	44.9	44.8	49.1
SACHSEN-ANHALT	37.1	36.6	35.1	30.1	27.7	26.8	28.3	31.0
SCHLESWIG-HOLSTEIN	25.1	25.7	25.9	26.7	26.6	27.9	30.2	34.0
THURINGEN	35.4	34.6	33.2	28.5	26.2	25.4	26.2	28.7
ELLADA	151.2	153.2	152.6	154.4	155.1	157.1	156.1	157.1
VOREIA ELLADA	49.1	49.7	49.4	50.0	50.1	50.7	50.3	50.5
KENTRIKI ELLADA	37.6	38.0	37.7	38.0	37.9	38.0	37.2	36.7
ATTIKI	49.4	50.5	50.6	51.6	52.3	53.7	54.3	55.6
NISIA	15.0	15.1	14.8	14.9	14.7	14.7	14.4	14.2
ESPANA	596.1	622.3	643.6	658.4	664.6	669.7	667.4	663.3
NOROESTE	64.3	67.2	69.4	70.6	70.5	70.5	69.6	68.5
NORESTE	55.8	59.3	62.2	64.2	65.2	66.1	66.1	65.8
MADRID	75.3	79.8	83.7	86.8	88.5	89.7	89.8	89.2
CENTRO (E)	74.8	77.5	79.5	80.9	81.5	82.3	82.3	82.5
ESTE	159.3	167.2	173.9	178.7	180.5	181.6	180.8	179.2
SUR	140.8	145.0	147.9	149.6	149.9	150.3	149.3	148.1
CANARIAS	25.7	26.3	27.0	27.6	28.4	29.2	29.7	29.9
FRANCE	765.4	749.3	758.1	738.6	765.7	815.1	865.1	884.8
ILE DE FRANCE	136.0	134.5	136.7	132.3	139.8	151.0	166.9	178.2
BASSIN PARISIEN	144.3	141.1	143.2	138.5	142.1	149.4	156.3	158.3
NORD-PAS-DE-CALAIS	61.1	59.5	59.8	58.3	61.3	64.2	66.2	65.4
EST	69.0	66.9	67.7	66.2	68.2	73.0	77.3	79.6
OUEST	106.3	104.4	105.9	103.1	106.4	111.3	115.4	115.0
SUD-OUEST	73.0	71.6	73.1	72.5	75.7	82.1	87.7	88.4
CENTRE-EST	91.6	88.7	89.7	88.0	90.4	97.5	103.9	105.6
MEDITERRANEE	84.0	82.5	82.0	79.7	81.8	86.7	91.4	94.2
DEPARTEMENTS D'OUTRE-MER	:	:	:	:	:	:	:	:
IRELAND	71.9	69.3	67.1	65.1	61.3	57.2	57.7	60.6

	14	15	16	17	18	19	20	21
ITALIA	659.7	704.2	732.6	772.9	820.2	861.7	868.9	885.5
NORD OVEST	53.9	59.3	63.6	67.4	73.8	78.6	81.0	85.0
LOMBARDIA	89.7	97.5	104.0	110.1	121.6	127.6	130.7	134.6
NORD EST	66.6	72.7	76.2	80.9	87.0	95.2	96.4	99.7
EMILIA-ROMAGNA	33.8	37.1	39.5	42.7	46.6	50.6	51.8	53.7
CENTRO (I)	56.8	61.1	63.7	67.6	72.3	76.0	78.0	80.4
LAZIO	57.6	62.0	64.6	68.0	73.2	77.8	79.8	81.8
ABRUZZI-MOLISE	19.4	20.4	20.6	21.7	22.3	23.2	23.1	23.7
CAMPANIA	86.2	90.0	91.3	95.3	98.9	102.8	101.0	101.6
SUD	100.9	105.3	108.3	113.1	115.3	117.2	114.8	113.6
SICILIA	71.7	73.7	75.0	78.9	80.8	83.4	82.6	82.2
SARDEGNA	23.0	25.1	25.8	27.1	28.4	29.4	29.7	29.3
LUXEMBOURG	4.4	4.3	4.3	4.3	4.4	4.4	4.7	5.1
NEDERLAND	181.2	182.4	180.8	185.1	188.2	199.0	209.4	230.3
NOORD-NEDERLAND	19.7	19.9	19.7	20.7	21.1	22.5	23.9	26.1
OOSTNEDERLAND	40.1	40.4	40.3	41.1	41.2	43.0	44.9	48.4
WESTNEDERLAND	80.9	81.5	80.7	82.0	84.9	90.6	96.3	107.1
ZUIDNEDERLAND	40.5	40.6	40.0	41.3	41.0	42.9	44.3	48.6
OSTERREICH	89.1	88.9	89.4	91.4	97.0	101.2	104.4	114.0
OSTOSTERREICH	33.9	33.8	33.9	34.8	37.5	40.2	41.3	44.9
SUDOSTERREICH	20.6	20.6	20.8	21.3	22.3	22.7	23.5	25.8
WESTOSTERREICH	34.5	34.5	34.7	35.3	37.2	38.3	39.6	43.2
PORTUGAL	149.3	152.0	161.9	170.1	173.7	170.6	166.5	167.7
CONTINENTE	140.3	143.1	152.6	160.3	164.0	161.0	157.3	158.8
ACORES	4.4	4.4	4.6	4.7	4.5	4.4	4.3	4.1
MADEIRA	4.5	4.5	4.7	5.2	5.2	5.2	5.0	4.8
SUOMI/FINLAND	64.5	64.9	66.1	66.9	65.4	62.4	56.9	59.0
MANNER-SUOMI	64.2	64.6	65.8	66.6	65.1	62.0	56.5	58.7
AHVENANMAAÁLAND	0.3	0.3	0.3	0.3	0.3	0.3	0.3	0.3
SVERIGE (1)	100.1	96.9	99.8	102.5	108.1	114.8	114.2	116.8
Stockholm	17.8	16.9	17.4	17.9	18.7	20.4	20.8	22.4
Ostra Mellansverige	17.4	16.9	17.5	17.9	18.9	20.7	20.3	20.7
Småland med arnaö	9.8	9.3	9.8	10.0	10.4	10.7	10.6	10.3
Sydsverige	14.6	14.2	14.5	15.1	16.0	16.2	16.2	16.4
Västsverige	20.0	19.5	19.9	20.3	21.7	22.9	22.9	23.4
Norra Mellansverige	9.7	9.4	9.8	10.2	10.7	11.3	11.0	11.1
Mellersta Norrland	4.6	4.5	4.6	4.7	5.0	5.3	5.2	5.2
Ovre Norrland	6.2	6.2	6.4	6.3	6.8	7.3	7.2	7.3
UNITED KINGDOM	728.8	688.4	655.6	665.1	693.7	722.5	763.5	814.4
NORTH	40.0	37.4	35.0	35.4	36.9	39.0	41.0	43.5
YORKSHIRE & HUMBERSIDE	62.2	58.5	55.6	56.9	59.0	64.9	69.0	74.8
EAST MIDLANDS	51.4	48.4	46.4	47.2	48.5	51.8	54.9	58.3
EAST ANGLIA	25.9	24.6	23.5	23.9	24.6	25.8	27.7	29.7
SOUTH EAST	213.6	202.8	193.5	194.7	205.5	209.4	222.3	238.0
SOUTH WEST	58.2	55.2	52.7	53.1	55.2	57.0	59.2	62.6
WEST MIDLANDS	67.6	63.4	60.4	61.8	64.1	66.4	69.8	75.0
NORTH WEST	81.8	76.9	73.0	74.4	77.2	80.8	85.3	91.6
WALES	37.5	34.8	33.0	33.4	34.8	35.9	37.5	39.5
SCOTLAND	64.3	61.3	58.8	60.8	63.7	66.9	70.7	75.0
NORTHERN IRELAND	26.5	25.0	23.7	23.5	24.2	24.6	25.9	26.2

H

(1) NUTS 2

H1-5
Bevölkerung nach Alter und Region - NUTS 1
Weiblich
1. Januar 1994

Population by age and region - NUTS 1
Females
1 January 1994

Population par âge et région - NUTS 1
Femmes
1er janvier 1994

1000

eurostat	14	15	16	17	18	19	20	21
EUR 15	:	:	:	:	:	:	:	:
BELGIQUE-BELGIE	60.2	60.2	59.9	59.2	58.8	61.5	64.4	67.5
BRUXELLES/ BRUSSELS	5.1	5.3	5.1	5.0	5.1	5.4	6.0	6.4
VLAAMS GEWEST	35.5	35.3	34.9	33.9	33.2	34.9	36.2	38.1
DANMARK	29.6	31.0	31.0	32.4	36.2	35.3	35.5	37.9
BR DEUTSCHLAND	418.0	412.2	410.3	406.3	397.3	412.7	427.0	477.7
BADEN-WURTTEMBERG	51.0	49.9	50.3	52.0	51.8	54.8	57.3	64.4
BAYERN	57.9	56.7	57.1	59.0	58.8	62.2	65.1	73.2
BERLIN	17.4	17.0	16.7	16.0	15.3	15.6	18.1	20.1
BRANDENBURG	18.0	17.2	16.5	14.1	12.8	12.3	11.4	12.4
BREMEN	2.8	3.0	3.0	3.1	3.1	3.3	3.7	4.2
HAMBURG	6.5	7.0	7.0	7.3	7.3	7.7	9.0	10.1
HESSEN	27.5	27.6	27.9	28.8	28.7	30.4	31.8	35.8
MECKLENBURG-VORPOMMERN	13.9	13.7	13.1	11.2	10.2	9.8	8.4	9.1
NIEDERSACHSEN	37.0	37.4	37.7	38.9	38.8	41.0	42.2	47.5
NORDRHEIN-WESTFALEN	84.6	82.9	83.6	86.3	86.1	91.1	93.7	105.5
RHEINLAND-PFALZ	19.3	18.1	18.3	18.9	18.8	19.9	20.2	22.7
SAARLAND	5.1	4.8	4.8	5.0	4.9	5.2	5.3	6.0
SACHSEN	29.5	29.8	28.5	24.4	22.1	21.2	21.0	22.8
SACHSEN-ANHALT	18.0	17.8	17.0	14.6	13.2	12.6	13.2	14.3
SCHLESWIG-HOLSTEIN	12.2	12.4	12.5	12.9	12.9	13.6	14.5	16.3
THURINGEN	17.1	16.9	16.1	13.8	12.5	12.0	12.1	13.2
ELLADA	73.4	74.2	74.2	75.1	75.5	76.6	76.1	76.9
VOREIA ELLADA	23.9	24.1	24.1	24.4	24.5	24.9	24.7	24.9
KENTRIKI ELLADA	18.1	18.2	18.1	18.3	18.2	18.2	17.8	17.6
ATTIKI	24.1	24.5	24.7	25.2	25.5	26.2	26.5	27.3
NISIA	7.3	7.3	7.3	7.3	7.3	7.3	7.2	7.1
ESPANA	290.7	303.8	314.3	321.8	325.0	327.6	326.3	324.4
NOROESTE	31.6	33.0	34.2	34.7	34.7	34.7	34.2	33.6
NORESTE	27.3	28.9	30.4	31.4	31.9	32.2	32.2	32.1
MADRID	36.7	38.9	40.8	42.3	43.2	43.8	43.9	43.7
CENTRO (E)	36.4	37.8	38.8	39.6	40.0	40.3	40.2	40.3
ESTE	77.6	81.5	84.7	87.1	88.1	88.6	88.2	87.6
SUR	68.5	70.6	72.1	73.1	73.4	73.7	73.2	72.6
CANARIAS	12.6	12.9	13.2	13.5	13.9	14.2	14.4	14.6
FRANCE	373.4	365.9	370.4	361.4	375.0	399.5	424.9	435.8
ILE DE FRANCE	66.4	65.6	66.9	65.0	69.4	76.1	84.3	90.4
BASSIN PARISIEN	70.4	69.1	70.2	67.5	69.3	72.6	76.2	77.3
NORD-PAS-DE-CALAIS	29.9	29.2	29.2	28.7	30.0	31.1	32.2	32.0
EST	33.4	32.8	32.9	32.4	33.3	35.5	37.4	38.6
OUEST	51.8	50.9	51.8	50.2	51.7	53.8	55.8	55.8
SUD-OUEST	35.6	34.7	35.7	35.5	37.1	40.4	42.9	43.2
CENTRE-EST	44.9	43.4	43.8	43.1	44.1	47.6	50.9	51.9
MEDITERRANEE	41.0	40.3	39.8	39.0	40.1	42.4	45.2	46.6
DEPARTEMENTS D'OUTRE-MER	:	:	:	:	:	:	:	:
IRELAND	34.9	34.0	32.4	31.6	30.0	27.7	28.2	29.9

	14	15	16	17	18	19	20	21
ITALIA	322.3	344.4	358.8	378.7	402.5	422.9	426.8	433.8
NORD OVEST	26.2	28.9	31.1	32.9	36.1	38.4	39.1	41.1
LOMBARDIA	43.9	47.4	50.8	53.9	59.5	62.2	63.7	65.2
NORD EST	32.5	35.7	37.4	39.5	42.6	46.5	47.3	48.4
EMILIA-ROMAGNA	16.4	18.1	19.2	20.9	22.7	24.5	25.3	26.0
CENTRO (I)	27.6	29.6	31.2	32.9	35.5	37.1	38.3	39.2
LAZIO	28.1	30.3	31.4	33.4	35.9	38.2	39.1	40.2
ABRUZZI-MOLISE	9.4	10.0	10.0	10.6	10.9	11.3	11.5	11.8
CAMPANIA	42.8	45.1	45.2	47.3	49.0	51.4	50.3	50.8
SUD	49.2	51.1	53.2	55.2	56.7	57.9	56.8	56.1
SICILIA	35.1	36.1	36.8	38.6	39.7	41.3	40.9	40.6
SARDEGNA	11.2	12.2	12.5	13.3	14.0	14.1	14.6	14.4
LUXEMBOURG	2.2	2.1	2.1	2.0	2.2	2.2	2.3	2.5
NEDERLAND	88.6	89.0	88.3	90.0	92.3	97.8	103.5	113.9
NOORD-NEDERLAND	9.7	9.7	9.6	10.1	10.4	11.0	11.7	12.6
OOSTNEDERLAND	19.7	19.7	19.9	19.9	20.1	20.8	22.0	24.0
WESTNEDERLAND	39.4	39.9	39.4	39.9	41.9	45.0	47.9	53.6
ZUIDNEDERLAND	19.8	19.8	19.5	20.0	19.8	21.0	21.8	23.7
OSTERREICH	43.0	42.9	43.3	44.3	47.1	49.8	51.7	56.7
OSTOSTERREICH	16.3	16.2	16.5	16.8	18.2	19.8	20.7	22.4
SUDOSTERREICH	10.0	10.0	10.1	10.4	10.8	11.1	11.5	12.7
WESTOSTERREICH	16.6	16.6	16.8	17.1	18.1	18.8	19.5	21.6
PORTUGAL	73.4	74.6	79.8	83.7	85.6	84.8	82.5	83.4
CONTINENTE	69.0	70.2	75.2	78.9	80.8	79.9	77.8	78.9
ACORES	2.1	2.2	2.3	2.3	2.2	2.2	2.2	2.1
MADEIRA	2.3	2.2	2.3	2.5	2.6	2.7	2.5	2.5
SUOMI/FINLAND	31.7	31.7	32.3	32.7	31.9	30.6	27.6	28.7
MANNER-SUOMI	31.6	31.5	32.2	32.5	31.7	30.5	27.5	28.5
AHVENANMAAALAND	0.1	0.1	0.1	0.1	0.1	0.1	0.1	0.2
SVERIGE (1)	48.9	47.3	48.5	49.8	52.8	56.0	55.9	57.2
Stockholm	8.6	8.2	8.6	8.6	9.2	10.1	10.4	11.2
Ostra Mellansverige	8.6	8.3	8.4	8.7	9.3	10.1	9.9	10.1
Småland med arnaö	4.7	4.5	4.7	4.9	5.1	5.2	5.1	5.0
Sydsverige	7.1	6.9	7.1	7.3	7.9	7.9	8.0	8.1
Västsverige	9.8	9.6	9.5	9.9	10.5	11.1	11.2	11.5
Norra Mellansverige	4.7	4.6	4.8	5.0	5.1	5.5	5.4	5.3
Mellersta Norrland	2.3	2.2	2.2	2.3	2.4	2.6	2.5	2.5
Ovre Norrland	3.0	3.0	3.1	3.0	3.4	3.5	3.6	3.6
UNITED KINGDOM	354.3	334.2	317.9	322.4	336.7	351.4	371.2	396.0
NORTH	19.6	18.2	17.0	17.3	18.0	18.9	19.9	21.0
YORKSHIRE & HUMBERSIDE	30.3	28.5	27.0	27.4	28.5	31.6	33.8	36.5
EAST MIDLANDS	25.0	23.5	22.4	22.8	23.5	25.0	26.6	28.3
EAST ANGLIA	12.6	11.9	11.5	11.7	11.9	12.3	13.1	14.1
SOUTH EAST	103.5	98.1	93.7	94.5	100.2	102.6	108.6	116.8
SOUTH WEST	28.2	26.7	25.5	25.8	26.8	27.6	28.5	29.7
WEST MIDLANDS	33.0	30.8	29.1	29.8	31.0	32.2	33.8	36.2
NORTH WEST	39.9	37.4	35.5	36.1	37.4	39.4	41.8	45.1
WALES	18.0	16.9	16.0	16.2	16.9	17.4	18.2	19.1
SCOTLAND	31.3	29.8	28.7	29.5	31.1	32.8	34.5	36.7
NORTHERN IRELAND	13.0	12.3	11.6	11.4	11.5	11.7	12.2	12.5

H

(1) NUTS 2

H1-6

Bevölkerung nach Alter und Region - NUTS 1
Männlich
1. Januar 1994

Population by age and region - NUTS 1
Males
1 January 1994

Population par âge et région - NUTS 1
Hommes
1er janvier 1994

1000

eurostat	14	15	16	17	18	19	20	21
EUR 15	:	:	:	:	:	:	:	:
BELGIQUE-BELGIE	64.0	62.6	62.2	61.9	61.5	64.0	67.2	70.0
BRUXELLES/ BRUSSELS	5.4	5.2	5.1	5.1	5.2	5.3	5.8	6.3
VLAAMS GEWEST	37.7	36.8	36.2	35.6	34.9	36.3	37.9	39.6
DANMARK	31.0	32.5	32.4	34.4	37.4	37.0	37.2	39.0
BR DEUTSCHLAND	441.1	436.9	435.6	431.3	423.3	434.3	448.6	504.9
BADEN-WURTTEMBERG	53.4	52.6	53.1	54.7	54.5	56.5	58.9	66.6
BAYERN	61.0	59.9	60.4	62.3	62.0	64.3	67.2	76.0
BERLIN	18.4	17.6	17.4	16.6	16.1	16.4	17.9	20.0
BRANDENBURG	19.1	18.4	17.7	15.3	14.2	13.9	13.7	15.1
BREMEN	2.9	3.2	3.3	3.4	3.4	3.5	3.8	4.4
HAMBURG	7.0	8.3	8.4	8.6	8.6	8.9	9.2	10.4
HESSEN	29.1	29.3	29.5	30.4	30.3	31.5	32.8	37.1
MECKLENBURG-VORPOMMERN	14.7	14.5	14.0	12.1	11.2	11.0	9.9	10.9
NIEDERSACHSEN	39.0	39.5	39.8	41.0	40.8	42.4	43.5	49.2
NORDRHEIN-WESTFALEN	89.2	87.8	88.6	91.3	90.9	94.3	96.5	109.1
RHEINLAND-PFALZ	20.4	19.4	19.5	20.1	20.1	20.8	21.1	23.8
SAARLAND	5.3	5.0	5.1	5.2	5.2	5.4	5.5	6.2
SACHSEN	31.3	31.4	30.2	26.0	24.2	23.7	23.8	26.2
SACHSEN-ANHALT	19.2	18.8	18.1	15.6	14.5	14.2	15.1	16.7
SCHLESWIG-HOLSTEIN	12.9	13.3	13.4	13.8	13.7	14.3	15.7	17.8
THURINGEN	18.3	17.7	17.1	14.7	13.7	13.4	14.1	15.5
ELLADA	77.8	79.0	78.4	79.3	79.6	80.5	80.0	80.1
VOREIA ELLADA	25.2	25.6	25.3	25.6	25.6	25.9	25.6	25.6
KENTRIKI ELLADA	19.5	19.8	19.6	19.8	19.7	19.8	19.4	19.1
ATTIKI	25.4	25.9	25.9	26.4	26.8	27.5	27.8	28.3
NISIA	7.7	7.7	7.6	7.5	7.4	7.4	7.2	7.1
ESPANA	305.4	318.6	329.3	336.6	339.5	342.0	341.1	338.9
NOROESTE	32.8	34.2	35.2	35.9	35.8	35.8	35.4	34.9
NORESTE	28.6	30.4	31.8	32.8	33.3	33.8	33.8	33.8
MADRID	38.6	40.8	42.9	44.5	45.4	45.9	45.9	45.5
CENTRO (E)	38.4	39.7	40.6	41.3	41.5	42.0	42.1	42.2
ESTE	81.7	85.7	89.2	91.5	92.4	92.9	92.6	91.7
SUR	72.3	74.4	75.8	76.5	76.5	76.6	76.1	75.5
CANARIAS	13.1	13.4	13.8	14.1	14.5	15.0	15.3	15.4
FRANCE	392.0	383.4	387.6	377.2	390.7	415.7	440.3	449.0
ILE DE FRANCE	69.5	68.8	69.8	67.3	70.4	74.9	82.6	87.8
BASSIN PARISIEN	73.9	72.0	72.9	71.0	72.8	76.8	80.0	81.1
NORD-PAS-DE-CALAIS	31.2	30.4	30.6	29.6	31.2	33.0	34.0	33.4
EST	35.6	34.2	34.8	33.8	35.0	37.5	39.9	41.0
OUEST	54.5	53.5	54.1	52.9	54.7	57.5	59.7	59.2
SUD-OUEST	37.5	37.0	37.5	37.0	38.6	41.7	44.8	45.2
CENTRE-EST	46.8	45.3	45.8	44.9	46.3	49.9	53.0	53.8
MEDITERRANEE	43.0	42.2	42.2	40.7	41.7	44.4	46.2	47.6
DEPARTEMENTS D'OUTRE-MER	:	:	:	:	:	:	:	:
IRELAND	37.0	35.2	34.7	33.5	31.3	29.5	29.4	30.7

1000

	14	15	16	17	18	19	20	21
ITALIA	337.4	359.7	373.8	394.2	417.7	438.9	442.1	451.7
NORD OVEST	27.7	30.4	32.5	34.4	37.7	40.2	42.0	43.9
LOMBARDIA	45.9	50.0	53.2	56.2	62.1	65.4	67.0	69.3
NORD EST	34.1	37.0	38.8	41.4	44.4	48.6	49.1	51.3
EMILIA-ROMAGNA	17.4	19.1	20.3	21.8	23.9	26.2	26.5	27.7
CENTRO (I)	29.2	31.5	32.5	34.7	36.8	38.9	39.7	41.2
LAZIO	29.5	31.7	33.2	34.7	37.3	39.6	40.7	41.5
ABRUZZI-MOLISE	9.9	10.4	10.6	11.1	11.4	11.9	11.6	11.9
CAMPANIA	43.4	45.0	46.1	48.0	49.9	51.4	50.6	50.9
SUD	51.7	54.2	55.1	57.8	58.7	59.3	57.9	57.5
SICILIA	36.7	37.5	38.2	40.3	41.1	42.2	41.8	41.6
SARDEGNA	11.8	12.9	13.3	13.8	14.4	15.2	15.1	14.9
LUXEMBOURG	2.3	2.2	2.2	2.2	2.2	2.2	2.4	2.6
NEDERLAND	92.6	93.4	92.5	95.1	95.9	101.2	105.9	116.4
NOORD-NEDERLAND	10.1	10.2	10.2	10.6	10.7	11.6	12.2	13.5
OOSTNEDERLAND	20.5	20.7	20.4	21.2	21.0	22.1	22.9	24.4
WESTNEDERLAND	41.4	41.7	41.3	42.1	43.0	45.6	48.3	53.6
ZUIDNEDERLAND	20.7	20.7	20.6	21.2	21.2	21.9	22.5	24.9
OSTERREICH	46.1	46.0	46.1	47.1	49.8	51.4	52.7	57.3
OSTOSTERREICH	17.6	17.5	17.4	18.0	19.3	20.4	20.6	22.5
SUDOSTERREICH	10.6	10.6	10.7	10.9	11.5	11.6	12.0	13.2
WESTOSTERREICH	17.9	17.9	18.0	18.2	19.1	19.4	20.1	21.6
PORTUGAL	75.9	77.4	82.1	86.4	88.1	85.8	84.0	84.2
CONTINENTE	71.3	72.9	77.4	81.4	83.2	81.1	79.5	79.8
ACORES	2.3	2.3	2.3	2.4	2.3	2.1	2.1	2.1
MADEIRA	2.3	2.3	2.4	2.6	2.6	2.6	2.5	2.3
SUOMI/FINLAND	32.7	33.2	33.7	34.2	33.6	31.7	29.3	30.4
MANNER-SUOMI	32.6	33.0	33.6	34.0	33.4	31.6	29.1	30.2
AHVENANMAAÄLAND	0.1	0.2	0.1	0.2	0.2	0.2	0.2	0.2
SVERIGE (1)	51.2	49.6	51.3	52.6	55.3	58.8	58.3	59.6
Stockholm	9.1	8.7	8.8	9.3	9.5	10.3	10.4	11.2
Ostra Mellansverige	8.9	8.5	9.0	9.2	9.6	10.6	10.4	10.6
Småland med arnaö	5.0	4.8	5.1	5.1	5.3	5.5	5.4	5.3
Sydsverige	7.4	7.3	7.4	7.8	8.1	8.3	8.3	8.3
Västsverige	10.2	9.9	10.4	10.4	11.1	11.7	11.7	11.9
Norra Mellansverige	5.0	4.8	5.0	5.2	5.6	5.8	5.6	5.8
Mellersta Norrland	2.4	2.3	2.4	2.4	2.6	2.7	2.7	2.7
Ovre Norrland	3.2	3.2	3.2	3.2	3.5	3.8	3.6	3.8
UNITED KINGDOM	374.5	354.2	337.7	342.7	357.0	371.1	392.3	418.4
NORTH	20.5	19.2	18.0	18.1	18.8	20.1	21.1	22.5
YORKSHIRE & HUMBERSIDE	31.9	30.0	28.6	29.5	30.5	33.3	35.2	38.3
EAST MIDLANDS	26.4	24.9	24.0	24.4	25.0	26.8	28.3	30.0
EAST ANGLIA	13.3	12.7	12.0	12.2	12.7	13.5	14.5	15.6
SOUTH EAST	110.1	104.7	99.8	100.3	105.3	106.8	113.7	121.2
SOUTH WEST	29.9	28.5	27.2	27.3	28.4	29.4	30.7	32.9
WEST MIDLANDS	34.6	32.6	31.3	32.1	33.1	34.2	36.0	38.8
NORTH WEST	41.9	39.5	37.4	38.3	39.8	41.4	43.5	46.5
WALES	19.4	18.0	17.0	17.2	17.9	18.5	19.4	20.5
SCOTLAND	33.0	31.4	30.1	31.3	32.6	34.1	36.2	38.3
NORTHERN IRELAND	13.5	12.7	12.1	12.1	12.7	12.9	13.7	13.7

(1) NUTS 2

H Demographische Daten
Demographic data
Données démographiques

H

H2 Bevölkerungszenarien
Population scenarios
Scénarios de population

H2-1
Bevölkerungsszenarien
Altersgruppe 3-5

Population scenarios
3-5 age group

1000

eurostat Jahr/Year	EUR 15	B	DK	D	GR	E	F
1995	13027	377	192	2725	319	1180	2260
2000	12327	351	211	2446	326	1147	2104
2005	12661	349	202	2507	375	1294	2166
2010	12253	342	187	2358	385	1324	2146
2015	11718	337	171	2288	364	1228	2107
2020	11397	337	169	2292	333	1078	2071

H2-2
Bevölkerungsszenarien
Altersgruppe 6-10

Population scenarios
6-10 age group

1000

eurostat Jahr/Year	EUR 15	B	DK	D	GR	E	F
1995	21787	597	283	4559	592	2156	3838
2000	21688	630	334	4513	535	1973	3711
2005	20945	587	353	4244	571	1978	3547
2010	21203	584	335	4206	639	2194	3622
2015	20425	573	309	3960	645	2203	3579
2020	19599	565	286	3880	604	2015	3514

H2-3
Bevölkerungsszenarien
Altersgruppe 11-14

Population scenarios
11-14 age group

1000

eurostat Jahr/Year	EUR 15	B	DK	D	GR	E	F
1995	18193	491	220	3616	566	2121	3163
2000	17654	483	234	3808	469	1697	3100
2005	17484	508	274	3663	431	1582	2961
2010	16995	473	283	3488	472	1617	2859
2015	17103	471	269	3402	521	1783	2911
2020	16433	462	247	3208	522	1772	2871

H2-1
Scénarios de population
groupe d'âge 3-5

1000

IRL	I	L	NL	A	P	FIN	S	UK	Année
164	1668	16	592	281	332	195	372	2355	1995
153	1641	17	594	272	332	193	323	2218	2000
150	1772	17	605	268	361	180	319	2097	2005
146	1708	16	565	254	368	175	312	1967	2010
138	1537	16	531	244	349	173	308	1926	2015
126	1398	16	535	244	326	173	325	1975	2020

H2-2
Scénarios de population
groupe d'âge 6-10

1000

IRL	I	L	NL	A	P	FIN	S	UK	Année
298	2816	24	933	464	568	316	538	3806	1995
274	2810	29	994	477	561	329	620	3900	2000
260	2813	29	1009	458	568	318	541	3669	2005
256	2971	28	1008	450	614	300	536	3460	2010
248	2817	27	939	426	616	292	524	3267	2015
233	2534	27	895	413	580	289	524	3236	2020

H

H2-3
Scénarios de population
groupe d'âge 11-14

1000

IRL	I	L	NL	A	P	FIN	S	UK	Année
275	2475	18	724	387	548	264	399	2924	1995
241	2248	21	761	374	445	251	443	3080	2000
224	2263	24	811	389	454	266	503	3131	2005
215	2295	24	819	370	465	254	432	2930	2010
211	2400	23	813	364	501	240	434	2761	2015
204	2255	22	755	345	498	234	423	2614	2020

H2-4
Bevölkerungsszenarien
Altersgruppe 15-19

Population scenarios
15-19 age group

1000

eurostat	Jahr/Year	EUR 15	B	DK	D	GR	E	F
	1995	23454	613	328	4257	768	3185	3785
	2000	22851	614	281	4688	704	2606	3950
	2005	22339	612	303	4940	590	2111	3883
	2010	21877	633	351	4607	549	1983	3684
	2015	21532	598	357	4450	609	2073	3605
	2020	21535	594	338	4313	664	2259	3655

H2-5
Bevölkerungsszenarien
Altersgruppe 20-24

Population scenarios
20-24 age group

1000

eurostat	Jahr/Year	EUR 15	B	DK	D	GR	E	F
	1995	26750	686	374	5041	789	3312	4298
	2000	23866	623	337	4576	782	3184	3792
	2005	23262	621	289	4962	720	2625	3977
	2010	22717	622	310	5120	608	2148	3913
	2015	22251	643	359	4760	568	2025	3715
	2020	21910	609	365	4605	628	2116	3637

H2-6
Bevölkerungsszenarien
Altersgruppe 25-29

Population scenarios
25-29 age group

1000

eurostat	Jahr/Year	EUR 15	B	DK	D	GR	E	F
	1995	29803	757	408	6923	798	3228	4281
	2000	27246	698	385	5378	803	3312	4307
	2005	24388	631	347	4895	800	3202	3823
	2010	23745	632	298	5174	740	2663	4009
	2015	23195	634	319	5295	630	2195	3946
	2020	22735	656	367	4937	590	2073	3749

H2-4
Scénarios de population
groupe d'âge 15-19

1000

IRL	I	L	NL	A	P	FIN	S	UK	Année
328	3696	22	921	459	807	328	512	3444	1995
311	3076	25	917	487	674	331	505	3682	2000
271	2834	27	971	475	562	317	571	3873	2005
252	2837	31	1027	493	574	332	627	3899	2010
242	2927	31	1042	473	597	316	550	3661	2015
238	3023	29	1025	463	637	300	550	3447	2020

H2-5
Scénarios de population
groupe d'âge 20-24

1000

IRL	I	L	NL	A	P	FIN	S	UK	Année
285	4442	26	1146	574	828	303	585	4061	1995
267	3726	26	944	470	808	329	521	3480	2000
250	3112	27	943	498	683	332	517	3704	2005
212	2887	29	997	490	578	318	586	3900	2010
193	2896	33	1054	510	592	333	642	3929	2015
183	2986	32	1069	490	615	317	566	3692	2020

H

H2-6
Scénarios de population
groupe d'âge 25-29

1000

IRL	I	L	NL	A	P	FIN	S	UK	Année
253	4692	33	1302	711	752	358	637	4669	1995
269	4471	30	1168	588	830	305	596	4107	2000
252	3765	28	973	484	817	330	535	3506	2005
236	3171	29	973	516	700	334	534	3735	2010
198	2954	31	1028	510	598	320	603	3934	2015
179	2963	34	1084	530	613	335	659	3964	2020

ES — Clasificación de las publicaciones de Eurostat

TEMA

- 0 Diversos (rosa)
- 1 Estadísticas generales (azul oscuro)
- 2 Economía y finanzas (violeta)
- 3 Población y condiciones sociales (amarillo)
- 4 Energía e industria (azul claro)
- 5 Agricultura, silvicultura y pesca (verde)
- 6 Comercio exterior (rojo)
- 7 Comercio, servicios y transportes (naranja)
- 8 Medio ambiente (turquesa)
- 9 Investigación y desarrollo (marrón)

SERIE

- A Anuarios y estadísticas anuales
- B Estadísticas coyunturales
- C Cuentas y encuestas
- D Estudios e investigación
- E Métodos
- F Estadísticas breves

GR — Ταξινόμηση των δημοσιεύσεων της Eurostat

ΘΕΜΑ

- 0 Διάφορα (ροζ)
- 1 Γενικές στατιστικές (βαθύ μπλε)
- 2 Οικονομία και δημοσιονομικά (βιολετί)
- 3 Πληθυσμός και κοινωνικές συνθήκες (κίτρινο)
- 4 Ενέργεια και βιομηχανία (μπλε)
- 5 Γεωργία, δάση και αλιεία (πράσινο)
- 6 Εξωτερικό εμπόριο (κόκκινο)
- 7 Εμπόριο, υπηρεσίες και μεταφορές (πορτοκαλί)
- 8 Περιβάλλον (τουρκουάζ)
- 9 Έρευνα και ανάπτυξη (καφέ)

ΣΕΙΡΑ

- A Επετηρίδες και ετήσιες στατιστικές
- B Συγκυριακές στατιστικές
- C Λογαριασμοί και έρευνες
- D Μελέτες και έρευνα
- E Μέθοδοι
- F Στατιστικές εν συντομία

IT — Classificazione delle pubblicazioni dell'Eurostat

TEMA

- 0 Diverse (rosa)
- 1 Statistiche generali (blu)
- 2 Economia e finanze (viola)
- 3 Popolazione e condizioni sociali (giallo)
- 4 Energia e industria (azzurro)
- 5 Agricoltura, foreste e pesca (verde)
- 6 Commercio estero (rosso)
- 7 Commercio, servizi e trasporti (arancione)
- 8 Ambiente (turchese)
- 9 Ricerca e sviluppo (marrone)

SERIE

- A Annuari e statistiche annuali
- B Statistiche sulla congiuntura
- C Conti e indagini
- D Studi e ricerche
- E Metodi
- F Statistiche in breve

FI — Eurostatin julkaisuluokitus

AIHE

- 0 Sekalaista (vaaleanpunainen)
- 1 Yleiset tilastot (yönsininen)
- 2 Talous ja rahoitus (violetti)
- 3 Väestö- ja sosiaalitilastot (keltainen)
- 4 Energia ja teollisuus (sininen)
- 5 Maa- ja metsätalous, kalastus (vihreä)
- 6 Ulkomaankauppa (punainen)
- 7 Kauppa, palvelut ja liikenne (oranssi)
- 8 Ympäristö (turkoosi)
- 9 Tutkimus ja kehitys (ruskea)

SARJA

- A Vuosikirjat ja vuositilastot
- B Suhdannetilastot
- C Laskennat ja kyselytutkimukset
- D Tutkimukset
- E Menetelmät
- F Tilastokatsaukset

DA — Klassifikation af Eurostats publikationer

EMNE

- 0 Diverse (rosa)
- 1 Almene statistikker (mørkeblå)
- 2 Økonomi og finanser (violet)
- 3 Befolkning og sociale forhold (gul)
- 4 Energi og industri (blå)
- 5 Landbrug, skovbrug og fiskeri (grøn)
- 6 Udenrigshandel (rød)
- 7 Handel, tjenesteydelser og transport (orange)
- 8 Miljø (turkis)
- 9 Forskning og udvikling (brun)

SERIE

- A Årbøger og årlige statistikker
- B Konjunkturstatistikker
- C Tællinger og rundspørger
- D Undersøgelser og forskning
- E Metoder
- F Statistikoversigter

EN — Classification of Eurostat publications

THEME

- 0 Miscellaneous (pink)
- 1 General statistics (midnight blue)
- 2 Economy and finance (violet)
- 3 Population and social conditions (yellow)
- 4 Energy and industry (blue)
- 5 Agriculture, forestry and fisheries (green)
- 6 External trade (red)
- 7 Distributive trades, services and transport (orange)
- 8 Environment (turquoise)
- 9 Research and development (brown)

SERIES

- A Yearbooks and yearly statistics
- B Short-term statistics
- C Accounts and surveys
- D Studies and research
- E Methods
- F Statistics in focus

NL — Classificatie van de publikaties van Eurostat

ONDERWERP

- 0 Diverse (roze)
- 1 Algemene statistiek (donkerblauw)
- 2 Economie en financiën (paars)
- 3 Bevolking en sociale voorwaarden (geel)
- 4 Energie en industrie (blauw)
- 5 Landbouw, bosbouw en visserij (groen)
- 6 Buitenlandse handel (rood)
- 7 Handel, diensten en vervoer (oranje)
- 8 Milieu (turkoois)
- 9 Onderzoek en ontwikkeling (bruin)

SERIE

- A Jaarboeken en jaarstatistieken
- B Conjunctuurstatistieken
- C Rekeningen en enquêtes
- D Studies en onderzoeken
- E Methoden
- F Statistieken in het kort

SV — Klassifikation av Eurostats publikationer

ÄMNE

- 0 Diverse (rosa)
- 1 Allmän statistik (mörkblå)
- 2 Ekonomi och finans (lila)
- 3 Befolkning och sociala förhållanden (gul)
- 4 Energi och industri (blå)
- 5 Jordbruk, skogsbruk och fiske (grön)
- 6 Utrikeshandel (röd)
- 7 Handel, tjänster och transport (orange)
- 8 Miljö (turkos)
- 9 Forskning och utveckling (brun)

SERIE

- A Årsböcker och årlig statistik
- B Konjunkturstatistik
- C Redogörelser och enkäter
- D Undersökningar och forskning
- E Metoder
- F Statistiköversikter

DE — Gliederung der Veröffentlichungen von Eurostat

THEMENKREIS

- 0 Verschiedenes (rosa)
- 1 Allgemeine Statistik (dunkelblau)
- 2 Wirtschaft und Finanzen (violett)
- 3 Bevölkerung und soziale Bedingungen (gelb)
- 4 Energie und Industrie (blau)
- 5 Land- und Forstwirtschaft, Fischerei (grün)
- 6 Außenhandel (rot)
- 7 Handel, Dienstleistungen und Verkehr (orange)
- 8 Umwelt (türkis)
- 9 Forschung und Entwicklung (braun)

REIHE

- A Jahrbücher und jährliche Statistiken
- B Konjunkturstatistiken
- C Konten und Erhebungen
- D Studien und Forschungsergebnisse
- E Methoden
- F Statistik kurzgefaßt

FR — Classification des publications d'Eurostat

THÈME

- 0 Divers (rose)
- 1 Statistiques générales (bleu nuit)
- 2 Économie et finances (violet)
- 3 Population et conditions sociales (jaune)
- 4 Énergie et industrie (bleu)
- 5 Agriculture, sylviculture et pêche (vert)
- 6 Commerce extérieur (rouge)
- 7 Commerce, services et transports (orange)
- 8 Environnement (turquoise)
- 9 Recherche et développement (brun)

SÉRIE

- A Annuaires et statistiques annuelles
- B Statistiques conjoncturelles
- C Comptes et enquêtes
- D Études et recherche
- E Méthodes
- F Statistiques en bref

PT — Classificação das publicações do Eurostat

TEMA

- 0 Diversos (rosa)
- 1 Estatísticas gerais (azul-escuro)
- 2 Economia e finanças (violeta)
- 3 População e condições sociais (amarelo)
- 4 Energia e indústria (azul)
- 5 Agricultura, silvicultura e pesca (verde)
- 6 Comércio externo (vermelho)
- 7 Comércio, serviços e transportes (laranja)
- 8 Ambiente (turquesa)
- 9 Investigação e desenvolvimento (castanho)

SÉRIE

- A Anuários e estatísticas anuais
- B Estatísticas conjunturais
- C Contas e inquéritos
- D Estudos e investigação
- E Métodos
- F Estatísticas breves

Europäische Kommission
European Commission
Commission européenne

Bildung in der Europäischen Union — Daten und Kennzahlen
Education across the European Union — Statistics and indicators
Éducation dans l'Union européenne — Statistiques et indicateurs

1996

Luxembourg: Office des publications officielles des Communautés européennes

1997 — 349 p. — 21 x 29,7 cm

Themenkreis 3: Bevölkerung und soziale Bedingungen (gelb)
Reihe A: Jahrbücher und jährliche Statistiken

Theme 3: Population and social conditions (yellow)
Series A: Yearbooks and yearly statistics

Thème 3: Population et conditions sociales (jaune)
Série A: Annuaires et statistiques annuelles

ISBN 92-827-9631-0

Preis in Luxemburg (ohne MwSt.) • Price (excluding VAT) in Luxembourg •
Prix au Luxembourg (TVA exclue):
ECU 17

Diese Veröffentlichung zur Bildungsstatistik enthält für die fünfzehn Mitgliedstaaten der Europäischen Union vergleichbare Daten und Indikatoren zu den Themenbereichen Schüler, Studenten, Lehrkräfte und Bildungsniveau der Bevölkerung. Schwerpunkt ist eine Darstellung des Schuljahres 1993/94, die für manche Variablen durch eine Zeitreihe von 1975/76 bis 1993/94 ergänzt wird. Die Indikatoren reichen vom Anteil der Bevölkerung, der sich in Bildung und Ausbildung befindet, bis zu den beliebtesten modernen Fremdsprachen im Schulunterricht und von der Altersstruktur der Neuzugänge im Hochschulbereich bis zum Anteil der Universitätsstudenten, die im Ausland studieren. Einige dieser Indikatoren liegen auch auf regionaler Ebene vor. Außerdem enthält die Veröffentlichung ein Kapitel zum Bildungsniveau der Bevölkerung, das auf Daten der Erhebung über Arbeitskräfte basiert.

This publication provides comparable data for the 15 Member States of the European Union on pupils, students, teaching staff as well as educational attainment levels of the population. It focuses largely on the academic year 1993/94, supplemented by a time series for certain variables 1975/76-1993/94. Indicators range from the proportion of the population in education to the most popular modern foreign languages taught at school, and from the age structure of new entrants to higher education to the proportion of students attending university abroad. A number of these indicators are provided for the regions of the EU. Finally, drawing on data from the Community labour force survey, the publication contains a special section on the levels of educational attainment of the population.

Cette publication fournit pour les quinze États membres de l'Union européenne (UE) des données comparables sur les élèves, les étudiants, le personnel enseignant ainsi que les niveaux de formation atteints par la population. L'analyse se concentre sur l'année académique 1993/1994, complétée par une série 1975/1976-1993/1994 pour certaines variables. Les indicateurs recouvrent des domaines aussi différents que la proportion de la population en éducation, les langues étrangères les plus enseignées à l'école, la structure d'âge des nouveaux inscrits à l'enseignement supérieur et la proportion d'étudiants inscrits dans les universités à l'étranger. Un certain nombre de ces indicateurs sont ventilés pour les régions de l'UE. Enfin, fondée sur des données de l'enquête communautaire sur les forces de travail, la publication contient un chapitre sur les niveaux de formation atteints par la population.